**公共行政与公共管理
经　典　译　丛**

公共管理导论

——第五版——

[澳] 欧文·E. 休斯（Owen E. Hughes）— 著 —

张成福　杨崇祺　赵弘毅　郭梓焱 — 译 —

Public Management and Administration
An Introduction
Fifth Edition

中国人民大学出版社
·北京·

公共行政与公共管理经典译丛
编辑委员会

学术顾问　威廉·邓恩　　　　乔治·弗雷德里克森
　　　　　　尼古拉斯·亨利　　马克·霍哲
　　　　　　戴维·罗森布鲁姆　爱伦·鲁宾
　　　　　　全钟燮　　　　　　金判锡

主　　编　张成福

策　　划　刘晶　朱海燕

编　　委（以姓氏笔画为序）
　　　　　　丁煌　　马骏　　王佩亨　王浦劬
　　　　　　毛寿龙　任宗哲　刘国材　刘俊生
　　　　　　孙柏瑛　杨开峰　吴爱明　陈庆云
　　　　　　陈振明　竺乾威　周志忍　高培勇
　　　　　　郭小聪　彭和平　董礼胜　董克用
　　　　　　程远忠　谢明　　蓝志勇　潘小娟
　　　　　　薛澜　　薄贵利

总　　序

在当今社会，政府行政体系与市场体系成为控制社会、影响社会的最大的两股力量。理论研究和实践经验表明，政府公共行政与公共管理体系在创造和提升国家竞争优势方面具有不可替代的作用。一个民主的、负责任的、有能力的、高效率的、透明的政府行政管理体系，无论是对经济的发展还是对整个社会的可持续发展都是不可或缺的。

公共行政与公共管理作为一门学科，诞生于20世纪初发达的资本主义国家，现已有上百年的历史。在中国，公共行政与公共管理仍是一个正在发展中的新兴学科，公共行政与公共管理的教育也处在探索和发展阶段。我国公共行政与公共管理教育和学科的发展与繁荣，固然取决于多方面的努力，但一个重要的方面在于，我们要以开放的态度，了解、研究、学习和借鉴国外发达国家研究和实践的成果。另一方面，我国正在进行大规模的政府行政改革，致力于建立与社会主义市场经济相适应的公共行政与公共管理体制，这同样需要了解、研究、学习和借鉴发达国家在公共行政与公共管理方面的经验和教训。因此，无论是从我国公共行政与公共管理教育发展和学科建设的需要来看，还是从我国政府改革实践层面的需要来看，全面系统地引进公共行政与公共管理经典著作都是时代赋予我们的职责。

出于上述几方面的考虑，我们于世纪之交开启了大型丛书"公共行政与公共管理经典译丛"的翻译出版工作。自2001年9月本译丛首部著作《公共管理导论》出版以来，迄今已出版著作逾百种，影响了国内公共行政与公共管理领域无数的学习者和研究者，也得到了学界的广泛认可，先后被评为"十五""十一五""十二五""十三五"国家重点图书出版规划项目，成为国内公共行政与公共管理出版领域的知名品牌。

本译丛主要选取国际公共行政与公共管理学界代表性人物的代表性作品，并持续介绍学科发展的最新研究成果。总的来看，本译丛体现了三个特点：第一，系统性，基本涵盖了公共行政与公共管理学科的主要研究领域。第二，权威性，所选著作均是国外公共行政与公共管理大师或极具影响力的学者的代表作。第三，前沿性，反映了公共行政与公共管理研究领域最新的理论和学术主张。

在半个多世纪以前，公共行政大师罗伯特·达尔（Robert Dahl）在《公共行政学的三个问题》中曾这样讲道："从某一个国家的行政环境归纳出来的概论，不能立刻予以普遍化，或应用到另一个不同环境的行政管理上去。一个理论是否适用于另一个不同的场合，必须先把那个特殊场合加以研究之后才可以判定。"的确，在公共行政与公共管理领域，事实上并不存在放之四海而皆准的行政准则。立足于对中国特殊行政生态的了解，以开放的思想对待国际的经验，通过比较、鉴别和有选择的吸收，来发展中国自己的公共行政与公共管理理论，并积极致力于实践，探索具有中国特色的公共行政体制与公共管理模式，是中国公共行政与公共管理学科发展的现实选择。

本译丛的组织策划工作始于 1999 年底，我们成立了由国内外数十位知名专家学者组成的编辑委员会。当年 10 月，美国公共行政学会会长，同时也是本译丛编委的马克·霍哲教授访问中国行政管理学会，两国学会签署了交流合作协议，其中一项协议就是美国公共行政与公共管理领域著作在中国的翻译出版。2001 年，中国行政管理学会会长郭济先生率团参加美国公共行政学会第 61 届年会，其间，两国学会签署了新的合作协议，并再次提及已经启动的美国公共行政与公共管理领域知名学者代表作品在中国的翻译出版。可以说，本译丛是中美两国行政管理（公共行政）学会与公共管理学术界的交流合作在新阶段的重要成果。

在译丛的组织策划和翻译出版过程中，中国人民大学政府管理与改革研究中心、国务院发展研究中心东方公共管理综合研究所给予了大力的支持和帮助。我国的一些留美学者和国内外有关方面的专家学者参与了外文原著的推荐工作。中国人民大学、北京大学、清华大学、中山大学、复旦大学、厦门大学、武汉大学等高校许多该领域的专家学者参与了本译丛的翻译工作。在此，谨向他们表示敬意和衷心的感谢。

"公共行政与公共管理经典译丛"编辑委员会

译者前言

公共行政与公共管理经典译丛

公共管理作为一种与人类文明发展有着同样长久历史的实践活动，早在氏族部落时期就以管理共同事务的面貌而存在；当国家和政府出现以后，公共管理便一直在维持政治统治和保障社会生活秩序方面扮演着重要角色；在现代民主法治社会，公共管理乃是以政府为核心的公共部门，整合各种力量，有效配置各种资源，广泛运用各种方法，管理公共事务，解决公共问题，从而创造公共价值的活动。作为一门学科或者一个研究领域，公共管理显然不是学者们在学术象牙塔里的自我独白，不是一种纯粹的理论生活，而是植根于实践中的探究与思考，其意义就在于对我们时代所提出的各种挑战进行持续性的回应，对关系国家和人类命运的共同问题予以解答，并在此过程中创造公共的价值。

我们正处在一个快速变革的时代。数字化、全球化、多元化、多极化等浪潮汹涌，从科技到经济、从日常生活到政治生活，整个社会日新月异，跨文化交往日渐扩大。公共管理植根于这样的现实，从而无论在理论还是在实践上，也都处在持续不断的变化与发展之中。不同时期、不同文化、不同社会情境面临着不同的公共问题，这决定了公共管理在不同的时空中必然会呈现出范围、内容以及方式方法等方面的多样性和差异性。事实上，作为一种实践活动，公共管理的模式并没有统一的标准；作为一种理论探索，公共管理乃是科际整合的研究领域，从不同的视角和途径出发，对公共管理的具体含义会有不同的理解。需要认识到的是，人们对何谓公共管理缺乏基本共识的这一事实并非意味着这门学科不成熟或者缺乏所谓的合法性，恰恰相反，这正是符合科学研究规律的表现。在科学研究中，通往真理的途径是多种多样的，问题的关键并不在于是否有某个答案宣称自己掌握了真理（实际上这也是不可能的），而是在于是否有丰富多彩的、充满活力的各种不同努力去尝试发现相对合理的答案，以共同地帮助我们在通往真理的道路上前进一步。

　　澳大利亚皇家墨尔本理工大学学者欧文·E. 休斯所著的这本《公共管理导论》，便是在公共管理方面的这样一种努力和尝试。在本书中，休斯对与公共管理有关的一些经典问题和当前热点问题进行了介绍，并对这些问题进行了独到的解答，为想要初步了解公共管理世界的读者提供了一种概括性指南。休斯回顾了20世纪80年代以来在全球范围内发生的代表性公共部门变革运动，阐述了这些变革的动力、阶段、措施、问题流弊以及未来趋势等内容，在此基础上他分析指出，一种新的典范确已形成，并已替代了传统公共行政典范，而"公共管理"一词足以涵盖这一新典范的内容特质，这大概是因为："公共管理"典范摒弃了传统公共行政政治与行政二分、正统官僚制的僵化教条，实现了从"行政"向"管理"的转变；它以公共选择以及其他相关经济学理论为基础，重新界定了政治领导人和行政官员之间的关系，形塑了一个更为弹性、灵活的政府组织形态，引入了更为有效、多样化的政府治理工具，明晰了政府与其外部环境要素间的互动关联；"公共管理"典范所包含的一系列改革措施已经付诸实践，并且发挥了卓越的功效。与此同时，休斯还重点讨论了"公共管理"与"新公共管理"的关系问题，他并不认为后者包含了一个典范构成的所有要素，而是术语功能远大于理论功用，所谓"新公共管理"，其主要作用在于将分散的变革措施囊括于一个术语涵摄范围内而呈现给人们一个整体性概念。当然，休斯也指出，典范的变迁并不是对历史传统的完全抛弃，而是在批判和继承的基础上，实现一种科学理性的扬弃。

　　《公共管理导论》先后于1994年、1998年、2003年、2012年、2018年出版了第一版、第二版、第三版、第四版和第五版。我们在此翻译和介绍的是其第五版。第五版根据近年来全球范围内公共事务与政府治理变化的新特点，在第四版的基础上对部分章节进行了重新撰写、修缮、删并，但核心观点仍然是公共管理作为一种新型政府治理典范，终将代替传统公共行政。本书是休斯在对传统公共行政模式与公共管理模式两种典范进行比较的基础上撰写的一部学术著作，全书言简意赅、语言通俗易懂、层次清晰，既可以作为公共管理学科的基础性、入门性读物，也可以作为公共管理领域的学者和实务工作者的参考资料。当然我们同样需要看到的是，本书所介绍的公共管理的有关问题，仍是基于西方国家的社会背景，书中的一些具体观点难免带有西方语境的理解与阐释，因此并不能完全用来解释当代中国以及其他非西方语境中的公共管理现实问题，故而在此还要请各位读者在阅读与学习时将其当作一种批判性参考来加以甄别与借鉴。

　　《公共管理导论（第五版）》的翻译出版是集体劳动和团结协作的结果。本书由张成福、杨崇祺负责校对和定稿，赵弘毅、郭梓焱参与并承担了部分翻译工作。当然，囿于译者智识水平，疏漏或不当之处在所难免，在此敬请各位专家和读者批评指正。

张成福

前言

公共行政与公共管理经典译丛

　　自20世纪80年代以来,许多国家的公共部门发生了重大变化。有人认为,我们那时见证的是曾经有着悠久历史的、属于20世纪初重大变革的传统公共行政模式被公共管理所替代。公共行政的进程、程序和理论没有足够的能力来应对快速变化,因此公共管理者经常被政治领导人视为阻碍和反应迟钝的人。变革开始后,很明显,许多旧方法不是通用的,甚至可以被其他形式的管理所取代。这一变化时期代表着从20世纪大部分时间占主导地位的传统公共行政模式向公共管理的范式转变。

　　关于什么是公共管理,它与公共行政有什么不同的问题众说纷纭。这两种模式的根本区别在于,公共行政意味着听从指示,而公共管理意味着控制或接管。公共管理者要取得成果,而且,还要亲自负责。从这一变化来看,其他的很多事情都会随之而来。

　　本书在1994年的第一版中,认为当时出现了一种新的政府组织方式,且该模式将会渐渐取代旧的官僚制模式。到了2003年乃至2012年,许多改革措施不仅产生了实际效果,而且在公众的记忆中,曾经的公共行政原则已经与公共行政实践渐行渐远。或许,人们对传统公共行政模式还保留着一些历史兴趣,但其对实践的指导功能业已褪色。公共管理的发展日新月异,而非一成不变。

　　本次第五版将"服务提供"作为新的一章列入,并对第四版的电子化政府一章进行了实质性修订,章题改为"用技术来管理"。同时，本次还对所有其他章节做了实质性修订，如"发展中国家的公共管理"不再作为单独的一章。因为将一些国家视为发达国家，而将另一些国家视为发展中国家，这种截然不同的观点在一本基于理论的著作中已不再适用。此外，书中提到的一些专家著作也可以随时查阅。

第1章仍然以"一个变革的时代"为题，因为始于20世纪80年代的公共部门变革到目前为止丝毫没有减弱的迹象。第2章阐述了政府的角色，包括一些关于政府职能边界的理论，以及在过去两个多世纪里这些理论是如何变化的。第3~6章阐述了关于公共管理（传统公共行政、公共管理、公共政策以及治理）的主要理论观点。这些观点每一种都声称与其他观点不同且保有其追随者。这种方法的巴尔干化可能让人在理解公共部门如何运作时感到困惑，即使它们之间存在"可渗透的边界"（Pollitt，2016）。

第7~9章更多地侧重于公共管理人员与机构外部的互动——问责、利害关系人和企业的某些方面。问责是理解公共管理和行政的一个令人烦恼但又必不可少的方面。对外部的关注是公共管理模式与公共行政模式的主要区别之一。现在，公共管理者必须比以前更多地与外部人员互动，必须与利益集团合作、与承包商合作、与企业合作，这都是正常的。

第10~14章是关于组织中的管理——战略管理、人事管理和领导力、服务提供、用技术来管理以及财政和绩效管理，并进一步明确地探讨这些问题分别在传统公共行政模式和公共管理模式下是如何运行和组织的。重大的变革在以下几方面确然发生：财政体制已然发生了转变；人事管理开始广泛地借鉴和采用私营部门的管理实践，而非假定传统行政是最佳的管理途径。以上种种都表明公共管理已经远远而卓越地超越了传统公共行政。

最后，第15章再次谈到公共管理的路径，特别探讨了公共管理中的典范。该章阐述了什么是典范，并讨论了一些可被视为典范的公共部门管理办法。该章还囊括了对前面提出的观点的阐述，即被称为"新公共管理"的改革运动（通常简称为NPM）并不是典范，对理解公共部门的变革没有帮助。不同国家有许多改革和路径，从来没有一个单一的普遍改革运动。现在除了批评者，对其他人而言，新公共管理要么已经成为过去，要么从未存在过。

第15章还简要探讨了民粹主义或专制政权或政党，特别是那些不相信科学或事实的政权或政党可能对公共部门构成的生存威胁。现在还很难看出这种情况会如何发展，但我们自20世纪初以来所拥有的以科学和事实为基础的公共管理和行政管理仍有可能不会持续下去。

在这里我有很多人要感谢。首先，我要感谢帕尔格雷夫·麦克米伦出版公司的出版商，最初是史蒂文·肯尼迪（Steven Kennedy），现在是劳埃德·朗曼（Lloyd Langman）。通过本书的早期版本，我认识了许多在各种程度上帮助过我的人。在公共管理和公共行政领域，这些人包括（排名不分先后）：彼得·德利昂（Peter deLeon）、琳达·德利昂（Linda deLeon）、克里斯托夫·理查德（Christoph Reichard）、尼尔·卡特（Neil Carter）、戈登·克拉克（Gordon Clark）、费雷尔·黑迪

(Ferrell Heady)、史蒂芬·奥斯本（Stephen Osborne）、埃里克-汉斯·克利吉（Erik-Hans Klijn）、伊格纳西奥·克里多（Ignacio Criado）、杨开峰、董克用、张成福、李冰、约翰·奥尔福德（John Alford）、琼·哈特利（Jean Hartley）、约翰·贝宁顿（John Benington）、约翰·布莱森（John Bryson）和珍妮·奥弗林（Janine O'Flynn），莫纳什大学的前同事包括戴尔德丽·奥尼尔（Deirdre O'Neill）、琳达·麦圭尔（Linda McGuire）、罗布·布鲁克斯（Rob Brooks）、戴维·沃森（David Watson）、克里斯·尼兰（Chris Nyland）和朱利安·泰歇（Julian Teicher），以及前院长吉尔·帕尔默（Gill Palmer）和史蒂芬·金（Stephen King）。我还必须提到格雷姆·霍奇（Graeme Hodge）和布里安·赫德（Brian Head）以及公共管理国际研究会（IRSPM）的其他成员。同时也要感谢波琳·斯坦顿（Pauline Stanton）和皇家墨尔本理工大学（RMIT）管理学院对我的欢迎，我在该大学担任了五年的教导主任。我还必须提到科林·雷尼（Colin Reaney）和卡·达尔（Karee Dahl），本书的第一版就是在他们法国的居所中完成的。最重要的是，我要感谢凯西·伍德沃德（Cathy Woodward）和我们的三个女儿凯特琳（Caitlin）、苏菲（Sophie）和露西（Lucy），她们现在分别是 21 岁、18 岁和 14 岁。

欧文·E. 休斯
2018 年于墨尔本

目 录

第1章	一个变革的时代	1
1.1	引言	1
1.2	从公共行政到公共管理	3
1.3	作为一个研究领域的公共管理	4
1.4	公共部门改革的必要性	7
1.5	一个有趣的时代	10
1.6	结论	11
第2章	政府的角色	12
2.1	引言	12
2.2	公共部门的必要性	15
2.3	作为公共政策基础的市场失灵	17
2.4	政府工具	20
2.5	政府干预的各个阶段	23
2.6	政府的规模	28
2.7	结论	30
第3章	传统的公共行政模式	31
3.1	引言	31
3.2	早期的行政	33
3.3	19世纪的改革	35
3.4	韦伯的官僚制理论	36
3.5	威尔逊与政治控制	39
3.6	泰勒与公共行政	41
3.7	传统模式存在的问题	45
3.8	结论	54

第4章　公共管理 …… 55
- 4.1　引言 …… 55
- 4.2　管理的内涵 …… 57
- 4.3　管理方法的产生 …… 58
- 4.4　管理的理论基础 …… 61
- 4.5　公共部门改革 …… 62
- 4.6　新公共管理 …… 66
- 4.7　一场全球性运动？ …… 69
- 4.8　对管理改革的批判 …… 70
- 4.9　结论 …… 77

第5章　公共政策 …… 78
- 5.1　引言 …… 78
- 5.2　公共政策、行政和管理 …… 80
- 5.3　政策分析 …… 81
- 5.4　政策过程模型 …… 83
- 5.5　经济性公共政策 …… 85
- 5.6　政治性公共政策 …… 86
- 5.7　基于证据的政策 …… 88
- 5.8　政策执行 …… 89
- 5.9　政策分析的局限性 …… 90
- 5.10　结论 …… 94

第6章　治理 …… 95
- 6.1　引言 …… 95
- 6.2　治理的内涵 …… 96
- 6.3　政府与治理 …… 98
- 6.4　传统公共管理中的治理：贝维尔与罗兹 …… 100
- 6.5　公司治理 …… 102
- 6.6　作为新公共管理的治理 …… 103
- 6.7　治理与网络 …… 105
- 6.8　严格治理与宽松治理 …… 108
- 6.9　治理的有效性 …… 109
- 6.10　结论 …… 111

第7章　问责 …… 113
- 7.1　引言 …… 113
- 7.2　问责的概念 …… 114
- 7.3　私营部门中的问责 …… 115
- 7.4　政治问责 …… 117
- 7.5　官僚问责 …… 120

7.6　管理问责···123
　　7.7　腐败的问题···126
　　7.8　管理的改革与问责·····································127
　　7.9　结论···129

第8章　利害关系人和外部环境·································131
　　8.1　引言···131
　　8.2　外部关注的必要性·····································132
　　8.3　传统模式下的外部关系································133
　　8.4　作为一种管理职能的外部关系······················134
　　8.5　利益集团与政策社群···································136
　　8.6　网络···138
　　8.7　协作与合作生产··139
　　8.8　问责问题··142
　　8.9　对于利益集团的依赖···································143
　　8.10　结论··145

第9章　管制、外包和公共企业·································146
　　9.1　引言···146
　　9.2　管制···147
　　9.3　签约外包··152
　　9.4　公共企业：作为生产者的政府······················156
　　9.5　关于民营化的争论······································159
　　9.6　结论···162

第10章　战略管理··164
　　10.1　引言··164
　　10.2　战略··165
　　10.3　私营部门的战略·······································167
　　10.4　公共部门的战略·······································169
　　10.5　战略计划模式··169
　　10.6　战略管理···173
　　10.7　公共价值与战略·······································175
　　10.8　战略的问题··177
　　10.9　结论··180

第11章　人事管理和领导力·····································181
　　11.1　引言··181
　　11.2　传统的人事管理模式··································183
　　11.3　人力资源管理··185
　　11.4　领导力··188
　　11.5　带来变革···194

　　　　11.6　结论 ··· 196
第 12 章　服务提供 ·· 197
　　　　12.1　引言 ··· 197
　　　　12.2　政府服务 ··· 198
　　　　12.3　传统的服务提供 ··· 199
　　　　12.4　服务转型 ··· 200
　　　　12.5　公共服务主导逻辑 ··· 202
　　　　12.6　服务原则 ··· 205
　　　　12.7　私人服务还是公共服务？ ··· 208
　　　　12.8　服务问题 ··· 210
　　　　12.9　结论 ··· 213
第 13 章　用技术来管理 ··· 214
　　　　13.1　引言 ··· 214
　　　　13.2　技术和传统行政模式 ·· 215
　　　　13.3　向电子化政府过渡 ··· 218
　　　　13.4　从电子化政府到数字治理 ··· 221
　　　　13.5　数字治理的问题 ··· 224
　　　　13.6　结论 ··· 228
第 14 章　财政和绩效管理 ··· 229
　　　　14.1　引言 ··· 229
　　　　14.2　政府预算 ··· 230
　　　　14.3　传统的财政管理 ··· 233
　　　　14.4　绩效管理 ··· 238
　　　　14.5　财政和绩效管理的一些问题 ·· 240
　　　　14.6　结论 ··· 243
第 15 章　结论：公共管理典范 ·· 245
　　　　15.1　引言 ··· 245
　　　　15.2　公共管理的典范 ··· 246
　　　　15.3　传统公共行政模式 ··· 247
　　　　15.4　新公共管理的问题 ··· 248
　　　　15.5　公共管理 ··· 253
　　　　15.6　治理 ··· 255
　　　　15.7　公共价值 ··· 256
　　　　15.8　作为一门实务性学科的公共管理 ·· 258
　　　　15.9　被围攻中的公共管理部门 ··· 260
　　　　15.10　结论 ·· 262

参考文献 ··· 264

第 1 章

一个变革的时代

本章内容
- 引言
- 从公共行政到公共管理
- 作为一个研究领域的公共管理
- 公共部门改革的必要性
- 一个有趣的时代
- 结论

1.1 引言

公共管理目前处于一个变革的时代,这显然是不言而喻的。自 20 世纪 80 年代初以来,许多国家的公共部门管理发生了一系列变化,而且变化似乎还会持续下去。这本身并不奇怪,因为变革本来就会带来更多的变化。"过去 30 年全球公共行政的转型没有任何减弱的迹象"(Massey,2015,p.1),正如这句话所说,体制内的人很难找到真正的稳定和秩序。下面将从变革的各个环节入手,解释变革的背景和理论的变化,以及这些变化如何颠覆了政府的组织方式并发挥其作用。

其中最关键的争论是,公共部门的管理在这段时间里已经从所谓的传统公共行政(在 20 世纪大部分时间相对稳定)慢慢转向公共管理。公共行政者是循规蹈矩的人,是执行他人(理论上是政治领导人）指令的人。他们习惯于把过程和程序放在十分重要的地位，仅仅对结果的产出间接负责。但是，公共管理者要为结果的实现承担个人责任，这种根本的改变也导致其他许多方面的改变。如果要达成结果，就需要找到一种方法来证明结果已经发生。如果一位公共管理者要为结果的达成承担个人责任，他或她将会运用各种有助于完成任务的理论和方法，无论是管理学的、经济学的、行为科学的理论还是社会学的理论。

我们认为，传统的公共行政模式虽然在20世纪的大部分时间里都占据着统治地位，并受到人们的推崇，但如今在理论上和实践上都开始受到人们的质疑。即使公共管理可能还没有形成一个统一的模式，即使有些改变可能比其他的更有效，管理方向上也有发生更多变化的可能性。与过去公共行政时期的沉闷状态相比，作为一个仍在发展的领域，公共管理仍然处在不断的争论之中。公共管理不断发展，带来了更新的理念，如治理、领导力、协作、网络、复杂的财政变革和合作生产（仅举几例），这些将在后面的章节中讨论。这些新理念所体现的变革方向性与传统的公共行政管理相去甚远。

即使现在越来越多的人认同公共部门的工作是管理而不是行政，政府管理方式也仍在不断革新。传统的公共行政典范已经退出历史舞台，且将不再回归。

对政府的不满

除了管理政府本身所需要面临的困境外，21世纪的一系列挑战进一步加大了管理的难度。其中一个转折点是2008年9月，可以说是那一次全球金融危机的顶点，投资银行雷曼兄弟申请美国历史上最大的破产保护而倒闭。从那时起，许多国家面临着自20世纪70年代初以来从未出现过的金融和社会问题，包括持续的高失业率和低就业率、高额的政府债务、保护主义的回归以及第二次世界大战后贸易和安全机制濒临崩溃。各种各样的冲突，包括恐怖主义、种族主义和移民问题，似乎预示着未来更加困难。就目前而言，这些事件不仅对政府的管理提出了质疑，而且对政府本身也提出了质疑，甚至在许多国家，人们对政治和政治制度普遍感到不满且不再抱有幻想，其影响在全球金融危机十年后仍然存在。在这一系列大事件中，公共部门的管理在其中仅仅扮演着一个小角色，但却也一直受到影响。

2016年发生了很多事，我们见证了英国的脱欧公投以"反对"票的获胜告终；东欧右翼民粹主义抬头；一些国家的威权主义兴起；唐纳德·特朗普当选为美国总统。政治和政府的概念将发生根本性的转变，这已经是确信无疑的了。当然现在说这一切可能还为时过早，选民对全球金融危机后紧缩政策的温和斥责是否已经成为人们通过对政府本身和政治进行广泛的虚无主义攻击从而聚集在一起为自己和后代争取利益的主要方式，这也还不能确定。很多不确定因素仍然存在：对精英和政治一如既往的攻击、对种族主义和宗教不容忍的默认、背离以事实为基础的科学的令人震惊的趋势，以及国际关系中更大的不确定性。太多的人似乎认为，他们被排除在全球化的利益之外，被那些明显富裕起来的世界性政治阶层所忽视。举个例子，英国除伦敦以外的地区人们都失去了稳定的工作岗位，人们认为各地区已经被抛在了后面，这一点在脱欧公投的投票模式中得到了反映。同样，美国铁锈地带（宾夕法尼亚州、俄亥俄州、西弗吉尼亚州、威斯康星州、密歇根州）的经济衰退也帮助唐纳德·特朗普获得了美国总统职位。

对于公共管理者而言，现在是一个特别困难的时期，而且接下来还有可能出现更多的困难。尽管过去30年的公共部门改革并没有造成人们对政治的不信任，但是可以说这还是根源于人们对政治和政府明显的失望。政治动荡确实也影响了政府的管理，因为公共管理者必须与政治领导人合作，应对他们的要求。但政治体制中存在着一种狂热的情绪。即使政府内部的实际管理在一开始提到的30年中得到了很大的改善，但这并不能让批评者甚至广大民众满意。面对所有的这些情况，公共管理人员纵然感到困惑，但是也在试图继续发挥着他们的作用，即使他们的初衷看起来已经产生了一定程度的变化。

1.2 从公共行政到公共管理

"管理"与"行政"相互之间是否存在差异，这显然是当前争论的重点（Hood，2005；Pollitt，2016）。这里认为，行政和管理在概念上存在差异，在它们冠以"公共"一词后也应反映出这些差异。这两个词在含义上是接近的，但是，如果从语义学方面进行简要的考察，那么可以认定，"管理"与"行政"这两个词有着显著的差异，管理者与行政者扮演的角色也截然不同。

《牛津英语词典》（*Oxford English Dictionary*）将**行政**定义为"一种执行行为"，即"对各种事务进行管理"，或者"对执行、应用或行为进行指导或监督"。而**管理**是指"指导、控制一个人行动的过程，负责干什么"。这两个词的拉丁词源也表现出明显的差异。"行政"（administration）一词首先来自拉丁文"minor"，而后演变为"ministrare"，意思是"进行服务，其后演变为进行治理"。"管理"（management）来自拉丁文"manus"，意思是"亲自控制"。它们在词义上的本质差异在于"进行服务"和"控制或取得结果"。

行政在本质上涉及执行指令和服务，而管理涉及的首先是实现结果，其次是管理者要对达成的结果承担个人的责任。"管理"确实包括"行政"（Mullins，1996，pp. 398-400），但它还涉及组织怎样以效率最大化的方式实现目标，以及对结果负责。这两个要素并不一定存在于传统的行政体制中。公共行政注重的是**过程**、程序和符合规定，而公共管理涉及的内容则更为广泛。一个公共管理者并不仅仅是执行指令，他关注的是实现"结果"，并为此承担责任。

"行政"与"管理"这两个密切相关的词可能在使用上会发生变化。作为这种过程的一部分，人们显然已经不把"公共行政"作为对政府内部的执行工作；与过去常用的"行政者"一词相比，"管理者"一词现在使用得更为普遍（Pollitt，1993，2016）。这些名称的变化并不是表面现象。从狭义上说，"行政"与"管理"

是政府活动或职能的简略描述。或许可以说，只要工作完成了，某个人或某种职能如何称呼是无关紧要的。但从更广泛的意义上讲，文字是有力量的。如果把一个职位的描述从"行政者"改为"管理者"，将会使任职者改变其看待或履行该职务的方式，或使上级的期望改变，那么用来描述这个职位的词语就不再是无关紧要的了。"管理者"一词之所以被用得更为频繁，原因就在于它可以更好地描述所要完成的工作。如果一位公共管理者需要为结果的实现承担个人责任，那么就需要继续系统性的改革，以便更好地衡量部门以及个人的绩效。公共管理人员对结果负责这一看似简单的改变，却导致了许多其他问题。

在 20 世纪 80 年代和 90 年代，世界上许多地方的政府开始重新评估其官僚体系，并进行根本性的改革（Pollitt and Bouckaert, 2011）。这一过程始于英国、新西兰和澳大利亚的严重经济问题，不少国家紧随其后。如凯登（Caiden, 1991）所说，"所有人都在指责僵化的官僚体制，特别是公共官僚体系的绩效不彰、过度管制、繁文缛节、没有人情味、糟糕的服务和腐败行为"（p.74）。组织文化的激烈的变革由此开始。对于体系内部的人而言，转型时期是非常难熬的，改革威胁到了他们所习惯的生活方式，与此同时，改革也并非没有代价。新的管理方式也带来新的问题，改革不仅打乱了过去标准化的管理程序，而且造成了士气的低落。关注效率已经导致公共服务缺乏人道的精神，衡量结果则导致人们质疑政府在社会中的正当角色，以及政府如何扮演好这些角色。

1.3　作为一个研究领域的公共管理

公共管理除了是一个实践领域外，与公共行政、公共政策和其他相关学科一样，也是一个学术领域。在长期发展过程中，每个学科都有自己独特的观点。但是，值得注意的是，在对公共部门的研究中，公共行政、公共政策和公共管理的学者之间却缺乏联系（Lynn, 1996；Kettl, 2002）。尽管这些不同学科之间本质上是相互关联的，与政治和政治科学也密切相关，但常常各自拥有各自的学术圈子，以及有各自的学术会议和专业杂志。谁为翘首，人们也观点各异。虽然我们在后面的章节中会有更充分的解释，但在此还是有必要对术语进行说明。

公共行政是指早期的管理模式以及早期对公共部门进行研究的理论。这种在 20 世纪绝大部分时间里居支配地位的理论通常被称为"传统的公共行政模式"（见第 3 章）。

公共管理是一种将所从事的工作视为管理而非前面所讨论的行政的政府运行方式。**管理主义**与此基本相同（另见第 4 章）。

新公共管理是胡德（Hood, 1991）创造的一个术语，通常被缩写为"NPM"，并成为整个管理领域中最广泛使用的术语。事后看来，这个词对理解公共部门的管理变革并无用处或帮助。新公共管理非但无助于理解这一过程，最终也不过是一个方便的标签，主要被那些反对管理变革的人使用。此外，新公共管理的定义和规格千差万别，以至于这个概念本身没有什么用处（见第 15 章）。

公共政策是指政府的一种产出，也是指强调理性和经验方法的公共政策或者政策分析学派（见第 5 章）。

治理意味着建立结构和体制安排，使一个组织能够运作。正如下文（第 6 章）所讨论的那样，其他更深奥的含义并不能增加对治理的理解。然而，重要的是，人们认识到了政府和治理的区别，政府是强制力的工具，而治理描述了一种不需要政府直接插手的管理方式（Pierre and Peters，2000）。

公共价值是穆尔（Moore，1995）创造的一个术语，指出公共机构和方案的总体战略目的是为公众增加价值，其方式类似于私营部门的个人价值（见第 10 章）。公共价值和公共价值管理已经得到越来越多人的拥护，并且很容易被从业人员理解。

还有许多其他尝试，试图建立一个整合模式或另一套像 NPM（新公共管理）这样的缩略语。这些包括数字时代治理（DEG）（Dunleavy et al.，2005）、新公共服务（Denhardt and Denhardt，2011）、新公共治理（NPG）（Osborne，2006）、公共价值实用主义（Alford and Hughes，2008）等。一个商定的公共管理模式可能不会出现，甚至不需要出现（见第 15 章）。目前，这个包罗万象的术语只是"公共管理"。公共管理显然指的是公共部门的管理，但并不意味着有一个单一的协调方案或议程。公共管理只是指在公共部门进行的管理，它可以而且必须随着时间、地点和环境的变化而变化。从长远来看，比单一管理方案的想法更重要的是，人们逐渐接受公务员的工作现在是管理，即个人对成果负责。

任何一种公共管理理论的适用性，就像过去的公共行政理论一样，取决于它在多大程度上能够帮助实际的公共管理者理解和解决现实问题。在这一点上，公共部门的学术研究往往是失职的。公共管理者是需要利用他们所能调动的技能、理论和实践来解决问题、取得成果的，然而研究者们却陷入了对现实里的管理人员并无用处的深奥理论的争辩之中。也许这是一种新的实用主义，在此，意识形态偏见与传统的决裂变成了简单的"为达目的，不论手段"，实际的管理者企图以最佳的办法来解决问题（Alford and Hughes，2008）。

公共和私人管理

对公共部门改革的一种批评认为，公共部门借用了许多从私营部门派生的理论和技术。然而，作为对改革的泛泛批评，其本身既不新颖也无关紧要，如果对这些责难声加以仔细甄别和分析，就会发现这些批评并非在任何情境下都是准确且必要的。从历史上看，私营和公共部门一直是相互借鉴的。19 世纪，私营部门也曾经模仿军队的管理模式，政府部门也明显地借鉴私人铁路公司的组织管理方式。尽管如此，正如知识卡片 1-1 所述，仍有充足的理由说明公私部门为何不一样，而且永远不会一样。

> **知识卡片 1-1**
>
> ### 私营部门和公共部门之间的差异
>
> 1. 公共部门的决策具有强制性。公民要遵从决定，缴纳税款，国家可以强制收购公民的财产，公民要接受来自国家强制力量的处罚。这些制裁最终来自国家的强制权力——法院、警察和军队。并非所有的公共活动都是强制性的，但那些强制性的公共活动需要小心翼翼地进行。私营企业有更多的自由，可以任意妄为。
>
> 2. 与私营部门相比，公共部门有不同的问责形式。公务员要对政治领导层、议会、公众和司法系统各部门负责。政治问责与私营部门的问责在种类上有所不同。在私营部门，问责是一个难题（第7章），在公共部门的实施中，问责同样充满了不确定性，且发展是不平衡的。
>
> 3. 公共管理者必须应付主要由政治领导人制订的外部议程。其中由政治家强加的议程占了很大一部分，这束缚了管理者的行动。政治家可能要求采取有损良好的管理实践的行动，他们常常改变主意，或会为了想当然的政治原因而采取行政举措。
>
> 4. 公共部门在衡量产出或生产效率方面存在固有的困难。它缺乏类似于私营部门利润的"底线"标准。在公共部门进行绩效衡量和评估是可能的，但衡量和评估可能不够精确，甚至可能缺乏实际的意义。
>
> 5. 公共部门的规模和多样性使得任何形式的控制或协调都很困难。政府及其顾问们极力想把各司其职的不同活动协调起来。各部门之间的协调最终变成一个政治选择问题。

私营部门和公共部门之间存在着重大差异（Boyne，2002）。问题在于，首先，二者之间的这些差异是否大到需要一种特殊的管理方式；其次，是否需要使用传统的行政模式而不是任何一种其他的管理模式。关于第一点，有观点认为，公共部门根本不同于私营部门，因此有必要采取自己独特的管理方式。艾利森（Allison，1982）同样注意到，"公共管理和私人管理是既不同又相似……差异性比相似性更重要"（p.29）。波恩（Boyne，2002）认为，由于组织环境、目标、结构和管理价值观的不同，管理技术"不可能从一个部门移植到另一个部门"（p.118）。采纳和使用私营部门率先采用的一些做法可能有好处，但公私部门的基本任务是不同的。在将理论和做法转化为另一部门的理论和做法时，应谨慎行事。

然而，第二点可能是站不住脚的。即便人们认为公私部门是存在差异的，这也不意味着传统的行政模式是管理公共部门的唯一有效的模式。公共管理作为一门发展的学科应认识到，现在公务员的任务是管理性质而不是行政性质，而且在承认二者之间差异的情况下，还应承认新的管理模式的发展。

在政府内部，公共部门的工作仍在继续——雇用工作人员，并代表公众履行职能。政府所做的许多工作，特别是在公共服务的提供上，都具有公共管理的特征。熟悉僵化的官僚模式的那一代人正在迅速消失，年轻的公务员只是继续他们的工作，不知道这些小题大做是为了什么。但似乎可以明确的是，与批评者们的期望相比，改革在公共机构中得到了人们更多的认同。无论好坏，公共部门的工作似乎已经失去了一些特殊性、一种社群感；它已经成为另一种工作，其工作人员几乎可以在部门之间进行轮换。

政府的内部运作一直对社会的运作至关重要，尽管在大多数时候，它们几乎没有引起公众的注意。只有在很少的情况下，政治世界背后的组织结构才会被公开并引起人们的关注与争议，也只有在很少的情况下，对于公共管理和行政的小规模学界辩论才会蔓延到整个社会的更广泛的争论中。公共管理的转型正是处在这样一个时代中，即使其最终结果远未完全确定。

1.4 公共部门改革的必要性

始于20世纪80年代的公共改革浪潮，是对一系列相互关联的、迫切需要解决的问题的回应：一是公共部门在社会中的地位十分重要；二是经济理论的变革；三是科技的变革。与后期相比，早期人们更关注政府职能的削减，但上述三个必要因素都产生了持久的影响。

社会中的公共部门

在20世纪70年代以及80年代早期，人们对公共部门的规模与能力进行了大规模的抨击（Friedman and Friedman，1980）。政府本身，特别是其官僚体制，已经成为社会中一些不安定因素的根源，但具有讽刺意味的是，人们同时要求政府提供更多的服务。在1979年撒切尔夫人当选英国首相和1980年里根当选美国总统之后，公共部门的运作都经历了大规模改革（Ranson and Stewart，1994；Farnham and Horton，1996；Flynn，1997）。与福利国家时代相比，公共部门在社会中扮演角色的观念整体上受到人们的质疑和挑战（见第2章关于这个问题的更多讨论）。

对政府的攻击主要有三个方面。第一，有人认为，公共部门的**规模**实在过于庞大，政府消耗了太多的经济资源。在某种程度上，公共部门管理的改革是"明显无度的福利国家所产生的弊病的回应。在宏观上，这种弊病表现为政府规模及其财政赤字的不断增长；在微观上，表现为政府无力解决我们面临的所有问题"（Holmes and Shand，1995，p.552）。政府对此确实在一定程度上做出了回应。大多数发达国家政府支出的增长率有所减缓，在某些情况下，政府支出占国内生产总值的比例有所下降。

第二，政府对政府作用**范围**的争论做出了回应。有人认为，政府本身介入的活动太多，而许多活动可以通过其他可替代性方法来开展。作为对这些批评的回应，公共企业民营化成为许多国家广泛接受的一种改革策略，其中包括发展中国家。在一些国家，凡是被认为可由私营部门提供的服务均可以通过合同或直接销售的方式转移给私人提供者。各种形式的私有化行动（如外包和减少政府开支）都被认为是削减政府"核心业务"的举措。削减监管也是一个流行的口号，尽管具体削减哪些监管还未明晰。

第三，由于官僚体制越来越不受人们喜欢，政府做事的**方式和方法**也受到人们持续的抨击。人们愈加认为，通过官僚提供服务必定会造成服务的平庸和无效率。如果一些事情一定要由政府所承办的话，那也必须寻求官僚体制之外的其他组织方法。

对政府角色抨击的意识形态上的喧嚣以及削减政府规模的努力，在20世纪90年代末期已有不同程度的消退，人们对于政府的积极性角色也给予充分的肯定。如果不是许多国家政府采取了友好行动，全球金融危机可能会更加严重，然而随着政府再次受到抨击，这一点似乎已经被遗忘。

从2015年开始，又兴起了一波对政界和政府、对精英阶层、对政客和公共服务相当猛烈的抨击。在一些国家的大量民众中发现的不满情绪，只与里根和撒切尔时代的不满情绪有关。基于经济理论，人们主张更多地利用市场，同时削减政府的规模和范围。2015年后的批判更加猛烈、更加无政府主义、更加非理性，既没有理论依据，有时甚至没有事实依据。在英国、美国和欧洲部分地区，来自极右翼的批判运动发现，其追随者主要来自教育程度较低、生活在国际大都市以外的人群和受失业影响的人群。他们的目标是任何被视为精英阶层的人（媒体、政治家、政党、公务员、大企业）。其持有一种观点，即"满腔怒火的政客们似乎都是极端的，他们要么根本不想有国家，要么拒绝改革，要么将所有事情归咎于移民、银行家或欧盟"（Micklethwait and Wooldridge，2014，p. 12）。这种批判未来究竟会走向何方是个未知数，但它同样表达的是削弱政府的要求。

经济学的作用

20世纪70年代，一些保守主义经济学家（Stigler，1975；Friedman and Friedman，1980）认为，政府本身就是一个限制经济增长与自由的经济问题。与政府通过官僚机构强制人们做事相比，由于市场能够赋予人们更多的"自由"或"选择"（Friedman and Friedman，1980），市场取代了政府的"奴役"（Hayek，1944）。与此同时，经济学领域出现了一种更为强硬的经济学形式，通常被称为"新古典经济学"，它主张摆脱凯恩斯的经济思想及其赋予政府的主要作用。政府、政策顾问甚至政治家和官僚机构都接纳了新古典经济学及其主张，无论是政府内部事务还是社会公共事务，都更多地利用市场机制来制定政策和提供服务（Kettl，2002）。

经济思想的变革也深深影响着公共官僚组织（Boston，1995；Boston et al.，1996）。与传统公共行政所使用的诸如"公共利益"之类的模糊概念相比，诸如公共选择理论、委托-代理理论和交易成本理论之类的经济理论似乎能够提供更为明确的、与政策相关度更高的观念（Walsh，1995；Boston et al.，1996；Kettl，2002）。

公共选择理论作为经济学中的一个著名的理论，为那些认为政府过于庞大、效率低下的理论家支持其论点提供了一个有力武器，并且与传统的公共行政模式形成了鲜明对照。公共选择关注的是微观经济学在政治和社会领域的应用（Mueller, 1989；另见本书第3章）。公共选择的理论家们通常断定，"最好的"结果应是市场作用的最大化和政府作用的最小化，这样的观点在政府不乏拥趸。

委托-代理理论旨在解释私营企业中管理者（代理人）和股东（委托人）的目标为何经常出现差异，以及该如何构建企业的问责机制（Jensen and Meckling, 1976; Jensen, 2000）。公共服务的委托人——所有者，可能是普罗大众，但是他们的利益是如此的分散，以至于不可能对代理人——政治家与公共管理者，进行有效的控制。

交易成本理论是作为管理变革基础的另一种经济理论。正如威廉森（Williamson, 1986, 1996）所阐述的那样，这一理论对交易没有成本的概念提出了质疑，并阐述了公司在何种情况下可能会偏好市场的检验或者内部市场化。这种情况似乎同样适用于公共部门。有一些公共部门的交易，如果采用契约外包的方式，那么交易成本会大大降低，并可以降低行政成本，提供竞争的机会。然而，按照威廉森的论点，在一些公共部门的交易中，内部提供服务实际上会比外包更好。具体问题具体分析的方法可能比意识形态化的方法更好。

至少在一段时间内，经济理论的这些变化似乎为削减公共服务和重建公共部门管理提供了理论上的支持。此外，公共行政的一些观念，如终身雇佣、论资排辈、官员的任期与条件、传统的责任，甚至官僚制理论，因为理论基础薄弱，且不能为良好绩效提供适当的激励机制，而受到质疑和挑战。

事实证明，新古典经济学和新制度经济学在面对全球金融危机的现实时，并没有很好地发挥作用。2007年和2008年，当世界各国面临经济崩溃时，在实践和理论上都出现了回归政府的现象。政府也确实介入以挽救金融部门，避免其破产，其行事方式似乎发生了转变。然而，很快人们发现，意识形态并没有发生转变。没有什么能够比政府的介入更能阻止经济危机的恶化。大多数发达国家，尤其是英国和美国，欠下了大量的政府债务。这种债务负担反过来又会导致更大的压力，促使公共部门提高效率，并极有可能进行一轮更深入的公共部门改革。

20世纪八九十年代的公共部门改革，很大程度上归功于经济学的理论和实践工作，但并不持久。2016年，经济学和经济学家的力量经历了一系列惊人的修正。脱欧公投前，英国的经济和金融舆论几乎都认为英国应该留在欧盟，但这样的专家建议最终被忽视。同样，唐纳德·特朗普的经济政策也被大多数学术经济学家所摒弃。虽然经济理论确实对早期的公共部门改革产生了重大影响，但其影响力似乎已经减弱。20世纪80年代和90年代的新自由主义运动是以新古典经济思想为基础的，新自由主义时代有可能也已经成为历史。

技术变革

技术变革影响管理，包括政府的管理。正如方丹（Fountain，2001a）所说，技术"可能会重塑组织和机构，使其更好地符合技术的逻辑"（p.12）。换句话说，技术本身塑造了管理的方式。官僚制理论与那种能够使文件可以在层级结构中上下传递得更便捷的技术十分吻合。新技术所能做的就是压缩官僚层级，使得有用的信息能够同时传递给高层和底层的管理者。信息和通信技术（ICTs）的使用导致了对官僚机构工作方式的重新认识。不容置疑的是，随着各种信息技术的出现，公共部门管理必然发生相应的变革，正如私营部门和整个社会一样（见第13章）。

这些变革的要求对公共管理产生了实质性影响。传统的公共行政理论不具备应对变革的能力，更何况是在一个大规模变革的伟大时代。在很多人的心目中，有太多的政府扼杀了主动性，导致了效率低下以及为客户提供的劣质服务。如果公共部门能够提高效率，如果公共部门能够更好地管理，如果公共部门能够提供更好的服务，那么也许它就能在公众眼中重新获得一些勉强的尊重。

1.5　一个有趣的时代

尽管在这里运用公共管理是为了同传统的、业已被视为过时了的公共行政模式形成对比，但这两种理论的一些共同的、基本的理念还是受到了威胁。传统的公共行政理论和不同变体的公共管理理论，在政府改善公民生活方面发挥着重要作用，因此，人们始终认定未来生活会越来越好。但这一共识点本身就有可能被社会大众新一轮的反政治、反政府主义浪潮所淹没，使公共管理者的工作更加复杂化。任何公共管理者的第一责任应该是对政府负责，但除此之外，在公共行政和公共管理中，长期以来一直还有一个传统，那就是尽可能地进行合理决策。对公共管理人员来说，要应付与此相去甚远的政策，很可能是一种挑战。

关于早期公共部门改革的辩论有时相当激烈，例如，20世纪80年代英国国有企业私有化期间就是如此。但辩论一般都以事实为依据。公共管理改革的拥护者认为，他们的想法将提高服务效率，这样对客户更好。然而反对者的论点同样基于事实和与事实有关的理论。换句话说，二者之间能进行正常的交流与辩论。新的反政府主义则截然不同：意识形态比事实更重要，如果事实与先入为主的意识形态观点不一致，就会被驳回。2016年，《牛津词典》宣布其年度词汇是"后真相"；一名特朗普白宫工作人员在面对特朗普先生就职典礼人数的证据时，提到了"其他事实"；另一名工作人员提到了"解构行政国家"的总体目标（*Washington Post*，23 February 2017）。确切地说，这意味着什么还不清楚，但从表面上看，它似乎威胁到了几十年的行政秩序。公共管理者，就像之前的公共行政人员一样，在实际的事实中、在真实的数据中周旋。他们如何应对一个后真相的世界，如何应对因为浪费、服务质量差、身处一个应该停止存在的机构以及属于不应该存在的精英阶层而受到的持续攻击等，还有待观察。最激烈的反对可能是针对政治阶层的，但目的却不明确。即使"行政国家的解构"相当神秘，也很可能变成一种生存威胁。

1.6 结论

公共部门的管理出现了一种新的方法，甚至是一种新的模式，这种方法使公共服务摆脱了传统的官僚主义模式。公共行政已不再是公共部门组织和运作的有效模式，公共管理已经牢牢占据了一席之地。最根本的转变是在个人责任制和问责制方面，行政者只是听从指示，而管理者要对结果的达成承担个人责任。改革几乎涉及公共生活的一切领域，如政府机制、人事管理（聘用、晋升、任期）、政策制定过程、财政管理、与外部集团的关系和其他各类程序。在此过程中，大量经验的方法、复杂的统计技术被应用，特别是经济学和管理学的理论和方法。

这些变化也伴有紧张局势。虽然许多国家发生了显著的变化，但公共管理，特别是以市场为基础的变体，并没有完全替代原有的模式。公共部门改革的早期阶段往往对在系统内工作的人来说是相当不稳定的，旧的事务都变得不再确定。曾经被认为是终身制的工作被个人业绩管理、重组和裁员制度所取代，而且往往没有明显的理由。不需要政府雇员的服务提供机构，可以通过合同承担大部分政府的日常工作，并设立一个小型政策部门。政府仍然需要提供公共服务，但试图削减其规模。

改革是为了改进（Pollitt and Bouckaert，2011），但也可以说，由于改革太多，变化太大，管理能力并没有得到很大提高。在一些司法管辖领域，政府机构被掏空，以至于政策能力和企业记忆丧失殆尽。任何变革过程都会有赢家和输家，传统行政管理模式中一些有价值的部分可能成为一种损失。在道德、问责、新模式的理论基础以及有关公共服务的作用和组织的更大问题上，仍有一些严重的问题需要解决。但即便如此，我们也不会再回到在 20 世纪的大部分时间里存在过的传统行政管理模式了。

在任何社会中，对政府的一些质疑都是很健康的，很难想象一个社会没有政府，没有好的政府，也就没有对社会成员的一些基本保护。拆除或解构行政国家可能会迎来一个与 19 世纪 30 年代安德鲁·杰克逊总统（见第 3 章）不相上下的时代——特朗普先生曾公开钦佩这位总统。杰克逊时代的特点是任人唯亲、贪污腐败，以及瓜分政治成功的经济利益的分赃制度。重回杰克逊时代意味着行政思想回到前传统模式时代，虽然具有革命性，但不可能使民众受益。

然而，在政治领域的所有风波中，公共管理人员仍有一项重大任务要执行，其中许多人是在公共服务精神的驱使下为更大的利益做出贡献。公共管理者的工作在创造公共价值方面非常重要（Moore，1995），社区仍然需要修建道路和桥梁，为更多的弱势群体提供援助，开办学校和医院，保卫国家。

第 2 章

政府的角色

本章内容

- 引言
- 公共部门的必要性
- 作为公共政策基础的市场失灵
- 政府工具
- 政府干预的各个阶段
- 政府的规模
- 结论

2.1 引言

在混合制经济中,公共部门或私营部门活动的边界必须有所划分,且有划分的理由。二者的边界在不同的国家和不同的时代也有所不同:有些时候政府规模和作用的范围是扩大的,而有些时候则是缩小的。近几十年来,这一界线逐渐从公共部门移向私营部门,并使人们更加质疑政府为什么要参与特定的事件。资源和职能向私营部门的转移已经影响到公共部门的工作人员或在某些方面依赖公共部门的人。如果社会对公共活动不甚重视,如果历史上曾由政府从事的活动被市场化,如此行事的理由显然是公共管理者十分关注的。

从 20 世纪 80 年代初开始,许多经济合作与发展组织

(OECD) 的成员国对其公共部门的角色进行了重新评估。这种质疑仍在继续，而且还在加速。有人断言，政府介入了自己不应该介入的领域，必须大幅度地缩减政府的规模，弱化政府的角色。政府是应该一如既往地提供商品和服务，还是应该将这些职能移交给私营部门去完成？政府是否还要像现在这样提供大量的补贴和进行那么多的管制？个人是否应该少交税，以便他们可以自由支配他们的工资，或者，从另一方面说，他们应该保持较高的税收水平，以便为社会做更多的事情？这些问题还引发了这样一种政治问题，即不同的社会成员如何看待和评价政府所做的事情，以及他们对政府在社会中适当角色的看法是从哪里来的和如何产生的。

政府参与经济的程度，也就是政府的规模和范围，在传统上是右派和左派在意识形态上的基本分界线。泛泛而论，左派历来主张增加政府开支以及政府控制经济活动，而右派则主张减少这两方面的开支（Stiglitz，2015）。不足为奇的是，20世纪80年代围绕公共部门的争论一度成为一些国家激烈的意识形态斗争。由于公共部门的工作人员、工会和支持政府规模的人试图将政府活动维持在以前的水平上，反对变革的声音也同样激烈。

起初，公共部门改革被视为关于政府作用的意识形态大辩论的一部分。显然，里根政府和撒切尔政府信奉自由**市场**的主张，并对**指令**和**官僚体制**在理论和实践上发起持续的攻击。在改革的早期，亲市场的公共部门的主张反映了人们对政府角色的关切，以及对官僚制模式的效果和效率的担忧。随着政府改革的持续发展，很显然，政党政治的考量，甚至极端的意识形态的考量，仅仅是公共管理改革一个微不足道的方面。

在 21 世纪初的几年里，重视政府的理念确实又卷土重来，但时间不长。在 2001 年 9 月纽约遭受恐怖袭击之后，美国政府的威望立即得到提升，因为政府是唯一能够应对此类危机的机构。世通和安然等公司的失败降低了人们对私营部门的信心，并增加了政府对于商业活动进行管制的需求。2008 年开始的全球金融危机（GFC）向人们表明，缺乏必要的金融管制会产生什么样的后果，于是政府治理再一次成为解决问题的方案。在 20 世纪 70 年代受到质疑的凯恩斯主义得以回归，政府试图通过财政刺激计划缓解经济危机的恶果。凯恩斯主义可能在 20 世纪 80 年代和 90 年代失去了大量的人气，"但在 2008—2009 年的危机中，它又完全回来了"（Tanzi，2011，p. 5），但它也并没有能够持续下去。

2009 年，在美国，出现了一场名为"茶党"的运动，其明确目的是削减政府。它不是一个政党，而是共和党运动中的一个派别，旨在使当选官员保持"诚实"——"拒绝与民主党人就政府的范围和资金问题达成妥协"（Skocpol and Williamson，2012）。它拒绝考虑新的税收或增加现有的税收。只有通过"饿死这头野兽"（Krugman，*New York Times*，22 February 2010），才能将政府缩减到更容易管理的规模。虽然茶党曾经有过辉煌的时刻，但后来被一个更加极端的团体所取代，它们自称为保守派，但似乎比保守派更加无政府主义。

特朗普执政初期，这个群体牢牢掌控着议程，比传统的共和党显得极端得多，更不用说民主党了。标志着新的孤立主义，美国立即收紧移民政策，退出《跨太平洋伙伴关系协定》，并表示至少要重新谈判其他贸易协定，其中大多数协定实际上对美国相当有利，而不是对其他成员有利。在环保、能源、教育、劳工等几个领域任命的内阁成员，相当刻意地反对他们机构的主要任务。如特朗普白宫当时的首席策略师史蒂夫·班农（Steve Bannon）称特朗普总统退出《跨太平洋伙伴关系协定》是"现代美国历史上最关键的时刻之一"，并补充说，"特朗普的另一个首要任务将是'解构行政国家'，包括撤销奥巴马时代的政府法规和贸易协定"，甚至还说特朗普内阁"被选中是有原因的，那就是解构"（*New York Times*，23 February 2017）。

"解构行政国家"究竟意味着什么，还远远不清楚，但它确实有望对设立政府机构的根本目的进行进一步甚至更激进的攻击。正如《纽约时报》（2017年2月24日）的一篇文章所解释的那样：

> 共和党人长期以来一直警告不要过度监管。班农先生将问题描述为来自更深层次的东西：左派为推进其议程而设计的暗中的"行政国家"。在这种观点中，国家并不是美国选民的工具，甚至也不是主流保守派经常看到的需要克服的障碍，而是一个天生敌视人民的对手。这是民粹主义领袖的核心论点，他们通常通过承诺反对体制而崛起，将社会的问题归咎于体制。但是在实践中，他们通常会自己从这些机构手中夺走权力。

这些想法不能被当作美国特殊性的例子，因为西欧、东欧和亚洲的政党都在呼应这些观点。然而这一切将走向何方犹未可知，班农在六个月后也离开了白宫。它可能不过是对将要被现实所取代的新总统制的夸大其词，或者可能预示着政府和政治观念发生大规模变革的时代的到来。

社会确实需要更好地理解自己的政府所发挥的积极作用。毫不夸张地说，公共部门影响着整个经济和社会。缺乏保证合同履行的法律框架，私营企业活动将无法运转。各种法规、税收、许可、基础设施、就业标准和条件都会影响私人市场的决策。公共部门是私营部门产品和服务的超级买家。政府将社会富人阶层的收入重新分配给较不富裕的人们，这样做是为了保持一定的社会凝聚力。公共部门在确定实际生活水平方面起着至关重要的作用，大部分人的生活都依赖于政府所提供的服务，如教育、医疗、社会保健、环境、公共交通、法律和秩序、城镇规划和福利设施等的质量应至少与日常消费的商品和服务一样。政府可以而且确实会促进私营部门的创新（Mazzucato，2013）。

20世纪80年代和90年代对公共部门的规模、范围和行事方法的抨击使得缩减政府规模、改革政府管理的措施变得深入人心。希望缩减公共部门规模的政府在社会上很少遇到阻力，社会对官僚体制的幻想似乎破灭，尽管人们并不希望减少公共服务。此外，由于缺乏对官僚机构和公务员的支持，它们成为解决政府问题的有用且无力反抗的替罪羊。政府规模扩大的主要原因是公众对更多服务的需求，如老龄人口的医疗保健和福利，但与此同时，人们又对提高税赋从而能够支付这些服务的办法表示反对，这确实是自相矛盾的。

正如我们所看到的，有许多关于政府职能的理论。有些理论认为，政府只应提供市场无法提供的商品或服务。然而，另一些理论则认为，既然政府是通过政治过程所表达出来的人民意愿的集中代表，那么其范围就不应被限制。

2.2　公共部门的必要性

按照惯例，经济被划分为私营部门和公共部门。一位学者将公共部门定义为"致力于提供服务（在某些情况下是商品）的部门，服务的规模和种类不是由消费者的直接意愿决定的，而是取决于政府部门的决策，在民主政体下，取决于公民的代表的决定"（Hicks，1958，p.1）。这一定义并未涵盖公共部门活动的全部内容，但它确实包含了关键性的一点，即公共部门是公共、政治决策的产物，而无涉市场过程。另一种观点认为，政府的盛行"可能反映出与消费者选择和分权化决策的前提相悖的政治与社会意识形态的存在"（Musgrave and Musgrave，1989，pp.5-6）。如果正常的交换机制是通过市场来进行的，那么政府的合理职能是什么？

从根本上说，政府是以命令为基础的，它们可以强迫人们服从，而市场是以自愿为基础的。同样，社会中的每个人都要服从于国家。正因如此，国籍和强制权才使得政府本质上不同于私营部门。国籍通常不是一个选择问题，"事实上国籍是国家强制性权力赋予的，其他社会组织都没有这种强制的权力"（Stiglitz，1989，p.21）。其他的交易则是自愿的。私营部门确实有要求强制遵守的方式，例如对合同的履行，但在法律行为中，唯一容许的强制力是通过政府提供的法律制度所赋予的，而且以警察和军队为后盾。即使是私人的调解或仲裁最终也要依据政府制定的法律制度。

将经济划分为两个相互排斥的部门的做法可能是武断的（McCraw，1986）。两个部门之间的互动是如此的频繁以至于严格的二分法更多的是一种误导。可以这么认为，现代资本主义经济是一种"彻头彻尾的混合的体制，在此体制中公私两种力量密不可分、相互作用"，且经济体制"既不是公共性质的也不是私营性质的，而是一种混合体"（Musgrave and Musgrave，1989，p.4）。私营部门依靠政府提供基础设施和法律体系，特别是财产权的保护和法律的执行，两者都是市场运作的必要条件（Stiglitz，2001）。政府依赖私营部门生产商品和提供服务，并缴纳税赋。与简单地认为公共部门与私营部门是相互独立的并必然导致对抗相比，公共部门与私营部门间的相互作用可能更微妙。

政府应该有所为，也应该有所不为；政府可以为善，亦可以作恶。即使在**自由放任**的19世纪，政府也不是无所事事。今天，即使是最狂热的主张市场自由的经济学家也看到了政府的作用，甚至这种作用超越了亚当·斯密所提出的国家的三种基本职责。

世界银行指出，每个政府的核心使命都包含了五种基本的职能：（1）建立法律基础；（2）维持稳定的政治环境，包括宏观经济的稳定；（3）投资于基本的社会服务和社会基础设施；(4) 保护弱势群体；(5) 保护环境（World Bank, 1997, p. 42）。

如知识卡片 2-1 所述，安德森（Anderson, 1989, pp. 19-22）列出了政府的七项基本职能，他声称这些职能普遍适用。

知识卡片 2-1

政府的基本职能

- **提供经济发展的基础架构。** 政府提供确保现代资本主义正常运转的体制、规则和制度安排。具体包括：产权的界定与保护，契约的履行，标准货币、统一的度量衡、公司章程、破产法、专利法、版权法的提供，法律和秩序的维护，以及关税体系。现代经济社会也是政治社会，缺乏政治系统所提供的游戏规则和经济生活的框架，经济体系根本无法正常运行。合同之所以具有法律约束力是由于法律的存在，而法律是由国家制定的，是以国家强制力为后盾的。

- **提供各种公共物品与服务。** 有一些公共物品，它们对整个社会有益，对个人而言却很难根据使用的数量来付费。一旦将这些公共物品提供给某一个人，整个社会都可享用它们。这些公共物品包括国防、道路与桥梁、航行救助、洪水控制、下水道清理、交通管理系统以及其他基础设施。许多商品具有使用的广泛性、不可分割性以及非排他性等特征，因此，它们属于公共物品。

- **解决与协调团体冲突。** 政府存在的一个基本理由是需要它来解决和缓解社会冲突，以实现正义、秩序和稳定。这也可能包括政府采取行动保护经济上的弱势群体和弱者，使其免遭强势团体的侵害。政府可以通过制定童工法、最低工资法和劳工薪酬法来实现公平，消灭剥削。

- **维护竞争。** 竞争的秩序在私营部门并非天然存在，需要政府干预以确保企业的正常竞争。如果没有政府的监控，自由企业制度的优越性将无从体现。如果缺乏适当的管制，一些公司将会发展成垄断集团，限制其他企业自由进出，产生垄断价格。

- **保护自然资源。** 我们不能仅依赖于竞争的力量来防止资源浪费、保护自然环境免遭恶化，以及确保后代的利益不致受损。市场活动对环境的破坏是教科书中关于外部性和市场失灵的经典例证。政府的行动是防止环境恶化的主要途径。

- **确保商品和服务的可及性。** 市场运行有时会产生某些残酷的或社会难以接受的后果，导致贫困、失业、营养不良。一些人则由于疾病、年迈、缺少文化或其他原因而被排除在市场经济之外。人们对于政府救助的程度、总体成本以及可能产生社会成本的某些特殊计划等常常难以达成一致的意见。

- **维持经济稳定。** 市场经济总是出现周期性的经济波动，繁荣之后是萧条，而政府则可以通过财政预算、货币政策以及对工资与物价的调控等行为来缓解这种波动。尽管政府行为经常存在缺陷，甚至有时是错误的，但社会依然认为政府应当对国家的经济负责，并且社会还普遍对政府抱有期望，认为政府应该采取行动，解决一切可能出现的问题。

资料来源：Anderson, 1989, pp. 19-22.

安德森指出，上述列举的功能几乎是通用的，它们确实是一组相当标准的、适用于大多数国家的政府职能。有些职能属于市场失灵的表现，如提供公共物品和保护环境，但其他职能则与市场失灵无关。上述职能不是任何特定的理论的反映，而是真实现实的反映。

2.3　作为公共政策基础的市场失灵

虽然商品和服务的销售是资本主义社会的基础，但在某些情况下，市场可能无法提供社会所需的所有商品和服务，或者可能以一种对整个社会产生不利影响的方式提供。凭市场机制并不能实现所有的经济职能，这就需要公共政策"在某些方面予以引导、矫正和补充"（Musgrave and Musgrave, 1989, p.5）。许多理论与模型表明，政府的作用仅限于市场失灵的领域，政府在这些领域能够发挥更好的作用。市场无法以最令人满意的方式提供的商品或服务包括：教育、法律与秩序、环境保护、国防、道路和桥梁、医疗卫生与保健、福利服务、公共交通等。即使市场能够提供这些，也可能产生不良的社会效果。市场的力量无疑是强大的，它可以在没有政府干预的情况下为众多商品和服务提供分配和配送体系。但是，市场并不是万能的，它存在若干失灵之处。

公共物品

公共物品和私人物品有一个相当明确的区别。私人物品是谁付费谁享用的物品，而其他潜在的使用者被排除在外。一旦某人按要价付费，例如买一辆车，便可通过交易过程实现对该物品的所有权，非经物主同意任何人不得使用。公共物品则完全不同，所有的使用者无论付费与否都可以从中受益。公共物品具有非排他性，即如果向一个人提供，则所有人皆可享用。例如，灯塔不可能只供那些为该项服务付费的船只使用。公民不可能决定其个人所需的国防水平，也不能在其纳税中精确地付费。一些公民可能会反对为国防支付任何费用，这里显然也存在"搭便车"问题。同样，道路和桥梁可造福于某个特定城市，但对单个的使用者征收过路费或过桥费，或以其他方式收费，是不可行的或成本太高的。

尽管公共物品与私人物品之间的界限常常是模糊不清的，但除了通过政府提供这些公共物品之外似乎别无他法。与以前的情况相比，现在很少有毫无争议的公共物品。一些道路或桥梁可以直接收费，也可以采用其他付费方式，如桥梁或高速公路的年费。在新加坡和伦敦，一辆私家车进入内城要额外收费。道路的使用能通过卫星定位来进行计算和收费。国防一直是典型的公共物品，然而在实践中，这种公共物品只能通过全社会缴纳税赋的形式来付费，而不是仅仅由那些重视武装力量防御的人来付费。国防通常是政府预算的一部分。在智利，从20世纪50年代开始，相当一部分国防费用直接来自铜业生产的特许使用费，但是这种类型的资金是非常少见的。

有的著作中也提出**准公共物品**的概念。它们都是社会中所需要的各种服务，例如教育和医疗保健，但是市场不能以最令人满意的方式向社会提供。从技术性意义上讲，这些准公共物品——它们可以是排他性的——也可以由市场提供，但是通过某些形式的政府介入对整个社会则更为有利。经济活动需要受过良好教育的工人来完成，因为受过良好教育的工人能够完成更为复杂的工作，政府的提供或帮助可以提高整体教育水平从而造福整个社会。但是如何资助教育也是一个普遍的问题，如果把教育看作是一种纯粹的私人物品，则会产生个体间的公平问题，而如果有些拥有天赋的人无法接受教育，则会产生效率问题。一定程度的政府资助能帮助解决整体的社会后果。

医疗保健的资助是另一个难以解决的准公共物品问题。尽管由医生和医院提供医疗服务在发达国家已成为普遍现象，但是财政资助的机制也是各种各样。有些国家将医疗保健视为私人物品（如美国），另一些国家则将其视为公共物品（如英国），还有一些国家将其视为公共物品与私人物品的混合物（如加拿大、法国和澳大利亚）。当个体低估了其实际的患病或者事故风险时，私人健康保险市场就不足以覆盖所有对象。同时，私人提供者有动机拒绝为来自高风险群体或已经生病的个人提供健康保险，因此，往往会出现保险不足的情况，并最终需要政府通过某种方式介入。

与此相关的是"不良物品"的概念，即消费对社会和消费者个人产生负面影响的物品。烟酒就属于这一类，因为过度消费此类物品会导致社会问题。政府对此类物品的消费征税是很常见的，这既可以抑制消费，又可以为支付社会成本提供方便的收入渠道。

许多国家在由私人部门和公共部门提供这些准公共产品方面存在着不稳定的组合，但对于"公共-私人"连续体中最理想的一点到底在哪里的问题却没有任何明确的答案。

外部性

市场交易经常会对第三方或环境产生影响，这种影响只有通过政府行为才能减少。如前所述，作为私人物品，人们可以通过市场购买汽车和汽油，但由此对空气质量或车辆事故所产生的外部性或"溢出"效应，却没有根据可能引发的问题按价付费。环境影响往往需要借助于某种形式的政府行为才能解决。政府行为有时也采用市场化的手段，如付费的排污许可证，甚至排放交易体系，但这仍严格限制在政府管制的框架之内。碳排放税便是政府采取的解决外部性问题的更为直接的方式。

自然垄断

有些商品或者服务具有边际成本不断降低的特性，也就是说，当将其提供给某一消费者的同时又提供给另一消费者，其成本会变得更低。这种情况被称为自然垄断。这种情况最常发生在网络化的公用事业领域中，如电话、电力、煤气和自来水。一旦网络建立起来，那么增加一个新用户的成本将低于建立一个竞争网络的成本——后者面临沉没成本的问题。尽管现在被视为完全自然垄断的行业或部门已经很少，但自然垄断的存在仍为某种形式的政府干预甚至国有化提供了理论依据。无论如何，已有例证（特别是美国）表明，这些公用事业可由私人拥有，但要受到政府的管制。换言之，政府干预并不必然意味着商品或服务由政府直接提供或者所有，它们也可以由私人提供，但又必须接受某种形式的政府管制。

不完全信息

信息不足，或者"信息不对称"（Kay and Vickers，1990），被视为市场失灵的表现之一。市场理论假定买卖双方的信息都是充分的。对消费者的保护或标示信息或许就是政府通过提供信息的行动来改善市场功能的例证。信息甚至可以被看作一种公共物品（Stiglitz，2010）。对明显不安全的商品实施管制则可被视为向那些无法或不愿自己收集信息的人提供信息。

其他一些不完全信息的出现可能与"逆向选择"以及"道德风险"有关。前者的例证是，身患疾病者往往更可能购买医疗保险；后者的例证是，吸烟者和骑摩托车者对风险的自我评估要远远低于其实际风险，因此信息被一再忽视了。这两者都会由于信息失灵而导致市场失灵现象的发生。

市场失灵的局限性

市场失灵理论可以为政府行动提供某些指导，但如果完全将其作为政府应该或不应该做什么的指南，则在特定情况下可能会产生问题。一方面，有些市场经济学家，如著名的施蒂格勒（Stigler，1975）和弗里德曼夫妇（Friedman and Friedman，1980），不同意市场失灵为政府进行干预提供了合理性的说法，他们认为这将导致过多的政府干预。施蒂格勒也认为，政府为保护消费者而采取的行动是不必要的，其作用要低于"**货物既出、概不退换**的信条"——买者谨防——以及"竞争的强大推动力"。施蒂格勒指出，"公共管制削弱了消费者的市场防御能力，并经常对其施加新的负担，却不为之提供相应的保护"。即使竞争和"买者谨防"无疑是强有力的，但是，在公众将保护消费者所需的相对低廉的成本与那些销售有害于儿童安全的玩具、服装或未经许可的药物等行为所造成的成本以及通过法律体系索赔所造成的成本进行比较时，可能就不会觉得公共管制是一种负担了。

竞争可能是私营部门的"强大引擎"，但是，如果没有政府监管来确保竞争的真实性，私营供应商将串通、参与减少竞争的合并或进行投资游说，以使政府的规则为自己的利益而改变，因为在某些情况下，从事反竞争行为比实际竞争更具成本效益。

政府的另一项职能可能是培育新的产业。私营部门也比理论上所说的更厌恶风险，特别是在投资新的、开创性的领域时。正如马祖卡托所言（Mazzucato, 2013, p.71）：

> 国家在计算机产业、互联网、医药生物技术产业、纳米技术和新兴绿色技术部门的历史中发挥了关键作用，这方面的证据比比皆是。在这些方面，国家要敢于不顾一切地思考"不可能的事情"，创造新的技术并进行最初的大量必要投资，使分散的行动者网络能够进行风险研究，然后使开发和商业化进程以动态的方式进行。

她认为，在一些关键领域，政府比私营部门更具创业精神和创新能力，这有助于克服"市场失灵"（Mazzucato, 2013, pp.72-73）。

政府对经济的参与大部分（但不是全部）是针对市场失灵的，但解决这些问题可能会导致其他问题。

政府失灵

市场可能失灵，但政府为缓解问题而采取的行动本身也可能导致另一种失灵——政府失灵。与其说潜在的市场失灵成为政府干预的充分理由，不如说现实中需要在市场失灵的可能性和政府为解决问题而进行的干预成功或失败的可能性之间进行权衡。但是，政府失灵并非不可避免，通过谨慎行事可以减轻其发生的概率。但这一点同样适用于市场失灵，现实是政府越来越多地被要求从各个方面解决各种问题。如果其中一些问题可能导致政府失灵，这本身并不是不采取行动试图解决这些问题的理由。

市场失灵的概念可以说是缩减了政府人为的活动范围。该理论往往把经济问题去政治化，在可能存在强烈政治冲突的情况下，把经济问题视为技术性的问题。它假定效率是指导政府干预的唯一价值，而其他重要的价值，如平等、机会平等、民主责任以及自由都被忽视了。另外，该理论几乎无法解释政府现阶段为什么会采取一系列积极的政策。市场失灵现象仍将继续存在，但政府在何时何地进行正当干预的答案尚不明确。市场失灵的概念为政府干预提供了某些指导，但它并没有为政府的"允许进行的"活动确立一个完善的答案（Walsh, 1995; Tanzi, 2011）。

打个比方，即使政府出于公共卫生或其他外部性原因去关注供水问题，但这并不一定意味着政府就应该是唯一的服务提供者，也可以允许私人部门在政府的监管下进行服务供给。此外，需要考虑的是，政府在特定情况下究竟应如何行动。即使在有理由进行干预的情况下，使用的确切工具和公共政策的设计也不是一件小事。

2.4 政府工具

政府工具是指政府干预的方式，也是政府行为正当化时所采用的机制。在经济中绝大多数的政府干预可以通过以下四种工具得以实现：（1）**供应**，即政府通过财政预算提供商品与服务；（2）**补助金**，这实际上是供应的一种次级类型，是指政府通过资助私人经济领域的某些公司或者组织以生产政府所需的商品或服务；（3）**生产**，政府出于市场销售的目的生产商品和服务；（4）**管制**，是指政府运用国家的强制性权力许可或禁止私人经济领域的某些活动。

供应

政府通过预算直接提供商品或服务，是这一方式的主要内容。预算部门包括那些资金来源是税收但是使用者付费的部门，也就是那些提供非市场的商品和服务（如道路、国防、教育、卫生以及其他社会福利）的部门。预算部门还包括转移性支付的部门，在此部门，政府并不是经费的最终使用者，而是通过再分配将经费从某一纳税阶层转至另一个阶层。大多数政府活动是通过直接供应得以实现的，并体现在预算之中（见第14章）。尽管人们一直试图削减政府供应，但事实证明这样做并不容易。削减一些人或者群体受益的项目，特别是对那些有政治重要性的人有益的项目，往往会遭到公开的、可以理解的抵制。

补助金

补助金是指私营部门提供特定的商品或服务，但同时可以得到政府一定的资助。补助金的种类繁多，包括对农民或工业的补助，也包括对私营公共汽车公司或私立学校、火车、航空公司或健康保险的补助。事实上，补助的范围没有真正的限制，尽管受到补助的部分属于公共的性质，但具体的管理是由私营部门负责的，政府的干预仅限于监督，以确保他们的钱是以被批准的方式使用。在实践中，很难将政府补助和政府供应的类别区分开来，在政府预算中，补助金同样是以政府供应的方式表现出来的。

生产

与供应或补助金不同的是，政府的生产是在政府预算之外进行的，且与私营部门提供物品的方式一样，使用者必须付费。政府通常（尽管并不总是通过公共企业）向消费者出售商品（或服务），例如电力供应，如果消费者不愿付费，便不能享用这些服务。一些国家仍然保有大量的公共企业（例如中国、新加坡以及欧洲的一些国家），但美国除了美国邮政局之外，公共企业一直很少。可以预料，公共企业在公共部门的作用问题已经引起相当多的争论，20世纪八九十年代的民营化运动已大大缩减了公共企业的规模（见第7章）。

管制

管制是指政府运用立法的权力许可或禁止某些行为，通常是指与经济相关的行为，也涉及其他社会行为。管制包括了设定关税、颁发许可证或者执照以允许进行特定的活动，以及对劳动力市场的监管。管制的内容各异，可以是常规微小的事情（如统计资料的搜集），也可以是完全禁止从事的某种经济活动（走私和销售非法药物，通常给予严厉惩罚）。

管制可以是经济性管制也可以是社会性管制。经济性管制旨在鼓励企业和其他经济从业者从事某些活动或避免从事某些活动，社会性管制的目的通常在于保障公民和消费者的利益，尤其是有关质量标准、安全等级及污染控制等方面的事情。商业领域的管制范围非常广泛，包括既有财政管制、常规价格管制、数量管制、质量管制以及各种商品和包装标准的管制等。从事某些特殊的职业必须获得政府机构颁发的执照，而企业必须遵守政府制定的职业卫生、安全和环境标准。同时，大多数国家都有一些竞争政策或反托拉斯立法，目的在于强化市场的竞争，抑制商业活动中可能出现的任何勾结或垄断的倾向。

改革管制和管制体制已经成为公共部门改革的一个主要内容。许多经济性管制（明显针对私营部门进入、供给，或者价格决策的管制）在很多国家已经被取消或者修正。然而，社会有减少管制的需求，同时也有加强管制的要求。在美国，由于缺乏足够的商业管制，在一段时间内公司丑闻频发。美国于2002年通过了《萨班斯-奥克斯利法案》（Sarbanes-Oxley Act），该法案意在强化公司的责任感。同样，人们也把开始于2008年的全球金融危机归咎于金融机构的管制失灵。尽管放松管制和"精简繁文缛节"的呼声不断，但是未来更可能出现的情况是管制更多而不是更少。

萨拉蒙（Salamon，2002）对政府工具进行了进一步的分类，他所主张的"工具"要比这里讨论的工具更为宽泛。他认为，"早期的政府活动主要局限于政府官僚直接提供商品或服务，而现在则是贷款抵押、补助金、合同、社会管制、经济管制、保险、税收支出、补助券等一系列令人眼花缭乱的供应方式"（p.2）。还有其他一些方式，包括道德劝说以及软磨硬泡（Thaler and Sunstein，2009），政府在没有正式行动的情况下，除了试图说服或表达自身意愿外，不会做更多的事情。

政府采取的行动可能"令人眼花缭乱"，但它们都可以归类到这里讨论的四种工具。例如，税收支出可以被视为补助，贷款担保和保险也是如此；社会和经济管制则属于管制的子范畴；供应、补助、生产和管制组成了政府有效的经济工具，虽然政府也可以采取其他的方式，如仲裁、规劝、告知，以及非经济的立法等，但这些方式很难归入纯经济的范畴。

使用哪种工具？

不同的时期以及不同的理论往往主张采用不同的工具。一些没有政府供应历史的国家，典型的如美国，确实具有悠久的政府管制史。如果政府在实际中实行严格的管制，那么这个政府几乎就是强制干预型的，无异于政府直接提供物品和服务。同样，政策工具相互之间并不是相互排斥的。政策工具往往是综合使用的，具体的工具组合因国家和政策背景而异。

人们一直尝试减少通过政府预算的政府供给与补贴，有些国家（英国和瑞典）减少了总支出占国内生产总值的比例。公共部门提供的服务越来越少，而通过合同形式由私营部门和志愿者组织提供的服务则越来越多。这种向合同形式的转变不应被视为政府供应的减少，更确切地说，这是一种由公共部门提供政府服务向由私营部门提供政府服务的转变，而纳税人仍旧通过政府预算承担成本。

随着公共企业民营化的深入，政府生产显著下滑。20 世纪 80 年代，作为政府政策的一种工具，政府生产的观念的确受到人们的冷落。政府生产成为应对私人公司失灵的临时性对策，不太可能重返历史舞台，美国政府在 2009 年全球金融危机期间拯救通用公司就是例证。两年后，通用公司的股权大部分重返私有，"国有化"仅仅是暂时性的权宜之计，而不是意识形态偏好政府所有。在新加坡和中国等国家，尽管公共企业部门经济形势下行，但其仍然是经济的主要支撑部分。分别位于迪拜和阿布扎比的政府全资控股的阿联酋航空和阿提哈德航空，以及政府大部分控股的新加坡航空的成功，让民营航空公司抱怨说，这些竞争者的政府所有权给他们带来了民营航空公司所没有的优势。在 OECD 国家，政府的首选工具似乎是监管，而不是直接提供、补贴或生产，不过其性质已从限制性的管制（往往是反竞争的）转向有利于竞争和反应更灵敏的管制（Ayres and Braithwaite, 1992; Parker, 2013）。

2.5 政府干预的各个阶段

"政府应该做什么？"这也许是政治哲学中人们反复争论的最古老的话题。政府干预经济的程度，在很多方面，是意识形态分歧的根本所在。我们可以看到这样一个连续统一体，在其他主张相同的情况下，极右派主张政府干预的最小化，而极左派则主张政府对经济实行全面干预（Downs, 1957）。右派认为应让个人为自身利益做出经济决策，而左派则坚信只有集体行动和国家所有制以及国家干预才能解决资本主义固有的社会问题和不平等。政治上的争论通常发生在这个连续统一体的两端之间的某个位置，而不是在极端的地方进行。自 18 世纪末以来，国家干预的钟摆一直在不同点之间移动。在这一时期，政府对社会的干预经历了若干重要阶段。

自由放任的社会

出于本书的写作目的，我们将 18 世纪末期作为探讨政府在混合经济中的角色的适当起点。这是重商主义的最后阶段，在这个时期，政府密切介入经济生活的方方面面。管制的直接指向是通过限制对外贸易来增加国家的财富与权力，但出于国家目的它们也要对内实施管制。总的目的是利用政府来推进国家的经济目标，但这是依靠一组特定决策而非一项清晰、持续的规划而实现的。政府的重商主义角色是广泛的和无孔不入的，换言之，在社会中政治支配着经济。

作为对此种类型社会的一种反抗，亚当·斯密于1776年写了《国富论》一书。他在书中指出，除了促进国家间的自由贸易外，政府的角色应大幅度地削弱。亚当·斯密（Smith, 1776, pp. 208-209）认为，"统治者的责任"——换言之，也就是政府的角色，应如下所述：

> 第一，保护社会免受其他独立社会的暴力和侵略的职责。第二，尽可能保护每一个社会成员免受社会中其他成员的不公正对待或压迫的职责，或者建立一套严密的司法行政的职责。第三，建立并维护某种公共事务和公共机构的职责，这种建立和维护绝不是为了任何个人或少数人的利益。因为对于任何个人或少数人而言，收益永远无法补偿其支出，尽管对广大社会而言，其收益常常要大于其所得的补偿。

在这些话中包含着一些关于公共部门角色的重要思想，其中包括公共物品理论的起源思想。

亚当·斯密设想有一个比当时政府所扮演的角色更小的政府。其首要职责——国防职责，一直都是政府的一项职责，甚至也是政府得以存在的主要理由。第二项职责——提供法律制度，包括两个主要方面。它是防卫职责在国内的延伸，一个社会必须保护自己免受那些不遵守规则者之害。此外，政府还有一种市场角色。亚当·斯密所倡导的自由市场体制需要一套法律制度以保障合同的实施并保护财产权。第三项职责要复杂得多，政府出于社会整体利益的考虑可以向社会提供某些商品，如道路和桥梁，但是要设计出使直接的受益者为之付费的方法并不容易。这些商品，后来被称为"公共物品"，最好是由政府来提供。要准确界定哪些行为属于政府的第三种职责并非易事，但我们现在称为"基础设施"者大都属于此类，在亚当·斯密看来，教育至少是最基本的。

除了这些相当微不足道的功能之外，亚当·斯密认为政府的理想角色就是尽可能地远离经济生活，即使斯密"意识到了他论点的局限性——与他的后世追随者不同"（Stiglitz, 2010, p. 16）。市场进程本身能比政府干预产生更好的整体效果，这一理论是重商主义理论的反叛。政治和政府机构并不比经济体制自我改善的动因更重要，政府应仅仅作为市场的推进者，政府干预应是在万不得已的情况下才可能采取的手段。亚当·斯密著述的重要性在于，其观点时至今日仍持续产生着根本性的影响。20世纪末的新古典主义或自由主义经济学家（Stigler, 1975; Friedman and Friedman, 1980）无疑都将亚当·斯密的理论作为影响他们思想的重要理论渊源。

福利国家

19世纪，尤其是在英国，人们试图创建亚当·斯密及其追随者所主张的那种最低限度的政府。然而，在维多利亚时代的英国，尽管社会整体生活水平有了较大的提高，但也产生了一些令人遗憾的负面现象，包括剥削童工、住房紧缺和医疗水平低下等。19世纪中叶，马克思等人断言，资本主义内部存在矛盾，其不可逆转地导致了对工人的剥削，这在一定程度上是对**自由放任**资本主义的过激行为的反击。到了19世纪末期，出现了后来广为人知的"福利国家"，它通过重新确立国家对公民福利所担负的责任，来减轻过度的资本主义带来的某些危害。

人们通常认为福利国家起源于19世纪80年代的德国，虽然当时的首相奥托·冯·俾斯麦是个典型的保守派，但他看到了扩大福利对选举有利可图。其主要的动因是应对因社会主义工人运动而产生的政治与社会秩序的危险，而这场运动被当时的一些人称为一种革命性威胁（Ritter，1983，p. 131）。正如俾斯麦所言："任何享有养老金、盼望老有所养者相对于那些一无所有者更容易满足和更容易被照顾。"在另一个场合，他又说这些养老金会让那些"即使是最普通的人"把"帝国看成是一个慈善机构"（Ritter，1983，pp. 33-34）。

采取这样的举措无疑会带来选举上的好处，同时这样的举措可能与19世纪下半叶选举权的扩大有关。向公众做出承诺并提供服务成为政党主要的竞争手段，同时自20世纪30年代以来，凯恩斯的经济理论允许政府在稳定经济和缓解社会问题等方面发挥重要作用。

进入20世纪，许多欧洲国家开始有了实质性的福利方案。但是，由于受**自由放任**思想的抵制，英国的第一个福利计划在第一次世界大战前才得以实施，而美国则一直到20世纪30年代的罗斯福时期才开始出现。这一时期和紧接着的战后时期是弗里德曼夫妇（Friedman and Friedman，1980）所说的"费边社会主义和新政自由主义"最鼎盛的时期。在英国和欧洲（而不是美国）还出现了一个产业国有化计划。在这些国家，人们主张国家的经济命脉，如煤炭、钢铁、铁路和通信，应该控制在公众手中。第二次世界大战以后，大多数欧洲国家实施了更为详尽周到的福利政策，以便为其公民提供"从摇篮到坟墓"的保障。它们提供广泛的失业救济、普遍的医疗计划、教育资助以及面向弱势群体的社会救助计划。

对于社会普通民众而言，福利政策确实使其受益。迫于选举的压力，西方各国政府已为所有阶层提供了更广泛的受教育机会和医疗健康保障，以及为退休者和失业者提供经济援助，所有这些都意味着政府的规模与范围至少在20世纪70年代或80年代早期以前一直保持增长。然而，人们对福利国家并非没有非议。它试图将政治重新置于经济之上，并强烈反对**自由放任**的经济体系。它存在三个问题：第一，是整个财政问题，因为福利国家政策"越来越使各国面临财政无法承受的问题"（Holmes and Shand，1995，p. 559）。为支持福利计划必须谋得资金，这最终导致对经济体系生产出来的财富征收税赋。第二，与第一个问题相关的是，这样一种政治计划必须仰赖于广泛的政治支持，而在 20 世纪 70 年代末期和 80 年代要获得这样的支持已不再像原来那样容易了。福利国家已经"过度扩张"（Micklethwait and Wooldridge, 2014, p.87）。里根政府和撒切尔政府早已不复存在，但他们确实引起了社会对福利国家时期政府规模和范围以及随之而来的高额税收水平的不满情绪。第三，福利国家所赖以生存的经济与政治理论已经受到人们的冷落。在经济学领域，新古典主义学派开始占据新的统治地位并公然声称反对福利国家政策。新古典主义倡导重新回到以亚当·斯密的理论为基础的更具活力的经济社会。

新古典主义

自 20 世纪 70 年代中期以来，政府已日益摆脱扮演了大半个世纪的规模较大的、具有绝对的集体主义色彩的角色。尽管各国变革的程度不尽相同，但的确出现了"峰回路转"（Friedman and Friedman, 1980）的情况。在各级政府、政策咨询部门以及官僚机构的主要部门之间，新古典主义经济学已经占据了主导地位。该理论包括四个方面的内容：

- **个体理性假定**。个体被假定具有多多益善的偏好，会理性地追求其目标，这至少从整体意义上而言是如此。个体是自身（经济）利益的最佳法官。应尽可能多地赋予个体自由去发展自身战略，实现自己的目标与利益。他们能够决定自己所需的特殊商品和服务的数量，以及愿意为此所付的费用。
- **基于上述假定的模型构建**。基于上述假定，运用理性选择、公共选择理论和博弈论发展而来的技术，可以构建出精致的经验模型。
- **市场力量的最大化**。私人市场被认为比政府提供服务更有效率、更负责任，应尽量减少干预。此外，能够由市场提供的商品或服务就应当由市场提供。
- **政府角色的最小化**。政府对市场自我调节机制的干预将不可避免地导致低效。因此，应尽量减少政府的干预。这显然是市场力量最大化的必然结果。

自 20 世纪 70 年代中期开始，这些观点就弥漫于经济学领域、政府和官僚制组织领域之中。1979 年英国的撒切尔政府和 1980 年美国的里根政府在当选后就试图引进许多"小政府"政策，其他国家也纷纷仿效。

政府规模缩小、市场繁荣、社会愈加美好的全新时代的伟大梦想并不算成功。也许新古典主义时代是对福利国家时代的一种矫正，但即使政府预算在 GDP 中的比重趋于平稳，政府的作用也没有减少多少。私营部门的行为和表现也没有带来巨大的社会成果。

经济路径对公共管理产生了影响。对行为做出经济假设确实有其用途，人们可以假设公共部门提供的商品的消费遵循标准的供求曲线，而在 30 年后的公共选择理论应用于政府后，结果喜忧参半（Dunleavy, 1991; Self, 1993; Walsh, 1995）。这些理论"既缺乏内部一致性，也缺乏强有力的经验基础"（Leight, 2010, p.241），由此可知，相对于官僚体制，市场并不是在所有情况下都能发挥更好的作用。一方面，可以说，个人理性的假设过于笼统，忽略了公务员的任何公益行为。另一方面，效用最大化行为的假设更能够解释办公室政治、机构政治和无时无刻不在的晋升动力等行为，而不是将公务员视为无私的，仅为公共利益而努力。

政府服务外包的做法得到了委托-代理理论的支持（Jensen and Meckling，1976；Jensen，2000）。如果公共部门的许多活动被外包，从理论上讲，机构关系和责任制将因在私营部门中而得到改善。

融合了许多经济学家以市场为解决问题之道的意识形态偏好的"新制度经济学"理论，为削减公共服务、重组公共部门管理提供了理论支持。此外，公共行政的一些理念，如终身雇佣、论资排辈、官员的任期与条件、传统的责任，甚至官僚主义理论都开始受到质疑和挑战，其原因在于其理论基础薄弱，且不能为良好绩效提供适当的激励机制。因此，在许多方面，20世纪80年代早期的管理改革应该被看作是对积极缩小政府范围的愿望的体现。

下一次革命

在20世纪70年代，弗里德曼主义经济理论家认为，应该削弱政府。到20世纪80年代和90年代，许多国家开始进行尝试。然而，21世纪初，在政府的体制和效用方面，出现了短暂的回潮。但在里根和撒切尔之后，美国和英国政府在公共部门方面的极端主义和对抗性有所减弱。

2008年年中开始的全球金融危机使得政府作用的重振适逢其时。在世界许多地方，政府开始介入以挽救金融部门，避免其破产，政府行事的方式似乎发生了转变。但很快人们就发现，这并不意味着意识形态的转变，而是只有政府才能阻止危机的恶化。"市场，尤其是金融市场，总是能够自我修正，这一观点在危机前被学术界和金融市场的许多人所认同，但事实证明这是错误的"（Tanzi，2011，p.312）。由此产生的债务负担反过来会导致压力，促使公共部门变得更有效率，进行更广泛和更深层次的改革。

公民对政府的介入感到满意的社会，尤其是在欧洲，似乎能够更好地适应全球金融危机带来的政府角色的强化，即使这只是暂时的。

美国在这方面有些例外。即使其他国家已经看到政府确实可以成为解决经济问题的一部分，但在美国，关于这个问题的辩论却已经变得更加两极化。一场反对政府的民粹主义运动获得了很多拥护者。

在过去的250年里，政府的作用在西方社会中时隐时现。政府参与的方法也各不相同。在重商主义时代，由于预算很少，政府的生产也很少，所以使用的主要手段是政府干预。福利国家时代则主要依靠政府增加税收来提供商品和服务，在一些国家，政府还拥有钢铁、煤炭和公用事业等主要产业的所有权。虽然仍有人持不同意识形态观点，但对政府经济角色的认识似乎更充分了。

2.6 政府的规模

20世纪70年代，特别是在美国和英国，对政府的规模与增长问题产生了重大的争论，人们担心政府会走向"破产"（Rose and Peters，1978）。有些国家，尤其是在欧洲，政府预算超过GDP的50%也并非罕见。在这种情况下，人们担心私营部门会变得边缘化。尽管政府的规模在不同的国家、不同的时期不断发生变化，但对其规模与效率的关注却引发了对政府规模对整个经济的影响的质疑。有极端观点认为，政府干预的程度越高或者政府支出增加越大，经济增长率则越低。对于政府适度规模问题人们仍然存在争论，但争论的焦点已经转移到政府的工作范围，而非政府的规模。

衡量政府规模最常用的标准就是看政府支出在经济总体中所占的比重。表2-1显示，政府支出在全球金融危机之后才有显著增加，OECD国家政府总支出从2007年的38.9%增加到2009年的44.3%，但在之后连续几年有所下降。

表2-1 1998—2014年部分OECD国家政府总支出占GDP的百分比

	1998	2002	2006	2010	2014
澳大利亚	33.7	33.7	33.1	36.3	37.1
加拿大	43.5	40.4	38.6	43.3	39.8
德国	47.7	47.2	44.6	47.3	44.1
日本	41.4	38.2	36.0	40.7	42.2
新西兰	40.3	36.7	39.4	48.5	41.5
瑞典	58.6	55.5	52.6	53.4	54.6
英国	37.6	39.6	42.0	47.5	43.9
美国	34.6	36.2	36.4	42.8	38.4
OECD	40.3	40.1	38.9	43.8	41.6

资料来源：OECD *Economic Outlook*，2014 (Paris：OECD，2014).

看来，大幅削减开支的尝试基本上宣告失败，但曾经似乎势不可挡的政府支出增长速度已明显放缓。OECD作为一个整体，政府支出在GDP的占比似乎已稳定在40%左右，即使是欧元区，2014年的支出水平也与1997年持平（OECD Economic Outlook，2014）。即使意识形态上没有大幅增加支出的举动，但由于人口老龄化，卫生和福利支出的增长速度高于GDP的增长速度。新西兰应该是最有管理能力的国家，虽然其曾一度降低了政府支出，但受全球金融危机和2010年坎特伯雷地震的影响，一段时间后政府支出又开始回升。看来各国之间确实有了更多的趋同，例如，瑞典的政府支出在20世纪90年代初接近GDP的70%，2006年下降到52.6%，虽然仍高于OECD的平均水平，但已大大接近了。

虽然政府支出占GDP的比重是衡量政府规模的普遍方法，但这并不能衡量政府的实际消费情况。政府最终支出衡量的是政府实际用于自身运作的金额总量。换句话说，转移支付并没有包括在内，人们普遍认为转移支付最终是由政府之外的某个人支付的。例如，政府养老金的接受者虽然通过政府预算拿到钱，但之后由他或她自己花掉。这不是直接的政府支出，这是转移的支出。表 2-2 展示了 OECD 中不同国家的不同支出水平。

表 2-2　2008 年部分 OECD 国家政府支出结构　　　　　　　　　（%）

	政府一般性收入	政府一般性支出	政府最终支出	社会保障转移支出
澳大利亚	35.8	34.9	18.3	7.9
加拿大	40.4	39.3	19.3	9.9
德国	43.9	43.9	18.0	17.3
日本	34.6	36.0	17.7	11.4
新西兰	44.4	39.9	18.3	9.4
瑞典	56.0	52.6	25.9	15.3
英国	41.8	44.6	21.6	12.8
美国	34.2	36.0	16.0	17.1

资料来源：OECD, *National Accounts of OECD Countries* (Paris: OECD, 2008).

表 2-2 第 2 栏比较了 2008 年的税收水平（政府一般性收入）占 GDP 的比重从美国的 34.2% 到瑞典的 56% 不等。第 3 栏列出了现有的预算支出（政府一般性支出）。第 4 栏，政府最终支出，即政府消费水平，指的是政府实际上花费了多少，而不是把钱转移给别人去使用的花费。除了一些极端值，和其他数值相比，政府在商品和服务上的支出在不同国家之间差别不大，在总支出上的显著差异的主要原因是转移支出总量上的差别。

20 世纪 70 年代，不难预测政府的规模将会压倒整个社会。从那以后，围绕政府的规模及其在社会中的角色，在意识形态上一直存在激烈的争论。然而，政府的最佳规模问题仍然悬而未决。即便是一个相对较小的政府，一些人也会感到他们的自由受到威胁，而另一些人则可能愿意放弃更多的个人自由——如果政府能够帮助他们改善物质条件。即便政府的支出维持较高的水平，仍然有从中受益者。例如，在瑞典，政府支出比例很高，但这并不一定就是浪费。这些钱流向社会机构，帮助弱势群体，提供高标准的教育、医疗和幼儿照顾。多年以来，瑞典公民愿意支付高额的税收以获得良好的政府服务，即便是在 20 世纪 90 年代政府的支出在经济上难以承受，不得不削减时也是如此。

尽管围绕政府支出的削减存在激烈的争论，尽管理论主张私营部门发挥更大的作用，但政府的规模事实上并没有明显缩小。也许政府规模增长的速度下降了，但也仅此而已。福利计划、西方社会的人口老龄化，带来了医疗健康方面支出的提高，且增长速度相对于其他领域的支出削减更快。即使改革带来了管理上的效率，但是节省下来的经费与增加的项目支出相比，也是"小巫见大巫"。服务外包在某些情况下可以节省费用，但节省下来的只不过是原本公共机构提供的服务和签约方提供的服务之间的差额，这个差额相对于项目成本来说往往只占很小的比例。

全球金融危机的确导致许多国家的政府支出增长。然而，如果没有支出的增长，毫无疑问金融危机会加深，芸芸众生的生活可能会雪上加霜。支出的增长引发了新一轮的争论，来探讨政府现有的规模是否过于庞大。例如《经济学人》（2011年3月19日）对一项特殊的调查所做的评论：

> 国家存在的目的不仅仅是引导社会达成共同的目标，国家还必须为其人民提供选择其生活的自由。过去的一个世纪里，政府为前者已经做得太多了，现在是时候把指针拨回去了。在西方，没有什么比一个更小、更好的政府更能增加人们的幸福的了。

这类评论越来越频繁，似乎新一轮的公共部门削减将不可避免地发生。政府的规模及其在社会中的作用仍是公众争论的话题，但并不存在适用于所有国家的标准答案。

2.7 结论

公共部门改革已经产生了一系列的变化，包括削减政府支出、追求效率以及各种形式的民营化。在民主社会，对政府作用的质疑是有益的，然而，政府在社会中发挥着积极的作用，这产生于长期以来政府对选民政治意愿的回应。在"最低限度国家"的实践看来，很显然，关于政府角色的实用主义时代已经出现。与最低限度政府才是最好政府的观念不同，人们将政府看作一个重要的强有力的机构，它不是私营部门天然的对手，而是私营部门发展的促进者。

政府规模的问题有必要变成政府做什么的问题。根本就不存在什么独立的、客观的方式可用来确定政府的理想规模或界定公共部门的活动范围，社会中的公共部门是公民建构的产物。人们或许达成共识，认为政府并不擅长经营企业，而私营部门也不擅长经营福利部门或者从事政府的核心业务。政府的角色正在发生变化，"政府正变得越来越像一个促进者而不是一个生产者"，而且，"在缺少广大公民支持和不悖市场力量的情况下，政府达成目标的权力是有限的"（OECD，1998a，p. 61）。政府在提供服务方面发挥的作用衰减了，但在与外部组织的互动方面发挥的作用有所增强（Alford and O'Flynn, 2012）。这种新的政府角色定位试图发挥公共部门与私营部门各自的优势。马祖卡托引用凯恩斯的观点，认为"公共政策应注重公共部门在机构内部和机构之间发挥的具体作用，以使本来不会发生的事情得以发生"（Mazzucato, 2013, p. 329）。

公共管理者有必要了解他们在整个政府体系中所处的位置以及与政府理想范围相关的理论。政府的角色始终是一个讨论的热点问题、一个理论的探讨问题、一个实践的应用问题。对政府理念本身的挑战是很常见的，但是，面对持续不断的批评，公共管理人员必须能够阐明政府存在的原因，以及为什么特定的政府部门要为公众创造和提供价值。

第 3 章

传统的公共行政模式

本章内容
- 引言
- 早期的行政
- 19 世纪的改革
- 韦伯的官僚制理论
- 威尔逊与政治控制
- 泰勒与公共行政
- 传统模式存在的问题
- 结论

3.1 引言

这里所指的传统的公共行政模式曾经是一场重要的改革运动。从 19 世纪末期开始,在许多国家把传统模型移植到公共部门之前,公共行政是由效忠于领导者、君主和政治家的业余人员来实施的。随着传统模式的出现,公共行政成为一种专门职业,由独特的以功绩制为基础的公职人员来实施。在那时,为公众服务是一种高尚的职业,它需要的是社会中可以成为特殊的行政精英的最优秀人才,其行为总是遵循着法律和已被确认的惯例。政治官员可能会进进出出,但政府机构掌握在常任文官手中,政权更迭可以平稳进行。无论是作为一种理论,还是作为一种实践,在大多数西方国家，公共行政的形态直到 20 世纪的最后 25 年前一直没有发生什么大的变化。当然，公共行政也并非完全不变的，它确实有变化，但这并没有威胁到已确立的典范。

传统模式典范可以被描述为：严格意义上的行政管理；在政治领导的正式控制下；建立在严格的官僚制等级模式的基础之上；由常任的、中立的和无个性特征的官员任职；只受公共利益的激励；不偏不倚地为任何执政党服务；不是制定政策，而是仅仅执行政治官员做出的决策。传统的公共行政模式是公共部门持续时间最长且最为成功的管理理论。虽然它并没有突然消失，它的因素也仍然存在，但是，它的理论与实践现在已被认为过时了，且不再适合迅速变化的社会需要。

传统公共行政的七项原则

如知识卡片 3-1 所述，我们可总结出一套原则，可称为公共行政的七项原则。

知识卡片 3-1

传统公共行政的七项原则

1. **官僚化的**组织原则。政府自身应按照官僚层级节制的原则进行组织，德国社会学家马克斯·韦伯在对官僚制的经典分析中对此做了非常明确的阐述（Gerth and Mills, 1970）。虽然这一原则在企业和其他机构中也被广泛采纳，但它们在公共部门中被运用得更为彻底和持久。

2. 以严格遵守科学管理原理（Taylor, 1911）作为组织运作唯一的**最佳方式**，这也需要行政官员严格遵从工作综合手册中所列出的每项工作的细节化程序。

3. **官僚制供给**原则。一旦政府自身介入某一政策领域，它也将通过官僚制组织成为商品和服务的直接提供者。

4. 行政官员普遍信奉**政治与行政二分**，即政治问题与行政问题应被严格地分离。行政仅仅是执行命令的工具，而政策或战略问题则属于政治领导人的职责范围（Wilson, 1941）。

5. 假定公务员个体的动力源自对**公共利益**的忠诚和追求，那么公共服务的供给便是无私的。

6. 公共行政是一种特殊的活动形式，因此，它需要一支中立的、匿名的、终身制的（并且在众多国家存在着极为特殊的雇佣条件）且有能力为任何政治领导人提供同样服务的"职业官僚队伍"。

7. 从字面意义上讲，公共服务领域的任务确实是"行政性"的，也就是说，执行由他人提供的指令而无须为结果承担个人责任。

上述七项原则彼此联系，相辅相成。由于行政官员仅仅执行政治领导人的指令，这意味着他或她需要保持中立和匿名行事。"最佳路径法"的思维方式意味着，服务的传递只能通过官僚体系自身，而这种方式，不言自明是最佳的方式。另外，根据定义，行政官员无须对结果负责，这意味着结果相对于过程来说是次要的。

从20世纪80年代早期开始，公共行政的这七项原则便受到公共部门一系列改革的挑战。第一，与第一条原则恰恰相反，官僚制尽管十分强势，但并非在所有的场合它都运作良好。人们更多地把官僚视为麻烦和困难的制造者而不是高效率的创造者。第二，"最佳路径法"思维方式导致管理的僵化，而由私营部门首创的更富弹性的管理制度越来越受到政府的青睐（Alford and Hughes，2008）。第三，官僚制组织并不是提供公共物品与服务的唯一方式，政府可以通过补助金、管制或契约等形式间接地进行公共服务的运作。这对旧有的方式提出了挑战（Kettl，2002，p.46）。第四，政治和行政二分法是一个神话，政治与行政问题在现实中往往互相交织。尽管这种观点在公共行政领域长期以来得到人们的认同，但是其对管理架构的影响并没有发挥出来。第五，尽管公务员可能会受到公共利益动机的驱动，但是毫无疑问，他们本身也是政治活动的参与者，他们也为自己的利益而工作，为自己的晋升发展以及为机关的利益而工作。同时，公共利益有不同内涵，因此依赖这样一个模糊的概念是无效用的。第六，考虑到私营部门出现的种种变化，那种认为公共服务领域的雇佣需要特殊条件的观点也很难站住脚，传统的终身任职的现象在私营部门已经十分罕见。第七，涉及公共部门运作的许多任务目前被认为是更具有管理性质的，而不是被看作"行政性"的。这就意味着公务员要对达成的结果负责，而不是对领导负责。我们坚持认为，上述七项原则本身构成了一种典范，即传统的公共行政模式（另见第15章），但由于传统的公共行政模式无论是在理论上还是在实践上都遇到无法解决的矛盾和问题，导致了公共管理典范的出现。

3.2　早期的行政

公共行政有着悠久的历史，它是与政府的概念同步发展的。在芬纳看来，国家的三个特征之一是政府机关"由专门的人员服务：文职部门负责执行决策，军事部门在必要时以武力支持这些决策"（Finer，1997，p.2）。自有了政府，就有某种形式的行政存在："首先是发起者或领导者使社会成为可能，然后组织者或行政者使它永久化。行政，或者说事务的管理，是所有社会活动中的中间因素，虽不引人注目，但对社会的存续至关重要。"（Gladden，1972，p.1）。

最早的行政系统出现在古埃及，主要是为了治理尼罗河每年一度的洪水、管理灌溉和建造金字塔。芬纳认为"在古埃及和苏美尔、罗马帝国晚期、拜占庭帝国、哈里发国以及最引人注目的古代中国"（Finer，1997，p.64），都有明晰的官僚制度。中国在汉朝（公元前206年至公元220年）开始信奉儒家学说，治理政府的官员并非根据出身而是根据品德和能力选拔出来的，政府的主要目标是使人民安居乐业。韦伯认为，中世纪"现代"国家是"伴随着官僚制结构的发展"而发展起来的（Gerth and Mills，1970，p.210）。而且，从16世纪开始欧洲各国——西班牙、葡萄牙、荷兰、法国、意大利、英国，都是"行政帝国"，由中央通过规则与程序实施控制。

早期的行政系统都有一个重要的特点，它们是"人格化的"，即以效忠于国王或大臣等特定个体为基础，而不是"非人格化的"，即以合法性和效忠于组织和国家为基础。尽管那种认为行政本身具有不良特征的思想只是来自传统模式，但是早期的行政实践常常导致谋求个人利益的腐败或滥用职权。

现在看起来很陌生的行政实践，在早期的行政制度下是实施政府职能的普遍方式。对于那些想被国家雇用的人来说，求助于恩赐或裙带关系，依靠朋友或亲戚找工作，或者花钱买官，都是司空见惯的事情。换言之，要想成为海关官员或税收官员，必须以钱换权，然后再向顾客伸手要钱，这样不仅最初的投资得到补偿，还能有所盈利。重要的行政职位通常不是全职的，它只是某人所从事的各种活动之一。对于一个想到政府任职的年轻人来说（只有男人可被雇用），正常的方式是求助于其在政府任职的某个亲戚或朋友。这种方式无法保证被政府雇用的人在各方面都是胜任的，通常情况下，他们也只能来自社会的上层阶级。

在 19 世纪的大部分时间里，美国存在着所谓的行政上的"政党分赃制"，它来自这样一个谚语："战利品属于获胜者"。这种制度从地方选举到总统选举都适用，即当一个新的政党选举获胜以后，从高层到低层的每一个行政职位都由获胜政党任命的人占据。这种体制在 19 世纪 30 年代安德鲁·杰克逊总统时期达到了最黑暗的谷底，他曾说过（White，1953，p. 318）：

> 所有公职的责任（至少包括已被完成的工作）都十分简单明了，有智识的人可以很容易地证明他们胜任自己的工作。设立公职的目的不是通过牺牲公众的利益来支持某些特定的人。因此，某个人的免职不会引起失误，因为任职或继续留任都不涉及个人权利问题。被免职的个人同几百万没有担任公职的人一样都享有同样的谋生手段。

换言之，担任公共行政人员既不需要具体的专业知识，也没有任何理由要求在政治领导层更迭时，其行政工作仍保持不变。公职的好处，即重要职位的任命权、直接的财政利益，理所当然地属于在大选中获胜的政党，这些利益可以而且应该在选举获胜后分配给其成员和支持者。

杰克逊认为，使行政部门更加平等化和民主化是有许多益处的，"我不能不相信，人们长期担任公职所失去的比他们一般在其经历中所得到的更多"。通过更换明显效忠于某一政党的公职人员，可能会获得更多的益处，甚至可能会减少腐败。甚至还有人认为，在对政府不能充分反映选民意愿的变化的回应中，政治责任得到强化（Romzek，1998，p. 196）。这种平等主义的哲学与美国人对政府的不信任十分吻合，但它也存在很大的缺陷（Mosher，1982，p. 65）：

> 政党分赃制猖獗导致的后果包括：在 19 世纪的大部分时间里，伴随着政府更迭而产生的周期性震荡；人们普遍将公共行政与政治和无能联系在一起；行政机构和立法机构在任命问题上的冲突日益加剧，导致了 1868 年一位美国

总统被弹劾；谋职者对总统，以及对州和地方政府，提出的几乎令人难以置信的要求（特别是在选举之后）。这样的制度既缺乏效率也缺乏效能。当政府的决策、经费和选票都成为可议价的商品时，政府实际上成为一个私营企业，公民无从知道政府的真实立场。

政党分赃制的固有问题最终引起了 19 世纪后期的变革，并导致与传统行政模式相关的进步时代的改革（Kettl，2002）。在美国，分赃制的痕迹依然存在，"联邦政府官员职务手册"罗列了近 1 500 个新总统可任命的职位，既有需要国会同意的，也有不需要国会同意的，此外还有 2 800 个非竞争性的职位（United States, 2008, pp. 197-199）。政治任命官员在美国的部分州十分常见，虽然非竞争任命官员相比于整个公务人员的总数来说只占了很小的一部分，但它确实意味着处在美国体制顶层的这些职位仍然从属于政治的意愿，无论其是好还是坏。

韦伯认为"前现代官僚制"是"人格化的、传统的、松散的、归属的、特殊主义取向的"，而现代官僚制应变成"非人格化的、理性的、具体的、成就导向的和普遍主义取向的"（Kamenka，1989，p. 83）。由于传统的行政模式很成功，早期的行政实践现在看起来已经很陌生。我们已经非常熟悉专业化的、不受任何党派控制的行政，因此，几乎难以想象其他任何体制存在的可能性。

3.3　19 世纪的改革

通常人们认为传统的行政模式始于 19 世纪中期的英国。在对政府部门的效率进行了若干年的调查之后（Greenaway，2004），1854 年，英国下院发布了《诺思科特-屈维廉报告》（Northcote-Trevelyan Report），对政府行政进行了全面的透视。报告建议，"公共服务应由一批经过认真挑选获准进入其较低等级的年轻人来执行"，他们通过"任职前的考试制度"来选拔。该报告同时建议：废除恩赐制，取而代之的是，在中央考试委员会的监督下，通过公开的竞争性考试招募人员；对中央各部门的公职人员进行重组，以分别从事脑力工作与机械工作；通过以功绩制为基础的内部晋升方法来填补较高层次的职位空缺。《诺思科特-屈维廉报告》标志着公共部门以功绩制为基础的任命制度的开始和恩赐制的逐步衰落，尽管过了许多年这些改革才被广泛接受。该报告强调人事问题的重要，虽然建议推行得较慢，但是它确实代表了传统的公共行政模式的产生。正如格里纳韦（Greenaway，2004）所指出的，"如果人们带着长远的目光会看到《诺思科特-屈维廉报告》之所以看起来那么重要，是因为它吻合了，甚至在某种程度上影响了以后半个多世纪历史的发展，它播下了一颗会生根发芽的种子"（pp. 10-11）。

英国 19 世纪中期的改革对美国的观念产生了影响。到 19 世纪 70 年代末，政党分赃制非常明显地导致了贪污腐化在政府中，尤其是在城市中的蔓延，在南北战争后的总统政府中最为严重。1881 年，加菲尔德总统被一个对分赃不满的人所暗杀——暗杀者认为，他曾被许诺获得一个文职雇员职位——这一事件进一步推动了已经开始的改革运动。于是，1883年通过了《文官法案》（《彭德尔顿法案》），该法案成立了一个由两党成员组成的文官委员会，改革的内容主要包括四点：(1) 根据职位分类，为所有申请公职者举行竞争性考试；(2) 根据职位分类，任命考试成绩最高者担任公职；(3) 在正式任命前，存在一个有效的试用期；(4) 在华盛顿的任命按照某些州和其他重要地区的人口比例进行分配（Gladden, 1972, p.318）。虽然美国没有采用严格的四级文官制度，要求任职者只能从最低等级进入文官系统，但是，《彭德尔顿法案》肯定受到了英国文官改革的推动（Mosher, 1982, p.68）。

在理论方面，传统的行政模式深受三位伟大的理论家的影响：伍德罗·威尔逊、马克斯·韦伯和弗雷德里克·泰勒。伍德罗·威尔逊、马克斯·韦伯和弗雷德里克·泰勒这三位是亲密的同时代人，威尔逊和泰勒都是1856年出生于美国，韦伯8年后出生于英国。威尔逊提出的观点是，政治家应该负责政策的制定，而行政部门则负责政策的执行。韦伯创立了官僚制理论，即建立一个独特的、专业的公共服务机构，根据功绩择优录取和任命，并在政治上保持中立，在政府更迭时仍然可以继续任职。韦伯和威尔逊的思想都来源于这样一种观念：行政应是工具性、技术性的，应远离政治领域。此后，弗雷德里克·泰勒的科学管理原理也被应用于公共部门（Kettl, 2002）。下面，我们将依次论述这几位理论家的思想。

3.4　韦伯的官僚制理论

传统行政模式中最重要的理论原则就是韦伯的官僚制理论。尽管人们对该理论产生的直接影响存在争论，但它"无论是在形式上还是在方法上都与传统的公共行政理论完全一致"（Ostrom, 1974, p.9）。在整个漫长的历史长河中，无论是否明显，传统的模式实际上是严格遵循韦伯的理论的。

韦伯认为，存在三种类型的权威，也就是"统治合法性"：传统型权威——例如部落酋长的权威；魅力型权威——一种非凡的领导人的吸引力；法理型权威（Gerth and Mills, 1970, pp.78-80）。法理型权威是合法规章和"理性规则"的权威，权威的实施者是"现代'国家的仆人'以及相似的权力的拥有者"（Gerth and Mills, 1970, p.80）。法理型权威因为其现代性和效率而与其他类型的权威形成鲜明的对照，其他类型的权威是不理性、不受法律支配的。韦伯认为资本主义市场经济"需要行政事务的运作精确、准确、持续、尽可能的高速"（Gerth and Mills, 1970, p.215），只有官僚化能够满足所有这些要求。

从法理型权威的思想出发，韦伯确立了现代官僚制体系的六项原则（Gerth and Mills, 1970, pp.196-198），见知识卡片3-2。

> **知识卡片 3-2**
>
> ### 韦伯的官僚制六原则
>
> 1. 固定的、正式的管辖范围原则，一般是通过各种规则（法律或行政规章）来加以规定。
> 2. 职务等级制度和分权等级化原则，意味着一种稳定而有序的上下级制度，在这种制度中，较低职位受到较高职位的监督。
> 3. 现代公职管理建立在保留书面文件（"档案"）的基础之上。一批积极从事"公共"事务的官员与其各自的物质工具设备和文书档案便构成了一个"机构"。一般说来，官僚制把官方活动看作与私人生活领域明显不同的事务，公共经费和设备与私人财产是分离的。
> 4. 公职管理，至少是所有专门化的公职管理（这种管理显然是现代的）通常以全面而熟练的训练为先决条件。
> 5. 当公职得到充分发展的时候，官方活动要求官员完全发挥其工作能力。在从前的任何情况中，对国家正规事务的处理情况恰好与此相反，官方事务是作为一种次要的活动而被执行的。
> 6. 公职管理应遵循一般性规定，这些规定或多或少是稳定的、全面的，并且是可学习的。有关这些规定的知识代表了官员所具有的一种专门技术性学问，它包括法学、行政管理或企业管理知识在内。

韦伯的六项原则中的第一项原则意味着，权威来自法律和根据法律制定的规定，没有其他形式的权威应被遵循。在此基础上，第二项原则是等级制原则，这或许是韦伯官僚制思想中最为人们所熟知的内容。严格的等级制度意味着，法理型权威和权力是由组织中的个人在等级制中占据的职位而不是由任何个人来维持的。由于等级制结构意味着任何官员都可以行使整个组织的权威，所以特定的职能可以授权给较低层次职位的官员。第三项原则是第二项原则的补充，组织是与其员工的私人生活相分离的一个领域，它完全是非人格化的。书面文件的保存是必不可少的，因为当类似事件发生时，以前的案例可以成为先例。只有保存档案，才能保持组织运用规定的一致性。第四项原则是，行政是一种专门化的职业，它并不是任何人都可以从事的，它需要全面的训练。第五项原则是，官僚制的工作是一种全职的工作，而不像以前那样是一种次要的活动。第六项原则是，公职管理遵循一般性的规定，它是一种可以学习的活动。无论是谁担任某一公职，这些规定都将以同样的方式予以执行。

官僚制的这些原则现在是显而易见的，这是因为现在它们在社会中已经根深蒂固了。通过与早期公共行政模式的比较，我们可以深刻地理解韦伯官僚制与之的主要差别和进步。韦伯模式与早期模式的重大反差在于，建立在规则基础上的非人格化的行政取代了人格化的行政。

在韦伯的理论中，组织及其规则比其中的任何个体都更重要。官僚制体系在其自身运作以及处理顾客关系时必须是非人格化的。正如韦伯所论证的那样（Gerth and Mills, 1970, p. 198）：

> 将现代公职管理归并为各种规定深深根植于它的真正本质之中。现代公共行政的理论……认为，以法令形式来命令执行某些事务的权力（已被合法地授予公共权力当局）并没有授予某些机构在具体情况下根据指令管制事务的权力，而只是授予它们抽象地管制事务的权力。这与通过个人特权和赋予特许权来管制所有关系形成了鲜明的对照，至少就这些关系不是受神圣的传统所决定而言，后者在世袭制中居于绝对支配地位。

这一点是非常重要的。早期行政以私人关系为基础——效忠于某个亲戚、庇护人或政党，而不是效忠于制度本身。人们可能认为由于行政是政治官员或统治阶级的工具，早期的行政可能是在政治上负责任的。但是，它也常常是"专制的"，专制行政可能是不公正的，尤其是对那些不能够或不愿意投入个人政治游戏的人来说更是如此。建立在韦伯官僚制原则基础上的非人格化的体系可以完全消除专制——至少在理想情况下是如此。档案材料的存在、对先例的信奉以及法律基础意味着在同样的情况下总会做出相同的决策。这样不仅更有效率，而且公民以及官僚等级制中的人都知道他们的地位，其结果是人们对整个制度产生了更大的信任。

紧接着的是其他区别。在各种规定和非人格化的基础上，很自然地会形成严格的等级制度。个体离开组织，但制度及其规定不变。尽管韦伯强调的是整个制度，但是他确实注意到了官僚的任期和条件。

公职人员的地位

韦伯并没有发明官僚主义。他承认官僚制已经存在了相当长的时间。他所做的是阐述了官僚制的基本原理，其中最重要的是公职人员的地位及其在官僚制中的作用。韦伯汲取了中国文化和中国文人的思想（Gerth and Mills, 1970, pp. 416-442）。通过向孔子学习，严格的考试制度和官员在中国制度中的地位对他的思想产生了直接影响（Aufrecht and Li, 1995），这也许是传统模式的规定与早期的行政管理形式产生了共鸣，抑或是固有的精英主义使之感到亲切。韦伯也熟悉英国和德国官僚制的实际情况，他的许多思想都来自于此。

在韦伯的理论中，个体的公职人员占有很重要的地位。担任公职被认为是一种职业，需要经过考试和严格的课程培训。韦伯以下列方式详细说明了公职人员的地位（Gerth and Mills, 1970, pp. 199-203）（见知识卡片3-3）。

知识卡片3-3

公职人员的地位

1. 与被管理者相比，现代公职人员总是争取并通常会受到明显的"社会尊重"。

2. 纯粹的官僚制公职人员是由上级权力当局任命的，一个由被管理者选举产生的公职人员并不属于这种类型。

3. 通常，公职人员的职位是终身占有的，至少在公共官僚制组织中是如此。

4. 在提供法律保证，不许任意解雇或调动工作的地方，公职人员的工作仅仅是确保严格按照客观的方式履行特定的公务职责，而不受任何个人因素的影响。

5. 公职人员定期领取货币补偿，包括正常支付的固定薪金和通过退休金提供的老年保证金。这些薪金不像工资那样通过工作量来测量，而是根据"地位"而定，即根据职责（"等级"）而定，此外，还有可能参考服务年限的长短。

6. 公职人员在公共部门的等级序列中开始其"职业生涯"。他从层级较低、不太重要、薪金较少的职位向较高的职位升迁。

两个关键原则——官僚制的模式和公职人员的地位，有其特殊的目的。正式的、非人格化的制度为"根据纯客观的考虑，执行专门化职能的原则提供了最大限度的可能性"。决策将并且应当依据"可靠的规定"做出，"不考虑个人因素"（Gerth and Mills，1970，p.215）。对于韦伯来说，官僚制的特性展现得越完美，它就越是去人格化的，"它就越能成功地消除工作中的爱、恨、情、仇以及其他情感的因素"（Gerth and Mills，1970，pp.215-216）。官僚制度的目标是确定性、非人格化和效率。职能专门化原则意味着提高生产力，权力等级制和规章制度有助于决策的确定性，制度的非人格化意味着在相同的情况下可以重复相同的决策。决策的制定不能独断专行。

这些观念旨在创立一种尽可能达到最高技术效率的制度。正如韦伯所言（Gerth and Mills，1970，p.214）：

> 推行官僚制组织的根本原因在于，其具有超越其他任何组织形式的纯技术上的优势。成熟的官僚制组织同其他组织形式相比，就像生产的机械模式与非机械模式相比一样。精确、速度、细节分明、档案知识、连续性、裁量权、统一性、严格服从、减少摩擦和降低个人成本——在严格的官僚制组织中，这一切都达到登峰造极的程度。

韦伯宣称，官僚制是最有效率的组织形式，它既适用于公共部门，也适用于私营部门，但毫无疑问的是，它更易于并且更长久地在公共行政领域中运用。

3.5 威尔逊与政治控制

在传统的公共行政模式中，联结政治领导人与官僚制组织的规则是很清楚的，至少在理论上是如此。伍德罗·威尔逊在就任美国总统前曾多年担任普林斯顿大学教授，他认为，应将政治与行政严格分离，应将政策与严格执行政策的行政任务分离。正如他在1886年所说（Wilson，1941，pp.197-222）：

行政是置身于特定的政治范围之外的。行政问题不是政治问题。尽管政治为行政确定任务，但它不应被允许操纵行政事务……公共行政是公法的详细而系统的执行。普通法的每一次具体应用都是一种行政行为。例如，税额评定与征收、对罪犯执行绞刑、邮件的运输与投递、陆军与海军的设备与征兵等，所有这些明显都是行政行为，但是，指导这些活动付诸实现的普通法显然是超出并高于行政的。政府行动的宏观计划不是行政性的，而这些计划的详细执行则是行政性的。

威尔逊认为，政党分赃制的弊病源于行政问题与政治问题的混同。如果行政的行为完全依照政治的方式进行，无论是任命过程还是在政党组织中担任职务，都有可能产生贪污腐化，也几乎肯定会出现独断专行的决策。政治领域（制定政策）与行政领域（执行政策）分离可以解决许多政党分赃制的弊病。威尔逊是《诺思科特-屈维廉报告》的"忠实崇拜者"，虽然他曾希望通过以业绩为基础的制度进行管理，但"美国的政党分赃制对其而言已经过于强大"（Foster, 2001, p. 427）。

韦伯同意威尔逊的观点，认为公务员并不行使领导权，而是只有在政治层面才存在个人责任。正如韦伯所言（Gerth and Mills, 1970, p. 95）：

表明态度，充满激情……是政客的事情，特别是政治领导人的事情。他的行为受制于完全不同的，甚至是与公务员完全相反的责任制原则。公务员的荣誉来自其认真履行上级命令的能力，就好像这个命令得到了他自己的坚定的认同。即便这个命令对于公务员来说是错误的，即使公务员抗议，上级仍然要坚持命令，上述现象仍会出现。从最广泛的意义上来说，如果没有这种道德纪律和自我否定，整个组织将会分崩离析。然而，政治领导人、国家领袖的荣耀，准确地说来自独有的对其所作所为"排他的个人"的责任，是他无法并且绝对不能拒绝或是转嫁的责任。

在这里，韦伯提出了关于政治和行政的区分，这个理念来源于伍德罗·威尔逊。领导权仅仅被保留给政治家，而明确地将行政人员排除在外。

传统的公共行政将行政事务和政治事务的区别提升为传统公共行政的指导原则之一，即通常所说的"政治与行政二分法"。在这一理论中，政治家决定政策，行政人员执行政策，两者都不会涉足对方的领域。这种政治与行政二分法已经成为一个包罗万象的神话。公务员的工作就是行政，就是执行指令的理由。即使威尔逊的思想没有在美国产生直接的影响，但行政应是独立的、非政治性工具的观点对行政管理学科却产生了多年的影响。

传统行政管理模式中的政治控制主要有三个方面。第一，有明确的问责和责任关系。一个部门或机构有两种基本角色：就政策的制定、评估与实施向政治领导层提供咨询建议，以及管理自己的资源，以便政策得以执行。通过部门的等级结构，每一个公务员在技术上对内阁，并最终对人民负责。第二，需要严格区分政策事务和行政事务，政策事务在形式上是政治家的职责，而行政事务则由公务员负责。第三，行政管理被假定为匿名的、中立的，任何决策或政策都与个人无关，它们只能以部长的名义来执行。由此可见，行政管理是党政意义上的无党派，能够平等地为任何政治领导人服务。

由威斯敏斯特体系派生的议会制度增加了部长负责制的正式制度。如果部长为该部的所有活动承担个人责任，公务员将保持沉默，不能公开表明他们向部长提出的建议。公务员尽最大能力为来自任何党派的部长提供服务，也就是说，公务员以非人格化和客观的方式履行公务，作为回报，他们可以从其任职条件中得到某些利益，如就业保障（尽管存在政府更迭）和丰厚的退休金。

尽管政治与行政二分法理论是传统的行政模式的主要组成部分，但是长久以来，它被广泛地认为是一种神话，尤其是被认为对规避责任特别有用。在现实中，政治与行政实际上"由于政治官员履行行政职责和行政人员承担政治责任而混合在一起"（Caiden，1982，p.82）。虽然那种认为可以将政治官员与行政人员分离开的假定是一种神话，但是，官僚制结构的构成似乎使这一神话变成了现实。

3.6　泰勒与公共行政

由韦伯和威尔逊提出的官僚制和政治控制的理论基础已经牢固确立。一种完整的理论所需要的是一种工作方式与组织方式，并把它与韦伯的官僚制模式、威尔逊的政治控制和《诺思科特-屈维廉报告》确立的功绩制与政治中立结合起来。这是通过将针对私营部门提出的科学管理原理运用到公共部门中而发现的，这种科学管理原理由弗雷德里克·温斯洛·泰勒（Taylor，1911）提出，他通常被认为是科学管理理论的提出者（Kettl，2002）。科学管理理念的出现引致了一种完整的行政模式，产生了"政治与行政二分法和科学管理相联系的观念，提供了一种形式和意图，一种在19世纪二三十年代对于行政的实践和研究的自信"（Dunsire，1973，p.94）。

科学管理

泰勒的科学管理包括标准化工作，意指发现"一种最佳工作方式"，并"实行广泛而严密的控制，为维持所有这些标准提供保证"（Kakar，1970，p.3）。科学管理的内容包括：(1) 决定工作标准的时间-动作研究；(2) 刺激性工资制度。它是对业已存在的计件工资制的一种修正；(3) 改变职能组织。泰勒并不是时间-动作研究的发明者，但他比其先行者执行得更彻底。他进行了一系列著名的实验，包括铲子的大小、使工人的工作更紧凑、减少动作次数等，所有的实验都是通过随身携带的秒表进行的。如何执行一项特定的任务由管理层决定，程序被制定出来后，工人被选择来适应任务。泰勒主张用一种修正过的计件工资制来支付工人的报酬，当一个人的产量高于每日确定的标准产量时，他将获取全部产出的较高的报酬，而当一个人的产量低于工作标准时，他将按正常的比率付酬（Kanigel，1997，pp.210-211）。科学管理在20世纪初成为一种福音式的力量（Copley，1923）。泰勒所追求的是一种根本性的变革，用效率与科学取代了一时心血来潮的决定，而当通过科学管理使雇主与雇员表现出共同的利益追求时，这种变革甚至成为一种社会性变革。

工厂装配线是受泰勒思想影响的主要领域，但不久之后，科学管理同样也应用于政府。泰勒认为，科学管理可以被应用于政府部门的原因在于，"在他看来，普通公务员的工作量几乎不超过日标准工作量的三分之一到二分之一"（Fry，1989，p.47）。事实证明，科学管理原理非常符合官僚制理论。行政人员的技能、无所不包的工作手册的编撰、理性的提高和非人格化都是二者的共有特征。"最佳路径法"和系统控制的思想完全与僵化的等级制、过程和先例相契合。科学管理者同时也对韦伯的观点评论道（Gerth and Mills，1970，p.261）：

> 借助于适当的计量方法，可以像计算任何物质资料的产量那样来计算个体工人的最大化收益。以此计算为基础，美国的科学管理体系在工作绩效的理性熏陶和训练方面获得了巨大的成功。

任务的标准化和合适的工人也完全与传统的行政模式相吻合，甚至运用秒表进行绩效测量的做法在大型的公共官僚制组织及其方法门类中也较为普遍。

就政府的运作而言，科学管理"并没有仅仅停留在书本上，它对公共行政实践和政府研究产生了很大的影响"（Bozeman，1979，pp.33-34）。泰勒对于政府管理的影响最早可以追溯到20世纪20年代。由于泰勒的科学管理理论对公共部门和私营部门所信奉的理念有重大影响，他在公共行政领域一直占有重要的地位（Schachter，1989）。尽管他的某些观点——赤裸裸的人事激励理论和时间-动作研究尚有争议，但是，他的系统管理思想在公共部门中仍是非常重要的，并且这种思想显然与官僚制理论相一致。正如斯蒂尔曼（Stillman，1991）所言，"它们都可以彼此很好地结合在一起，如果政治被限制在它的适当范围内，如果运用科学的方法，如果经济和效率是社会目标，那么，一个强有力的、有效的行政制度就可以蓬勃发展起来"（p.110）。

人际关系

人际关系理论是常常与科学管理相提并论的另一个理论。人际关系理论关注的焦点更多的是与工作相关的社会因素，而不是把工人看作仅仅对金钱做出反应的机器。人际关系学派根源于社会心理学，尽管在某些方面有所不同，但它和科学管理一样成为公共行政中具有持续影响的传统思想。

虽然人际关系运动的理论家有很多，但真正的创始人是埃尔顿·梅奥（Elton Mayo，1933）。梅奥在20世纪30年代进行了一系列实验，他发现，工作群体的社会因素是管理中最重要的因素；冲突是不正常的，也是可以避免的，管理部门和工人之间不一定必然存在对抗。在西方电气公司霍桑工厂进行的著名的霍桑实验中，梅奥发现，生产力的提高多半是由对工人的关注而引起的，包括金钱刺激在内的其他因素，并不起很重要的作用。

梅奥和他的追随者们对公共部门的管理产生了实质性的影响，尽管最近的研究对关于原始数据的解释方面的评价提出了质疑，并突出地表明，金钱刺激具有重要作用（Schachter, 1989, pp. 16-17; Gillespie, 1991）。对组织中的心理因素的考虑形成了组织行为理论的一个重要思想流派。除金钱刺激之外，个人还会对其他因素做出反应，这种思想导致了工作条件的改善。

那些深受梅奥思想影响的人（包括政府内部的人）认为，管理部门应更好地善待工人，并提供某种形式的社会互动。虽然工人的激励仍然是一个悬而未决的问题，但是人际关系理论在公共领域有着重要的作用，它的影响一直持续到管理主义的争论之中。正如波利特（Pollitt, 1993, p. 17）所说：

> 目前该研究对管理主义意识形态的意义在于，它确立了这样一种观念：组织内外的各种非正式关系具有相当大的重要性。不仅正式的组织图、职能分工和工作评估制度是重要的，而且工人的情感、价值、非正式组织规则和家庭、社会背景也有助于组织绩效的提高。这种普通观念在其后多种多样、详细周全的运用中得到了发展——现代工作改进技术、参与式管理作风、自我实现都是人际关系学派智力遗产的一部分。

可以认为，人际关系理论在公共部门的应用程度大于私营部门。公共组织在竞争方面的限制少于私营部门，它在引入人际关系理论方面走得更远，尤其是在20世纪60年代和70年代。

一场持久的争论

科学管理原理与人际关系理论之间存在着一场旷日持久的争论。具有诱惑性的是，人们可能把泰勒与梅奥的理论看作相互排斥的——在某一时期一种理论占据上风，而另一时期另一种理论又独领风骚，但这是一种误解。"将经典理论与人际关系理论看作相互对立的是一种错误"（Bozeman, 1979, p. 96）。泰勒和梅奥的总体目标并没有很大的差异，霍桑实验"保留了等级制、成本效率、管理至上等旧有的目标，改变的只是实现这些目标的手段"（Bozeman, 1979, p. 100）。梅奥同泰勒一样，不喜欢工会或工业民主（Fry, 1989, p. 131）；泰勒也同梅奥一样，强调工作场所合作的重要性（Fry, 1989, p. 68）；他们两人的目标——提高生产力，是相同的，并且都对公共部门的管理有着持续性影响。

最近关于公共部门管理的一些争论是科学管理与其所谓的对手的长期争论的继续（Pollitt, 1993）。根据沙克特（Schachter, 1989, p. 1）的说法：

> 泰勒的幽灵徘徊于公共行政的现代研究之中。虽然他已经去世70多年了，但对他的著作的讨论迅速演变成一场论战。许多现代文献把他描绘成一个独裁主义者，将激励等同于金钱刺激。然而，这种贬低他的论证关注的是一个狭窄的引证范围，或者是将泰勒的思想与被泰勒所专门驳斥的人持有的观点混为一谈。

沙克特考证了一个世纪以来泰勒在公共行政教科书中的影响，认为将科学管理原理与人际关系理论截然对立是一种错误的做法。通过全面地解读泰勒的著作，就可以发现泰勒已经预见到许多被人际关系学家据为己有的观点。

尽管这两种对立的理论所形成的传统有可能延续，在这里仍有必要对此重新做出某些解释。按照早期的说法，在20世纪的大部分时间里，像对私营部门的影响一样，泰勒的理论对公共部门有重要影响。工作设计毫无疑问受到了泰勒的影响。泰勒模式是严格的、官僚制的和等级制的，显而易见，它适合于鼎盛时期的传统行政模式中的公共部门。受到人道对待可以使工人得到更多的好处，泰勒对此表示赞同，但他至少倾向于将这些好处给予那些成就更高的人。同样，公共部门和私营部门都在某种程度上运用了人际关系学派理论。如果承认工人的社会存在有助于提高生产力，那么通过协商、改善工作条件、出资成立社团或促使工人依恋于组织的任何措施均可收到较好的效果。

公共行政的黄金年代

从20世纪20年代前后至70年代早期，公共行政处于它的黄金时代，这一时期的公共行政是受人仰慕和令人满意的事业，政府和公共部门提供了改善社会的希望。在这一时期，公共行政成为实现某些重要成就——从实施新政到建造大坝、管理发达国家新生的福利系统以及调控二战期间的整个经济——的促进因素。

似乎公共行政所需要的一切是确立一套"金科玉律"，并严格地遵循它们，由此就可产生期望的效果。古利克和厄威克认为"POSDCORB"职能是一种变化了的形式，它所表示的意思是（Gulick and Urwick, 1937; Stillman, 1987, p. 175）：

- **计划**（planning）：行政人员所运用的目标设定技术或方法，作为一种制订组织未来行动路线的工具。
- **组织**（organizing）：以实现特定目的的必不可少的适当方式安排组织结构与过程。
- **人事**（staffing）：招募和雇用人员以完成机构的基本工作。
- **指挥**（directing）：监督完成任务的实际过程。
- **协调**（co-ordinating）：在与政府其他单位和人员的合作方面，对完成这些任务的多种复杂要素进行整合。
- **报告**（reporting）：追踪和沟通组织内部的工作进展情况。
- **预算**（budgeting）：为支持这些方案、服务或行动的完成而必不可少的会计和财务活动。

管理者只需照章办事即可达成组织目标。然而，早在20世纪40年代，"POSDCORB"就因与人际关系运动相对立而受到人们的抨击。"POSDCORB"与其他古典方法"被认为意在剥削、控制和操纵工人"（Graham and Hays, 1991, p. 22）。

严格的行政体制具有某些优点，在它的大部分历史中，很少有人批判它的原则和效率。等级制意味着，每一个人都知道自己的位置与权限，总有某一个人在技术上对从低到高各个层次的活动负责。对于公务员来说，即使没有惊人的进展，其在等级制中的职业发展也是扎实、稳定与安全的。从狭义上讲，该体制也是有理由被认为是相当高效和有效的。正如贝恩（Behn，2001，pp.40-41）所说：

> 威尔逊、泰勒和韦伯都致力于提高效率。然而，尽管效率本身是一种价值，但它还有其他的优点。这种效率是非人格化的。通过政治与行政的分离，应用科学因素来设计行政过程以及应用官僚制组织实施这些过程，政府不但能够保证其政策是公平的，而且能够保证政策的执行也是公平的。

行政意味着指令的执行，特别是在明确下达指令之后。同时也有理由认为，该体制可抵制挪用公款为官僚私人所用的诱惑。当任务是例行的和比较简单的，以及环境较为稳定时，该体制运转良好。

传统模式尽管优于其之前的模式，但是，它是僵化的和官僚主义的，且用狭隘的眼光关注并执迷于结构与过程。以功绩制为基础的任命制度、正式的官僚制以及政治与行政能够和应该分离的观念都是"一种行政体制"的适当原则，特别是当其运行于稳定时期之时。然而，传统模式仍然受到许多重要的批评，尽管它曾是长期运用的有效模式，但是如今它的时代已经过去了。

3.7　传统模式存在的问题

20世纪七八十年代，官僚行政的不足之处已经变得非常明显。层级结构并不一定能提高组织效率。官僚制组织就控制而言可能是颇为理想的组织形式，但在管理方面却不一定如此；它保证了确定性，但行动起来常常显得迟钝。工作可能是标准化的，但却以牺牲创新为代价。此外，在确保真正的责任方面，政治控制模式也总是问题重重。

问题主要有四点。第一，政治控制模式既不完善也不合乎逻辑；第二，"最佳路径法"思维方式是有问题的；第三，官僚制理论再也不被广泛地看作提供韦伯所认为的技术性效率的理论，而且它有一种非民主化的趋势；第四，右翼人士提出了他们的批评（此处称为"公共选择批评"），他们认为官僚制的整个思想背离了自由，而且与市场相比效率太低。

政治控制的问题

威尔逊在19世纪80年代提出政治与行政分离的设计是为了解决当时在美国依旧猖獗的分赃制问题。然而，将政治官员与行政人员、政治与行政进行严格分离从一开始就是不现实的。美国实行的改革运动也无法将政治与行政、政治官员与行政人员分离开来。它仅能清晰地表明公共部门的政治性任命与职业性任命相区分的重要性。这一原则在威斯敏斯特议会制度中得到了相当程度的肯定，但它不是安排各个部长或官员角色的正式途径,而更像是一种合理化的虚构。

实际上,政府与行政的关系并不像威尔逊模式所描述的那么简单,而且可能永远都不会如此。政治官员与行政官员之间的关系是复杂多变的,这种关系不会呈现出威尔逊模式所描述的那种正式的、线性逻辑的特征。政治与行政是不可能分离的,政治法案无法和它的实施完全脱离开来,行政程序能够并且确实会产生政治性后果。传统的行政模式完全无法反映出现代公共部门所承担的广泛的、管理的以及制定政策的角色。它造就了一种消极的控制形式,不是致力于提供积极性激励以提高效率,而是致力于避免犯一些尴尬性错误。"非政治化"的努力则意味着不愿承认公共服务工作的政策与政治意义,公务员也扮演着重要的管理角色,这种角色比单纯地执行或遵从指令重要得多。

政治和行政必然是交织在一起的。公务员的工作从本质上被认为是政治性的,尽管不一定是政党政治。某些实际工作者可能仍旧认为他们仅仅是执行政策而不是制定政策,但这是一种"意识形态的主张"(Peters,1996,p.5),而不是对经验事实的确认。尽管该理论一直被认为不切实际,但它确实为传统的行政模式奠定了重要基础。然而,传统模式的基础是一种不能发挥作用且长期以来被广泛认为不能实施的理论,这就说明传统模式在整体上存在一些问题。

"最佳路径法"的问题

传统模式中隐含的思想是,通过官僚主义和科学管理理论,可以找到一种处理特定问题的"最佳路径法"。按照泰勒的说法,最佳路径法是通过对一项任务所涉及的所有步骤进行审查,对过程进行衡量,以确定最有效的方法,最重要的是,将这种方法作为一套程序来确立。在公共部门,由于要详细规定处理每一个可能想到的突发事件的方法,程序手册变得非常冗长。一旦如此,公职人员的任务就纯粹是行政性的,仅包括手册制定过程的协商和执行既定程序。原则上,除了从手册中找到正确的出处,他不需要太多的思想,也不需要任何创造性。从概念上看,只要不偏离手册的文字,涵盖了每一种紧急情况,行政人员无须为其行为结果承担责任,"最佳路径法"的考量容许他们一起逃避责任。

只是到后来,随着管理者为其结果承担责任,才产生某些真正意义上的思想,如不同的方法可能引起不同的结果、方法与行为应与环境相适应。实际上,根本不存在什么"最佳路径法",有的只是众多的可能性答案(Behn,1998a,p.140;Alford and Hughes,2008)。正如我们将要论证的那样(见第4章),公共管理确实以结果为目标,但并不假设存在任何实现结果的"最佳路径法"。管理者的角色之一就是决定采取何种工作方式,然后为即将到来或不到来的结果承担个人责任。

官僚制的问题

传统模式的又一个问题集中于韦伯的官僚制模式。批评者认为,由于官僚制和官僚制组织的概念存在问题，传统模式的结构与管理显得过于陈旧，需要进行彻底改革。正式的官僚制或许有其优势，但是也有观点认为它造就了随波逐流者而非创新人士。它鼓励行政人员规避风险而非主动承担风险，浪费稀缺资源而非有效地利用它们。韦伯认为官僚主义是组织的"理想类型"，但是该"理想类型"也因其制造惰性、缺乏进取精神、有太多繁文缛节、中庸和无效率而遭到批判，这些缺陷被认为是公共部门所特有的病症。事实上，"官僚主义"一词今天更多地被视为低效率的同义词（Behn，1998a，p.140），而不是最高水平的效率。

官僚制理论有两个特殊的问题。第一，官僚制与民主之间的关系存在问题；第二，正式的官僚制不再被认为是一种特别有效的组织形式，或者更准确地说，正式的官僚制是最佳理论的情况相当有限，并非普遍适用。

由于其形式上的合理性、保密性、僵化性和等级性，官僚制与民主之间似乎不可避免地会发生一些冲突，连韦伯也看到了这一点。由于官僚制与"现代大众民主不可避免地相伴相生"（Gerth and Mills，1970，p.224），他认为官僚制的普遍化是必然的，但是同样地，民主也"不可避免地与官僚制的趋势发生冲突"（p.226）。就被统治者而言，一旦官僚制组织存在，他们就无法摆脱或替代官僚制组织的权威（p.229）。

尽管韦伯认为随着社会现代化的进程，官僚制的存在是不可避免的，但也有几个方面的问题令他担忧。无论是过去还是现在，官僚制与民主之间都存在一些冲突，让一群杰出的官僚精英秘密地进行运作，这对于民主制毫无意义。对韦伯来说，官僚个人几乎不能有一种理想的生活（Gerth and Mills，1970，p.228）：

> 职业官僚被其全部存在的物质与思想束缚于其行为之上……在绝大多数情况下，他不过是一部永不停转的大机器上的一个小齿轮，并被规定只能按照一个基本固定的路线行进。每个官僚被委以特定的任务，在通常情况下，除了最上层的官僚外，没有人能令这部机器开始或停止运作。由此，官僚个人融合进所有官僚的集体，这些官僚又整合为官僚机器。这些官僚在看待如何延续机器功能和如何维护社会权威方面具有利益上的一致性。

正如韦伯所指出的："任何官僚制组织都致力于通过对其知识和意图的保密来增强专业上的优势"，而"职业秘密这一概念是官僚制的独特发明"（p.233）。这种观点至今仍受到人们的关注，有人认为官僚制剥夺了公民与政治家的权力，从而造成政治责任方面的问题。对社会上的某些人而言，当他们看到一些非民选的官员拥有凌驾于其生活之上的广泛权力时，问题就出现了。此外，在德意志民主共和国和其他类似国家，官僚制组织对市场和个人的事无巨细的控制，也没能提供公民所需要的商品与服务。他们的政权最终失败，可能正是官僚制的控制无处不在的缘故，以至于这"是官僚制思想中根深蒂固、无处不在的"（Jacoby，1973，p.156）。

官僚制存在的第二个问题是韦伯未能预见到的，这就是所谓的官僚制模式的技术性优势。韦伯认为，官僚制模式的技术性优势高于其他任何可以想到的过程。对官僚制模式的技术优越性的这种信心已不再被人们广为接受，原因有二。第一，对韦伯的官僚制原则总是存在一些极端的解释，尤其是在人事制度中，这使得官僚制的僵化、形式主义较于韦伯所设想的有过之而无不及，但其精英主义的特征又远不能达到韦伯的设想，这就导致了该体系效率的降低。在一些国家，特别是次大陆上的前英国殖民地，等级原则被发展到了可笑的程度，设置了几十个级别，每个级别又有若干个子级别，并设定限制以防止下级的发展超过一定程度。终身雇佣原则意味着在实践中不可能解雇任何人，而不管其是否称职，甚至是独立的退休金计划亦会产生有害的负面影响。丰裕的政府退休金计划招致了私营部门管理者的抱怨，认为政府对其雇员的慷慨超过了其支付能力。官僚主义还引起了随波逐流者的问题，这些人工作起来毫无效率可言，而又不可能被解雇，只要等到退休的那一天就可以了。

资历原则也很普遍。在这种情况下，职务晋升完全是根据服务年限决定的。这种情况也存在于某些领域中（如军队、警察和消防部门），但很难说它符合韦伯关于技术性效率的目标。如果晋升到更高的职位纯粹取决于任职时间的长短，那么领导者将倾向于变得不称职，而那些有才之士则会因挫折感而早早离职。早期的观点是，直接从学校招募新人进入基层，而这个想法常常遭到歪曲，认为所有的招募人员都应达到那一标准，而对那些学历不高但更有能力的人进行"积极的"歧视。

曾为人称道的政治中立原则在某些情况下会产生"服务于国家"的思想信念，而排斥为民选政府提供咨询并执行其意愿的信念。这就产生了责任问题，那些非民选官员形成了一个官僚阶层，他们按照自己的意愿而非政治家的期望行事。韦伯曾期望官僚们成为社会中的杰出精英，但随着一个世纪以来的发展，更多的社会阶层开始摈弃这一模式。除了少数国家如日本和法国，仍为公共服务培训精英外，其他国家最优秀的人才已不再将公务员作为享有很高社会地位的职业。公共服务普遍地不受重视意味着其极易成为政府削减预算的目标。

第二，新的组织行为理论表明，与更具弹性的管理形式相比，正式的官僚制模式在任何意义上都不再有特别高的效率和效能。人们越来越多地认为，僵化的、等级森严的等级制结构现在更多的是造成成本与收益相抵，而且还可能窒息组织的创造性与创新性。非正式的组织关系随着正式的组织关系同时诞生，"每个组织中都有一套复杂的非正式行为，而这些行为可能与组织图所阐明的原则相一致，也可能不一致"（Bozeman and Straussman, 1990, p.139）。个人在组织中寻求发展的政治行为导致组织整体性效率的降低，因为大量的时间和精力常常被耗费在寻求个人发展上，而不是用来完成指定的任务。当官员对其职位的忠诚超过了其对民选政府的忠诚，并积极地与其他部门或机构进行竞争时，管理很可能会达不到最佳状态。阴谋与势力扩张在官僚制中非常普遍，而且可能永远存在。官僚个人并非韦伯模式所假定的那样是只会执行规则的非人格化的机器。韦伯的官僚制理论强调行政的精确性与可靠性，以及遵守纪律的特性，与此相比，一种更为现实的官僚制理论则需要"通过对人的态度和人际关系的确认来加以补充"（Kamenka, 1989, p.161）。

组织行为理论所阐明的官僚制中实际发生的情况与法理型权威模式的描述大相径庭。官僚制组织采用固定的运作程序，但相应地，它所产生的成效相对于程序与规则的维持而言可能变得不那么重要了。罗伯特·莫顿（Robert Merton, 1968, p. 260）指出，固守规则可能会造成意想不到的后果，包括效率的降低：

> 固守规则原先只是作为一种手段，后来却转化成目标本身，出现了众所周知的"目标替代"过程，从而"工具性价值变成了终极价值"。纪律总是易于被解释为遵守规则，不论在何种情况下，它都不再被视为基于特定目的而设计的一种手段，而是变成官僚职业生涯中的直接目标。

换言之，规则本身变成了组织力图达到的目标，而不是达成组织目标的手段。

米歇尔·克罗泽则走得更远。他断言，官僚制组织天生就是低效的，甚至"官僚制组织就是无法从其错误中吸取教训来改正其行为的组织"（Crozier, 1964, p. 187）。官僚制组织并非像韦伯所说的那样天生就是有效率的，相反，它现在更多地被认为天生就是无效率的。凯登（Caiden, 1981, p. 181）也认为，为了达到官僚制的"效率"所付出的代价是：

> 狭隘的同一性，对个人进取心和创造力的限制，不能容忍的循规蹈矩，称职但不出色的业绩和冷漠的自满。倘若接受现实，那么似乎一切都会很好，而未来则不过是现实的重演……当官僚制走向极端，它的缺陷将会取代其优点。在这种情况下，官僚制组织不是审慎地进行计划，而往往是即兴地做出一些决策，执行起来也往往是手忙脚乱。无论是决策还是执行都是未经深思熟虑的草率之举，并且常会造成秩序的混乱。由于工作变成了乏味的例行公事，绩效出色的员工与绩效较差的员工在报酬上体现不出多大的差异，其产生的结果不是生产力的提高，而是生产力的降低。

即使当正式的官僚制运作良好时，它在滞胀时期也会出现这种趋势，且难以应付环境的变化。当环境持续发生变化时，固定的工作程序和有序的工作模式将无法运作。也许在公共行政的黄金时代，环境变化非常缓慢，足以使其在固定的环境中有效运作，但是现在已鲜有这种社会环境存在了。新近的公共机构中唯一不变的是改变，传统的、等级式的政府模式"根本无法满足这个复杂、快速变化的时代的要求"（Goldsmith and Eggers, 2004, p. 7）。

传统的官僚制是以投入为主，产出只是附带的。人们一度认为，组织、结构和程序自然而然地会产生结果。当然，组织自身具有某些功能，但是组织一旦成立，人们就假定，其所建立起来的等级制、人事制度以及诸如此类的各项制度自身就会产生令人满意的结果，而不需要进一步的监测或检验。对员工绩效进行测量是随意的、临时的，而且往往被认为在公共部门太难做到。对一个机构或一个方案是否做了有价值的事情的评价很少，也不全面。这也是为什么在职务晋升方面采用并不令人满意的资历制度的原因所在，政府没有建立任何真正的绩效衡量标准。

领导力的缺失

以完全客观的系统为目标的主意值得称赞，但这同样产生了一个重要的问题。

在由人类建构并服务于人类的组织中，要完全无视人际互动和激励显然是不现实的。正如贝恩（Behn, 1998b）所说，"如果组织能像机器那样运转，个人的领导将是不必要的"。同时，因为组织不是机器并且个人也无法像机器那样行动，所以"公共管理者需要被引导"（p.212）。他接着指出：

> 如果人类组织是机器，他们不需要激励，不需要灵感，不需要领导。但如果人类组织由真实的个人组成，这些人不是克隆的"正常"不可变更的人，而是具有不同能力的多样化的个体，那么让这些人在组织里真正完成他们的工作就需要激励和灵感，需要领导。

随着官僚制的机械模式的瓦解，领导力显得十分必要。在组织的现实世界中，存在着各式各样的政治游戏、嫉妒、不同级别的能力、个人小缺陷和人格冲突。韦伯的观点是，这些人格是天生效率低下的，应该为了更大的利益而升华，或者完全消除。但这些问题显然是不可避免的，假装它们不存在去构建一种管理模式是不现实的。领导的缺失同时意味着避免了个人的责任。

作为权力结构的官僚结构

公共部门存在的一个主要问题在于，它仍一如既往地坚持那些在其他地方正被修正的习惯与做法。较新的组织行为理论承认正式官僚制的优势所在，但认为存在其他替代性结构的可能性（Volberda, 1999; Vecchio, 2006; Heckscher, 2015）。官僚制并不适合于涉及创造性与创新性的非程式化行为。私营部门曾经由自身笨拙臃肿的官僚制占据主导，目前已经摈弃了正式的官僚制结构和严格的等级制结构，走向分权化和向作为利润中心的下级授予实际权力，并使组织结构和人事制度更具弹性，以及日益强调组织绩效和快速的环境应变能力。

然而，要将现存的公共体系转变成反应迅速、敢冒风险、以产出为导向的高效创新型组织，则需对组织文化进行全面的改造。在公共服务领域随后进行的改革中，焦点在于抛弃那种僵化的、官僚化的职业服务观念，转向更具流动性的组织结构。尽管管理需要秩序和精确性，但现在更需要的是速度、灵活性和结果。简言之，正式的官僚制模式实际上更适合于行政或执行指令，而不太适合于管理或结果的实现。

在组织行为领域仍然存在着一个悬而未决的问题：对韦伯模式的改变到底是一种革命性的变革还是一种改良，也就是说，这些改变是否已到了不能再将官僚制称为韦伯模式的程度。有人认为，组织理论家们总是"抓住官僚制等级结构方面的替代性问题，但是韦伯式的、封闭性的官僚制仍然保持其影响力"（Bozeman and Straussman, 1990, p.142）。迈耶和希尔（Meier and Hill, 2005, p.67）则认为：

> 和官僚制在20世纪繁荣的许多原因相同，官僚制将继续在21世纪繁荣发展……它以一种其他组织形式无法做到的方式促进治理过程。官僚制的挑战将会一直来自边缘，例如，把属于公共部门的官僚体系转移到私营部门。然而，

在对于改革的美化的反馈背后，韦伯式的官僚体系仍在持续发挥作用。

迈耶和希尔认为韦伯式官僚制的六大原则仍然有效，唯一的例外可能是"书面的文件"。他们声称官僚制如同一百多年前建立的那样仍然是占优势的理论（Wilson，1989）。

这种观点是存在问题的。官僚制作为一个权力体系，显然还没有消亡，但是作为一种实践——作为一种管理体系，已经同韦伯意义上的官僚制大不相同。公务员并不是在平均水平之上雇用的，当公务员也不是为了生存。在许多司法权中，他们并没有韦伯所说的显著的社会地位，也没有特殊的津贴。提升不再单独以资历来逐渐获得，这种实践的痕迹留了下来。严格的等级制度崩溃了，并且也应该这样。毫无疑问，在某些情况下管理者可以使用严格的官僚式方法，但这只是许多可能的选择中的一种。对于私营部门来说同样如此，官僚制曾经是一种可供选择的组织形式，但今非昔比。随着时间的推移，现代私营部门组织已经从僵硬的"泰勒式"等级制度演变为更灵活、更扁平的组织，将更多的权力下放给组织的下层（Fukuyama，2013，p. 359）。正统官僚制的核心特质在于其对结果的忽视，而假定唯一需要做的便是使组织官僚化地运行。从理想的状况来看，一个管理者应该能够决定什么样的组织结构才最能实现预期的结果。

布劳和迈耶（Blau and Meyer，1987，p. 162）同样认为，这些变革对韦伯所描述的官僚制进行了修正，但"他的模式并未被人们所抛弃"。他们得出三个结论，第一，官僚制原则确实实现了行政的协调与控制功能，但是：

> 官僚制原则是否总是影响效率仍是一个悬而未决的问题。相对于传统的行政模式而言，官僚制无疑具有其优越性，但与新的组织原则——在大公司中以财务控制取代等级控制——相比，官僚制可能就要居于劣势了。但这些新的组织原则的运用仍仅限于商业领域，即使是在商业领域中，这些新原则效率上的优势也未最终得到证明。因此，第二个结论是，官僚制原则可以在行政领域实现效率的目标，但是即使是在那些它不能提高效率的地方，行政的其他替代形式甚至可能被证明更无效率可言。(p. 186)

他们的第三个结论则是，"官僚制的组织原则能有效地服务于众多目标，而这些目标可能是相互对立的"（p. 187）。尽管他们的主要观点在于说明，正是这些现象才造成官僚制与民主之间的关系问题重重，但难以逃避的一个结论是，官僚制模式存在的矛盾如此之多，以至于人们易于理解为什么现在各国政府都在寻求来自企业的其他组织形式。

人们有时还认为，即使企业或私人行政正日益摒弃正式的官僚制，公共行政也仍然应该保持韦伯模式，布劳和迈耶的结论也说明了这一点。按照这一观点，韦伯模式的重要价值（非人格化、一致性）将继续存在，正如私营部门管理所缺乏的重要的社会与伦理问题将继续存在一样。另外，至少公共部门中的某些部分与企业相类似，它们在良好管理的指导下提供产品、商品与服务，并且与私营部门有完全相似的生产职能。

对某些任务来说，没有等级制的权威模式可能会更有效率，正如人际关系可能比韦伯所描述的非人格化更能产生效率一样。在韦伯时代，官僚制的范围要比现在窄得多。那时候的官僚制的任务只有一项，即一个精英可以实施国家的所有功能。现在国家通过大批机构来实现其功能，其中一些功能完全不需要以官僚制的形式来实现。新的管理形式关注结果的实现，并将其作为首要目标，而具体的组织形式则退居其次了。

然而，尽管存在效率问题，公共部门内部的权威体系仍然保持着官僚制的形式。在奥尔森（Olsen, 2005）看来，官僚制意味着三个构成方面：首先，"一种独特的组织架构，办事局或办公室"；其次，"一种职业化的全职的行政人员"；最后，"一个更大的组织和规范结构，政府在其中通过权威来创建，也就是对合法的、法理型政治秩序的信念，以及国家拥有的定义和执行合法秩序的权利"（pp. 2-3）。这是一个有效的辨析。对于官僚制的批评主要集中在前两个方面，而不是第三个。

总的来说，官僚制首先被看作权力的系统、权威的系统，必要的话也是强制力的系统，其次是韦伯所开的一剂"良方"。对于公共管理而言，所需要的并不是找到一种法理型权威的新形式（Lynn, 1997），而是要重新考虑韦伯模式的不同方面。官僚制国家仍旧发挥作用的是其法律框架。韦伯所列举的官僚制国家的法律规定并没有因应用于公共管理而有所改变，尽管他针对人事制度而提出的某些详细观点变得再也没有必要了。公共管理改革所力争的可能是一种组织政府的新途径，而不是要改变官僚制国家的法律结构。从权威的意义上讲，它仍旧保持官僚制的组织形式，仍然根据韦伯的法理型权威原则并在民主政体中运作，但是，传统的众多详细原则可能被摈弃。

对公共选择理论的批评

公共选择理论主张，以个人自由和效率为出发点促进个人选择的最大化。公共选择理论在本质上是微观经济学原理在政治和社会领域中的应用，通过这种视角分析政府过程确实意味着传统行政模式的理论及实践谬误。

根据标准的理性行为原则（见第1章），可以得出如下假定：官僚们力图使其自身效用最大化，也就是说，官僚们为了自身目的利用等级结构来提升自身的权力、声望、安全性和收入，而并不是推动组织目标的实现。韦伯模式所依赖的是一些本质上不具有利益取向的官僚，他们受到"服务于国家"等诸如此类高尚信念的激励。根据公共选择理论的行为假定，这类行为动机是不合逻辑的。公共选择的理论家们认为，个人抱负驱使下的产出并不必然符合组织利益的最大化。

尼斯卡宁（Niskanen, 1971, 1973）认为，个人抱负会导致机构预算的最大化。如果官僚们谋取到更多的预算，他们自身也会从中受益，因为这意味着他们能有更多的下属、更大的权力以及在组织中更高的个人地位。这种论点的确有助于解释为什么在所有的官僚制中，"官场政治"的现象会如此普遍，也能够解释为什么不能完全无视官僚个人服务于自身利益而非公共利益的观点。官僚的确要谋求个人的发展，有条件这样做的官僚更易于为本部门谋求更多的资源。教育部门会提出种种无懈可击的理由，年复一年地要求增加支出，而海军则要求增加军舰。这种现象也许并不全然关乎个人动机，但个人动机与组织动机却是一致的。一个成功的官僚通常是能够保持或增加部门预算的，而传统的行政模式则不能为此类"官场政治"提供令人满意的解释。

奥斯特罗姆（Ostrom，1974）也指出，当代政治经济学家，也就是公共选择理论家的工作，是以经济理论衍生的范式为基础的，"对传统公共行政理论的诸多基本假定提出了挑战"（p.73）。他认为，官僚机构是低效率的（p.64）。官僚制组织与市场是两种截然对立的组织形式，奥斯特罗姆认为，与通过市场实现选择的市场化的组织形式相比，官僚制组织在效率或效能方面都略逊一筹。竞争、消费者主权和消费者选择提供了降低成本的激励，而这些被认为在官僚制的行政模式中根本就不存在。

公共选择理论的绝大多数论点都倾向于缩减政府和官僚制的规模。提出的替代方案通常都是要更多地依赖于市场结构，而并不考虑既定情境的细微差别。公共选择理论的结果之一是突破公共部门与私营部门之间的界限，并试图对那些应由公共部门提供商品或服务的领域加以界定。从这一角度来看，随着大量现行的公共服务职能回归到私营部门中或是干脆被取消，公共服务应当被缩减到最小的限度。

公共选择理论关于官僚制的一些论点听起来似乎很合理，但却是难以证明的，而且甚至遭到了来自其自身框架之内的挑战（Dunleavy，1991）。关于官僚个人追求预算最大化以实现个人目的的问题也缺乏有力的证据和经验上的支撑（Lane，1995，pp.64-65）。尼斯卡宁随后辩解说，他最初的构想还不够充分，官僚们的目标是追求裁量性预算的最大化，而非整体预算的最大化（Niskanen，1994，p.281）。公共选择理论可能更适合美国，因为其各个机构都与国会建立着分离的政治关系，财政责任也难以定位。

公共选择方法的价值在于，它能将非常简单的假定予以普遍化。然而，越来越多的人，甚至包括经济学家也承认，"理性经济人"的概念在被引用时往往"是模糊的和未加以详细说明的"（Dunleavy，1991，p.4；Monroe，1991）。即使仅仅是将这一假定应用于计算平均值或总值之中，但当其具体应用的领域与严格的市场行为相去甚远时，也会产生很大的问题。晚近的经济学中最有影响力之一的领域是行为经济学，行为经济学吸收了心理学的知识，并且对于个体理性的假定的态度有所松懈。从这项研究中可以获得政策对策（Thaler and Sunstein，2009）。

在这类批评中，还有一种观点认为官僚制多少有点邪恶，它就像是一个无所不在似乎又无所不能的社会恶棍，"从来都令人讨厌"，"是一种异己的力量"（Goodsell，1983，p.149）。这一观点夸大了官僚制组织的权力，并忽视了其公共目标取向。某些时候，反对官僚制的例证被不分场合地推演为反对所有政府或非市场组织的例证，而不是指出此类组织存在的更实际的问题，也没有告诉人们官僚制的哪些地方有用，哪些地方没有用。

还有一些观点，例如迈耶和希尔（Meier and Hill，2005）认为官僚制是持久的，并且将持续兴盛于 21 世纪。同样，奥尔森指出应该是时候"重新发现官僚制"，并为这么做提出了有力的证明。但实际上，这并不太有说服力。毫无疑问，官僚制是权力的一种工具，并且在运用权力的政府部门中的使用并没有衰减。但是，在那些与公民互动的领域，在涉及提供服务的过程和程序会削弱反应能力的领域，官僚主义受到了正确的批评。即使对公共官僚制的猛烈抨击在一些国家（撒切尔时代的英国、里根时代的美国）引发了一场强大的意识形态运动，但是该理论也同样对其他国家产生了影响。这到底该归因于右翼党派的影响，还是源自公共选择的经济理论，至今仍是一个悬而未决的问题。或许更重要的是，人们认识到传统的公共行政理论已难以为继，因此，它再也不能与社会治理的需求相适应了。

3.8 结论

传统的行政模式曾获得辉煌的成功，并为世界上所有的政府争相效仿。无论是作为一种理论还是作为一种实践，该模式都有其优越之处。与早期贪污腐化现象盛行的管理形式相比，它更有效率，而且专业化服务理念的提出也极大改善了个人服务或业余服务。然而，在此需要指出的是，传统模式存在如此之多的问题，即使说它还未过时，它也离过时不远了。

传统的官僚制是伴随着工业发展的特殊时期应运而生的，其体制与技术适应于早期的工业时代。如果公务员被看作对一些简单刺激进行回应的机器，不能信任他们的决策能力和责任意识，并且所有可想到的突发事件都被详尽地列于操作手册之中，那么传统的行政模式可能是适用的。传统模式在其产生的那个时代是一个巨大的进步，但世界已经向前发展了。

公共行政的理论支柱已被认为不足以充分地描述政府的现实状况了。政治控制理论总是问题重重，行政意味着遵从别人的指令行事，这就要求必须具备一种发布和接受指令的有序方式。公共行政理论要求将发布指令者与执行指令者进行明确的分离，这一点从来都是不现实的，并且随着公共服务规模与范围的扩张，其现实成分更少了。公共行政的另一主要支柱——官僚制理论，也不再被认为是一种特别有效率和效能的组织形态了。官僚制组织未必是唯一的最佳组织方式，它的不足之处，如权力集中、削弱自由、剥夺政治意愿等，可能超越其所具备的优点。传统的公共行政模式已经被逐渐淘汰，尽管新的模式尚未完全确立，但是一些趋势现在已非常明显，即更关注结果而非过程，更重视责任而非规避责任，更关心管理而非行政。

第 4 章

公共管理

本章内容

- 引言
- 管理的内涵
- 管理方法的产生
- 管理的理论基础
- 公共部门改革
- 新公共管理
- 一场全球性运动？
- 对管理改革的批判
- 结论

4.1 引言

20世纪80年代中期，世界许多地方的政府开始采用新的公共部门管理办法。这些办法是针对许多人所指出的历史悠久但效率低下的行政制度（此处称为传统的公共行政模式）的缺陷所做出的直接反应。在向公共管理过渡的初级阶段，曾经出现了激烈的变革。有人明确表示，打算摆脱传统的官僚体制，使组织、人事、任期和雇佣条件更加灵活。同时明晰组织和个人目标，以便能够评估这些目标是否已经实现，同样，项目的系统评估也变得常态化。政府职能要尽可能地面对市场的检验，看看私营部门是否能够提供一些政府的职能，也许是通过补贴。这被称为"掌舵与划桨"的分离（Savas，1987），人们认为政府干预并不总是意味着政府要通过官僚的手段提供服务。与此同时，人们试图通过民营化和市场检验、契约外包等其他方式减少政府职能，在某些情况下，变化的力度很大。上述各个方面都是相互联系的，都源于从过程到结果的全面改变，以及更有效的运作。

公共部门的改革是有争议的，变革并非没有反对意见。批评者认为，公共部门的管理主义简单粗暴地采用私人管理这一最糟糕的做法，忽视了公共部门环境的本质。他们认为，管理主义在某种程度上是传统公共服务的反动，对公共服务的供给是有害的，是不民主的，甚至其理论依据也值得怀疑。一些作家，特别是一些秉承传统公共行政的人，则认为传统模式有价值的地方，如较高的伦理标准、为国家服务、经得起时间考验的程序、视公务员为一种特殊的职业而需要特殊的任期和条件等，由于轻率地采用一些新的未经检验且不太可能奏效的方法而被抛弃。提升效率并没有那么容易，从事公共管理的人处在夹缝之中，一方面，政府要求他们高效率地工作；另一方面，批评者们又对他们的行为说三道四。

1991年，一个被认为的新的管理趋势出现了，并被正式命名为"新公共管理"，常用的缩写是"NPM"——这个词由胡德最早提出（Hood，1991）。尽管胡德明确表示，他绝不是一个倡导者，但NPM这个名字还是被人们所接受，并迅速成为描述一个更广泛的运动的速记术语。然而，新公共管理在接受从公共行政到公共管理的转变时提出了一个重大问题。新公共管理一词的使用者主要都是持批评观点的人，他们或明或暗地批评公共部门的改革。新公共管理在内涵上不仅没有达成一致，而且很难找到主张此观点的人。新公共管理是相当普遍的用语，是一个批判的术语，这导致公共管理实践者和公共管理学术界之间的裂痕越来越大。实践者可能觉得他们所做的一切都是尽力去使得所做的工作令人满意，但是他们的所作所为又面临学术界的批判。

本书认为，公共管理不同于公共行政，并足以被称为"一种新的典范"（另见第15章）。但这并不意味着取代公共行政是一个单一的、不变的、在所有情况下和所有国家推行的方案。正如后面所论述的那样（第15章），通常被称为新公共管理的特定类型的公共管理改革（Hood，1991）本身并不是一种范式。对于新公共管理来说，从来没有足够明确的定义，也几乎没有可识别的拥护者，甚至没有学术综合体系。如果说曾经有过新公共管理的时代，那现在已经过去了，而公共管理仍在继续。

公共行政和公共管理之间的主要区别在于，公共管理者要对结果负责，而行政人员则不用。一旦期望明晰，公共管理者将按照自己的看法行事，达成目标。从表面来看，这种改变十分粗浅，但在实践中意义重大。批评者提出的其他观点，如采用私人管理的观念和做法、使用经济学理论和模型，以及迷恋绩效管理，所有的这些都不如公共管理者现在要对结果承担个人责任的观念重要，这些其他观点都是这一更为重要的变革的推动因素。

公共管理现在已经成功地取代了传统的公共行政模式，而且在未来可能会更加远离传统模式。事实上，公共管理最近出现的很多变化，如领导力、治理、协作和合作生产等，已远远地摆脱了传统行政模式。

公共管理并没有完全取代传统模式，也还没有一个约定俗成的模式。但可以确定，公共管理并不意味着大规模地和不加鉴别地采用私营部门的管理方法，它意味着要发展独具特色的公共管理。这就要求承认公共部门与私营部门的差异，但同时也要承认公务员所从事的是管理性的而非行政性的工作。

4.2 管理的内涵

如前所述（第1章），管理与行政在内涵上有很大的不同。从本质上说，行政意味着遵循指示，而管理则是指实现结果和为自己的行为承担个人责任。管理是一个比行政更加积极的词汇，它暗含着担当以及对结果负责的意思。我们可以通过考察艾利森（Allison, 1982）所谓的"一般管理的职能"来探讨管理与行政的区别（见知识卡片4-1）。

知识卡片 4-1

一般管理的职能

战略
1. 确定组织的目标与重点（以对外部环境和组织能力的预测为依据）。
2. 设计操作计划以实现既定目标。

管理内部构成要素
3. 人员组织与调配：在人员组织方面，管理者确定结构（单位和职位，规定相应的权力和责任）与程序（协调有关活动和采取行动）。在人员调配方面，力求配置符合条件的人从事重要工作。
4. 人事指挥与人事管理制度：组织的能力主要通过组织成员及其知识和技能体现出来。人事管理制度涉及对组织的人力资本进行招募、选拔、社会化、培训、奖励、惩罚和调离等工作，这些工作构成组织实现其目标的行动能力和对具体的管理方向进行反应的能力。
5. 控制绩效：各种信息管理系统——包括管理与资本预算、账目、报告、统计系统、绩效测评与产品评价，辅助管理决策和测量目标的实现情况。

管理外部要素
6. 处理与组织的"外部"单位（它们服从于某些相同的权力机关）的关系：大多数管理者必须处理与组织内上下左右的其他部门的主要管理者的关系，以实现其部门目标。
7. 处理与独立组织的关系：这些机构来自政府的其他部门或不同层次的利益集团和私营企业，它们对组织实现目标的能力有一定的影响。

8. 处理与新闻媒体和公众的关系：组织需要得到新闻媒体和公众的行动支持、赞同或默许。

资料来源：Allison，1982，p. 17.

艾利森提出的一般管理的第一个主要职能是战略（另见第 10 章）。它涉及决定组织未来的发展方向、确定组织目标和重点，并制订实现这些目标与重点的计划。早期的公共行政模式很少涉及战略这一概念，公务员严格照章办事，执行政治官员的指令，而政治官员制定所有的政策和战略并对其负责。然而，成功的公共管理"必然需要战略意识"，它"比公共行政更广泛、更综合，对职能专业化的规定较少"（Bozeman and Straussman，1990，p. 214）。各机构自身需要确定目标和重点，而不是简单接受来自政治官员的决策。

第二个主要职能是管理内部构成要素，这涉及人员调配、建立结构与制度，以便有助于实现依据战略所确定的目标。传统的公共行政确实需要在"管理内部构成要素"这种一般管理的职能方面付出努力，虽然有某些重要的方面表明这种职能并未被完全执行。无疑，公共行政人员必须组成机构、雇用人员、对人员进行培训与晋升以及执行人事制度的其他方方面面，但是绩效控制总是相当软弱无力。这种现象伴随着管理的改革发生了根本性的变化，对于组织和个人的绩效评估成为财政改革中日常工作的一部分。

第三个职能是在外部环境中审视本组织。在传统模式下，与外部组织、媒体或公众的任何关系都不涉及行政人员。这种情况如今发生了明显的变化。公务员现在可以更自由地公开发言，出席各种专业论坛，为各种刊物撰写文章，一般来说，他们都是可见的公众人物。随着历史的发展，特别是 20 世纪 90 年代中期以后，公共管理更加关注自身与外部利害关系人和合作者的关系，与传统模式中与世隔绝的状态截然不同。

自 20 世纪 80 年代推行各种各样的改革以来，艾利森提出的一般管理的三种职能现在都体现在公务员的日常工作中，这意味着公务员所从事的工作更多的是管理性的而非行政性的。

4.3 管理方法的产生

在 20 世纪的大部分时间里，公共部门和私营部门的管理结构或管理风格并没有多大差别。大公司同任何政府部门一样都是等级制和韦伯式的官僚制，只是从 20 世纪五六十年代开始，官僚制的僵化问题才在私营部门中显露出来。工作分工和作业手册不可能将所有的偶然因素囊括在内，由此公司经理人应运而生。组织需要某些人主事，并对结果承担个人责任。

私营部门管理者的明显成功导致人们包括政府本身对公共部门在实践过程中的

滞后状况的关注。英国的《富尔顿报告》(1968年)是一个起点,该报告对英国公务员制度的管理能力表示关注。该报告指出,政府体系应该开放,各个层级都可雇用外部人员,僵化的等级制结构由于在许多方面设置了障碍而应被取缔。

《富尔顿报告》中的管理到底是什么意思并未明晰。但有一点,报告指出,管理"包括企业政策的制定和实施"(Keeling, 1972, p.22)。在这里,《富尔顿报告》表达了一种现代的、以结果为基础的管理观,这种观点类似于前面曾论及的字典中的解释。然而,在报告的其他部分,管理似乎又被定义为公务员的所作所为,没有多大实际意义(Keeling, 1972, p.23)。《富尔顿报告》可以看作一个起点,而不是把管理融入行政制度的全面构想。此外,《富尔顿报告》的建议在当时并没有得到实施,而是被推迟到一个更有利的时机。正如弗林所言,"直到撒切尔政府时代为止,没有哪个政府对此项任务抱有太大的热情"(Flynn, 1997, p.31)。然而,令人感兴趣的是,即使是在1972年,基林就把管理定义为"为实现以变革为主导的目标而寻求最有效地利用资源",并将其看作一种即将到来的事(Keeling, 1972; Pollitt, 1993)。

在美国,至少从20世纪70年代中期开始,也有人要求改善公共部门的管理。1978年的《文官改革法案》(Civil Service Reform Act)旨在要求管理者对结果负有更大的责任。它的内容包括中层管理者的绩效工资和设定"高级行政职务"以在高层形成一个精英团体。尽管其关注的焦点在于人事问题,但其意图却在于改进似乎已滞后于私营部门管理的公共部门管理。

从20世纪80年代初开始,澳大利亚和新西兰实行了管理改革,但没有像英国那样出现更多的党派反应(Hughes, 1998)。总的来说,20世纪70年代末80年代初,在英美式民主国家的政府,管理方法开始出现。其他国家的变化则出现得比较晚。

这种对公共服务的技能和能力似乎不感兴趣的情况源于几个方面的原因:由于税收相对减少,各国政府的资源受到限制,这意味着公共服务部门要用更少的资金和更少的工作人员来管理同样的甚至更多的事务,这给公务员施加了更大的压力。值得注意的是,管理变革的动力主要来自政治领导层,而非公共服务本身。它还成功地跨越了政党的划分,而并非仅限于一个特定的意识形态。同时,人们也呼吁缩减公共部门工作人员或者至少让公共部门工作人员更加努力地工作(见第2章)。

但传统的行政管理模式被淘汰的主要原因,在于人们普遍认为这种模式不再发挥作用。政府首先认识到这个问题,并且开始对传统模式的某些最基本的信念提出挑战。政府开始雇用经济学家或在管理方面受过训练的人,而不是通才型的行政人员;开始从私营部门引入管理技术;开始以降低成本为目标,将公共部门活动与私营部门活动之间的界限后移,并着手改变相应的工作条件。当一些理论认为官僚制组织的供给本质上是低效的,经济学研究也显示了相同的结论,公众也会经常提出一些关于繁文缛节和无效率的抱怨时,政治官员毫无疑问会提出一些难以解决的问题。为什么公务员应是常任的、终身雇用的,而其他人不是?为什么他们不以签订合同的形式被雇用?如果雇用某人从事一项工作,在检查该项工作是否被执行时,存在何种失误?公务员在很大程度上已失去了公众的支持,以至于政府在进行改革时几乎很少遇到阻力,而这些改革在以前曾被认为是对公共服务观念的极大损害。

一旦开始推行变革，传统行政的各个方面（曾经被认为是理所当然的）都将受到抨击。

到20世纪90年代初，一个新的公共管理的模式在发达国家和众多发展中国家推行。起初，新的管理模式有一些不同的名称，包括"管理主义"（Pollitt, 1993）、"新公共管理"（Hood, 1991）、"以市场为基础的公共管理"（Lan and Rosenbloom, 1992）、"后官僚范式"（Barzelay, 1992）、"企业型政府"（Osborne and Gaebler, 1992）。一些著作或多或少都冠以新公共管理的名称，尽管这个名词仍然不够精确，也并没有达成广泛的共识。此外，在学界，人们也广泛地接受"公共管理"这一名称，而不是"公共行政"。

英国和新西兰的公共管理变革可以说是在20世纪80年代初开始的。广泛的私有化、政府削减和减负始于撒切尔政府的早期。没过多久，一些理论家就开始把这种趋势看作一种更普遍的现象（Hood, 1991; Rhodes, 1991）。早期的公共服务改革在英国颇有争议，也许与其说是为了提高政府的效率，不如说是因为在一些人看来，这些改革冲击了社会的结构。公共部门改革被视为撒切尔主义的应用。

新西兰20世纪80年代的改革源于严重的经济危机。传统的出口行业已经崩溃，覆盖大部分经济的行业保护和政府企业的内部制度已经难以为继。到20世纪80年代末，这场危机最终导致了旨在改造公共部门的行动。正如当时一位资深的从业者斯科特（Scott, 2001, p. 365）所说的：

> 1987年，工党政府为寻求公共部门更高的效率、更好的信息、严格的财政控制，对政府目标实行严格的问责制，使得资源能够从低水平领域转移到高水平的优先发展领域，结束了公务员特有的就业保障。在每一个目标领域，政府都取得了巨大的成就。很多批评者可能希望这些不是政府的目标，但这是另外需要讨论的问题。

新西兰公共部门改革是广泛的，但是改革的目的在于应对经济危机，而不是建立一种新的公共管理。当事人显然试图解决现实的问题，重要的是，他们并没有高估标准的公共行政方法，而是相当自觉地从其他理论框架中，包括经济学的理论框架中获取资源（Boston et al., 1996）。

在美国，奥斯本和盖布勒的《改革政府》（Osborne and Gaebler, 1992）的出版是一件关键大事。尽管《改革政府》有时有些简单化，引用了奇闻逸事做例证，而且与其他研究私营部门管理的著作（Peters and Waterman, 1982）相似，但它还是成了一本畅销书。时任副总统戈尔进行的《国家绩效评估报告》（Gore, 1993）明显受奥斯本和盖布勒的影响，其问题在于官僚主义色彩过于浓厚，无论是其提出的解决方案还是重塑的语言皆是如此。同时，"戈尔报告"引用了英国、新西兰、澳大利亚等国家的改革例证，这也许暗示美国认为其在推行新公共管理上落后于其他国家。

一些国际组织，特别是世界银行、国际货币基金组织（IMF）以及总部设在巴黎的经济合作与发展组织（OECD），对改善其成员国和援助国的公共管理感兴趣（OECD, 1991）。OECD后来发布的一份报告指出，公共部门的效率和效能的改善

"涉及自身文化的转变，由过程和规则驱动的旧管理典范，转向经济学逻辑和现代管理实践相结合的新典范，而核心的公共服务价值则维持不变"（OECD，1998a，p.5）。有一段时间，国际组织主导着政府的管理改革，尽管通常它们并不提倡新公共管理。

人们认为公共行政已经失败，管理典范是"对于传统公共行政缺陷，尤其是公共官僚体制缺陷的直接回应"（Behn，2001，p.30）。公共部门改革一直受到不同理论观点的驱动，如经济学的视角在政府发挥重要的作用，私人管理的弹性给政府以启示，政治与行政是不可分离的。但是，区别于公共行政，公共管理最大的改变和不同在于，要求公共管理者为结果的达成承担个人的责任。从长远的观点来看，其意义更加重要。

4.4 管理的理论基础

第3章指出，传统的公共行政模式是建立在三种理论基础上的：官僚制理论、政治官员与行政官员相分离的理论以及科学管理理论。公共管理改革的理论基础也有两个，分别是经济学理论和私营部门管理理论。

从20世纪60年代和70年代开始，经济学家和经济学思想在政府中的影响力越来越大（Carter et al.，1992）。正如前面提到的新西兰的例子，其原因显而易见，相对于含糊不清的公共行政的公共利益理论而言，经济学理论看起来是精确的、可预测的和经验主义的，并建立在解释人们如何行动的激励理论之上。经济学还与治理有直接的相关性。公共部门的任务是：它应当尽可能以最有效率的方式提供产品和服务。管理主义所关注的结果、效率和绩效测量在很大程度上都归功于经济学。

20世纪70年代，文森特·奥斯特罗姆认为，存在两种对立的组织形式：官僚制和市场，与市场相比，官僚制存在较大的问题（Ostrom，1974，1989）。在奥斯特罗姆看来，与市场选择相比，官僚机构的效率更低、效果更差；竞争、消费者主权和选择提供了降低成本的诱因，而这一点被认为在行政的官僚制中是不存在的。他认为"除了官僚制结构扩展与完善的职能以外，替代性的组织形式是可以提高职能绩效的"（Ostrom，1989，p.16），他还认为，以经济学理论的典范为基础的当代政治经济学家的理论"对传统公共行政理论的许多基本假定提出了挑战"（p.64）。

改革公共行政的方式在很大程度上证实了奥斯特罗姆所倡导的观点，尽管这些思想为人们所接受要经过一段时间。公共管理的确得益于经济学理论，如公共选择理论、委托-代理理论和交易成本理论（Walsh，1995；Boston et al.，1996；Kaboolian，1998，p.190）。公共管理的目标是摒弃作为组织原则的官僚制，正如奥斯特罗姆早先所倡导的那样。

公共管理的另一个理论基础是私营部门管理理论。在私营部门中，组织适应外部环境具有更大的弹性，而不一定要遵循僵化的韦伯模式。尽管私营部门曾一度与任何部门一样采用官僚形式，但它较早地向更具弹性的管理形式转变，而公共部门的管理变革则随之进行。对结果的关注可以说是源自经济学，但是它也存在于私人管理中，因为公司必须考虑结果，否则就会面临倒闭破产。公共部门目前更加重视的战略计划和战略管理也源于私营部门（见第10章）。私营部门的人事管理制度在某种程度上也为公共部门所采纳。包括在整个组织中更多地推行激励与反激励机制，以及在雇佣条件方面有更大的灵活性。公共部门更多地采用正式评估的方法源于私营部门，而改善信息系统以提供会计和其他数据的方法也是如此。

私营部门的管理方式对管理主义的价值在于，它解构了曾一度被认为是公共部门核心基础的东西。当然，公共部门在对待顾客时必须不偏不倚、保持公正，但这并不意味着公务员必须保持中立并终身任职；也许测量公共部门的绩效并不容易，但这并不意味着人们对此无所作为；公共部门的政治性确实使其区别于私营部门，但这并不意味着所有的行为都是政治性的，也不意味着所有的政策行为都必须由政治官员来实施。这一点与上文所阐释的诸如公务员优渥的工作环境等投入性要素尤为契合。让人难以理解的是，以合同或以非全职工作制为基础的雇佣制度是如何对服务提供造成必然损害的，或者如果其员工一开始就被任命到较高的职位而不是从基层做起，那么又会产生什么负面影响。如果除了最高层以外，公共部门的大多数工作都与私营部门相同，那么那些不同于私营部门的、特殊的雇佣方法或者退休金计划就难以证明其合理性。

重视目标或许是引自私营部门的最重要的一点。把结果作为主要目标，其他则退居其次，这是人们态度的一个重大转变。而且，如前所述，官僚机构并非天生就是有效率的。私营部门还尝试过其他形式的组织结构，如利润中心、分权制、人员调配的弹性，所有这些在公共部门中均可找到。私营部门向弹性化转变的趋势现在正为公共部门所争相效仿，然而，向私营部门学习借鉴可能有点言过其实。因为源于私人管理，就无法在公共部门起作用，这样的争论毫无用处。

4.5 公共部门改革

关于新公共管理的争论不应偏离大范围的变革，通过广泛变革，公共行政已被公共管理替代。已经出现的改革看起来更像是对国家和环境的一种适应，而非作为一个单一不变的方案。凯特尔对公共部门改革的主要做法进行了总结，它们是：**生产力**——更多的服务和更少的支出；**市场化**——运用市场化的机制"铲除官僚制的弊病"；**服务导向**——提供更多的服务；**分权化**——责任下放到基层政府，尤其是联邦系统要下放权力；**政策**——提高政策制定和跟踪的能力，包括购买服务和提供服务的分离；**问责**——关注产出和结果，而不是过程和结构（Kettl, 2005, pp.1-3）。就像凯特尔指出的，世界各国大同小异，进行改革的国家"都试图以市场为基础、竞争为驱动的策略取代传统以规则为基础、权力为驱动的程序"（Kettl, 2005, p.3）。需要注意的是，凯特尔并不是说世界都推行一种单一不变的改革方案，方案并非千篇一律。

考虑到有人指出改革因管辖范围不同而有很大差异，以下九个小节列出了公共部门改革中的一些典型变化。

管理而非行政

公共部门最重要的改革在于公共行政向公共管理的转变。现在要求公共管理者必须取得成果，并对其结果承担个人责任。公共组织在做事，政府现在想了解它们在做什么、做得怎么样、谁在负责、谁对结果负责。随之出现了这样的改变：管理者现在已介入决策事务，也介入一些严格意义上的政治性事务，他们负责服务的传输，自然要为结果承担责任。政府通过短期合同聘任经验丰富的管理者，他们具有管理背景，聘任他们就是为了取得预期的结果。从某种意义上讲，他们也是公众人物，但不像先前所通常认为的那样仅仅是个公务员，他们更愿意为某一政党服务。高层管理的另一个变化是摆脱机构的专家型领导——如技术领域的工程师或者科学家、健康部门的医生，向管理型领导转变。管理被更多地看成是一种需要自身技能的职能，而不是专家仅仅从自己的专业领域信手拈来的东西。

领导力

管理模式需要领导力，的确，这是区别于传统模式的另一方面的关键变化。在韦伯的模式中，一个严格的官僚制机构无法容纳领导力和系统内任何人格驱动的行为。管理模式不仅仅承认非正式的、个人行为的存在，还要释放它、运用它为组织盈利。就像贝恩（Behn, 1998b, p.211）提出的：

> 领导者能动作用的发挥是通过清晰地表达和阐明目的实现的，是通过制定和追求绩效目标实现的，是通过教育、说服、鼓励员工实现的，是通过对各种方案的优化选择实现的，是通过战略和战术试验实现的。这些都是全公开的，同时也是非常个性化的。

决策的制定不是规则的非人情化的应用，决策的目的是获得结果、解决问题，重要的是，要求管理者在做出决策的时候是一个真正的人，而不是个体（另见第11章）。

关注结果

由于管理者对结果的达成负责，因此组织也必须将焦点集中于结果和测评。传统的公共行政关注过程多于结果，或者至少认为过程本身将产生结果。现在，人们期望组织制定绩效指标，并以此为方法，对组织实现其目标的程度进行测评。正式的绩效考核体系对于每个员工而言都是司空见惯的，它已经取代了原先一直存在的非正式方法。非正式方法现在被认为是无效率的，并且会导致低劣的组织产出。绩效监督所包含的内容远远超过绩效指标。绩效导向需要"改变制度框架的诱因，如预算与人事制度、风险管控的方法等，如此这般，才能鼓励绩效，进行奖惩"（Holmes and Shand, 1995, p. 563）。绩效和结果导向一直是管理改革中最有争议的话题，但是如果稀缺的公共资金被分配到一项任务中，应该通过一种途径告诉人们是否达到预期的结果。

更具战略性的方法

战略计划和战略管理（Bryson, 2004, 2011）的应用能够为政府和组织实现目标提供长期观点的考量（见第 10 章）。只有知道政府组织做什么、未来主要做什么，以及如何推进目标的达成，才能使得政治领导人制订什么样的计划，甚至决定什么样的组织或者部门值得保留。战略通常被视为私营部门的技术手段之一，经常遭受批评，但是在政府，任何有助于摆脱短视行为的做法都不应该被抛弃。

改善财政管理

更好地核算政府活动的方法直接源于对实现和衡量成果的要求。财政管理一直是公共管理改革成功的领域之一，特别是绩效和项目预算制度取代了原有的线性项目预算和会计制度。过去人们关注的是投入而非产出，或者关注政府到底在做什么。考虑到资产价值的变化以及更接近于私营部门的实践，有一些国家的权责会计已经取代了现金会计。虽然这一点难以实施，但它可能比传统预算的做法精确得多。如今预算责任下移到底层已是常态，在底层，预算已经成为管理任务的一部分（见第 14 章）。

人员调配的弹性

要求管理者对结果承担个人的责任再一次导致了变革。传统的人事行政的做法，如基层雇佣、年资晋升、无法解雇表现不好的员工、不恰当的绩效评估经常使工作变得平庸。人事的改革已经导致了更大的灵活性，其目的在于通过开发公务员的管理能力提升整体的效率。现在人们已经达成了一种共识，好的员工需要支付更多的工资，效率低下的员工现在可以迅速地被解雇，但同时也要避免专断地或受政治动机影响的解雇。

竞争和契约主义

基于竞争的理由，政府服务的契约外包，一直被视为改革进程中的一个大的举措（Davis, 1997; Greve, 2007）。它的重要性被夸大了，即使政府在一定范围内实施了服务外包。尽管如此，一再强调合同和竞争，意味着内部的供给面临着一些挑战。支持者认为如果服务具有"可竞争性"，则应将其推出进行招标。大规模的民营化是这种改革的一部分，但它并不是缩小政府范围的唯一途径。与通过官僚制方式提供产品与服务相比，通过签订合同（有时在政府内部进行）而提供竞争性的产品与服务有助于降低成本。

根据所谓的"契约主义"理论（Davis，1997），任何想到的政府服务都可通过签订合同来提供——或者通过外部的私营部门和志愿者组织，或者通过政府内部的其他部门。20世纪80年代早期，英国地方政府就采用了强制的竞争性招标方法，稍后政府的其他部门也采用了这种方法（Walsh，1995；Szymanski，1996；Flynn，1997），尽管它的效用和实际的成功都遭到质疑。比强制的竞争性招标更重要的是，人们已经认识到，对特殊商品和服务进行招标，是公共管理者实现所需结果的一种可行途径。

与政治官员建立更现实的关系

如果管理者要对结果的实现承担责任，那么管理者与政治官员之间的关系、管理者与公众之间的关系必然要发生改变。在传统模式中，政治领导人与管理者之间的关系是狭隘的和技术性的，是主人和仆人、发号施令者与执行命令者的关系。而在公共管理模式下，政治官员与管理者之间的关系相对于以前更具灵活性。由于政治权威依然存在，管理模式已不是范围狭窄和技术性的了。换言之，没有什么抽象的公式可以用来描述政治官员与管理者的关系，他们之间存在互动性。

公共管理者所需要的重要技能是在某种程度上如何成为一个官僚化的政治官员，如何与政治官员和外部环境进行互动。所需的行为不是政党政治，而是可以和人民一起从事政治活动。传统模式试图实现非人格化和非政治化，而公共管理承认政府基本的政治特性，公务员与政治官员在互动过程中共事。当然政治官员具有最终的发言权，但那种将政策制定与行政不切实际地分离开来的做法已经遭到抛弃。

与公众的关系

由于要求"以客户为中心"以及对外部集团和个人更具回应力，人们更加认识到管理者对公众需要直接负责。这与传统的行政管理模式有很大的不同，在传统的行政管理模式中，与外界的联系很少，甚至与服务对象的联系也很少。现在的公共管理更加开放，鼓励公民积极参与，包括顾客及利害关系人。对一个问题的解决不是只有一个最好的办法，而是通常有许多可能性（Alford and Hughes，2008）。除了积极参与，公共管理者意识到他们的所作所为都依赖于与公众的合作（Alford，2009）。

同样，以上九个改革的要点并不构成一个单一的、不变的模型或者方案，供所有国家遵循。还可能会增加其他要点。同样地，在一些国家，某一点可能要强调得多一些。再次重申,最关键的变化是公共管理者要为所实现的结果承担个人责任,对于这个简单的改变,很多国家自发地效仿。上述九点是一种趋势,所强调的变化源于之前的实践,综合起来,它们构成了传统的公共行政模式和公共管理的根本差异。

4.6 新公共管理

如前所述,20世纪八九十年代的公共部门改革主要被称为"新公共管理"或"NPM"(Hood,1991)。"NPM"是一种缩写,用来描述公共管理中的经济主义和管理主义的变革,这一变革一度席卷全球。由于种种原因,新公共管理对理解公共管理的变革从来就没有帮助。

胡德(Hood,1991)认为,新公共管理由七个要点构成(pp. 4-5):

- 公共部门**职业化管理**。这意味着让管理者进行管理,或如胡德所言,"由高层人员对组织进行积极的、明显的、裁量性的控制"。这样做的正当理由是"问责的前提是行为责任的明确划分"。
- **绩效的明确标准与测评**。这需要界定目标和设定绩效标准,其支持者在论证时指出"问责需要明确目标,效率需要紧紧盯住目标"。
- 对**产出控制**的格外重视。根据所测评的绩效将资源分配到各领域,因为"需要重视的是**结果**而非**过程**"。
- 公共部门中的单位趋向**分化**。这包括将一些大的实体分解为"围绕着产品组成的法人单位",它们的资金是独立的,"在'保持一定距离的'基础上处理彼此之间的关系"。这样做的目的在于,创造能够实施有效管理的单位,以便在公共部门内外都获得特许经营机制的效率优势。
- 公共部门趋向于更具**竞争性**。这包括"订立合同条款和公开招标程序",其合理性在于,"把竞争作为降低成本和提高标准的关键"。
- 对**私营部门管理方式的重视**。这包括"不再采用军事化的'公共服务伦理观'",在人员雇用和报酬等方面具有弹性。其合理性在于,"需要将私营部门'行之有效'的管理工具应用到公共部门中去"。
- 强调资源利用要具有更大的**纪律性**和**节约性**。胡德将此看作"压缩直接成本,加强劳动纪律,对抗工会要求,降低'服从企业的成本'"。其合理性通过"需要检查公共部门的资源需求,'少花钱多办事'"予以典型的证明。

胡德(Hood,1991)在提出这些观点的时候,并没有把新公共管理作为一个应该遵循的计划,也没有把它作为任何一种类型的倡导。胡德所做的就是将一些不同的改革办法,特别是英国的办法,汇总起来,似乎这些改革的举措是一个广泛的变革运动的一部分,然后赋予其一个新颖的名称即"新公共管理"。

如前所述,由于若干原因,新公共管理一词对实践或理论都毫无用处。它将不同的改革视为整体改革的一部分,只有公共部门改革的批评者使用它;它转移了对已经发生的改革的注意力；它导致公共管理实践和学术界出现不必要的鸿沟，最后，对何谓新公共管理没有达成共识，何人倡导也不清楚。此外，可以说，它是在英国激烈的争论中产生的，而其他地方没有照搬。它不是一项方案，也不是一项议程，仅仅是一种回顾。甚至在英国，也没有任何一个让人遵从的计划是东拼西凑形成的。新公共管理最多是形容零散改革的便签，用来标明不同管辖区之间差异很大的不同变化。

胡德详细列举的许多观点并不新颖，具有长远的历史。胡德的最后一点，严格的纪律和资源的节约使用，是一个围绕着公共资金维护展开的公共行政长期使用的概念。其倒数第二点，私营部门的管理风格同样在公共行政中有很长的历史。确实，管理思想的历史充满了公私部门的相互学习和借鉴。同样，服务外包也基本不是什么新鲜的做法。签订合同和招标在政府部门中已经有一定的历史，在英国至少有数百年的历史。此外，政府和私营部门到处都签订合同提供服务，什么样的情况下政府自己提供，什么样的情况下由外包提供，都是因时因地发生变化的，但原则是不变的，并且这一点都不新奇（Williamson，1986）。上述的第二点和第三点从本质上说是一样的，都是关于绩效的测评和将资源分配到已经有结果的各个领域。其程度在近几十年内确实得到了增强，但只是逐渐地增强，而不是作为 NPM 本身的一部分存在。绩效管理与传统公共行政价值中重视金钱的价值同样是相关联的，"在新公共管理之前，它早已存在并被坚持，在没有进行新公共管理改革的国家，它亦存在"（Halligan，2007，p. 43）。在英国，运用绩效管理来提高生产力的历史可以追溯到 20 世纪初（Bouckaert and Halligan，2008，pp. 71-73）。在传统模式时代，同样也要进行绩效管理，但随意性很强，缺乏科学化和制度化。与过去相比，现在的绩效管理系统更加正式，但所遵循的原则一点都不新鲜。

胡德还列举了两点，分别是"职业化管理"和"分化"。前者的确是一个重要的转折，但也不是全新的。要确定何时何地开始要求公务员对结果负责也是不可能的，但可能发生在 1991 年之前。后者——分化，从来不是一般管理主义改革的要求，尽管早期经常在英国和新西兰使用。

胡德认为"NPM 为什么形成、为什么流行，对此没有单一公认的解释"。他提到了四种可能性：第一，可能是"一种时髦"；第二，可能是"物品崇拜"（屡次失败，不断地再生），它是这样一种观念，即通过修炼某种特殊的礼仪（如管理的）才能得到最终的成功（物品）；第三，可能为了"吸引反面"；第四，可能是"对一系列特殊社会情形的回应"，包括"收入与分配的变革、后工业化、后福特主义、新的政治机构、白领人口的大量出现"（Hood，1991，pp. 6-8）。实际上重点是"NPM"这个术语——胡德为此应该得到赞誉——将不同的变化罗列在一起，仿佛它们就是一场运动。虽然胡德没有提到，但管理变革存在的另一种可能性是，人们普遍认为传统的模式已经行不通了。

20 世纪 80 年代初，一些主要国家的政府相信公共部门存在缺陷，为此需要改善政府的运作。一旦改革开始，其他政府就会效仿别国的做法。对多年的改革进行分析研究之后，胡德和彼得斯认为，没有明确的研究新公共管理的论文（Hood and

Peters, 2004, p. 268)。除了提及早期改革的实践者，如新西兰的财政部和那些明显为了吸引眼球的观点之外，他们认为新公共管理"有点神秘"。

更重要的一点是，没有理论上的文章可以撰写。胡德和彼得斯都十分明确地指出，没有任何两个作者能够列出关于新公共管理完全相同的观点，而这会损害曾经出现过新公共管理的见解。所有这些并不否认公共部门已经出现和发生的实质性变革。变革成为一种趋势，而不是标志着与过去的做法严重脱节的明确方案。

新公共管理只是一种趋势，这可以从波利特列举的、大多数评论者所认同的新模式的几个基本要素中反映出来（Pollitt, 2001, pp. 473-474）：

- 管理体系和管理努力的焦点由投入和过程向产出和结果转换。
- 转向更多的绩效测评，并以一系列的绩效指标与标准呈现出来。
- 偏好专门化的、"精干的"、"扁平的"、自治的组织形式，而不是规模庞大的、多功能的、等级化的官僚制组织。
- 用合同或类似合同的关系大规模地取代层级关系。
- 更广泛地运用市场或类似市场的机制来提供公共服务（包括民营化、合同外包、内部市场开发等）。
- 扩大并模糊公共部门与私营部门之间的界限（它以各种公私合作关系的增强和"混合型"组织的明显增加为特征）。
- 主导性价值由"普世主义"、公平、安全和稳定转向效率与个人主义。

关于波利特所列的新模型的构成要素，有两点要说明。首先，把这些观点加总起来形成一致的计划是没有任何意义的，至少应该有一个真正新颖的方案。波利特的一些关于新公共管理的观点与胡德所列观点有所关联，但也有一些新观点。波利特也提到了绩效测评，提到了对合同的偏好，以及由投入和过程向产出和结果的转换。有新意的是更广泛地运用市场机制和转变主导性价值。关于主导性价值转变的效用，在改革的整个过程中都存在争议，但是，一般而言，波利特所列的这些要素，对全部改革方案提供了一个很好的总结。

其次，波利特在其要素清单中使用的语言本身就很有启发性。例如"转换""偏好""更广泛地运用市场机制""扩大并模糊公共部门与私营部门之间的界限"这样的语言，所有这些都不是巨变，而是指向增量的变化和对改革的强调。因此，人们可以把新的模式视为一种改革的趋势，一种对过去做法的强化，而不是推倒重来。改革的过程是真实的，也是实质性的，但是贡献最大的是它预示了一种方向的转变，而不是一种革命，更不是所标榜的"新公共管理"（另见第15章）。

管理主义方向上的变革是明显的，但改革是与过去的改革具有连续性的（Rugge, 2003）。改革是不容置疑的，问题在于人们经常提出一个争论，即是否有一个单一的计划和议程可以贯穿整个改革进程。

4.7 一场全球性运动?

公共部门改革是否构成一种全球性现象仍是一个相当有争议的问题。正如凯特尔 (Kettl, 2000, p.1) 所评论:

> 自20世纪80年代以来,一场公共管理改革运动在全球如火如荼地进行着。从两个层面可以说明这场运动是全球性的。第一,它波及了包括蒙古、瑞典、新西兰以及美国在内的世界诸多国家;第二,其所涵盖的范围广。政府利用管理改革来重塑国家和其公民之间的关系。

另外,波利特和鲍克尔特认为,并没有发生一场全球性的变革运动,因为不同国家以不同的方式实行了不同的改革。在他们看来,一些国家相比另外一些国家,特别是盎格鲁-撒克逊国家更乐于接受"绩效驱动和市场优先的观点",而多数集权型的欧洲大陆国家对此更为谨慎 (Pollitt and Bouckaert, 2011, p.73; Kickert, 1997, 2000)。大陆国家并没有逃脱于变革的浪潮,只是它们的改革速度稍显迟缓而非无所作为。在"世界各国的改革运动千差万别"的情况下,变革的速度不同这一点是毋庸置疑的 (Kettl, 2005, p.8)。

一个国家的政治机构对改革或多或少会有些帮助。英国、澳大利亚和加拿大的首相比美国总统更能控制政治机构以获得其对政府改革方案的支持。新西兰比其他国家走得更远,部分原因是很少对公共机构进行制约。管理改革必须适应一个国家的治理模式,而且"它们的行政改革要想取得成功就必须得到政治系统的支持" (Kettl, 2000, p.32)。

改革往往发生在经济困难时期,虽然这会遭到反对,但是改革措施总会实行。尽管改革的具体方面、时间会有所不同,但是改革的导向以及潜在的理论基础存在着相似之处。不同国家在改革的细节方面可能会有所不同,但是它们可能有着相同的改革方向,这是由思想和理论的交流与碰撞所带来的。正如凯特尔 (Kettl, 2005, p.76) 所说:

> 有一些耐人寻味的迹象表明,世界各国都在朝着以下方向努力:建立一个基于绩效评估的新型责任体系,开辟一条基于与营利性组织和非营利性组织合作伙伴关系的公共服务供给道路,在信息技术的应用层面大力创新,在公民参与公共治理方面贯彻新策略。

不必认为公共部门的改革是世界性潮流,是不可抗拒的、整齐划一的和全球性的。更为正确的认识应当是,公共部门改革涉及类似的政策工具,如"商业化、公司化和民营化,管理责任的转移,从投入控制转向产出和结果测量,严格的绩效规定,更大范围的签约外包" (Boston et al., 1996, p.2)。

各国的改革在一定程度上有共通性。改革最多的往往是基本理论而不是具体细节。例如,许多国家都对本国的工作人员采取了某种绩效评估模式。它们(在很大程度上）可能在其自身的时代背景下实施各自的计划，但是关于绩效评估理论基础的变革只存在于已经发生思想交流和融合的国家，并且改革进程中最为重要的是理论基础，而不是改革的具体细节，这是各国趋于一致的地方。

如果公共部门改革没有一个既定的方向，那么可以预期不同国家的公共管理改革就会显得更加漫无目的。有些国家将进一步走向官僚制，实行工业国有化而非民营化，但是缺乏足够的证据表明这将是改革的一项趋势。这说明改革具有方向性，但这种方向只是理念层面的，而不是具体到细节层面的。各国政府在其他司法管辖区找到了经验教训，然后将其修改后应用于自身。尽管变革运动会促使公共管理与传统行政渐行渐远，但是改革的幅度和节奏仍然由每一个国家掌握。

4.8 对管理改革的批判

不足为奇的是，从 20 世纪 80 年代开始，学术界就一直对改革提出批判。在一些国家尤其是在英国，对于各种管理主义的改革都持有相当明显的敌意。在公共部门改革的某些方面，批评是有道理的，但在另一些方面是没有道理的。以下是其中的一些批评意见。

管理主义的思想基础

有人认为，公共部门的改革带有意识形态色彩（Dunleavy, 1994; Kearney and Hays, 1998; Minogue, 1998）。波利特认为，管理主义是"新右派思考政府问题时比较令人欢迎的面孔"（Pollitt, 1993, p. 49），并且意识形态的思考也许是通过市场化来缩小政府规模之争论的一部分。早年的情况可能是这样，但也有例外。在新西兰和澳大利亚，最激进的公共服务改革是由左派政府推出的，并且这项改革比新右派意识形态更关注管理和对经济危机的回应。当变革运动不断延伸时，任何党派政治的因素似乎都销声匿迹了。实际上，变革"似乎现在还没找到一个明确的、联结传统'左右'两派的契合点"（Jones et al., 2001, p. 3）。正如凯特尔（Kettl, 2005）所说，"或许，令人惊讶的是在执政党看来，这场变革运动不具备明晰的意识形态根源。有时，诸如新西兰，意识形态的争论来源于左派，而有时，诸如英国，意识形态的争论又来自右派"（p. 17）。

改革进程一旦开始，就会波及曾经看起来神圣不可侵犯的领域，例如公务员的待遇。20 世纪 90 年代后期及以后，改革的意识形态化程度较低，更多的是为了提高效率以及加强与公民的接触。许多国家都通过了自己的改革方案，更多的是为了找到更好的管理和取得成果的方法，而不是在政府在社会中的适当作用方面遵循某种意识形态的偏好。

管理主义改革方案的另一部分并不明显体现出意识形态之争。绩效管理可能被视为新右派的"新泰勒主义"思想，但它也折射出最大限度发挥公共资金价值的传统思想。人们认为人事实践的灵活性管理是一种新的意识形态，但其也可被看作传统公共行政的雇佣实践，因为其他的一些原因现在已经不再适用了。此外，也可以说，反对公共部门改革本身就是由意识形态所驱动的，只是形态不同而已。

对民主的影响

美国的一种观点认为，公共部门的改革违背了民主原则。特里认为公共部门改革正在日益偏离存在于公共行政中的公平与民主价值（Terry，1999，p.276）：

> 虽然，经济和效率是重要的价值导向，但也绝不能忽视回应性、公平性、代表性和法治在美国政治制度中的崇高地位……必须提醒拥护者慎重考虑他们消除公共部门与私营部门之间区别的努力。盲目运用企业管理的理论与实践将导致公共官僚队伍忠诚感的减弱并进而威胁到我们的民主生活。

特里指出新公共管理的原理和实践导致"在单薄的行政体系中形成空心国家"，并且这种"脆弱的制度缺乏系统性，削弱了有效公共服务的能力，反而诱发了关于美国政治民主长期稳定性的诸多问题"（Terry，2005，p.248）。

这一批判耐人寻味，但存在着重大问题。首先，它只提到了美国的制度，美国的民主制度。虽然美国是一个重要的国家，但还有更多的国家和人民，他们的制度与美国完全不同，但确实有需要管理的公共部门。而且，如果说公共管理根本就没有任何内在的民主或公平价值，那是不可靠的，也缺乏历史依据。在某些国家和某些时期，公共行政的目的可能是实现更大的民主或公平，但这从来都不是一个基本价值。公共行政已经显示出它是一种巨大的权力工具，可以用于任何政府目的和任何一种政治制度。其次，需要证明回应性、公平性、代表性和法治的价值比传统官僚体制下的价值要低。无论如何，可以说，管理改革所提出的一切，都是为了更加关注如何使用资金，并确保取得预期的结果。

另外，也可以说，其中的几项重大变革如果得到充分实施，民主的运作将得到改善——政府将更加透明，民选政治官员的职责将进一步增大，而对服务质量和咨询的重视将增加公众参与的机会。公共管理仅仅是政府提高其公共部门管理效率的一个工具，政府选择的体制方式并不存在什么差别。

管理主义的经济学基础

管理主义的经济学基础是其招致批评的原因之一。当然，没有任何一种理论可以免遭批评，经济学就因为其意识形态上的偏见和不切实际的假定而经常招致抨击。在现实世界中，并非所有个体的行为都是理性的，也并非所有的政府问题都可以通过经济方法解决。可能会有人认为，在公共部门的基本政治环境中，运用经济方法是有其局限性的。

对管理主义经济学基础的批评主要有两种。第一种批评认为经济学是一种有缺陷的社会科学，它在政府中的运用同样是有缺陷的。这种批评并非新近产生的，它在早期经济学和资本主义制度成熟之时就已经出现。在对经济学的总体批评中，更切中要害的是认为新古典主义经济学仅仅是经济学的一个分支，即便它在当前居于支配地位，但仍有其他经济学理论，以及将包含行为理论的个体心理学考虑在内的经济学理论，主张政府应担当更多的角色（Thaler and Sunstein, 2009）。

第二种，也是比较常见的批评是，尽管经济学作为经济体系和私营部门的基础具有某些效用，但将其应用于政府则是不周全的。波利特认为，公共服务比任何普通的消费者模式所允许的内容更特殊，这有两个方面的原因：首先，"公共服务中的提供者——消费者交易模式，显然比普通市场中消费者面对的交易模式更复杂"；其次，公共服务的消费者"绝不仅仅是'消费者'，他们同时也是公民，而这对交易而言则蕴含着特殊的意义"（Pollitt, 1993, pp. 125-126）。这两方面都有其合理性。实际上，公共服务的交易行为更具复杂性，而消费者的市民地位也增加了问题的复杂性。某些特殊的公民，一方面会要求政府提供更多的服务，另一方面又埋怨税收太高，这一直以来都是一个悖论。

然而，有必要解释一下为什么特殊的政府产品或服务的供给与需求无法按照市场的方式来进行。在大多数情况下，政府产品或服务的供给与需求的法则的确与私营部门是相同的。如果政府打算减少石油消费，最简单的方法就是通过提高其税收水平来提高其价格。经济学应被视为一种工具，而不是一种方案。

回过头来看，传统的公共行政为避免经济学的应用而给出的理由是，鉴于政府运营是在资源稀缺的环境下进行的，因而具有很多竞争需求。问题在于为什么传统公共行政避免了与经济学的结合，而不是批评公共管理借鉴了经济学的思想和方法。

私营部门管理的基础

管理主义对私营企业模式的借鉴是其遭受责难的另一根源。有观点认为，公共部门可能与其他部门大不相同，因而一般的或私营部门的管理模式与公共部门的运作并不具有多大的相关性。例如，将组织关注的焦点从投入转变为产出时，存在若干个相互衔接的步骤——制订战略与确定目标，制订实现目标所需要的计划，根据计划设计组织结构与安排资金，进行绩效测量与成果评价。这些步骤之间按逻辑顺序环环相扣，一旦目标结果得以明确，其他步骤就是必经之路。然而，这也意味着，如果在实践中难以确定目标，则依赖于明确目标而存在的其他步骤也就变得互不相关。

人事的改革有时被认为是来自私营部门。这包括使员工与岗位匹配，评估他们的绩效，以及通过绩效工资进行奖励。强调绩效会导致短期任用，以及能够解雇那些没有作为的员工。私营部门人员任用和预算的弹性长期以来为公共部门管理者所羡慕。然而，这不应该被视为"必须来源于私营部门"（Holmes and Shand, 1995, p.560)。虽然在公共部门内部很难确定目标或者测量结果，但需要做出一些尝试，因为如果没有目标或者对一些关于已经做的事情的想法，一些机构和政府还有什么特定职能可言？

可能公私部门存在着一些本质的差异，这些差异限制了私营部门方法在公共部门中的成功应用。当然，公共部门毫无甄别地全盘接受私营部门的做法必将导致失败，但这并不意味着公共部门就应沿袭那些传统的、经久历时的方法进行管理。令人疑惑的是，许多备受批评的私营部门的管理技术已经被引入公共部门。更重要的是，首先，它们如何被转化；其次，它们是否奏效。任何技术都需要被修改以适应新的环境，但是需要同之前所做的进行比较，而不是简单地认为来自私营部门的技术不能发挥作用。

"新泰勒主义"

一个特别的理论批评是，管理主义代表了前面讨论过的弗雷德里克·泰勒（Taylor，1911）的科学管理思想的复兴（见第3章）。波利特将管理主义改革描述为"新泰勒主义"，正如"官方文件反复申明，核心问题在于确定明确的目标，制定出用以衡量目标实现情况的绩效指标，通过绩效奖励、职位升迁或其他奖励形式来挑选那些取得'成效'的人"（Pollitt，1993，p.56）。然而，作为泰勒理解的公共部门改革，这是一种误解，是一种管理历史的奇怪解读。

泰勒（Taylor，1911）的确信奉因事择人，根据他们的表现和绩效给予奖励，并衡量他们的工作情况（见第3章）。根据波利特的说法，泰勒主义和管理主义的主要特征是"它们首先关注的是**控制**，而这种控制通过某种本质上属于行政的方法才能实现，也就是要以量化方法测定努力的程度"（Pollitt，1993，p.188）。一些管理主义的形式，特别是在早期，会这么做。任意的管理目标也会被运用。尽管管理主义强调测量是不争的事实，但是与泰勒主义运用的方式存在很大的差异。公共管理的目标诉求更趋灵活，就这一点而言，它远不及早期传统公共行政表现得那样接近泰勒主义。的确，泰勒主义更接近官僚制的传统理论，在20世纪20年代人们很乐意将其运用到公共行政中。

源自生产管理

与"新泰勒主义"的批评相关的是，公共管理，特别是旧式的新公共管理，是基于源自商品制造的生产模式（Osborne et al.，2013；Osborne and Strokosch，2013）。奥斯本等人认为，当代公共管理理论的一个"关键缺陷"是"它过于集中于制造业的管理经验，关注离散的交易和单一的产出"（Osborne and Strokosch，2013）。他们认为，公共管理基于对市场营销中使用的服务管理文献的考虑和调整，关注持续的关系和服务结果，可以获得相当大的收益。

这套论点有两个比较大的问题。第一，公共部门实际上确实产生了很多交易和单一的产出。最常见的交易是与个人的交易——在确定客户资格后,获得政府政策规定的任何服务。这是一项个人交易,尽管重复了数千次或数百万次。处理这种交易的后勤工作确实涉及交付方面的管理效率概念。

第二,公共服务确实会产生**产品**。奥斯本等(Osborne et al., 2013)认为,公共服务也是服务,但具有不同于商品的特征。但这一观点在其衍生的营销文献中已不再被广泛接受。使用"产品"一词已经变得更加普遍,它指的是任何被生产出来的东西,一种商品、一种服务,甚至是一种理念。最常见的是一种有形或无形的,可以用金钱或其他价值来交换的东西。因此,公共服务组织是产品的生产者。

关于公共管理改革背后的生产逻辑的观点,表面上是可信的,但没有任何进展。许多(但不是所有)公共部门的产品都可以通过处理大量的个别交易而达到标准的、普通的效率要求。如果能够设计出交付模式或程序,以实现更大的吞吐量,那么稀缺的公共资金就能发挥更大的作用。

政治化

公共部门管理的改革有时被认为涉及"政治化"——将其直接卷入政党政治事务(Pollitt and Bouckaert, 2011)。现在的情况是,政治领导人更有可能自己选择部门领导,并要求这些部门领导对其施政目标有所认同。这与传统模式强调的中立及非党派的行政确实是相背离的。就以上这些观点受重视的程度而言,管理确实意味着对那些历史悠久的箴言的贬斥。目前尚不清楚的是政治化在实践中到底有多大影响。政治化存在两个方面的问题。

一方面,可以说,那些主张"政治化"论点的人忽视了公共服务的本质就是一种政治工具这一事实。现在的情况是,对于传统行政模式的问题特征——公务员不被认为是"政治性的",人们正在以更为现实的眼光来看待。正如在美国的体制中,倘若公开的政治任命可以带来整体利益,就像他们所认识的那样,这种任命也不会深入下级部门。

另一方面,政治化有可能产生一些问题,而这些问题正是伍德罗·威尔逊和19世纪80年代的改革运动所着力解决的。威尔逊主张通过政治与行政的分离对政党分赃制进行改革,并减少该制度产生的腐败现象。如果让管理者对其管理结果负责,管理制度最终变得更加政治性和人格化,那么同样的问题也可能重演。

传统行政模式的一个所谓优势是拒绝承认或卷入政治。鉴于政府行政就其自身而言不可避免的是一种政治过程,因而这种假定往往是幼稚的和不切实际的。公共管理者确实在卷入政治,尽管这种政治并不必然是政党政治,但这一事实应该予以公开。公共管理者应该清晰地了解各种替代性行为过程的政治成本和收益,而不是躲在虚假的中立性背后。

减少问责

也有人担心,新的管理概念和程序是否与问责相吻合(见第 7 章)。如果公务员承担管理责任,那么这将被视为政治官员的责任的转嫁。而且,公民如何才能要求公务员承担责任呢?但是,要使问责成为一个真正的问题,就必须证明在旧的模式下,问责更好。但事实并非如此。政治和行政的二分法是不切实际的,也不能保证任何情况下都确保责任。此外,管理主义的变革的确能够保证较大的透明度。这些改革实际上改进了问责,因为公众应该更好地了解政府在做什么,而更多外部利益相关方的介入意味着他们的利益将比以前得到更多的考虑。

契约外包的困难

私人市场具有优越性,以及民营化的政府行为会更有效率,这种论点说起来容易,但实施起来并不简单。使签约外包切实发挥作用与认为它是一种好的想法完全不是一回事,这需要解决一些困难的细节性问题。公务员要想变得擅长合同管理需要很多的努力和训练。威廉森(Williamson,1986,1996)认为,合同外包的任务的交易成本会大于把它们保留在内部的成本。合同外包应当被认为是管理者的另一种工具,在现实的案例中可能会也可能不会更有效或者更值得信赖(Alford and O'Flynn,2012)。

分权

分权意味着通过对小的政策部门设立提供服务的机构来分解大部门。有人认为分权是新公共管理的一个要求(Hood,1991;Dunleavy et al.,2005)。分权曾用于英国,开始于 1988 年的"下一步计划",同时也在新西兰的早期改革中使用过,但是这并不意味着应该把分权看作公共部门改革的重要内容,这是没有意义的。

"下一步计划"报告指出,基本模型是建立一个分离的机构来负责提供服务,通过相关的政策部门拟定合同和准合同提供服务。从某种程度上说,这并不是新的观点,许多国家,诸如英国、新西兰、荷兰都采取过把大部门变小这样的做法,在北欧国家,这样的做法已经有几十年的历史(Peters,1996,p. 31)。然而,尽管出现在胡德的新公共管理的清单上,分权并不是公共部门改革的必然要求。在英国之外的其他国家,这样的组织早已建立,"承担服务提供、资助和监管的职能"(Holmes and Shand,1995,p. 569)。鉴于整体的政策目标是增加弹性以及允许管理人员在一定范围内设计他们自己的组织,英国"下一步计划"改革的要求与这些目标是相背离的。在新西兰,早期改革曾经建立起了大量的机构,但是由于人们认为这些机构对管理主义的改革没有帮助,后来很多机构都被解散。分权不是管理主义改革的根本要求，尽管其在一些国家被认为非常重要。

伦理问题

在改革之后，人们对公共服务中出现的道德行为表示担忧。胡德说，新公共管理"假定公共服务诚实的文化是既定的，它的方案在很大程度上剔除了传统行政模式用以保证公共服务诚实和中立的制度设施（如固定薪金、程序规则、长期任用、对线性管理权力的限制、公共部门与私营部门的明确界限）"，而这种变化"在多大程度上可能导致这种传统价值观念受到侵蚀尚待进一步检验"（Hood，1991，p.16）。一方面要求改进管理和制度设计作为减少腐败的战略，另一方面又通过更好的管理主动劝阻以减少腐败的发生，这两者之间可能存在一些矛盾。在更多地使用合同外包的过程中，很可能会给不择手段的人提供机会，但正如发展中国家所表明的那样，在传统的行政管理模式中，在许多领域如牌照的分配和许可，以及政府采购，都有腐败的机会。管理主义是否会引发较大的伦理问题，现在尚不清楚。传统体制的好处在于对行为有较高的要求标准，但是它的缺点在于结果只是偶然的。

管理改革中的一些构架将有助于打击过度的政治腐败，包括"基层社区政府、竞争性政府、任务驱动的政府、以结果为导向的政府，以及进取的、预见性的和分权的政府"，还有"现代会计和管理信息系统"（deLeon and Green，2004，p.240）。更大的信息透明度和更自由的信息获取可能是对管理者保持高道德行为的充分刺激手段。

执行和士气问题

管理主义变革都是从高层发动的，而对执行缺乏足够的重视，这对员工产生了负面影响。这已成为一个现实问题，尽管一些国家已经对改革进程投入了时间和资源以使管理主义变革运转保持良好。较好的培训应当成为整个改革的一部分，尤其是要对高层管理者进行管理培训，但是一旦出现资源紧缩，此类活动将被看成是费用昂贵的奢侈品。实际上，具体环节的贯彻执行情况可能最终决定改革的成败。

也许是改革进程的速度太快，以至于身处其间的人们搞不清楚自己的真正定位，在早期阶段尤其会产生士气问题。例如，在加拿大，对工作人员的调查"揭示了一个难以消除的士气方面的问题"（Savoie，2015，p.194）。即便在那些被普遍认为必须改革的地方，也存在是否还会有更佳方法的问题。但是随着改革的进程仍在继续，新员工被雇用，由于他们对旧系统没有直接的认知，因而期望也会有所改变。现在雇佣的任期和条件可能与私营部门没有什么不同，但是从来没有员工接受它，即使所付出的代价可能是更不愿意将他们的工作看作一生的事业。

总的评价

  归根结底，对管理主义模式的批评性分析在某些方面是成立的，但并不能让人信服，至少未得到证明。然而，对管理主义模式的真正检验还是将新模式与原有模式的绩效进行**比较**。政府为公共项目提供的资源少之又少，却又想了解公共利益是否正在以某种快捷、有效的方式得到实现。战略规划可以阐明各个部门所承担的任务；项目预算与权责会计意味着能把有限的资金用在刀刃上；绩效指标可以确定目标实现的程度；人事改革则增加了弹性，使最有能力的人得到奖赏，不称职的人则被解雇。没有任何一种理论在实践中是完美无缺的，关键在于原有的模式在上述各个方面都表现得不尽如人意。

4.9 结论

  人们认为，当今许多发达国家以及发展中国家的公共服务更多的是管理而不是行政。官僚制的正式权力结构仍然存在，但管理主义的逻辑已经确立，并且符合政府的实际需求，即以最低的行政成本实现服务供给的最大化，同时明确了公共管理者应该为管理结果负责。公共管理并不意味着由技术专家垄断于政府之中，也不等于减轻责任，更不意味着民主的削弱。管理变革所做的只是通过向决策人提供更多、更好的信息，使公共行动能够以更有效、更具成本效益的方式进行。归根结底，作为决策者的政治官员与公共服务相互作用于一个互动过程中，该过程可被称为管理。

  我们再次见证的或许是一种新的公共管理模式（另见第 15 章），但是，目前它还是一种公共管理的理论，而不是一般性的管理理论。如果公共管理仅仅是通过将私营部门的管理技术移植到公共部门，那将不会取得长远的发展。应该考虑一般管理功能需要什么，明白公共部门特殊的管理特征是什么，并衍生出适合该部门的新的管理制度。

  尽管对政府变革存在诸多批评，以及部分民众存有疑虑，但公共管理模式已经建立起来了。现在还有谁提及公共行政或者称他们的工作为行政工作？公共管理者对所承诺的结果负责，他们需要开发一些创新的方式提供产品和服务，他们将进行风险管理而不是像传统行政那样规避风险。一旦改革为人们所接受，它就很难停顿下来。但是，随着管理主义模式实现其提高绩效的承诺，原有模式的精华部分——专业主义，追求公正、高尚的伦理标准以及腐败现象的鲜有发生——能否继续得以留存，则有待进一步考察。

第 5 章

公共政策

本章内容
- 引言
- 公共政策、行政和管理
- 政策分析
- 政策过程模型
- 经济性公共政策
- 政治性公共政策
- 基于证据的政策
- 政策执行
- 政策分析的局限性
- 结论

5.1 引言

几十年来,公共政策作为一个独立的研究领域,在公共行政这一更加广博的领域内兴起。公共政策的研究者有意识地与老的行政学科保持距离,他们在 20 世纪 70 年代的运动源于"这样一种假设,即正统公共行政已经走到了一个死胡同"(Kettl, 2002, p.13)。当时大多数公共政策从业者都将公共政策看作一种关于决策的科学,特别是运用正式的方法解决公共部门问题的科学。公共政策本身很重要,并且对公共管理和行政产生了影响,但同时又引发了新的问题,即它与公共部门的其他途径是否有真正的不同,把它作为一个独立的学科有何优势。

公共政策可以被看作是对公共行政传统的反应和批判,也可以被看作是对形式化的技术方法的长期过度运用。"公共政策"一词的另一种用法是由经济学家使用的,意味着运用经济学方法和模型解决政府的问题。尽管二者都使用了同样的名字,但方法完全不同。更模糊一点讲,公共管理和公共行政之间最大的区别在于前者对经济学的运用具有开放性。

公共政策的含义并不明确,尽管"普遍共识"认为公共政策可以被定义为"政府或立法机构就某一特定问题采取的行动(或不行动)"(Knill and Tosun, 2012, p. 4)。对政策领域的调查报告(Moran et al., 2008)表明了其复杂性。此外,从业者会发现这种调查是模糊的,缺乏连贯性,没有什么实际效用。然而,公共政策是重要的。简单地说,公共政策是政府针对某种事情的结果所采取的行动。在实务上,这也许不是什么大的进展,因为人们可能认为这是一种失信的政治与行政二分法的翻版(见第3章)。

英国在1988年的"下一步计划"之后,开始尝试政策制定和执行的结构性分离,小的政策机构负责制定政策,更大的机构负责执行,并通过准合同协议来维护这样的关系,但是运转的效果并不好。那种认为个人、团体或者政府官员整天忙于政策咨询的观念与现实是不符的。政策和管理密不可分,同样,也许没有必要将公共政策从理论上或分析上视为不同于公共行政或公共管理。

我们认为,存在着若干截然不同的公共政策方法,其关注点和侧重点各不相同。第一种是"政策分析",第二种是"经济性公共政策",第三种是"政治性公共政策",第四种方法可能是"基于证据的政策"(Nutley et al., 2002, 2007),尽管有人可能认为要求以证据为基础应当适用于所有的公共政策。政策分析人士是那些从一开始就应用政策分析的方法进行研究的人,也就是说,他们有时运用非常抽象的统计资料和数学模型,重点研究决策和政策制定问题。政治性公共政策的分析者更感兴趣的是公共政策的结果或产出、决定特定事件的政治互动,以及这样一些政策领域,如健康、教育、福利、环境。他们并不关注统计方法的使用。人们第一感觉可能认为经济性公共政策是公共政策分析的一部分,然而,把它视为一种完全不同的方法是有道理的,因为其运用了假设和演绎的方法,而政策分析更倾向于归纳的方法。

总的来说,这些公共政策的观点使人们对公共行政,特别是公共行政模式感到不满并已经失去耐心,不论是对数字还是对结果的关注都被归结为对过程的关注。一份对公共政策领域的全面调查表明,在20世纪50年代到70年代这个时期,"公共政策真正开始起飞而公共行政开始进入衰落状态,且这种衰落在20世纪80年代呈现加速趋势"(Parsons, 1995, p. 7)。

从公共政策分析的角度来看,可以把公共政策视为一种与公共行政和公共管理竞存的独立典范,也可以视其为一套适用于公共行政和公共管理领域的分析方法。我们认为,公共政策运动是传统公共行政模式的一部分,是对官僚制模式和"最佳路径法"思维方式的完全接受。对传统模式的批评在于，它更多的是使用经验性方法支持甚至取代决策，而不是更多地探讨基础性问题。

即使近来公共政策运动已经失去了动力，但它对于公共部门的研究仍然十分重要。人们批评其方法论过于狭窄，其关于治理工作的结论又显得模棱两可。然而，与公共行政关注政府如何运作并热衷于使用经验方法分析政策相比，公共政策与政策分析在吸引人们关注政府做什么方面依然很有用处。

5.2 公共政策、行政和管理

长期以来，研究政府的学者们一直在努力探索"政策"和"政策制定"的含义。从文献中，我们可以找到对公共政策的诸多界定，这些界定包括："关于目的的声明、目标规划、适用于未来行为的一般准则、重要的政策决策、可选择的行动路线或方案、采取或不采取行动的后果甚至政府的所有行为"（Lynn，1987，p.28）。"政策"一词可能是指：选举中的政党所宣称的目的，比目的更具体的计划，诸如"对外政策"的一般准则、政策文件中的政府决定，甚至政府所做的所有较为重要的事情。有一本著作曾经考证过公共政策具有十种不同的定义（Hogwood and Gunn，1984）。

政策分析和政治性公共政策学派对公共政策的界定存在一定的分歧。从政策分析的角度来看，帕特和斯普林格认为，"政策研究的功能在于通过提供准确、有用的决策信息来推进公共政策过程。那些从技术上看来正确、有用的信息加工技能则居于政策研究过程的核心地位，而不管使用何种特殊的方法论"（Putt and Springer，p.10）。这个定义强调政策分析所使用的方法。奎德（Quade，1982，p.5）也是如此定义的，他将该领域定义为：

> 为了对社会技术问题有更深的了解并提出更好的解决办法而实施的一种应用性研究。政策分析试图利用现代科学技术解决社会问题，寻找可行的行动方案，提供信息并收集证据，说明采用和实施这些方案的好处和其他后果，以帮助决策者选择最有利的行动。

这些要点说明了较正式的政策分析方法的目的所在。它借鉴了应用科学和统计学的大量知识（deLeon，1988），在运用这样的程序寻求决策甚至做出决策时，所关注的焦点是方法和科学。

林恩（Lynn，1987）所采用的方法则迥然不同，它强调政治上的相互作用，而政策是这种相互作用的结果。他是这么进行定义的（p.239）：

> 公共政策可以被描述为不同个体所构成的一种分散过程的产品，这些个体在一个正式组织占主导地位的小群体中相互作用。这些组织运行于一个由政治机构、规则和实践组成的体系中，它们都处于社会和文化的影响之下。

这一定义的主要特点是：第一，公共政策是政府的**产出**。该定义灵活地避免了某些问题，不去规定更明确的意思或指明特定条件下产出的确切类型。政府提供商品和服务，大多数情况下也是通过政策公告来执行。即使像外交政策那样晦涩的用语，作为某些可影响国际关系的观点、声明或行动的产出也具有某些含义。第二，该过程被描述成分散的过程，公共政策的制定是一个让人难以捉摸的过程。在传统的行政模式下，政策制定被看作政治官员所实施的任务，或者是贯穿于其他理想化、模式化的过程之中，与此相比，该定义更具现实意义。除了通过政府内部的政治流程，没有人知道政策是从何处产生的。在这当中，外部利益集团或政治官员一样都是政治的参与者。我们也没有理由断定所有的政策程序都是相同的。第三，林恩（Lynn，1987）更确切地表达了这种限制的思想。公共政策的制定不是在真空中产生的，它受到组织、机构、利益集团的限制，甚至会受到"社会和文化的影响"。找到更为复杂的定义很容易，但是，在此处公共政策被看作政府的产出，政策分析被看作更为正式的和经验性的方法，以此可以推论和解释自20世纪70年代以来因对公共行政批判而兴起的政策。

从公共行政、政治学或新公共管理的角度来描述公共政策的方法会出现许多问题。它们都关注政府和公共部门的运作。公共政策与公共行政之间存在着很明显的不同。传统模式对政策毫无兴趣，因为政策被假定为由政治官员制定。从其产生之日起，公共政策分析人士就是一群与众不同的人，与公共行政的"通才性的方法"相比，他们更加关注分析方法和数字。公共行政被认为是有才华的业余爱好者的领域。英明而有效的治理与任何一种方法或统计都无关。公共政策显然比公共行政更多地偏向"政治"，并且更多地强调运用技术方法来进行决策。由于公共政策承认官僚组织在决策和政治中的作用，以及更关注其产生了什么样的结果，因此它比公共行政更接近现实。

将公共政策从政治科学中区分出来尤其困难，有时很难断定某项研究到底是属于公共政策还是属于政治学。在行为主义时期，政治科学对政策问题并不感兴趣（John，1998，p.3），所以早期的公共政策研究在某种程度上是对其的一种反应。可以把公共政策视为尝试运用政治科学的方法，研究实际的政策领域，比如城市改造、健康政策、福利、住房、环境等。

要明确说明公共政策与公共管理的关系也不容易，它是另一个"可渗透的边界"（Pollitt，2016，p.15）。我们认为，公共管理正在取代传统的公共行政，并且更为真实地描述了公共部门真正发生的事情。然而，公共管理与公共政策之间不是简单的谁替代谁的关系。公共管理者可能会运用经验模型，但通常属于经济学模型。公共政策分析或许已经运用了经济学，但是经济学只是其中的一个方法。尽管政府已显示出其在运用经济学方面的偏好，但双方都可能声称自己的研究视角更具吸引力。

5.3　政策分析

公共政策始于为实现政府目标而对数据进行的系统分析，甚至"统计学"一词也源于"国家"一词。尽管如此，随着肯尼迪政府和约翰逊政府实施的大规模的政府规划（deLeon，1988，2006），直到 20 世纪 60 年代以后公共政策才大范围地运用系统数据。人们认为，来自兰德公司或罗伯特·麦克纳马拉（Robert McNamara）管辖下的美国国防部的数理技术可以应用于公共部门。这是一个科学的时代，是一个任何问题都有可能解决的时代，通过适当运用科学方法可以制订出解决这些问题的方案。大型计算机的应用以及处理统计数据的配套软件应用也与这种信念有关。在早期阶段，公共政策分析人士似乎认为决策是一个理性的过程，并会产生一个理性的结果。

1980 年以后，帕特和斯普林格（Putt and Springer，1989）认为公共政策进入了他们所说的"第三阶段"，在这一阶段，政策分析被视为"促进而不是替代政策决策"（p.16）。正如他们所解释的：

> 第三阶段的分析人员越来越少地充当解决方案的生产者，不再为决策者寻求解决复杂政策问题的最佳途径提供指导。第三阶段的政策研究并不指望提供解决方案，而是在形成公共政策的相互关联的、复杂的决策中，提供多方面的信息和分析。政策研究不是独立进行的，也不是离决策者越来越远，而是渗透于政策过程本身。

经验主义方法被用来辅助决策而不是取代政治，其本身也不提供解决问题的答案。数据的可得性使得政策过程中所有的参与者都能利用统计数据作为加强论证的有力武器，但是数据本身并没有必然的决定性作用。它为政策辩论提供信息，但不能取代政治论点。

经验主义方法

对政策分析和政策分析人员所需的经验主义方法和技能已经有很多的论述。有观点认为，有两类技能是必需的。首先，是"科学技能"，它包括三种：信息构建技能，它可"增强分析人员阐明政策思想以及检验其与现实事件是否相符的能力"；信息收集技能，它可"为分析人员提供准确观察人物、目标或事件所需的方法和工具"；信息分析技能，是指"引导分析人员从经验主义的证据中得出结论"（Putt and Springer，1989，p.24）。以上这些科学技能不是孤立的，而是密切相关的。其次，这些技能也与政策、计划和管理技能等所谓的"辅助性技能"有关（p.25）。因此，虽然经验性技能必不可少，但也同样需要其他技能。这两套技能都说明了培训在政策分析中的重要性。如果用科学技能和辅助性技能对官僚制组织中的分析人员进行培训，则政策制定及其结果就可以得到改善。

政策分析中使用的一些经验主义方法包括：（1）成本-效益分析（在没有偶然性概率的、互不相关的备择方案中进行最优选择）；（2）决策理论（在有偶然性概率的方案中进行最优选择）；（3）最优分析（找到一种最优政策，它遵循过犹不及、少亦不妥的原则）；（4）配置理论（最佳组合分析）；（5）时间最优化模式（决策系统的设计使时间消耗最小）（Nagel，1990）。霍格伍德和冈恩（Hogwood and Gunn，1984）在他们的选择性分析部分——他们认为这是政策模型的核心——指出了各种操作性研究和决策分析技术，其中包括：线性规划、动态规划、薪酬矩阵、决策树、风险分析、排队理论和库存模式。

在发展政策分析的数理方法方面，内格尔可能是关键人物，他对这种方法的优点自然十分热衷。他认为，建立在管理科学方法基础上的政策评估"似乎能够改进决策过程"（Nagel，1990，p. 433）。有人可能会赞成这样的想法，即社会进步可能起源于经验主义的决策方法。毫无疑问，这些方法在某些领域中是非常有用的，甚至在复杂的政治事务中，通过正常的手段不能获得的信息也可以通过这些方法获得。例如，对公路交通进行监督和控制是任何地方政府都具有的职能。交通研究总是处在计算汽车流量这样比较低的层次上，当可以通过决策分析计算更大的数量或者通过计算机模型模拟交通情景时，就有可能对交通模式进行预测，并决定应该在何处设置交通信号，或者使用成本-效益分析方法对两地间设立立体交叉交通道路问题进行分析。在这样的例子中，经验主义方法无疑可以提高政策制定水平并且被政府广泛使用，然而其他类型的公共政策可能不适合进行统计分析。

5.4 政策过程模型

有多少公共政策的理论家几乎就有多少种政策过程模型，然而，从某种程度上说，所有政策过程模型都来自拉斯韦尔（Lasswell，1971）。安德森（Anderson，1984）的政策过程模型有五个阶段：问题识别和议程确定、制定、采纳、实施和评估（p. 19）。奎德（Quade，1982）也认为有五种元素：问题的确定、探求备选方案、预测未来环境、模拟各种备选方案的影响和评估各种备选方案。斯托基和泽克豪泽（Stokey and Zeckhauser，1978）也提出了一个五步骤的政策过程模型，在这个过程中，要求分析人员确定基本问题和目标，提出可能的备选方案，预测各种备选方案的后果，确定方案实现与否的测量标准，指出最优行动方案。

巴顿和萨维基（Patton and Sawicki，1986）的政策过程模型的基本目标是协助分析人员评估某一特定情况，并制定出处理这种情况的政策。这一模型在该领域中颇具代表性，它包括六个步骤：界定问题、建立评估标准、确定备选政策、评估备选政策、列举并选择备选政策、监控政策结果。

巴达克的"八圣道"

另一个有用的模型是巴达克（Bardach，2009；Bardach and Patashnik，2016）提出的"八圣道"（eightfold path）。"八圣道"即分析实际公共政策的八个步骤。巴达克评论政策分析是"一种社会和政治的活动"，"更多的是艺术而不是科学"（Bardach，2009，pp. XV-XVI）。这相当巧妙地确立了一个更为实际的政策制定的方法，而不是仅仅把分析作为目标。

巴达克的模型与之前其他人所表述的很相似，其优点是能够进行政治互动，而其他理论家的模型没有政治互动。第一个步骤是"界定问题"。这对于公共部门而言通常是困难的，因为政策目标总是不明显或者突然决定要做一些事情。公共组织经常在同一时间段有不同的任务，并且需要对不同的利益集团做出回应。在大的领域内界定问题显得尤为困难，如健康和福利领域，但是如果没有进行问题的界定，将不可能制定政策。第二个步骤是"收集一些证据"，这也是一种想象，因为没有证据是确定的。的确，证据往往是有争议的和矛盾的。第三个步骤是"构建可供选择的方案"。它们是为了解决或者缓和问题而做出的"政策选择、可能性的行动方案或者可能是干预战略"（Bardach and Patashnik，2016，p.18）。第四个步骤是"选择评估的标准"。标准是多样化的，但是肯定包括效率、效能、社会正义或者政治上的可行性。第五个步骤是"设计结果"，换句话说，是通过第三个步骤推断什么会发生，通过第四个步骤建立指标。巴达克提出了一个"结果矩阵"，选项连同评估指标被列在一起（Bardach and Patashnik，2016，pp.61-63）。第六个步骤是"比较权衡"。有一些选项可能会比其他选项更奏效，但是没有任何一个选项能够在各个方面都很完美。这意味着必须通过权衡，评判出较好的选项。第七个步骤是"决策"。最后一个步骤即第八个步骤是"出台政策"（Bardach and Patashnik，2016，pp.72-76）。

巴达克模型是一个制定公共政策的实用模型，在公共管理者面临政策问题时有着毋庸置疑的价值。运用巴顿和萨维基模型（Patton and Sawicki，1986）（或任何类似的）在分析公共政策时是有好处的。它可以在政府官员面临任何政策问题时，提供指引或者建议。当然，如果没有这样的清单或者框架，分析的结果有可能更好。

总之，运用政策过程模型的方法也面临一些困难。在有些情况下，像上述这样的模型有助于制定公共政策，但是在其他环境下可能没有帮助。正如约翰（John，1998）所评论的那样，"政策制定一团糟糕的偶然经历、决策的扭转、相反结果的出现、幻想的破灭以及意外惊奇足以警告研究人员，即使是作为一种理想类型，其系列模型仍有其自身的问题"（p.25）。政策往往不是以线性的、结构化的方式制定的。政策制定通常是为了应对危机，或者满足某种意识形态的需要，而根本不是从任何逻辑过程或证据中产生的。

政策过程模型所提供的是一种框架而不是一种方法，是一套步骤而不是具体的方案。决策者可以完全遵循这些步骤，但制定出的政策可能很糟糕，而另一些人尽管没有遵循这些规则，却可能制定出更好的政策。运用模型会带来一些问题，因而不能简单地根据所列的清单去操作，而应该真正地去**分析**发生了什么。政策分析的一个基本问题是：它是艺术还是科学，它是否试图将不可量化的事物量化或是将准理性的东西理性化。模型有可能也会起作用，但是它无法确保可以制定出更好的政策。这些政策模型并不能非常有效地处理政策变革或对未来活动进行预测。

5.5 经济性公共政策

公共政策也可以运用经济学工具来制定。事实上，人们通常认为公共政策属于经济学的一个分支，一个更注重应用而不是对高端理论感兴趣的学派。然而，经济学所使用的公共政策方法与上述的政策分析方法有很大的不同。政策分析的理论工作者一直承认经济模型是可能的方法之一，但是两个学科的基本参数有天壤之别。有趣的是，如果在两个分析模型之间存在争议，那么一般来说，政府通常习惯于选择经济政策模型来指导他们的工作。值得考虑的是，为什么会出现这种情况，以及经济模型拥有什么能够使其比那些通过多样化公共政策分析而来的公共政策更具优势。

经济学可以运用在很多政策领域，如在福利经济领域确定政府目标，"在竞争要求中进行资源配置（成本－效益分析领域），以及分析政策是如何执行的"（Donahue and Zeckhauser，2008，p.496）。政府根据经济委员会模型预测的结果改变政策已经成为常态。同时，自20世纪80年代开始很多重要政策的改变都源于经济学，如自由贸易理论主张通过降低关税、缩减税收以刺激需求，承认债务水平以促进自由贸易。经济学看起来为政府提供了很多东西，政府比以前更愿意接受经济学界的建议，从某种程度上这可能会导致其他类别的政策分析者的嫉妒。有人认为，传统公共行政走上消亡的原因之一就在于它避免了对经济学的运用。就像之前所提及的（见第4章），公共管理改革的重要理论基石是私人管理和经济学，尤其是微观经济学和公共选择理论。这一阶段比公共政策中的理性模式走得更远，说明产品要通过其经济效用实现效益的最大化，并从中制定出政策。

两种方法的本质区别在于，公共政策分析是基于经验主义方法，该方法起源于20世纪六七十年代的政治科学。导致问题产生的一个线索是前面提到的科学技能，"信息分析技能指导分析者从经验证据中得出结论"（Putt and Springer，1989，p.24）。这支持了问题的关键点，政策分析理论不仅源于政策分析，也源于行为政治科学。很多社会科学从数据收集或抽样调查开始，一直都采用归纳的方法。基于这样的想法，通过搜集大量的信息可以得出推论。在20世纪下半叶，很大一部分科学哲学显示，通过数据得不出结论，这种归纳科学本质上是有缺陷的（Popper，1965）。

尽管受到诸多批评（例如，deLeon，1997），但近年来经济公共政策成功的一个主要原因是，它采用了明确的演绎方法，即基于理论指导预测。如果能够找到支持预测的证据，这个理论就可以获得支持。一个理论虽然没有被证明，但是如果也没有被推翻，那么就能够站得住脚。比如交通问题就是一个明显的例子。运用归纳方法研究交通拥堵可能涉及收集交通情况的数据进行分析，然后得出结论。运用演绎的方法或者公共选择的方法可能假定存在人人都想得到的一个稀缺的产品。在这种情况下，很可能是对上下班时间做出预测，预测人们的行为可能最大限度地减少花在交通上的时间。一个理性的行为反应可以假设并检验，而不是对从证据分析得出的行为进行解释。

在公共决策中更多地使用经济学方法是否属于正式的政策分析，这是值得商榷的。鉴于公共政策分析人员来自政治学，它可能属于一个完全不同的知识史范畴。韦默和瓦伊宁（Weimer and Vining，2011）的综述很有意思，他们采用的是双重承认，既承认其他类型的政策分析，也承认经济学的分析，但他们的著作更多的是应用经济学的概念和方法。

5.6 政治性公共政策

林恩（Lynn，1987）、德利昂（deLeon，1997）和约翰（John，1998）等学者提出一种较灵活的方法来研究公共政策。在他们看来，政策制定是一种政治过程而不是一种狭隘的技术过程。林恩将公共政策看成是组织中个体的产出，认为"为了理解政策制定，有必要了解这些组织中的行为和相互作用，这些因素包括身居特定职位的个人、团体、组织、政治体系以及更广泛的整个社会"（Lynn，1987，p.17）。因此，政策制定不涉及特殊的方法论，而是涉及如何适应并学习对政治和组织环境施加影响。

林恩关注的焦点是理解具体的政策是怎样在实践中形成、发展和运作的，这比仅仅聚焦于决策过程和数学模型的关注点要更为广泛。林恩认为，政策的制定"不仅仅包括目标的设立、决策的过程、政治战略的形成，同样还涉及对政策规划的监督、资源的分配、运作的管理、过程的评估，以及沟通、辩论、说服等各个方面"（p.45）。在他看来，公共政策是一个过程，是一个包含了上述各方面考量的政治过程；是一个其称之为"公共政策的管理者"（一种有趣的混合术语）运用任意一种方式去实现目标的过程。由于公共行政人员是在三种受约束的情况下追求他们的目标的——这些约束包括：外在的政治环境、组织的环境，以及行政人员自身的人格和认知方式（p.42）——因此公共政策的过程并不是一个十分正式的过程。与其说公共政策的有效管理者是一个技术专家，还不如说他们能够（p.271）：

- 为其组织活动确定可理解的前提；
- 对重要的战略性问题有深刻的理解，确认并集中关注那些对组织雇员有意义的活动；
- 始终关注并充分利用所有的机会以促进目标的实现，无论这种机会是有意识创造的还是意外获得的；
- 有意识地将其鲜明的个性特征作为领导和施加影响的工具；
- 在人力资源的经济架构中实施管理，以控制目标的努力程度和目标的实现程度。

管理者之所以这样工作，是因为他们自己的职位很重要，他们必须取得实际成果，否则工作就会有麻烦。因此任何可以实现目标的手段都必须加以考虑。

从这个角度来看，公共政策制定是充满政治的过程。霍格伍德和冈恩（Hogwood and Gunn，1984）对公共政策的观点持中立的态度，认为政策分析是"对政策过程较明显的政治方面的补充，而不是去替代它们"。而且"当把政治看作残余事务时，就等于判定了分析——而非政治——是枝节问题"（p. 267）。他们提出了一个九步骤的政策过程方法，并认为这种方法是"混合型"的，也就是说，它们既可以用于描述，也可以用于规定。其模式为：(1) 决定做出决策（问题调查或议程设定）；(2) 决定如何决策；(3) 问题界定；(4) 预测；(5) 设定目标和优先权；(6) 选择性分析；(7) 政策实施、监督和控制；(8) 评估和检查；(9) 政策维持、延续和终止。

这种模式的非典型性在于，它既包含了政策分析，也包含了政治观点。霍格伍德和冈恩（Hogwood and Gunn，1984）坚持认为，他们的方法既关注技术的应用，也关注政治过程，他们主张"以过程为重点而不是以技术为导向的政策分析方法"（p. 6）。政策分析首要的是"确定问题的特征以及问题所处的组织和政治背景，而实际的特殊技能则是第二位的和次要的"（p. 263）。这被看作"对政策过程较明显的政治方面的补充，而不是去替代它们"（p. 267）。因此，他们的模式可能更现实，更有用。

政策分析从一系列备选方案中寻找最佳答案，并且可任意运用一系列的统计工具。政治性公共政策则从倡导的意义来看待信息，也就是说，它认为从诸多的观点中可以得出使人信服的例证，并将这些例证纳入政治过程中，西蒙在某些方面走得更远（Simon，1983，p. 97；Hogwood and Gunn，1984，p. 266）：

> 当问题变得越来越有争议时——当它被不确定性和相互冲突的价值包围时——将很难获得专业知识，并且专家的合法化变得非常困难。在此情形下，我们发现有的专家表示赞成，也有的专家表示反对。我们不能将这类问题转交给某些特定的专家团体来解决。最好的方法是，我们将争议转换为双方对垒的过程，在此过程中，我们这些门外汉听取专家的意见并且在他们之间进行判断。

因此，并不存在唯一的最佳答案（Alford and Hughes，2008），存在的只是在政治过程中幸存下来的答案。而政治进程往往是对公共政策问题持不同意见的各方面政策专家之间的抗辩过程。

其他的政策过程分析在政治方面走得更远。约翰（John，1998，p. 157）坚持认为存在一种"新的政策分析"：

> 基于理想的经验主义的温和主张，新的政策分析主张思想的卓越和知识的不确定性。公共政策不是追逐利益的理性行动者，它是各种价值和规范的相互作用以及不同知识类型的相互作用，这才是政策过程的特点。

这种观点比一系列的政策观点更灵活，更多地利用了政治的相互作用，也比早期的政策分析更有影响。它为未来的政策工作提供了一个有趣的观点。

政府或官僚机构可能会试图说服政策进程的参与者认识到利益最大化的好处。

通过让外部人士参与，他们提高了妥协和政治行动的可能性。公共政策制定与其研究不同，它似乎被看作令人感兴趣的各种观点的混合体，而管理主义能够将它们联结起来。净收益最大化现在已成为政府的明确目标，但是管理主义的方法论是经济学的，而不属于老式的政策分析。与此同时，各种集团比以前更多地介入政策制定之中。公共管理者，或者说公共政策的管理者［林恩（Lynn，1987）的说法］，应试图说服各种集团，使它们相信在净收益最大化的情况下谁都可以受益，而不是在它们之间进行斡旋。在此过程中，参与的各方都认识到这种游戏的性质，那就是政治。这一相当合情合理的方法存在的唯一的问题是如何对其进行分类，它可以被看作政治性公共政策、管理主义的公共政策，或者被看作公共管理。

5.7 基于证据的政策

近些年出现了一种倡导基于证据的政策运动（Nutley et al.，2007），倡导在政策中使用证据，这表面看起来似乎很奇怪。的确，这导致一个直接的问题——如果缺乏证据公共政策该如何制定。人们通常希望政策分析有证据，政策分析和经济性公共政策以及政治性公共政策的方法都指出了收集数据的必要性。巴达克的"八圣道"也指出了收集证据的必要性（Bardach and Patashnik，2016）。为什么会出现倡导基于证据的政策的运动？也许人们认识到，在政策制定的现实世界中，政策可能因为各种原因制定，其中一些原因并非基于任何形式的证据。

以证据为基础的政策运动始于卫生政策，特别是英国的卫生政策。为什么证据没有在政策的这个领域运用，有解释声称（Black，2001）有六个原因：(1) 有一些政策制定者"除了使临床效果最大化外还有其他目标"——目标可能是涉及社会和财政的，或者受到选举的影响，所以地方政府的政策制定者会"处于无数的竞争压力下，但搜集科学证据只是诸多压力中的一个"；(2) 如果研究证据来自一个不同的部门或专业，并且毫无关联，则有可能被摒弃；(3) 因为研究的复杂性、科学争论或不同解释，"研究证据缺乏共识"；(4) 政策制定者"可能会重视其他类型的证据"，比如个人的经验、本地的服务信息、杰出同行的意见；(5) 社会环境"可能不利于政策变化"；(6) "知识提供者的质量可能是不足的"。鉴于医疗行业本身也许比其他行业更依赖统计数据，因此，要求医疗政策也要受到类似的严格监管，也就不足为奇了。

有人呼吁在制定公共政策时更多地使用证据。例如，OECD（2009，p.21）评论说：

以证据为基础的政策制定可以帮助各国政府重新走上可持续增长的道路。实际上，连贯的政策、更有效的政策和法规要求政府考虑所有相关信息以做出更明智的选择。特别是，这意味着政府在评估政策建议的效益时，要考虑未来的成本以及结构改革政策之间的相互作用。通过连贯的设计，每个具体的改革都可以实现效益的最大化。

这一评论无疑是善意的，但只是指出了政策制定固有的一般问题。OECD 提出了一个完美的建议，如果政策制定者搜集信息并按照所搜集的信息进行决策，那么政策的质量可能会更好。但是，在一个政治体系中，存在着各种竞争性的压力，这导致公共政策的制定通常是以不可靠的数据为基础的。评估需要时间，而政府往往没有时间。此外，许多政策举措"建立在对未来的假设上，而这些假设是无法检验的"（Knill and Tosun，2012，p. 195）。以证据为基础的政策运动可以被看作是对政府以违反良好政策的方式行事的一种隐性攻击。即使使用证据以取得更好的效果对某些政策领域（如卫生）来说是合适的，但政府有时也可能会随便拿些证据来反对好的政策。

近年来，公共政策必须以证据为基础（Nutley et al.，2007）这一点变得更加明显。传统的行政和公共管理模式以及其他变体在证据的必要性上都是一致的，但是，当可观察的事实是他们所熟悉的"另类事实"或"后真相"时，公务员该如何应对？2017 年初，世界上许多城市都举行了集会，面对特朗普政府对科学的诋毁，这些集会支持科学、科学家和证据的必要性。在一些集会上，支持者高举着"我们想要什么？要基于证据的政策。我们什么时候要？在经过同行评审后"的标语。这是对循证决策价值的肯定，同时指出了公共管理者试图执行不以证据、数据和事实为基础的制定公共政策的问题。

5.8 政策执行

20 世纪 70 年代，在公共行政领域出现了一个名为"执行研究"的学术思想流派。该学派的名称来自杰弗里·普雷斯曼和亚伦·威尔达夫斯基的一本书（Jeffrey Pressman and Aaron Wildavsky，1973）。书中以"政策执行"为小标题的部分内容指出："华盛顿的巨大期望在奥克兰是如何破灭的？为什么联邦计划的成功运作很令人惊讶？"并概括了政策制定者与实际执行之间存在一定距离的执行困境。11 年后，在第三版（1984 年）的序言中，普雷斯曼和威尔达夫斯基评论说：

> 近年来，人们越来越重视政策进程的执行和评估阶段。政策制定的这些阶段受到特别关注是有充分理由的：许多政策基于表面上合理的想法，但在实际应用中遇到了困难。因此，衡量一项政策的价值，不仅要看其吸引力，还要看其可执行性。

在公共行政内部，制度执行随之成为关注的重点，并一度成为一个蓬勃发展的子领域。

自普雷斯曼和威尔达夫斯基（Pressman & Wildavsky，1973）以来，执行研究一直被接纳为公共管理的一部分，但在想法与实际情况之间存在差距的例子比比皆是，政府有了好想法但是缺乏执行力与管理能力。这种情况的负面影响是巨大的，如果计划执行不力，会导致公民对政府的失望和沮丧。这还会强化人们对公共服务原本并不准确的刻板印象：如果政府不能实际提供服务，那只会使那些主张政府不要插手并将职能转移到私营部门的人有恃无恐。

现在可能还有人专门从事执行研究，但其在公共管理中的长期影响相当有限，主要原因有两个。首先，执行被视为与政策过程本身相分离的东西，而不是政策过程的一部分。其次，作为美国例外主义的另一个例子，它可能尤其适用于美国。美国各州与联邦政府之间的差距较大，立法与行政之间的分离程度较高，法院更多地参与美国的政策过程，这似乎意味着在该制度中执行是一个更重要的问题。另外，议会制也无法避免执行失败的困境，他们也没有对执行问题给予足够的重视。

令人遗憾的是，普雷斯曼和威尔达夫斯基的研究并没有成为潮流，尽管政策失败，尤其是因为政策执行所导致的失败并没有得到缓解。这令人匪夷所思。或许政策是在一个有序过程中被制定出来的观念，已经普遍被人们认为是脱离现实且充满争议的，以至于使每个人认识到公共服务的供给需要整合到政策制定中。但政策失败还是会出现，而且每一次失败都会进一步损害公共服务的声誉。

5.9　政策分析的局限性

在某种程度上，政策分析是传统的公共行政模式的一大进步，尽管政策分析确实来源于公共行政，并且接受了很多公共行政知识上的偏见。各国政府也的确收集了各个方面的数据，其中许多数据应该可以用数学方法来处理。但这一方法存在许多方面的不足。

过度强调决策

实际上，在整个过程中，管理者在决策上所付出的时间和精力相对较少。即使是被称为"政策分析员"的人，也更有可能忙于管理、监督他人或解决日常问题，而不是坐下来设计政策。成功的公共管理者与其说是一名分析师，不如说是一名组织者；与其说是一个技术专家，不如说是一个政治官员。政策分析并非像假定的那样通过分析可以获得唯一的最佳结果，而是存在一系列的可能方案，每一种方案根据可接受程度有其自身的成本与效益。另外，公共政策模式存在的一个问题是缺乏**个性**。从公共管理者的角度看，可能更看重政治的和人际关系的因素。

尽管有大量的书籍是关于公共政策分析和各种各样的方法的，但几乎没有证据表明该在何种情况下使用何种方法。或者说，如果在某个时候采用了某些方法，但在另一时间也不一定采用了那么多的方法。事实上，"许多关于公共政策确定的研究都是相当笼统和抽象的，与实际的政府运作相去甚远"（Lynn, 1987, p.13）。日常的管理活动涉及决策以外的许多事情，"公共管理者所从事的活动中，有很大一部分并不适合应用分析技术，只有一小部分采用分析技术"（Elmore, 1986）。在实践中没有"正确"的答案，试图找出唯一答案的做法则类似于传统公共行政中的"最佳路径法"思维方式（Alford and Hughes, 2008）。在官僚体系内部，政策分析似乎没有通过相关的测验。

定量方法

与政策相关的数字是有用的，可以为决策者提供信息。但公共政策有些过于强调这些数字。如果将形式化的数学方法应用于政策和政治领域，很容易被斥责为不切实际，并认为政治不一定像严格的数字那么理性。然而，问题不在于数字的使用，而在于其抽象的程度远远超出任何可想象的政策问题。即使是同样的数字，也可以引发不同的观点来理解它们的真正含义。统计信息往往受到政策辩论中其他参与者的质疑，而不是被接受为事实。此外，也很少有人试图将那些政策分析能起到良好效用的领域与那些常常争论不休的政治和社会问题区分开来。推销或强行推销一套适用于所有领域的技术，实际上可能会降低该技术在本应有一定意义的领域中的运用效果。

理性模式

在帕特和斯普林格（Putt and Springer, 1989）所说的政策研究的第一阶段和第二阶段中，理性模式显然受到推崇，尽管完全理性在实践过程中是几乎不可能实现的。正如西蒙（Simon, 1957）在其著作中所指出的那样，完全理性的决策过程对决策者的要求太高。个人无法做出理想的决策，需要将复杂的问题分解为许多小的、比较容易理解的部分，选择最令人满意的备选方案，避免出现不必要的不确定性，按照适当和有效的行为标准采取行动。这意味着，"尽管个体是趋向理性的，但他们的理性受到有限的认知和情感能力的制约"（Lynn, 1987, p. 84）。

在"第三阶段"，政策分析常常警告人们不要过分依赖理性模式。例如，巴顿和萨维基（Patton and Sawicki, 1986, p. 25）指出：

> 如果理性模式能够得以遵从，则许多理性决策必须进行修正，因为它们缺乏政治上的可行性。一个理性的、逻辑的和技术上可行的政策可能因为政治体系的不接受而不能被采用。数据本身通常并不会讲话，好的思想并不总会被采纳。分析人员和决策者不断地面临着技术优越性和政治可能性之间的冲突。

此处有两个问题。首先，巴顿和萨维基模式显然类似于林德布罗姆（Lindblom, 1968）的理性模式，尽管他们反对这样的说法。其过程中的步骤是完全理性的：根据价值利益做出决定，提出备选方案并选择效用最大化的方案。他们确实考虑到了价值利益的最大化，正式的理论模式也是如此。是其所遵循的各种步骤的逻辑决定了理性，而不是假定决定了理性。其次，由于被更为严密的经济学理性模式所超越，政策分析已经开始衰落了。

依据理性模式分析现实并派生出最有可能的结果是不民主的,除非解决方案恰好与目标受众或更广泛的政治系统所希望的相一致。这种情况只会偶然发生。登哈特(Denhardt,1981)认为,政策分析者通常运用技术解决方案来解决当前的问题,"在这样的环境下,技术问题将取代政治和道德问题作为公共决策的基础,从而将规范化问题转化为技术问题"(p.631)。即使是一个小规模的问题,如公路的选址,也很少能以技术手段来决定,因为很可能会有一些人不接受技术性的解决方案。政治往往是不民主的,但被要求要民主时,除非利用一个技术答案,否则民主可能会遭到干预。就如德利昂提出的,"分析的祭司也无法阻止……政府信任的衰弱,以及对民主制度的不信任,因为它执行的是其个人对程序的偏好,而不是对特定计划的偏好"(deLeon,1997,p.100)。虽然政策的制定要有理性,结果由某种理性的尺度来决定可能是可取的,但现实情况是,在特定的情况下,存在着不同的理性和对理性的不同认识。而且,在世界许多地方,政治上的非理性似乎正在上升,使得决策者和分析家更难以通过理性方式运作。

政策成功与政策失败

什么是成功的政策并不明确,也很少有人研究。缺乏关于政策成功的文献,"这是我们对世界理解的一个重大空白"(McConnell,2010,p.3)。政策可以从政策过程、方案或政治角度来审视(McConnell,2010,p.3)——换句话说,政策产生的方式,以某种抽象标准衡量是否是好政策,或者是否解决了政治问题,这些都不可能是相同的。例如,经济思想绝大多数赞成自由贸易,认为它是提高生活水平的手段。因此,按理性程序或按它作为方案的先天价值,它会被认为是好政策。但是,自由贸易很少受到社会大众的欢迎,因此,即使自由贸易从以上两个角度来看是好政策,倡导自由贸易也可能无法通过政治检验。麦康奈尔认为(McConnell,2010,p.39):

> 一项政策只要能实现支持者所设定的目标,就是成功的。然而,只有那些支持原定目标的人,才有可能满意地看到政策成功的结果。反对者很可能认为是失败的,不管结果如何,因为他们不支持最初的目标。

一项政策的评价、成败很可能取决于观察者的视角和先入为主的观念。再加上前面提到的经验证据天生的可争论性,成功或失败的判断需要参考框架。一项政策建议应包括衡量其成功的标准,但即使它符合这些标准,其结果也有可能受到质疑。

独立的公共政策学

公共政策学自创立后出现了从公共行政学明确分离出来的趋势,对于热心的研究者而言,这是很自然的。拥护者创立了自己的专业刊物和自己的学术会议,虽然它和公共行政学有共同的渊源,却与公共行政学明显地缺乏共同之处,这是不切实际的也是不必要的。一旦这种不切实际的分离观被放弃,那么,在政策制定和政策实施之间就无法划定一个明显的界限。同样,在政策和行政之间也没有一个明显的界限。但学科的独立产生了其他一些影响,它在官僚制组织中创立了与其他工作几乎没有共同性的职业群体。在有些机构中,受过公共政策训练的人可能会崭露头角,而在另一些机构中,受过公共行政训练的人则会脱颖而出。若没有这种明显的分化,公共政策和公共行政可能会有更大的影响。在这种情况下,这两个群体往往被受过经济学培训的人边缘化。

关于对政策分析的批评已经有些年头了。为了回应批评,内格尔(Nagel,1990,p. 429)认为政策分析可以吸收包含除了批判以外的其他价值,从而免遭早期的批评。他指出传统行政的"3E"目标,即效率、效能和公平。内格尔认为,效能指的是替代性公共政策所取得的利益,效率是指在实现效益时将成本控制在较低的水平,以效益减去成本来衡量,或以个人、群体或地方的最大成本水平来衡量。他说这也必须与"3P"相平衡,并以此作为一个更高的目标,即公共参与、可预测性以及程序正当性。公共参与是指让标的群体,即一般的公众或者相关的利益集团参与决策制定;可预测性是指遵循相同的标准做出相同的决策;程序正当性或者说程序公平,是指那些受到不公平对待的群体有权通过其他的路径上诉(Nagel,1990,p. 429)。

如果这些观点得以实施,将在一定程度上反驳那些支持政策分析的人,甚至整个公共政策学派,他们对分析的政治结果不感兴趣,对有人参与他们抽象的决策制定过程的事实也不感兴趣。内格尔(Nagel,1990)回应说,机械层面的东西修改得越多,传统公共行政的优点,例如参与,将被埋没得越多。但是这种尝试似乎是强制性的且难以让人信服。政策分析方法的优势在于使用统计的工具和理性的方法,虽然其有局限性。如果把其他领域的特点加进来,试图适用于所有的事情和所有的人,那么就会丧失其自身的优势。在这个领域,内格尔可称得上是最大的贡献者。当然,经验主义工作是很有用的,也诚然比之前存在的理论更有用。但是当公共部门的经验主义作为超越了一个提供信息的角色存在的时候,则会出现问题。

无论数据是如何搜集的,都可以提供给政策制定者,这是提升决策制定质量的有效做法。但如果单独把数据或者方法看作是制定决策的充分基础,那么这样的方法必然失败。德利昂提出了一个好观点(deLeon,2006,p. 49),他问道:"公共政策和政策学科的研究给政治政策的制定过程带来了什么附加价值?"部分答案是,正式的政策分析在某些环境之下可以提供有效的信息,但这也有可能是全部答案。

在提到监管问题时,斯帕罗特别指出应该"发现重要问题并且解决它们"(Sparrow,2000,p. 9)。这个简单的观点有广泛的使用价值。政策分析和公共政策通常情况下可以应用,以辅助问题的解决。即使问题的每一个选择都是充满争议和偶然的,即使方法、证据以及一些解决方式同样充满着争议,一个有目的的政策方法仍然是有用的。信息的使用通常是无关紧要的,并且经常不得不面对不同来源的相互矛盾的信息,所以信息经常被放弃。如果政策分析能够扮演一个给政策分析者提供有用信息的角色,那么这个角色将是有价值的,但问题在于,在政策分析学科的鼎盛时期,他们趋向于要求一个覆盖面更广的角色。解决问题的方法则要温和得多。人们隐隐约约地认识到,政策问题很少只有一种解决办法,任何解决办法都只在有限的时间内生效,各种突发事件可能会推翻最深思熟虑的政策,导致意想不到的后果。因此政治可行性必然是最重要的。

5.10 结论

公共政策和政策分析是公共部门管理的一种独特方法,在20世纪70年代和80年代早期,这种方法使人们从根本上对公共行政重新进行审视。公共行政增加了较复杂的经验主义分析形式,这意味着它在某种程度上从业余化走向专业化。一位政策分析的推崇者认为,政策分析作为一个领域和运动,"在重塑公共行政的学科方面已经走了很长的路"(Goodsell,1990,p.500)。事实确实如此,引入经验技术无疑是传统模式的一个进步。但是公共政策和政策分析不得不在很大程度上避开关于管理主义的争论。有人认为公共管理包含了分析技术,而不是作为一种独立的存在和一门独立的学科。

公共政策文献"过于关注政策决定以及政策制定和执行的广泛过程,而对这些过程中组织机构的管理者的实践和作用关注太少"(Rainey,1990,p.159)。比如说,面对修建一座大坝的决策,任何政府或政府机构都会通过委托方式进行经验研究来完成组织目标。这些研究可能包括成本-效益研究、路径分析、人口统计或其他社会研究,但是这些研究不能做出实际的决策。不论信息质量如何,政治官员和其他政策制定者必须基于政治意愿的不断变化进行决策。即使做出的决策与最严格、最严谨的经验主义分析相反,我们也没有理由否定它的合理性。

公共政策和政策分析一直保持成功的一个方法是它们为其他类型的经验主义分析铺平了道路,尤其是经济学的分析方法。但是它们之间的差异是明显的,从政策分析的意义上讲,公共政策属于20世纪六七十年代价值无涉和归纳法的社会科学。经济学之所以逐渐具有较大的影响并且被更广泛地使用,其原因就在于它承诺的结果更有可能符合政府的需要,如以更少的费用获得更多的产出。公共政策分析总是关注决策而非结果,关注程序而非管理意义上的产出。因此,政策分析的一部分(分析还是有价值的)最终被吸收到公共管理中。公共政策确实体现了相对于传统的公共行政模式的巨大进步,但其理论渊源仍是与之相关的政治科学的方法。由于政府及其官僚制组织找到了另一种研究方法,它的关联性有所减弱。某种程度上,公共政策和政策分析正逐渐被经济学取代,并与现代管理相结合,运用到公共部门。

第 6 章

治 理

本章内容
- 引言
- 治理的内涵
- 政府与治理
- 传统公共管理中的治理：贝维尔与罗兹
- 公司治理
- 作为新公共管理的治理
- 治理与网络
- 严格治理与宽松治理
- 治理的有效性
- 结论

6.1 引言

自 20 世纪 90 年代中期以来，治理的概念在公共管理和私营管理领域重新崛起。尽管"治理"不是什么新名词，在英语中，其意义可以追溯到几世纪前，在法语中可能更远。最近又恢复了对这个词语的使用，在"政府"一词太小或者太专业而无法涵盖所有情况之下，这个词是最有用的。从最宽泛意义上而言，即使没有任何政府权威的干预，社会也能够组织并且提供社会福利，在这种情况下"政府"一词的解释力是有限的。

治理涉及的范围的确十分广泛。在私营部门，公司治理问题变得非常重要，因而企业董事会和监事会要寻找更好的方式来组织企业，为股东和社会谋取利益。国际关系学者一直运用治理的观念说明民族国家内部以及国家之间的关系（Rosenau，1992，1997；Keohane and Nye，2000），事实上，最近对社会科学的兴趣很可能是从这个领域开始的。在公共部门内部，治理变得非常重要。有一种观点认为，"可以不夸张地讲，治理已成为一门如同之前的公共行政学一样的学科"（Frederickson，2005，p.284）。

治理的概念确实有助于阐明公共管理长期以来所关注的权力行使的边界与条件。从长远看，这是一个有价值的思想领域。更确切地讲，政府不同于治理，政府是关于权威的行使，而治理包含得更多，可能出现没有政府的治理（Rosenau，1992；Rhodes，1996）。当然，治理还包括政府自身建立的体制框架，包括选举过程，以及政府如何运作等（Torfing，2012）。

治理的原始和标准定义，是有关任何类型组织的实际运行的，是通过建立结构或制度安排使组织能够得以有效运转。这些"治理"的标准内涵引起了人们的共鸣，认为其是实用性的以及可接受的，可以为公共部门管理的理论和实践提供有价值的思考。同时也有评论认为，如果我们严重脱离了这一共识，那么我们将很难对公共部门管理的实质进行深刻理解。

各种各样关于治理研究的复兴，再次指向了公共管理已经偏离了公共行政传统的理论概念。传统模式下的治理更简单。政府由政治官员、行政人员组成，行政人员负责执行政治领导人制定的政策。二者在其责任范围内具有最高的权威。没有政府的治理，外部集团可以帮助政府官员履行他们的职责，诸如此类的观念与传统模式是截然对立的。在一个共享权力的世界里，治理是一个有用的概念，在这个世界里，至少在某种程度上，权力已经扩散。尽管"治理"是一个有用的词汇，但它已经被过度使用了。治理的定义、内涵及使用已经产生了很多混乱，但是，如果符合原初的定义，"治理"一词在公共管理领域可以是一个既有趣又有价值的解释术语。

6.2　治理的内涵

很难给治理下一个定义。皮埃尔和彼得斯承认"治理的概念显然是不清晰的：社会科学工作者和实践者经常使用这一词语，但定义却是众说纷纭"（Pierre and Peters，2000，p.7）。由于一些原因，尽管"治理"一词先天含糊不清，但人们在使用的时候又试图给它一个确切的定义或者描述，这些定义通常也是五花八门。本书认为有些尝试对于理解没有助益，主要的原因在于，除了那些晦涩难懂的说法之外，还有一些标准的定义，它们比较清晰而且易于理解，人们也已普遍使用。

显然，"治理"源于动词"统治"，来源于拉丁语"gubernare"，意思是"掌舵、指导、统治"。而拉丁语的词语又来源于希腊语"kubernan"，意思是"掌舵"。"治理"只是源于"统治"的众多名词之一，其他还包括"政府"、"统治者"以及

"施政能力"。《新简明牛津词典》(New Shorter Oxford Dictionary) 有三种与治理相关的解释：第一种定义是"统治的行动、风格或者事实，统治"，包括"控制影响、控制、掌控"以及"统治的状态、良好的秩序"。第二种定义是"统治的作用和权力，统治的权威"以及"个人或者团体统治者"。第三种定义是"生活或者事业、行为的指导"。以上三种定义都不是新的，第一种定义产生于中古英语，第二种定义产生于中古英语后期到 16 世纪末，第三种定义产生于中古英语末期到 17 世纪中期。从这些方面来看，治理本质上是关于设计制度安排、指导（作为最初派生的含义）、如何组织、如何为一个组织设置运行程序的。

这一标准的解释，特别适合于下列组织的治理：学校、高尔夫俱乐部、企业、大学，甚至整个社会或者国际组织，如世界银行或者联合国。它同时也适合于讨论"合同关系的治理"(Williamson, 1996)、法院治理或者监管治理。本书采用的是广义的治理定义，即治理被认为是"制定规则、应用规则以及执行规则"(Kjaer, 2004, p.10)，或者，如加拿大不列颠哥伦比亚省审计长所述，治理是指组织被指导、控制和承担责任的结构和过程 (British Columbia, Auditor-General, 2008, p.17)。在社会或政治层面上，治理通常被定义为"思考如何管控经济和社会，如何实现共同目标"(Pierre and Peters, 2000, p.1)，以及类似的，"通过集体行动并按照共同目标指导社会和经济的过程"(Torfing and Sørensen, 2014, p.38)。这些不同的观点，其实质有着共通性。

尽管如此，人们对治理仍然缺乏共识，特别是在公共管理和公共行政领域。治理的定义和用法一直存在争议，可能比其他来源于"统治"一词的名词引起的争议更多。"治理"一词的存在是毋庸置疑的，但是精确说它意味着什么仍然是存在质疑的，质疑的声音如此之大以至于失去了实用性。弗雷德里克森 (Frederickson, 2005) 提出，"因为治理是一个具有魔力的、流行的、当前学术界偏好的词语，所以一直存在把它与所有新兴的事物结合在一起的冲动"(p.285)。

还有一些定义十分狭窄。例如，纽博尔德和特里 (Newbold and Terry, 2008, p.34) 将治理定义为"能够使政府在美国宪法确立的边界内存在和发挥作用的历史的、政治的、制度的、合法的以及宪法的基础"。这样的定义没有用处，治理不需要宪法，至少不是所有的治理需要适用美国的宪法。治理既不可视为任何单一的国家的治理，也不可视为普通意义上国家的治理。另一种关于治理的观点是它涉及"国家和社会的关系"(Pierre and Peters, 2000, p.12)。尽管如果在公共治理、政治治理或者社会政治治理的领域，这样的定义可能成立，但是这样的观点同样也是不充分的 (Kooiman, 1999, 2003)。没有定义表明只有国家和社会的关系领域适合治理的观念。的确，最近很多关于治理的行动与国家没有直接的关系。

必须明确的是，治理不仅仅是政府的治理，而是涉及建立机制确保任何类型的组织的运转。正如基奥恩和奈 (Keohane and Nye, 2000, p.12) 提出的：

> 治理是指导和控制群体集体活动的、正式的或者非正式的过程和制度。政府是利用权威行事并且设定正式义务的集团。治理不一定必须通过政府专门进行，私人企业、企业联合会、非政府组织，以及非营利组织联盟都在从事治理，它们

通常和政府组织合作进行治理，有时候也在没有政府权威涉入的情况下工作。

基奥恩和奈的定义是非常有意义的，他们认为治理的定义足够广泛，可以包括任何组织，还指出治理并不总是需要政府权威，尤其是从广义的层面来看。这一定义既适合于企业、志愿者组织、非政府组织或者国际组织的治理安排，也适合于整个社会的治理。

库依曼认为"治理可以完全被看作关于统治的理论概念"（Kooiman，2003，p. 4）。虽然这一定义更加抽象，但也明确了治理的"掌舵"含义。库依曼将所谓的"社会政治治理"定义为"公共及私人管理者参与的，解决社会问题、创造社会机会，以及参加从事政府活动的组织等互动安排"（Kooiman，1999，p. 70）。这样的话，社会政治治理是治理的子范畴（作为一种有用的区分）。当然并不排除其他子范畴存在的可能性。库依曼将治理和可治理性区分开来，认为治理"是一个系统管理自身的全部努力；可治理性是这一过程产生的结果，结果并非最终的状态，而是复杂的、多样的、动态的过程中在某个特定时刻出现的节点"（Kooiman，1999，p. 87）。把治理视为"互动的安排"和"一个系统自身管理的全部努力"，是完全符合标准的定义的。

6.3　政府与治理

政府不同于治理已经成为人们的共识。正如罗兹指出的，"人们没有把治理视为政府的同义词来使用"（Rhodes，1996，p. 652）。皮埃尔和彼得斯也提出政府和治理的词源是相同的，但是"不需要也确实不应该把它们视为同一件事情"（Pierre and Peters，2000，p. 29）。尽管如此，人们也经常会莫名其妙地把政府和治理放在一起使用。

OECD关于治理的报告将其定义为"正式或者非正式的制度安排；面对快速变化的问题和环境，从维护国家宪制价值的角度，它决定着公共决定是如何做出的，公共行为是如何进行的"（OECD，2005，p. 16）。由于该定义仅仅涉及公共治理，所以不是太让人满意。此外，报告也指出（OECD，2005，p. 15）：

经济合作与发展组织的30个成员国具有共同的核心治理理念。它们伴随着现代国家演变而成，包括民主和公民权，代表性，宪法，法治，竞争性政党和选举，常任文官，行政、立法和司法权的分离，以及世俗主义。

报告中的脚注说明这个观点引自芬纳（Finer，1997）。芬纳的确提到了上述几点，但是他的代表作非常清晰地指向政府。芬纳的著作明确讨论国家，讨论警察与军队的强制力量，以及政府机构，并没有从广义上谈论治理。OECD（2005）所列出的特征可以被认为涉及社会政治治理的方方面面，但不是最广泛意义上的治理。

如果人们认同政府与治理在目前的用法上是不同的，那么目前对"政府"一词的理解显然就不够清晰。一个政府可以通过强制力将自己的意志强加给社会和它的人民。政府和治理都是指"有目的的行为、目标导向的活动或者规则系统"，但是正如罗西瑙（Rosenau, 1992, p. 4）所说的：

> 政府提议的活动是以正式的权威作后盾，通过警察力量确保政策的实现。然而，治理的活动是以共同目标作后盾，共同目标可能源于法律和正式规定的责任，所以不需要依靠警察的力量消除对抗、实现服从。

政府具有支配的力量，它可以要求人们服从法律，而借助于具有强制力的法律，政府可以实施强制手段（见第2章）。在一些虚伪的民主社会，武力的使用可能是默默进行的，军队和警察的力量还没有强大到仅仅通过依靠武力维护政权，政府的合法性是通过某种形式的人民主权来维护的。但是，关键点在于政府的权力始终在人民主权之后，所以没有任何超越政府的合法权威能够迫使人们按照规定行事。

同样，治理不能局限于自由民主国家。福山将治理定义为政府制定和执行规则以及提供服务的能力，而不管这个政府是否民主（Fukuyama, 2013, p. 350）。按照他的进一步叙述：

> 治理的质量不同于治理要实现的目的。也就是说，治理是关于代理人为实现委托人愿望而做出的一系列行为表现，而不是关于委托人设定的目标。政府是一个可以更好或更差地履行其职能的组织，因此，与政治或公共政策相反，治理与执行有关，或与传统上属于公共行政领域的东西有关。一个威权政权可以得到很好的管理，正如一个民主政权可以被管理不善一样。（Fukuyama, 2013, pp. 350-351）

虽然这里的治理是特指社会政治管理，而不是广义范畴，但重要的一点是要补充，治理的思想不需要一个民主的国家。一个非民主国家仍然需要运转，需要被治理：它的治理是指它利用何种制度安排来实现该届政府的职能。

另一个经常被提出的观点是，人们看到政府与其他制度都在逐渐地失去权力，从长期看来，绝对的或者不受约束的权力已经明显减少（Michalski et al., 2001, p. 9）。在国际关系领域也有类似观点，认为政府本身已经变得不那么重要，其他的参与者会比国家发挥更大的作用。基奥恩和奈认为，随着全球化的发展，治理变得更加分散，有很多参与者参与解决治理问题，政府失去了在治理中的垄断地位。正如他们（Keohane and Nye, 2000, p. 37）所说的：

> 在全球治理中，规则的制定和解释已经变得多元化。规则的制定已经不再仅仅是国家或者政府间组织的事情。私人企业、非营利组织、各级各类政府，以及跨国家、跨政府的网络，与中央政府和政府间的组织一起，都发挥着作用。因此，新治理模式必定是网络式的，而不是层级式的，目标是小的、具体的而不是雄心勃勃的。

即使政府仍然享有主权，但主权行使的实际范围比过去更加受到限制。通过政府间的协议，民族国家的政府要放弃一些自由。同样，非营利组织与其他非国家的行动者越来越多地参与曾经属于国家范围内的事务。

传统公共行政模式和早期的管理主义都喜欢行使权威。然而，随着 21 世纪初开始的公共管理的发展，伴随着领导力模型、治理、协作，以及合作生产的出现，权威的行使明显下降。这种变化对公共管理者提出了相当严峻的问题。在没有了之前权威资源的情况下，政府和治理如何运转？就像皮埃尔和彼得斯（Pierre and Peters, 2000, p. 68）提出的：

> 国家对知识技术、经济或者治理所需资源的垄断不复存在。然而，国家仍是社会追求共同利益的关键工具，我们所看到的是一个适应 20 世纪末 21 世纪初的转型社会的国家……新的治理不意味着国家的结束或者消亡，而是意味着国家的转型和对其所处的社会的适应。

国家仍然很重要，即使它不再垄断治理，但随着社会本身发生了变化，国家也需要改变。

迄今为止，争论主要在以下方面：第一，近年来人们对治理理念更感兴趣；第二，治理的范围比政府更广；第三，政府和其他机构在某种程度上失去了一些权力。此后，关于治理的故事将变得更加复杂。

6.4　传统公共管理中的治理：贝维尔与罗兹

在政治和公共管理领域引用得最广泛的一个治理概念源于罗兹（Rhodes, 1996）。贝维尔和罗兹（Bevir and Rhodes, 2003, pp. 45–53）列出了治理的七种定义：（1）治理是企业的治理；（2）治理是新公共管理；（3）治理是"善治"；（4）治理是社会控制系统；（5）治理是国际上的相互依存；（6）治理是新政治经济；（7）治理是自组织的网络。其中有些定义是有趣和新奇的，在下文将讨论到；其他的一些，尽管不是定义，但是之前所讨论的关于治理的标准含义的普通用法。

起初，贝维尔和罗兹（Bevir and Rhodes, 2003）的其中一个定义认为治理是"善治"。他们认为善治指的是一些国际组织如国际货币基金组织和世界银行所促进的优良的治理。的确，这些机构下决心改善发展中国家的治理能力，并且提出关于善治的标准（World Bank, 1997）。但是，国际机构的所作所为都是在帮助发展中国家更好地运转吗？贝维尔和罗兹主张"善治应该是努力将新公共管理与自由民主的倡导相结合"（Bevir and Rhodes, 2003, p. 47）。这似乎意味着善治是国际机构将新公共管理和自由民主打包起来，在善治的幌子之下，贩卖给发展中国家。这是一个奇怪的说法，如果发展中国家要谨慎应用新公共管理，强调重点应该是能力建设，而不是倡导新公共管理（Minogue et al., 1998）。这里更多可采用的观点是凯特尔提出的，他认为管理改革运动是"建立在这样的观念之上的，善治——任务、角色、能力和关系的妥善处理，是经济繁荣和社会稳定的必要条件（即使不是充分条件）"（Kettl, 2005, p. 6）。

然而，在所有的这些观点中，在"善治"一词的使用上都没有给治理赋予新的含义。贝维尔和罗兹也没有给予治理一个新的定义。当然，世界银行和其他国际机构对国家特别是被援助国如何组织和管理特别感兴趣。它们确实对善治感兴趣，因为通过好的治理，社会将更好地运行。但是这并不需要给治理增加新的定义。

治理是"国际上的相互依存"这种说法同样没有意义，甚至不足以成为一个定义。对于贝维尔和罗兹而言，国家治理能力被空洞的国家和多层级治理削弱了（Bevir and Rhodes，2003，p. 47）。然而，尽管国际关系学者对治理问题进行了大量的研讨，也没有必要为在国际关系领域使用这一词语赋予特殊的用法或含义。"国际上的相互依存"在国际关系上是一个多余的定义。比如，罗西瑙认为治理指的是"指导社会组织实现它们的目标的机制"（Rosenau，1997，p. 40），"治理的过程是组织和社会管控它们自身的过程"（Rosenau，1997，p. 146）。这两个观点都运用了治理的普通意思"掌舵"，并运用治理使整个社会和国家运转起来。治理作为"国际上的相互依存"仍然不是一个定义。

贝维尔和罗兹关于治理的进一步界定是"社会控制系统"。依照这个界定，"不存在单一的最高权威，公共部门、私营部门和志愿者组织之间的边界模糊化了"，引用的例子包括"自律、共同管制、公私伙伴关系、合作管理、联合创业投资"（Bevir and Rhodes，2003，p. 48）。这个观点有一定的正确性，但仍然不是一个定义。它承认应该从广义上、"掌舵"意义上理解治理，"掌舵"不是政府的同义词。在分析权力的分散化的时候，"治理"有一定的实用性，"治理"是一个比"政府"更有用的概念。即使这样，此处的"治理"仍然没有新意。因而，为此目的而界定它没有用处。鉴于"控制"一词和"治理"一样源于希腊语和拉丁语（Rosenau，1997；Pierre and Peters，2000），将治理称为"一种社会控制论系统"是一种同义的重复。将治理的定义与其他术语，如控制论关联起来也是没有意义的。

同样，很难看出这个界定和"新政治经济"的定义之间的区别，新政治经济"重新审视政府的经济，以及日益模糊的社会、国家、市场经济的边界"（Bevir and Rhodes，2003，pp. 48-49）。由于边界的模糊，这个定义的主要观点和社会控制论之间也没有什么明确的不同含义。在这两方面的治理（有趣的研究领域）的研究中无法找到确切的答案。正如肯尼特所说的，伴随着政府向治理的转变，行政管理现在只是公共政策领域众多参与者之一（Kennett，2008，p. 4）。这是一个很有用的观点，但不是**治理**的定义，最多只是一个用法。其他行动者可能发挥治理的作用，但是这样的活动可以与正常含义下的治理共存，只要按照既定的规则进行。

到目前为止，审视所有贝维尔和罗兹对治理的界定，都没有真正关于治理的全新概念。虽然它们针对的是某些感兴趣的方面，但一点也不是治理的定义：它们最多是对标准含义的标准使用。尽管如此，仍然需要对贝维尔和罗兹提出的其他三种界定做进一步的讨论，它们是作为公司治理的治理、作为新公共管理的治理，以及作为网络的治理。

6.5 公司治理

自 20 世纪 90 年代中期以来，在公司治理的视域下，人们对私营部门的治理问题更感兴趣。这一领域着眼于企业周围的规则，包括企业内部的规则和政府对企业的监管。贝维尔和罗兹（Bevir and Rhodes，2003，pp. 45-46）认为"公司治理"是治理的另外一个定义。

探讨公司治理，尤其是问责、委托代理问题等方面的著作很多（Jensen，2000；Keasey et al.，2005，Tricker，2015）。此外，近年来在研究公司治理方面，私营部门比公共部门有更多的行动和更严谨的理论。公司治理本质上是关于对企业实体行使权力的一种方式（Tricker，2015，p. 4）。公司治理关注的问题是：董事的责任、如何确保管理行为符合股东的利益，以及如何建立责任机制。在一系列的金融危机，如 1997 年的亚洲金融危机，2000 年的"互联网泡沫"，2001 年和 2002 年安然公司和世通公司的破产，特别是开始于 2008 年的全球金融危机之后，优化公司治理的呼声很高。所有这些危机可能都是由管制的失灵引起的，但是不适当的公司治理也是一个很重要的原因。

在这些企业问题发生后，更严格的治理要求被纳入公司治理法律。例如，2002 年美国国会通过的《萨班斯-奥克斯利法案》，对企业提出更严格的要求，包括明确企业的责任、财务公开、审计独立、设立专门性的咨询委员会并赋予其强制性权力和不断强化的处罚力度对会计师事务所进行监督、审查和规范化。全球金融危机爆发后，许多国家进一步收紧了企业监管。

近年来公司治理问题成为私营部门管理的首要问题，这一点都不值得惊讶。当然，政府干预并由政府创造公司治理的法律环境，是公司治理应该考虑的关键问题。但这不是唯一应该考虑的问题，也不是必须考虑的重要问题。最近，人们对公司治理的关注更多地集中在能够产生良好管理绩效的内部责任机制的设计，目的主要在于维护和增加股东和投资者的信心，而不是去满足政府的任何直接需求。正如 OECD 的一份报告所指出的，"良好的公司治理本身并不是目的。这是一种创造市场信心和商业诚信的手段，而这对于需要获得股权资本进行长期投资的企业来说是至关重要的"（OECD，2015a，p. 3）。良好的公司治理会增强投资者对市场公平透明的信心：除非投资者相信一家公司治理良好、管理良好，否则他们不会投资。公司治理框架应确保企业的战略指导、董事会对管理的有效监督，以及董事会对企业和股东的问责（p. 51）。董事会的监督至关重要。重要的是，尽管董事会结构存在差异，人们普遍认同的一个关键问题是，企业的治理与日常管理是不一样的。

然而，尽管采取了所有的举措，尽管相关问题在私营部门仍然突出，但除了符合标准的定义，"公司治理"没有任何的意义。例如，1991 年英国的《卡德伯里报告》（Cadbury Report）将公司治理定义为"指导和控制企业的系统"（Keasey et al., 2005, p. 21)。它提供了管理企业内外部机制。因此，从某种意义上说，"公司治理"关注的是一个特定的部门中的治理问题，在这方面与"社会政治治理"很相似，但这不是治理的定义。

6.6 作为新公共管理的治理

贝维尔和罗兹提出的另一个新奇的定义是"治理是新公共管理"（Rhodes, 1996, 2000; Bevir and Rhodes, 2003）。想必这意味着，涉及新公共管理的改革计划在这种程度上是关于治理的，所以有必要给治理下一个新的定义。要是这样的话，应该确立：（1）新公共管理是治理中首要的或者至少是非常重要的问题；（2）"治理"在新公共管理中的使用一直是不同寻常的或者广泛的。以此证明对这个词语下一个定义是有道理的。

在下定义的时候，罗兹指出，关于治理的讨论与新公共管理是相关的，因为"掌舵是新公共管理的中心，而掌舵又是治理的同义词"（Rhodes, 2000, p. 56）。的确，从定义上看，治理涉及掌舵，但是问题在于把新公共管理作为治理的定义是值得探讨的。贝维尔和罗兹认为奥斯本和盖布勒（Osborne and Gaebler, 1992）是新公共管理理论的学者，正如贝维尔和罗兹（Bevir and Rhodes, 2003, p. 46）所认为的：

> 奥斯本和盖布勒区分了政策决定（掌舵）和服务传送（划桨）。他们认为官僚无力从事划桨的工作。他们认为取而代之的是"企业型政府"，它强调竞争、市场、顾客和结果导向。公共部门的这种转型要求政府小一些（少一些划桨），治理多一些（多一些掌舵）。

与此相似，彼得斯和皮埃尔（Petters and Pierre, 1998）也探讨了新公共管理和治理的相似性。与彼得斯和皮埃尔一样，奥斯本和盖布勒也提到了关于新公共管理和治理两者的研究中关于掌舵的思想。彼得斯和皮埃尔认为：奥斯本和盖布勒（Osborne and Gaebler, 1992）创造了深刻的思想引领，即政府应该更多地关注掌舵而不是划桨，这样一种管理的观点在治理和新公共管理领域都发挥着主导性作用（Petters and Pierre 1998, p. 231）。然而，这些观点都存在一些问题。

首先，认为奥斯本和盖布勒创造了"掌舵而非划桨"的概念是一个误导。关于"掌舵和划桨"的区分实际上是由萨瓦斯（Savas, 1987）提出来的，奥斯本和盖布勒（Osborne and Gaebler, 1992）使用这一词语也有贡献。其次，将奥斯本和盖布勒视为"掌舵和划桨"观点的代表人物或者说他们花了大量的精力关注治理，这样的观点也是一个误导。他们的书主要是谈论企业型政府的，书中列举了许多地方政府创新的案例。最后，在奥斯本和盖布勒的书里没有任何地方提到新公共管理。他们关于企业型政府的十项原则是罗兹（Rhodes, 1996）引用的，然后罗兹讲"很明显，新公共管理和企业型政府共同关注着竞争、市场、消费者，以及产出"（Rhodes, 1996, p. 46）。虽然这具备一定的合理性，但值得争议的是，奥斯本和盖布勒是否能与新公共管理扯上关系？虽然他们提到了治理和掌舵，但这两者都不是他们所强调的重点。

更重要的是，当奥斯本和盖布勒正式开始使用治理一词的时候，他们采用的是标准的用法。举例来说，他们（Osborne and Gaebler，1992，pp. 23-24）认为：

> 我们最根本的问题是，我们拥有的是错误类型的政府。我们不需要更大或更小的政府，而是需要一个更好的政府。更确切地说，我们需要一个更好的治理。治理是一个我们共同解决问题，然后满足社会需求的过程。政府是我们所利用的工具。这个工具过时了，重塑的过程开始了。

奥斯本和盖布勒（Osborne and Gaebler，1992，p. 45）还提出另外一个观点，治理不可能外包：

> 服务可以外包或者移交给私营部门，但是治理不可以。我们可以通过私有化来分解掌舵的责任，但是不能将治理的全部过程私有化。如果我们这么做了，我们就没有进行集体决定的机制，没有办法制定市场规则，没有强制执行行为准则的手段了。

这并不是"治理"的新用法，并且也毫不新奇，这里的使用也仅仅就是字典里关于治理的定义。治理确实就是掌舵，而且奥斯本和盖布勒也只是正确地使用了这个词。所以，按照贝维尔和罗兹所认为的那样，治理是关于掌舵的，因此新公共管理就是治理的一种定义，这是不合逻辑的。即便允许新公共管理产生的模糊性存在，但从社会治理的角度来看，其在系统设计方面，从没有像政府管理那样那么用心。

还有另外两个在公共管理语境下使用"治理"一词的观点需要提及。一个来自邓利维等人（Dunleavy et al.，2005），另外一个则来自奥斯本（Osborne，2006）。邓利维等人（Dunleavy et al.，2005）认为新公共管理已经不复存在，取而代之的是"数字时代治理"（DEG）。邓利维等人对于数字时代治理与数字时代政府的区别，并没有做出真正的解释。事实上，他们的论点似乎更多的是关于通过技术增强政府的作用和地位，而不是在更广的意义上说明任何和治理有关的东西。他们似乎认为，通过使用大型电子系统，通过重新发现官僚体制的优点，治理可以重新集中化。同样，邓利维等人批判新公共管理，认为它过于关注经济的效率，而基于这个原因采纳"数字时代治理"在很大程度上是很有可能发生的。

奥斯本（Osborne，2006）认为，新公共管理存在于两个时期即"国家主义与公共行政的官僚主义传统时期"与所谓"多元化早期或多元化传统"（p. 377）的新公共治理时期之间的较短时间。新公共治理断定，无论是一个多元的国家（存在多个相互依赖的行动者可以提供公共服务）还是多元主义的国家（通过多种程序获取决策体系的信息），作为两种多元性的结果，其关注的焦点集中在组织间的关系以及过程的治理，同时它也注重服务的效果和结果（p. 384）。即使到目前为止新公共治理的含义不清，缺乏界定，但它还是具有一定的内容。新公共管理运动失败了，同样的命运也将发生在新公共治理上。

6.7 治理与网络

当治理被运用到网络的时候,其使用和定义广受争议。在讨论了上面列出的七种定义之后,罗兹(Rhodes,1996)认为"治理有很多很有用的意义,但是这个概念可以通过对一种意义的规定而被确定下来,所以,治理指的是自组织的、组织间的网络"(p.660)。关于网络日益发挥重要作用的观点是一个有趣的看法,这样的观点是有基础的,过去的合作只在政府内部进行,但现在也与外部世界进行合作。但是罗兹强调的远不止这些。在他的定义下"治理"的唯一意义就是网络。这样的定义一定能够包罗万象,包括或者足够包括所有的治理行为。如果只有一种意义的话,那就意味着其他所有的意义都应该被排除,包括我们之前提到的一些来自字典上的定义,还有一些在社会政治领域之外的用法,如公司治理。

网络在公共管理中变得越来越重要。克利金(Klijn,2012,p.206)认为治理网络或多或少是相互依赖的(公共、半公共和/或私人行为者之间的)社会关系(互动、认知和规则)的稳定模式,它们围绕着复杂的政策问题或政策项目产生和建立。这种对网络的看法是有一定意义的。它指出了参与者围绕公共政策问题之间的互动,它更精确地指的是"治理网络",而不是夸大其词地说所有的治理都是关于网络的。

贝维尔和罗兹沿这一方向走得更远,他们认为"治理是自组织的、组织间的网络组成的"(Bevir and Rhodes,2003,p.53):

> 这些网络的特征是:第一,组织之间相互依存。国家角色的改变意味着公共部门、私营部门和志愿者组织之间的界限发生改变且变得模糊。第二,网络成员之间连续的互动。互动的原因在于资源交换和协商目的的需要。第三,互动好像是一场游戏,参与者的行为基于信任,受到参与者协商和同意的游戏规则的规制。第四,网络独立于国家,有相当程度的自治。网络不对国家负责,它们是自治组织。

网络的自组织,独立于国家的自治,与和政府协商、利益集团参与决策相比,的确向前迈了一大步。真正的权力掌握在非国家的行动者的手中。

在社会科学领域,关于市场和官僚体制这两种相反的组织形式的优点和缺点的争论一直没有停止(Ostrom,1989)。罗兹提出的观点是,网络被认为是协调和分配资源的一种手段,是一种新的组织形式,是第三种组织的方式,并且"除了市场和官僚制,我们现在可以加入网络"(Rhodes,1996,p.653)。事实上,公共政策是通过网络制定的,网络独立于政府而存在,因为它们是自组织的。与那种认为网络行动者与政府协商或者包括政府的观念不同,网络本身就是制定政策的网络。这是一个很重要的观点,同时它也是我们正在进行的关于治理、政府、网络和市场互动和重要性讨论的一部分。即使政府做出了一些和网络所做相符合的决策,其真正的力量还是在于网络而不是政府。政府的角色仅仅只是把在网络中已经发生的行动结果表现出来。

认为网络是与官僚和市场相伴的第三种力量，这是一个大胆的观点。只有两种机制支持国家的强制力：一种是政府的法令，另一种是契约（Ostrom，1974；Donahue，2002）。政府要么颁布法令、法律或规则，要么通过契约介入私营部门。政府权力的实施依赖其中之一。在描述政治阴谋、利益集团的参与、个人以及产生法令和合同的互动时，网络模型还是有些价值的。哪里才是政府的所在（决策点）是一个公开的问题。这取决于人们的观点，它可能是决策点到来之前的政治活动，也可能是政府自身权力的行使。换句话说，它是导致决策或者是与决策本身相关的政治行动的重要组成部分。

贝维尔和罗兹（Bevir and Rhodes，2003）同样认为，"尽管国家并不占据特权的、主权的地位，但是它可以直接地和部分地指导网络"，"政府面对的关键问题是其掌舵能力的下降"（p.53）。掌舵能力下降的说法也许在一定程度上是夸大了的，但政府的行动越来越多地依赖提供公共服务的非政府组织和提供重要物品的私人契约者（Kettl，2005，p.6），这的确是事实。但这并不意味着政府权力必然衰落，人们越来越认识到，正式的、理性的官僚制模式不再合适，它事实上适合政府大范围地介入社会行动者的活动。一旦泰勒主义所谓的"最佳路径法"被抛弃，外部的行动者将自己的意见提出来的机会就大大增加了（Alford and Hughes，2008）。

举例而言，税务机关作为政府组织，拥有充足的、实际的权力强制市民服从规则。在官僚制模式的兴盛时期，这样的组织运作很少考虑来自外部的意见。所做的只是通过法律和执行法律，假定通过公平和理性的程序，可以寻找最好的答案。如此强势行事的机构最近显然失去了公众的支持，即使它们完全在法律所规定的范围行事。失去公众支持的机构可能失去其"合法化的环境"（Moore，1995），其在公众心目中的地位也会下降。负责税务的官员现在意识到顾客、会计师和其他参与者的观点都是相当有用的，从而积极征求合作者的意见，而这丝毫没有改变他们的权力。这里出现的情况看起来好像是网络领域出现的事情，但问题的关键是，网络并非处于主导的地位，而是政府行使权力可以更好地指导外部的积极参与。

这并不是把决策制定的权力转让于网络。其他组织或许仅仅是帮助政府做其想要做的事情，"尽管有观点坚持认为网络是对国家的削弱，网络化政府被视为一种完成国家目标的不同方式"（Kamarck，2002，p.246）。皮埃尔和彼得斯（Pierre and Peters，2000，p.49）提出了一个类似的观点：

> 治理中更多的参与方式的出现并不意味着政府权力事实上的减少，但是，它意味着国家和社会在创造治理的过程中结合在一起。如此，国家可通过与社会的互动来增强自己的实力。

显然，在各级政府和社会都存在大量的政治上的讨价还价。网络是存在的也的确具有影响力，它们"绝非当代政治生活的奇特特征"（Pierre and Peters，2000，p.20）。但是，把讨价还价的存在视为网络是高效的政府并取代了政府的角色，也是言过其实的。把网络视为"挑战国家的权威，它们本质上是公共部门内存在的自我规制的结构"（Pierre and Peters，2000，p.20）的看法是奇特的。网络和政府可以在合作中找到共同的利益。网络对政府有所需求，政府也想利用网络实现自己的目标。结果可能是一部法律或者一个法令，或者一个投标合同，但是只有政府可以执行它们。在决策时刻到来之前，网络可能采取行动，但是这可以解释为在政府的权力未受到影响的情况下进行的普通政治活动。

那种认为治理的唯一可接受的定义是自组织的网络的观点缺乏一致性。并且，这种观点也是一种只适用于多元民主社会的"文化捆绑"。就像前文提到的那样，治理是一个含义很丰富的概念，可以指对任何一个组织以及任何一种社会的经营。一个对自组织治理方法的批评在于，"政府在市场，甚至是社会组织活动基础上确立参数"（Pierre and Peters，2000，p.39）。的确，网络的整个观念也都是有问题的。政治科学很长一段时间通过"铁三角"考验利益集团，通过政策社区和其他表征以便找出政策的来源。这显然不是网络概念出现以后的事情。网络到底是什么还很不清晰，"在学术界，对于网络治理是否是一个理论、一种方法、一个现象、一个模式或者一种关系，还没有一致的认同"（Kettl，2009，pp.2-3）。

波利特对于网络方法没有深刻的印象，认为"该方法是让人不满意的，在现阶段确实是令人质疑的"（Pollitt，2003，p.65）。他不喜欢网络是新的这一"与历史无关的假设"，也不承认"现在有更多的网络，或者网络在某些方面会带来更多的民主；网络一词无论是在方法上还是理论上都是乏力的"（pp.65-66）。正如他所说，公共管理者最令人失望之处在于"对网络理论所引发的行为的前提，缺乏兴趣和检验"（p.66）。这是一个非常重要的观点。如果网络是治理的一种形式，那么需要更多的证据证明，而不是单凭利益集团和政府间进行了很多的互动这一点。正如波利特（p.67）所说的：

> 这并不是说网络理论没有什么用处，只是我认为其被夸大了。从最糟糕的方面来看，依据来自社会上出现的单个案例研究，它提供了观察全新的治理方法的理想主义的观点。从最好的方面来看，它提醒我们组织和团体之间非正式关系的重要性，以及组织的动态环境如何影响更正式和具体的决策过程。

网络会如何与传统的公共问责制度互动，也是令人担心的问题（Pollitt，2016，p.48）。明茨伯格也认为对于网络模式的依赖"走过头"了，并提到在法国，"公共部门和私营部门长期受强大的、相互联系的精英集团的控制，利用自由和影响，它们到处活动，这一切导致国家越来越沉闷"（Mintzberg，2000，pp.78-79）。这一观点也可以适用于其他的欧洲国家。

皮埃尔和彼得斯观察到，网络的自组织权力在荷兰这样的社会是不言自明的，"这样的社会具有丰富的组织，并且有悠久的政府和社会利益相协调的历史"（Pierre and Peters，2000，p.39）。这可能是另一种说法。在荷兰这样的社会，政治系统的普遍特征就是政治利益联盟的变化，为了把事情办成，它必须诉诸其他的手段，例如网络或者官僚制度。在英美国家，政府的政治力量通常十分强大。

需要考虑的另外一点是，除了把治理视为网络的定义之外，是否有证据表明其他所有的定义都被抛弃了。即便这样夸张的假设被允许存在，网络模式仍然不够强大，这使得治理的英文含义脱离字典中设立了几世纪的标准含义。将网络看作治理，或者将治理看作网络或其他同义词，都是大胆的，但可能也是没有意义的。罗兹和贝维尔认为只有一个治理的含义是可以让人接受的，即治理是自组织的、组织间的网络（Rhodes, 1996; Bevir and Rhodes, 2003）。这意味着其他所有的用法都要被丢弃。有一些网络方法作为一个组织的原则或者一种治理的方法具有实用性，但要说治理只有一个含义，它就是网络，确实是言过其实了。

在某些情况下，治理可以由政府或市场产生，也可以由受影响者所组成的网络产生或共同产生。正如托芬（Torfing, 2012, p. 101）所说：

> 治理普遍被定义为试图通过集体行动，将价值和目标与产出和结果联系起来的管制形式来引导社会和经济。治理可以由等级制度和市场产生，但也可以由受影响者所组成的网络产生。

这个观点更有意义。像贝维尔和罗兹那样将治理定义为仅仅是关于网络的，不仅没有必要，而且还忽略了治理的意义。重申一下，治理是关于组织如何运行、如何通过流程设置确保组织能够有效运转的。将治理定义为网络，或新公共管理，或公司治理，太过于具体，并不能明确地有助于理解。

6.8　严格治理与宽松治理

塔奇斯（Tarschys, 2001）区分了严格治理和宽松治理，指出严格治理代表着"基于清晰明确的目标、严格的指示和命令服从之上的各种掌舵的方法"，并且为"军事组织、集权主义的政治系统、遵循泰勒科学管理原理的行业组织"提供了严格治理的原型，他补充道（pp. 37-38）：

> 这个战略的许多方面都体现在"新公共管理"的建议和改革之中，对于私营部门的模仿是新公共管理一个很重要的趋势。在这些方法中，一个强烈的目标取向是，夹杂着对人类本性的相对悲观或者怀疑的评价。如果让他们自己进行自我管理，个人将追求自己的目的而忽视组织的目的，因而需要企业架构，需要积极的努力强化动机，并且需要注重监督。

这个观点可能认为老式的政府和传统的公共行政，以及新公共管理的管理主义，能够被视为严格治理的一个例子。塔奇斯继续指出（p. 38）：

> 相比之下，宽松治理建立在对人类行为信任的基础上，与组织手段和目标选择上的不可知论者和经验主义观念有极大的关系。宽松治理依赖于信任、细微的信号和合作的环境。它倾向于诉诸建议和"软法"，而不是命令和严格的制度。关键的概念是创新、适应性和学习能力。即使不是完全被独立的网络体系取代，组织也应该倾向于扁平化。

随着治理变得不那么"严格",随着通过合作或合作生产而出现的外部行动者的进入,宽松治理看起来更加合适。然而,无论是严格治理,还是宽松治理,两者皆有问题。严格治理"导致人们对过度管制、繁文缛节、政府失灵、强势官僚的抱怨",而宽松治理"总是存在信任容易引发受骗,灵活的安排给放纵、浪费和腐败提供了生存空间的风险"(Tarschys, 2001, p.38)。

凯特尔认为,"由于权威在解决问题方面变成一个无效的工具,所以管理者在极力寻找它的最好替代品"(Kettl, 2002, p.59)。近些年来人们提出了一系列的建议,建议大同小异,所有的变化都集中在"大量的公民参与、减少政府的权力"这一主题。即使公共管理者的行动范围和执行权威的范围在传统行政模式中都没有受到限制,公共管理者也处在过程的中心位置。

治理问题的考量有助于加深对公共管理的理解。尽管治理的观念还存在一些问题,尤其是术语的用法,但是它仍然是一个具有实际价值的概念。它的原始含义是掌舵,其在广大的社会背景下使用是非常有意义的,因为在没有政府的情况下仍有各种各样的治理存在,它是一个包罗万象的概念,包括政府的制度安排,如选举制度以及政府运作的方式等。

6.9 治理的有效性

尽管有多种含义和定义,治理的概念仍然是有帮助的。如前所述,治理最初的标准含义是关于运行组织、建立结构或制度安排以使组织能够运行。下面我们以此为基础,来看看制度安排如何去组织和如何为一个组织的运行设置程序。

治理原则可以在许多组织、政府机构中找到。加拿大不列颠哥伦比亚省审计长指出,一个采用"善治"的组织必须在语言和行动上始终表现出:问责、领导力、完整性、管理工作和透明度(British Columbia, Auditor-General, 2008)。参照一份联合国报纸的表述:

> 人们曾试图定义"善治"。但最常被引用的定义来自联合国本身,它认为该定义有八个主要特点。根据这一定义,善治是参与性的、以协商一致为导向的、负责任的、透明的、响应性的、有效和高效的、公平和包容的,并遵循法治。此外,它力求确保尽量减少腐败、考虑到少数人的意见,并确保在决策时听到社会中最脆弱的人的声音。它还响应社会当前和未来的需要。 (UN Chronicle, April, 2016)

另一个试图对公共部门"善治"进行定义的尝试来自美国国际会计师联合会(IFAC)与英国特许公共财政和会计学会(CIPFA)的联合论文,如知识卡片6-1所述。其中有许多非常有用的关于治理原则的陈述,如IFAC/CIPFA的陈述。要求为公众利益服务,可能有些理想化。此外,鉴于其作者的出身,这些陈述更多的还是较集中地关注财务责任。

知识卡片 6-1

公共部门"善治"的原则

公共部门"善治"的基本职能,是确保实体对象实现其预期的结果,始终为追求公共利益行事,其必备要求为:

A. 为人正直,恪守道德价值观,尊重法治。
B. 确保开放和利益相关者的全面参与。

除了原则 A 和 B 所规定的符合公众利益的首要要求外,要在公营部门推行"善治",亦需要做出有效安排,以便:

C. 根据可持续的经济、社会和环境效益来定义成果。
D. 确定为优化预期结果的实现所需的干预措施。
E. 统筹协调企业实体的能力,包括其领导能力和内部人员的能力。
F. 通过健全的内部控制和强大的公共财政管理来管控管理风险和业绩。
G. 在透明度、报告和审计方面实施良好规制,以实现有效的问责制。

资料来源:IFAC/CIPFA. International Framework: Good Governance in the Public Sector. New York: IFAC and London: CIPFA, 2014.

从联合国的文件、IFAC/CIPFA 的文件以及之前的讨论来看,可以归纳出治理的五个基本要点:

第一,参与者和利益相关者之间达成一致,认为组织有存在的目标;第二,同意用制度规则来管理组织有效运转;第三,成员普遍同意遵守规则行事;第四,认识到治理职能不同于管理职能;第五,完善从管理层到治理对象的责任划分。这些内容见知识卡片 6-2。

知识卡片 6-2

治理的基本条件

(ⅰ)因某一目的而建立的组织

组织确实需要有一个目标作为引导。明确治理过程来帮助组织达到它的目标,并朝着明确的目标前进。无论它是本地级别的小型组织还是国际组织,治理的部署都是为了帮助它实现目标。

(ⅱ)组织的治理基于商定的规则

组织不仅需要有一个目标,其成员和其他相关方还需要就一组规则达成一致,以管理组织如何运行。这些规则应该尽可能以章程的形式定下来。规则可以改变,但不能轻易改变,而且改变必须遵循规则的程序与要求。

(ⅲ)成员普遍同意遵守规则行事

组织内的人员,包括担任治理或管理职务的人员,明确地或心照不宣地遵循规则行事。

（ⅳ）治理职能与管理分离

组织治理之所以不同于组织管理，是因为治理的功能已区别于管理。这会导致在许多组织中治理角色与管理角色的分离。例如，在一些组织中，一些公司的董事会或管理层可能在治理委员会中有代表，尽管如此，治理的角色是不同的，鉴于很多关键原因，治理不受管理层的操控。

（ⅴ）从管理到治理实行责任制

将管理角色与治理角色分离的一个关键因素是，管理需要对治理负责。管理层必须向政府汇报，如果达成一致的目标没有实现，可能会面临某种制裁（参见第7章）。

知识卡片6-2中的要点可适用于任何组织。正如加拿大不列颠哥伦比亚省审计长指出的那样，治理指的是组织被指导、控制和承担责任的结构和过程；结构和过程本身并不是目的，相反，它们是帮助组织实现其目标的手段（British Columbia, Auditor-General, 2008）。明确地阐明其目的是什么，决定其治理规则，同意遵守这些规则，并确定管理对治理负责，这些都是很自然的事情。

6.10 结论

治理是一个有很多用处的好词，但也是一个需要拯救的词汇。它存在着在含义上负担过重的风险——可能使其能够符合许多现实用法的、作为一种标准的字典含义消失。越难懂的治理定义越不会增加我们对其理解。治理是关于公共组织和私营组织运作的，治理是关于掌舵的，治理是关于社会问题解决的。治理涉及结构和制度，但与政治制度无关。

只要不过分渲染，治理可以是一个有效的方法。诚如弗雷德里克森（Frederickson, 2005, p.292）所说：

> 尽管对治理的批判是一个严肃的挑战，但是这就导致了概念的无效吗？答案是否定的。有一股强大的力量，传统的政治、政府以及公共行政的研究无法解释的力量在全世界起作用。国家和仅次于国家的管辖区域失去了组成主权的重要元素，它们的边界越来越没有意义。社会、经济问题以及面临的挑战很少包含在管辖界限内，沟通系统也很少关注它们。商业越来越区域化或全球化。商业精英有多个住所，并且在多边管辖的扩展了的网络下运作。国家和地区政府的组织和行政能力正在空心化，公共行政的许多工作已经契约外包。治理，即便有弱点，也是描述和解释这些力量的最有价值的概念。

显然，社会效益来源于行动者而不是政府这个想法确实有一定的实用性。同样的，认为政府已经丧失部分主权的想法以及宽泛的观点是有效的，同时也是中肯的。但是政府没有消失，其实际权力的缩减也被夸大。正如理查森所指出的，"即使有人承认新的治理方式有很多新的思想指引，但我对任何认为它是当前主导管理理论的建议都持怀疑态度"（Richardson，2012，p. 312）。

　　治理是审视公共世界的一种有价值的工具，其本身并不是目的，而是一种认知过程、规则和制度，以及如何使各种组织得以运行的方法。治理不能局限于公共部门，也不能局限于民主社会。此外，关于治理的讨论再次指向了从公共行政向公共管理的转变已经取得了长远的发展和进步，许多关于治理的想法都与权威、官僚和过程这些传统公共行政模式的特征大相径庭。

第 7 章

问　责

本章内容

- 引言
- 问责的概念
- 私营部门中的问责
- 政治问责
- 官僚问责
- 管理问责
- 腐败的问题
- 管理的改革与问责
- 结论

7.1　引言

近年来，围绕问责问题的公众讨论越来越多，已经逐渐成为现代治理理论的流行话题（Bovens et al., 2014, p.1）。任何政府都需要某种形式的问责，以维护其所治理的团体的广泛认可。政府机构是由公众创建并为公众服务的，因此，需要对公众负责。

毋庸置疑，问责既很重要也很必要，正如博文斯所指出的，"没有问责制度安排，就没有可问责的治理。问责机制使公共行为者走上正道，并防止他们误入歧途"（Bovens, 2010, p.963），然而，要确切地说明它的含义，以及政府官员和公民在实践中如何正确行动和使用它，并不容易。问责似乎是一个相对具有明确含义的词，但如果仔细研究，就会发现这种所谓明确的含义更加让人难以捉摸。博文斯将问责描述为一个"肖像"，其概念"在分析问题时的作用已经越来越小，如今类似于一个盛满着良好愿望的垃圾箱，界定不清，似乎有点善治的意思"（Bovens，2007，p. 449）。

博文斯对两种不同类型的问责进行了有效的区分：首先，将问责作为一种美德，也就是"行为者行为的一套标准"或"一种令人满意的状态"；其次，将问责作为一种机制，或者说"一种特定的社会关系或机制，主要涉及解释和证明某种行为"（Bovens，2010，p. 951）。下面的大部分内容都是关于第二种类型的，但也不应忽视第一种类型。几乎所有人都渴望在公共管理中实现真正的问责，这样可以为社会成员提供某种保证，让他们相信政府的一切行为都是为了他们的最终利益而发起的。我们要为了这一愿望做出一定努力，比如建立起机制，以便两种类型的问责能够更好地联系在一起。这些机制可能并不完美，甚至政治体系内部的参与者也可能不太理解它们。但对一个国家来说，政府官员（无论是政治上的还是官僚主义上的）可问责的概念仍然是一个普遍抱有的理想。问责现在可能比以前更重要，因为那时人们对政府更多的是存有隐性信任和信念。这已经"成为一个核心的民主问题，因为许多欧洲（和其他）民主国家正面临着对政府机构信任和顺从度的下降，促使他们重新考虑现有的问责制度安排，并研究开发以图创新"（Olsen，2013，p. 448）。

7.2　问责的概念

政府与其他社会机构的不同之处在于它拥有由警察和武装部队最终支持的强制权力（见第2章）。历史上，公民从未轻易地放弃过自己的权力，坚持政府的政治或行政行为必须得到公民广泛支持。这可以通过两种方式实现。

首先，政府的一切行为都必须有良好的法律基础。这些法律适用于每一个人，不仅适用于公民，也适用于政府机构自身。其次，治理机构中要有专人对政府的每一项行动负责。社会公众能够在政府中找到每一次行动的责任人，无论是从柜台工作人员还是最高层的政治领导。如果这两点不能很好地发挥作用，政府和官僚机构仍然可以运作，但问责的缺失可能意味着政府和官僚机构变得无所不能、无所不在，甚至可能腐败。人们的确可以这样讲，"问责支撑着文明"（Donahue，2002，p. 1）。尽管问题体系各不相同，但问责是任何社会的基础，对于那些自诩为对人民负责的民主来说，更是如此。或许我们可以用相反的方式更强烈地表达这一点：要成为民主国家，就必须有一个适合自己的问责体系。

贝恩认为，"当人们想让某人可以被问责时，他们通常是制定一些惩罚措施"（Behn，2001，p. 4）。一般情况下，这一界定可能是正确的，尽管问责应该包括成功和失败在内的全面的责任。在《新简明牛津词典》里，"可问责"的含义是："有义务负责；对（对某人或某事）负责"。奥尔森认为，问责指的是"对他人负责，有义务解释和证明行动和不行动的合理性——授权、权力和资源是如何应用的，产生了什么结果，以及结果是否符合相关标准和原则"（Olsen，2014，p. 107）。

博文斯（Bovens，2007）拓展了这一概念，将"问责"界定为："行为主体和裁判之间的关系，行为主体有义务去解释和证明自身的行为，而裁判可以质询和判决，之后，行为主体将承担一系列的后果"（p. 450）。这个概念需要进行进一步的阐释。在这个概念中，**行为主体**可能是个体，也可能是一个组织；**裁判**可能是独立的个体，亦可能是诸如议会、官僚机构、私营部门、董事会等这样的一些机构。**义务**可能是正式的，也可能是非正式的；**质询**和**判决**可能导致积极的后果，亦可能产生消极的**后果**。如博文斯（Bovens，2007）所言，"制裁所带来的可能性——并非制裁的实际实施——使得那些不置可否的信息陈述和真正地被追责有所分殊"（pp. 450-452）。问责便是在面临可能性的制裁后果时当事人向裁判进行解释和理由申辩。

公共部门的运作并不存在于真空中，就好像与社会的其他部分完全隔绝。政治领导、公共服务、公众三者通过制度安排和政治互动紧密相连。任何政治制度要想长久存在，都需要让公民普遍认识到政府是为他们行事的，代表他们的利益，政府对人民负有合理的责任。

责任的概念与问责的概念是不同的。问责意味着组织中有人可以接受一个决定或行动的责备或赞扬。从最低水平的公共服务到最高水平的公共服务，每个工作人员都应该对上级负责。从方向上理解，责任通常被认为是通过层级运行的，也就是说，上级官员要对下级的行为负责，但不一定要亲自对下级可能做的每件事负责。内阁部长被认为对其部门内工作人员的行为负责。"责任"这个概念不如"问责"那么精确，因为上级到底负责什么，或者他或她的责任范围有多广，人们从来没有完全弄清楚。如果下属员工犯了管理错误，这并不一定意味着主管要对该错误负责，即使他或她要对该员工"负责"。

7.3　私营部门中的问责

健全的问责是私营部门的基本要求之一，其所应用的问责机制已经过了很长一段时间的演变。契约的概念是私营部门的两个主要基础之一，另一个是财产所有权。合同的双方必须能够向对方表明他们已经履行了合同的条款。这既是他们的权利也是责任，如果双方合同条款没有得到满足，他们可以诉诸法律体系来执行合同条款。如果没有书面或不成文的合同，私营部门就无法运作，因此必须进行某种监测、记录或审计，以表明合同已得到履行。

无论是等级关系或是委托-代理关系，都必须有问责的存在，以确保被授权人最终按照授权人的意愿行事。委托-代理关系是指"一个或多个个体（委托人）聘请其他个体（代理人）以其名义开展相关事务的合同。其也包括授予代理人相应的决策权"（Jensen and Meckling，1976，p.308）。代理人以委托人的名义履行义务，并向委托人报告他们如何行事以及可能出现的问题和制裁。然而，代理人——管理者，并非如预期般总是为委托人——股东谋取最大利益，因此，建立一个激励和监测体系对于减少委托-代理关系的误差尤为必要，因为委托人和代理人之间的利益总是存在分歧。报告的程度是大家争论的问题。代理人真的是负责的、可靠的，或者仅仅是敷衍了事呢？

公司的管理层应该为股东的利益行事，他们是终极的利益所有者。根据法律和惯例，董事会有责任为公司的利益行事，为股东的利益行事（Leader，2014）。多纳休（Donahue，1989，p.43）指出，这种问责解决了委托人和代理人之间的关系问题：

> 对于追求利润、给付薪金的私营企业来说，**层级制**结构的问责是解决代理关系问题的一种卓有成效的方法。在私营企业中，所有权和经营权完全分离或部分分离。生产工人对管理者负责，并按工作时间领取报酬。管理者反过来向所有者负责，领取因指挥和监督生产而获得的报酬。最后，所有者对消费者负责，并且因组织和监控整个生产过程而获取利润——超过成本的那部分收益。从消费者的视角来看，这种经典的追求利润的代理关系是成功的，但其中也包含了不同层次的较复杂的合同关系。

在以上所有的途径中，从管理者到董事会，再从董事会到股东，这个过程被认为是一条明晰的问责链条。

私营部门还存在几种其他形式的问责机制，这是公共部门所没有的。第一，私人股东能够按企业的股本转让其股票，而股票价格的波动则是一种动态的绩效标准。第二，企业在市场条件下进行资本竞争。企业在投资和借款方面必须受到持续性的监控，并服从服务机构——如穆迪（Moody）或标准普尔（Standard & Poor）——对投资和借款项目进行的评估。第三，企业面临被接管、并购以及随时都可能发生的债务危机。第四，竞争对手的存在意味着，顾客不满意可随时转向他处。所有这些对私营组织，尤其是对私营组织的管理行为有着强大的激励作用。立足于变化无常的商业环境中，任何雇员都几乎没有安全保障是极为正常的。从企业的最高层到最低层，没有人能确保自身职位的稳定，能否被企业续聘取决于个人和企业的业绩。私营企业问责体系的倡导者认为，私营企业有一套简明易懂的激励机制可以提高个人和企业业绩（Friedman and Friedman，1980）。

人们一直认为私营部门的问责关系是公共部门可供借鉴的最佳模式。原因有两个。第一，政府一些职能的民营化至少部分是出于强化问责的原因。人们认为，通过合同把政府的部分服务职能转包给私营部门将更有效率，原因是私营部门的管理者比公共部门的管理者更负责任。这一方式也被认为存在较少的代理问题：较之问责分散的政府内部供给，服务外包商在合同的限制下有着更为强大的良好履行职能的动机。在这种方式下，私营部门按照自身的问责模式提供服务。第二，部分是基于上述第一点，一些私营部门的问责方法正在应用于公共部门。但这并不意味着公共部门要出售股份或被他人接管。若果真如此，这一方法也不会被引进公共部门。但这确实意味着，通过采取与私营部门相似的做法，努力发展一套用于代理人的绩效计量指标和正式的合同机制。私营部门问责标准的引进，意味着在没有职业安全保障的基础上，将对个人行为产生强大的激励作用，否则，他们将难以保住维持生计的工作，这一点与私营部门是相同的。这再一次彰显了私营部门问责的范式性功能，由此就很容易明白为什么有人认为这是可取的。与公共部门混乱的和失灵的问责相比，私营部门的问责关系相对更为普及和简明。

当然，预想的私营部门的问责的优越性只是一种理想，它在实践中运作起来并非那么完美。因为管理者可能会忽视股东，置董事会于不顾。股票价格和信用评估并不是完美的绩效标准。企业的目标不仅仅局限于追求利润。虽然私营部门已经建立起了问责的程序，但实际中达到的最佳效果与理论上的假设还存在一定的差距。

这种差距具有广泛的影响。一旦委托人和代理人出现分离，潜在的问责问题就会暴露出来。这些问题在公共部门中尤为突出，这是因为"（1）委托人并不总是追求利润最大化；（2）不像企业那样拥有市场化的普通股票，因而也就不存在**市场**对企业的那种控制；（3）在财务绩效方面，不存在直接的破产偿债限制"（Vickers and Yarrow，1988，p.27）。一般认为，政府机构既不尽责，也无职责，而这便成了人们要求缩减政府规模和影响的一个理由。

有些公共部门存在的问责问题比其他部门更突出。例如，公共企业——这是公共部门中与私营部门最具可比性的部分——在与私营部门从事类似的活动时会暴露出更多的问责问题（见第9章）。如果采用私营部门现有的问责机制，把公共部门的商品和服务供应转给私营部门来完成，将能提高服务的质量和效率。

公共部门与私营部门之间的问责形式必定会有一些差异。一个根本区别在于，公共部门没有明确的业绩底线衡量标准——盈利还是亏损。私营部门不存在真正的、与公共部门相当的政治问责，因此也不可能存在这类问责的政治标准。政治问责使公共部门的差异体现在性质上，而非具体细节上。这就使得公共部门的问责不可能完全复制私营部门，并且这样的要求也是脱离实际的。但是，只要私营部门继续采用这种问责模式，人们就容易责难公共部门不负责任，并且要求它们在强化问责的基础上缩小自身的规模和职能范围。

7.4 政治问责

私营部门没有直接对等的政治问责。虽然有些公司可能通过企业社会责任感为更广泛的社会做出贡献，但一般来说，它们的责任是对股东的。政府的事务涉及整个社会，而且必然地、不言自明地与政治密不可分。

公职人员不可避免地卷入政治事务：即使是最平凡的行政决策也会产生政治影响。高级公职人员需要了解政治，并对其有所掌握，因为作为一名公共行政人员，其工作价值取决于对政治和政治过程的理解，以及在政治背景下管理公共项目的能力（Frederickson, 1989, p. 12）。公共服务的政治基础有时会被遗忘。有关公共行政的研究通常从技术角度来处理这个问题，并与政治分开。事实上，传统的行政模式试图使公共服务去政治化。当权的政治家们或许认为，他们想要的东西将毫无疑问地在一种主从关系中得到行政上的执行。坚持传统模式的公务员可能会声称，他们只是行政管理，没有决策作用，更不用说参与政治了。从当前来看，这种不切实际的情况，可能在未来都是如此。

政客和官僚们经常把这个格言与伍德罗·威尔逊（Wilson, 1941）的名字联系起来，即政策和政治可以严格地从行政管理中分离出来，行政管理可以纯粹是工具性的。而事实上并不是。行政做出选择的方式、制定和执行政策的方式，以及管理方案的方式都基本上具有一定的政治色彩。问责将政府的行政部分与政治部分联系在一起，并最终与公众本身联系在一起。政府的任何行为，归根结底都归因于公民自己的行为，只不过表达方式是通过其自身选举出来的公民代表来表达。因此"需要精心设计一个问责结构，以确保代表公民的人尽最大努力"（Donahue, 1989, p. 222）。

在传统的行政模式中，官僚和政党的问责只通过政治程序来明确，通常蕴含在选举中。这种观点存在一些问题。第一，伍德罗·威尔逊提出的严格分离政治与行政的狭隘公式化关系已不再现实，尽管曾经真实存在过。官僚机构所做的远远不止是简单地听从政治领导的指示，它需要被视为政治进程的积极参与者。

第二，尽管许多国家的选举可能提供最终的问责制裁，但从具体的管理来看，选举确实过于分散，无法有效地达到目的。正如奥尔森（Olsen, 2013, pp. 461–462）所说：

> 不喜欢政治的、没有积极性的公民，不能形成清晰、一致和稳定的价值偏好，从而也就不能准确地将责任归咎于当权者。然而政治集团通过传统大众媒体和新型社交媒体进行的政治交流会误导公众意见，并通过优先关注丑闻或"名人"来抑制理性推理和集体智慧。领导者发出模棱两可、前后矛盾的信号。现任者和反对派之间的界限不清，以及妥协的文化，使责任变得模糊和不确定。权贵官僚、技术官僚和有组织的利益集团更关心自身利益，而不是共同利益。

公众对政府的不信任只增不减，不再像以前那样高度重视选举了。公共服务问责失败很少会对选举产生影响，至少这与政治领导阶层的普遍看法相一致。此外，认为没有选举的国家，其政府是不能被问责的，这一认识是严重错误的。所有社会都寻求问责，而不仅仅是那些有选举的社会，甚至在没有选举前景的时候也需要问责。

第三，尽管官僚机构仍然通过政府间接地对公众负责，但在它做了些什么方面已经更直接地对公众负责了。这种直接的问责是最近公共部门改革的一个重大变化和关键所在。以顾客为中心，官僚机构的更多回应和管理人员的个人责任感改变了公共部门的问责，实际上也改变了政府和公民之间的关系。更多的参与可以提供更好的服务，更能回应客户和公众的整体需求，但也对问责系统构成挑战。

政治问责应该意味着，政治家可以被公民要求承担责任，公民应该能够评估行政、政治和官僚机构的能力。发达国家一般遵循问责的两个基本原则——每一项政府行动都要以法律为基础，而且有人要能被问责——但不同的政治制度对待这些行为的方式存在显著差异，尤其在议会制和总统制之间。

在议会制度或威斯敏斯特制度国家，如英国，通过层级制，公务员向部长负责，而部长则向内阁负责，内阁又向议会负责，议会最终向民众负责。因此，公务员的每项行为都代表着其部门行政长官的意志，并且也代表着那些最初通过选举出某一执政党进而间接选择这一行政长官的选民的意志，而这一政党政府在议会中占有大多数席位。行政执行机构和立法机构实现了功能的有机融合。一个部长主管一个部门，等级结构确保常规化的官僚问责通过不同的层级控制实现。经过这一十分微妙的过程，任何行政行为都被认为是选民意愿的集中体现。

以美国为典型代表的总统制国家为政治问责提供了一个不同的运作框架。第一，成文宪法的存在意味着宪法解释和依据宪法制定其他法律的必要性，这也增强了政府中司法部门的重要性。第二，在威斯敏斯特制度中，行政部门和立法部门是有效地结合在一起的，而在美国，二者却被刻意地分开了。因此国会和总统形式上并不联系在一起。通常情况下，政府的这两个部门是相互分离的，尽管二者在实际上有着很强的非正式联系。第三，联邦制影响了政治问责体系。按照宪法规定，权力被分割为联邦政府权力和州政府权力，议员被假定为能够在不违背政治问责的前提下行使其权力，也就是说议员能够分辨清楚各种特定的职能应该由哪一级政府负责承担。

从理论上讲，美国公务员的政治问责是能得到保证的，但是在实现方式上与威斯敏斯特制度有着根本的不同。公务员系统是行政机构的组成部分，因而他们直接对行政首长——总统或州长负责，并且由于总统或州长是由选民直接选举产生的，这就确保了从公务员到选民的问责链条的延伸。官僚问责也应该通过层级制来向公民负责，从技术上讲，层级制下的公务员问责链条最高延伸至总统，但总统并非这一链条的终端。部门间的相互渗透意味着行政机构也要依赖于立法机关和法院。作为行政机构组成部分的行政部门必须向行政首长负责。然而，行政部门的管理法规和财务均在立法机关的控制之下，因此向立法机关和当选议员负责亦是必需的。法院在问责中也扮演着重要的角色。所有行政行为都必须被严格审查以确保它的合宪性，特别是涉及人权的行政行为更是如此。每个公民都有通过司法途径来对抗政府的权利。综上所述，美国的官僚体制理论上是可问责的，但也是相对割裂的，因为其对行政长官、立法机构以及司法机构分别负有责任。这些相互分离的问责很可能使公共管理的任务比议会制国家更复杂。

在议会制和总统制中，多年来盛行着一种格言，即政治家和公务员的角色是可以严格划分的。分离模式是传统公共行政模式的主要组成部分之一（见第3章），它容易理解，表面上很吸引人。行政当局的任何行为都应归功于政治领导，公务员只是执行政治领导发出的政治指令的工具。贝恩（Behn, 2001, p. 42）认为：

> 公共行政典范在其内部是一致的，政治与行政的分离允许建立一套简明的、富有吸引力的、等级制的政治问责。因此，尽管这一旧的典范存在缺陷，但它有一个很大的优点——政治合法性，并且它的问责关系很明晰。传统公共行政典范与传统民主问责典范是非常协调的。

但是这也存在一些显著的问题。在这一体制下，实际上只有政治官员是真正可问责的，而行政人员是中立的、匿名的，且与任何特定政策无关。事实上，正如行政领导人所说的那样，行政机关只是负责执行政策而不负有任何责任，如果发生什么问题，那就是政治领导人的过错。官僚可以借助匿名的方式来规避问责。

尽管存在种种问题，在传统行政模式下仍存在着某种程度的问责，但这是一种特殊的、狭义上的问责。在这一体制下，终极责任主体是十分明确的，但它更多地意味着一种惩戒而非奖励。这种问责的目标在于避免错误，因而其鼓励规避风险的行为。威斯敏斯特制度中的部长责任制传统——尽管事实上很少被遵循——是部长须对其部门的所有行为向议会负有最终责任。无论部长们是否具有预测失误的能力，他们都会因本部门的重大失误而引咎辞职。尽管部长负责制的准确状况还不明确，实行的处罚也是不确定甚至是武断的，但是部长确实为本部门的行为承担了政治责任。但这并没有为结果的实现提供真正的**管理**问责。政治领导人通常不具备充足的政府较低层级职能管理的专业知识，并且不能够提供足够的管理方面的监督。这种缺乏合理性而被一些不切实的绩效指标所主导的问责是不尽如人意的。这种问责充其量只是一种消极的体系，它的功能在于规避错误，而非取得一些实质性的成就。

即使这种传统的问责模式很容易被接受且具有政治上的合法性，但把一个诸如问责这般重要的理论建立在某种假设之上总是有问题的。多年的公共行政研究表明，将政治和行政、政治领导人和行政官员完全割裂是不现实的。在政治-行政二分被奉为圭臬的体制中去寻找一种虚构的问责理论基础显得荒谬可笑。传统的公共行政需要明确区分下达命令者和执行命令者，后者不对其行为结果负任何责任。这一点不管是过去还是现在都是没有道理的。建立在政治-行政二分基础上的问责从一开始就是很脆弱的。它是一个恰合时宜的虚构，"一旦我们认识到这一尴尬的事实，即公务员开展工作就**必须**进行决策，我们就必须抛弃这种公共行政典范"（Behn, 2001, p. 64）。

7.5 官僚问责

传统公共行政的官僚问责本质上是政治问责，并与机构内正常的等级问责相结合。在这种模式中，官僚组织仅仅在政策方面给政治领导人提建议，并尽可能地以政治领导人的名义管理各项资源。每一个公务员在技术层面通过层级结构向政治领导人负责，并最终向公众负责。

在问责链上，政府的政治部分和行政部分必然会有所交叉。这种交叉可能是问题产生的根源，因为它们具有各自不同的文化、理性模式和问责形式。在议会制下，部长和部门首长之间的关系构成了这一体制中的核心关系。由于双方对游戏所遵守规则的观念不一，因而在政策执行的过程中必然会产生某种不连贯性。根据韦伯原理，在处理官僚制组织的事务时，处于特定层级的公务员都有相应的职位和角色，并对其上级负责。程序、正式规范和制度按理性原则设计并贯穿于登记制度之中。处于结构最顶层者——部门首长，要处理本部门政治领导人的指令。在这一点上，政府的理性官僚制部分就与其政治部分相遇了。官僚制的形式理性将面对政治理性。可以认为，在传统模式下，真正的问责是不可能的，因为它往往在政府的政治部门和官僚部门的交界面失效。一种比较现实的看法是，这两者之间没有明确的界限，而是有一个区域——在政治活动的"红"和公共服务的"蓝"之间的"紫区"。公务员有时在政客的某些领域工作，有时，政客也会侵犯公职人员的领地（Alford et al.，2016）。

在公共部门中存在着多种类型的问责。贝恩（Behn，2001，2014）将问责划分为三种：财务问责、公平问责和绩效问责（p.6）。财务问责是一种较为原始的问责形式，从历史的角度看，"问责"一词与"会计"有着明显的联系。财务问责在政府中一直处于重要的地位且简单明了，正如贝恩（Behn，2001，p.8）所言：

> 所有公共部门的管理者和雇员都被赋予了某种非常有价值的东西：纳税人的钱。他们有责任、有义务合理地使用这些钱。他们应该对此负责，否则，应受到惩罚。

财务问责在历史上出现最早，且始终处于较为重要的位置，因为那些不能在特定类型的政府支出中获得收益的纳税人，更加关心他们的钱是否被浪费。

贝恩（Behn，2001，p.9）提出的第二种问责——公平问责，也是简明易懂的：

> 所有公共部门的管理者和雇员都被赋予了某种非常有价值的东西——保证公平承诺的实现。因此，他们有责任绝对公平地对待所有公民。他们应该为此负责，否则，应受到惩罚。

公平问责还包括权力不被滥用，因此就必须制定防止权力滥用的规则和程序。

第三种问责是绩效问责，即公共目标的实现。贝恩（Behn，2001，p.10）做了如下阐释：

> 为了让公共部门对其绩效负责，我们必须确立公共部门的产出、成就、影响的预期。但我们不能通过制定规则、程序和标准来这么做。为了确定公共机构预期的绩效水平，我们需要阐明目标和目的——一个明晰的绩效标杆。我们亦需要一个明确的尺度去测量公共机构达成预期绩效的程度。

绩效问责一直饱受争议。现在为机构和个人设定绩效标准是很正常的，尽管在政府部门这样做并不容易。但基本的原则导向无疑是正确的。问责必须包括公共部门提供什么公共物品以及如何有效地供给。传统行政模式下的问责机制对这些方面几乎不感兴趣，这是因为深陷于程序、过程、财政和法律问责的桎梏中，而忽视了对现实结果的关注。

实践中，要同时履行这三种问责是不可能的。它们甚至是相互矛盾的，因为如果让管理者遵从财务和公平问责的规范就很难实现绩效问责（Behn，2001，pp. 28-30）。

罗姆泽克（Romzek，1998，2000）主张存在四种问责关系类型：层级问责、法律问责、政治问责和职业问责。这是一个颇有益处的划分，尤其是在公共部门变革的背景下。如知识卡片7-1所述。

知识卡片 7-1

问责关系

1. **层级问责。**层级关系有赖于监督和组织指令，包括程序标准作业流程、雇员绩效问责标准。服从是期望的行为。
2. **法律问责。**法律问责关系强调服从外部期望或绩效指标，以及严格的审查和监督，以使雇员对其绩效负责。
3. **政治问责。**政治问责是使重要的外部利益集团、民选官员、顾客，以及其他相关机构感到满意的一种问责形式。这种形式的问责关系强调行政行为是否充分地回应了其外部顾客的期望。
4. **职业问责。**职业问责强调强化专业技能的职责以及对专业技能的尊崇。绩效指标建立在专业规范之上，并且这些指标在类似行业或工作组织中已经达成了共识性协定，且被广泛应用。

资料来源：Romzek，2000.

罗姆泽克的四种问责关系可能会同时存在于一个组织当中。同一个行为主体"可能在不同的时间面临不同的问责关系。在一些情境下，强调行为主体的服从性，而在另一些情境下，又强调对专业知识、法律规范以及回应力的遵从"（Romzek，2000，p. 29）。

极为重要的一点是，传统的问责强调层级问责和法律问责。因为在官僚体制中，行政官员拥有很少的自主权，而另外两种问责关系——政治问责和职业问责，需要更高水平的自主权。罗姆泽克认为，公共部门的改革要努力打破对规则和程序的过度依赖，并转向打造具有更多的自由裁量权的、灵活的和充满企业家精神的政府。这种变革"体现了从强调层级问责和法律问责向重视职业问责和政治问责的转变"（Romzek，2000，pp. 30-31）。也许还有其他未被重视的问责类型，但其并非关键。罗姆泽克也严厉地发出警告，若在政府改革的进程中，问责关系的调整出现故障，这将降低改革措施顺利执行的可能性。

7.6 管理问责

公共部门改革的一个重要原因在于社会甚至政府自身认识到,在传统行政模式下存在着问责的失灵。避免出现尴尬的错误和采用积极的激励措施去提高效率绝不是一回事。所谓的管理主义的问责模式包含了很多变革。

传统的问责依赖于层级结构所提供的正式联系。管理主义模式下的问责更具灵活性和政治性。这一点在美国的体制中也许表现得更为明显,其公共部门中的各个行政机构之间除了正式的联系之外,通常还有非正式的、间接的联系,并以显著不同于传统模式中的方式运行着。在正式模式中,总统牢牢地控制着各个部门。但在现实中,行政部门的经费甚至其未来发展都依赖于国会,并且其行动范围也要受到司法的限制。在这种模式下,问责并不是组织图中规定的那种非常严格的问责类型。所有行政部门首脑的一个任务就是在问责范围内积极做好本职工作(Moore,1995),从而维护自身行为的政治支持。虽然这一问题并不容易被察觉,但是在议会制国家同样的问题正在出现。官僚制组织的相对开放性以及信息获取的便捷性意味着一种不同的问责在发挥作用。问责存在于官僚组织与其顾客、管理者、政治领导人的关系处理过程中,并且最终官僚组织会直接向全体公民负责——尽管这一点可能会引起很大的争议。

公共部门改革已经显现出其强化问责的改革目标。早在20世纪60年代末期的《富尔顿报告》就主张"在政府内部界定和建立起一些问责单元,在这些问责单元中,产出能够尽可能被客观地加以考核,并且问责单元中的个人能够以个人名义对自己的行为负责"(Fulton,1968,p.51)。虽然富尔顿的主张未能给问责带来明显的改善,但其却提出了一个让之后的改革重新加以审视的重要议题。

建立一个更为优越的问责体系的明确目标是推动20世纪80年代撒切尔政府财政改革的主要动机。尤其是"一些部长渴望掌控自己的部门:保证公务员向议会负责的行为实际上表现为向他们负责"(Carter et al.,1992,p.17)。

管理主义视角下的问责机制将面对公众的直接问责纳入问责体系中。政治问责依然存在,但管理主义的问责机制强调在结果上应对政治官员、公众,尤其是顾客负更大的责任。如今很少有从消极层面强调规避错误的做法了。管理系统的目标是贯彻执行政府的计划,而该计划的成本是看得见的,并且与产出相关。当公务员开始参与政策制定并监督实现目标的过程时,他们将变得富有管理主义精神,同时也要承担政治问责。虽然在规划愿景和确立目标的过程中,政治领导人毫无疑问地扮演着主要角色——战略领导,但官僚组织自身亦被要求致力于目标的实现。正如贝恩(Behn,2001,pp.210-211)所言:

> 我们需要接受的是,问责不仅包括财务问责和公平问责,更包括绩效问责。传统的层级问责对保障财务问责和公平问责卓有成效。它甚至也对让个人和单位为其行为结果负责起到若干作用。然而,在非层级制的协作组织中,它

便失去了意义。因此，我们需要一种新型的关于问责的心智模式，我们需要从一种线性的、等级制的、单一指挥的、主仆式问责的模糊观念转向一种交互的、集体式问责的明晰观念。而且，我们必须同时做好以下两方面的工作：一方面，实现问责重心从财务问责和公平问责向财务问责、公平问责和绩效问责的转变；另一方面，重新反思问责的内涵。

在管理主义体制下，政治领导人仍然希望取得良好成效，但是这将在咨询人员和官僚组织的协助下实现。政治官员和公务员的身份分化将趋于模糊，这一事实在美国已经存在很多年了。在美国，任命政治官员担任行政职务或为应对某一行政部门政治功能的外部化而将其部门首长变成政治人物的情况已不足为奇。如果能够明确区分政治任命和职业任命之间的界限，这种传统模式也许能够促使问责机制的完善，并广泛运用于其他地区。

管理主义模式的问责体系的另一改变就是改善公共部门与顾客之间的关系。在传统模式下，政治领导人是实现问责的唯一渠道。现在，官僚组织与公众有了更为直接的联系。这种联系或是双方间的咨询性活动，或是与利益集团进行互动，或是机构认识到它需要得到利害关系人的支持和同意。公共管理者正尝试将其与顾客的关系作为日常管理职责的一部分，试图发现直接的问责渠道，通过这种渠道，行政机构自身负责与顾客的交往并改善服务。公共部门中的顾客角色日益趋同于私营部门中的顾客角色，尽管在公共部门背景下，"客户"一词需要在付费客户、受益人或义务人之间进行具体划分（Alford，2009）。

传统公共管理模式并不特别强调官僚机构的回应性，因为它的重点是内部。但是对管理主义问责的思考改变了这一点，并反过来导致了官僚体制内部的变革。问责的改善需要可测量的绩效和足够的顾客回应度。事实上，公共管理个体已开始将培育良好的顾客关系作为其行为的重要部分。正式的官僚制模式并不允许公务员在处理外部团体关系或改善回应力方面发挥作用。然而，公共管理却允许，甚至是要求公务员与外部环境进行互动交流，并致力于发展一种更为积极、直接的问责。

可问责的管理

管理主义途径的基本目标就是实现目标、改善对顾客的回应度、注重成本和收益、有效利用稀缺资源，而非遵守规定和程序。让管理者进行管理意味着他们将承担更为直接的问责。如果给予管理者一定的资源让其执行特定的任务，且其自身对结果负有责任，那么这一既定任务是否达成就显而易见了。

负责任的管理不仅仅是将一项任务委派给管理者。问责管理的运用包括三个部分。第一，通过更加明确地厘清政府内各部门的实际工作范围来改进问责。这就意味着目标的实现与否将是非常明确的。赞同这种做法的人认为，这样可以为组织目标的实现提供激励因素，从而有助于改善管理。

第二，将个人问责从组织问责中分离出来。管理者顾名思义就是对目标的实现承担**个人**责任的人。通常，这被视为需要某种形式的合同安排，以便为管理者指明工作目标。当事情出了问题时，基本原则应该是"如果最高级别的人参与或应该参与，就应该被问责"，特别是针对系统性问题，而不是孤立的情况（OECD, 1998a, p.54），通过这种方式，高级管理人员将负责任，但不是不公平或不合理的。

任何在职的政府官员在面临不愿执行的任务时，都可以辞职。如果坦率和无畏的建议没有被接受，退出总是可能的，尽管面临很大的个人代价。下面是一个坦率无畏，向当权者讲真话的例子，一个在英国脱欧公投结束之后可以根据自己的良知行事的例子。伊万·罗杰斯爵士在一封员工邮件中提到，他辞去了英国驻欧盟大使一职（*BBC News*, 4 January 2017）：

> 我希望你们继续挑战毫无根据的论点和混乱的思想，你们永远不会害怕向掌权者说出真相。我希望你们能在那些困难的时刻互相支持，你们必须传递那些逆耳的忠言。我希望你们会继续对别人的观点感兴趣，即使你们不同意他们的观点，并理解为什么别人会以那样的方式行动和思考。

伊万爵士个人认为，英国脱欧谈判将需要10年时间，并且可能也不会取得什么进展，所以他选择了退出。同样有趣的是，他提到了毫无根据的论点和混乱的思维，这些都应该受到挑战。

第三，问责形式表现为一种回溯性问责。传统模式通常都有一些问责追溯机制，尤其是对财务廉洁的控制。贝恩（Behn, 2001）指出，建立起一套类似的绩效追溯问责是极具可能性的（p.105）：

> 创立一种追溯机制来建构民主的绩效问责，利用现有的问责追溯机制来建构民主的财务问责，而为了回应"公平"所提出的新需求，看起来似乎也很容易，即做到信任但不迷信。

这种信任观念值得进行更加广泛的思考。给予管理者一定的信任是必要的，赋予他们一项任务，就让其贯彻实施，理论上无须太多严密的监督。对已完成的工作进行事后检查，并不意味着对管理者不信任。当然，还存在一种可选途径，那就是像在传统官僚制中一样，构建越来越多的详尽的规范、制度和程序，从而使管理者仅仅像一台机器一样遵从规则行事。

信任也是一种职业特征，福山（Fukuyama, 1995），认为，遵守规则的人和职业人士之间是有区别的，"所谓职业是指一种高信任度的、几乎没有限制的工作"（p.223）：

> 调节越来越广泛的社会关系的规则过度增加并超过一定限度，不是其理性效能的体现，而是社会职能失调的标志。通常情况下，规则和信任之间成反比关系——人们越是依靠规则来调节相互之间的关系，他们之间就越是缺少信任；反之亦然。

既然公共管理是一种职业，它需要的是更多的信任，而不是细枝末节的规则，那么就应该允许管理者追求他们的目标。但出于问责的考虑，审核是必不可少的，即做到像福山所说的"信任但不迷信"。方案评估和制度化咨询的广泛应用促进了这种问责要求的建立。人们相信公共管理者将致力于结果的实现并对此负有正式责任，但对所取得的结果进行考查审核亦是必需的。问责应该使信任关系成为可能，而不是取代它（Warren，2014，p.45）。

管理主义可能会进一步强化问责。无论是组织还是个人的问责都可能得到改善，因为委托人（政治官员和公众）了解代理人（公务员）更加详尽的信息，而代理人必须对他们的行为和结果负责。管理主义改革旨在构建一个更为透明的官僚组织，因而某些特定项目的结果应该比之前有着更为清晰的揭示。当然，在改革的进程中一些问题或潜在的问责问题仍然存在。

7.7 腐败的问题

任何地方的政府官员都有实权，可以控制和产生大量的金钱。对官员们来说，将其中的一部分收入用于除工资外的个人敛财，有时只是一步之遥。腐败是指涉及政府的某种渎职行为。《新简明牛津词典》中，与之相关的含义是：因贿赂等原因而歪曲（特别是官员或公职人员）履行职责或工作时的诚信。腐败就是利用公职谋取私利（Campos and Bhargava，2007，p.9）。

更确切地说，腐败应被视为一种问责的失败。腐败会导致人们对政府的冷嘲热讽，也会破坏统治者和被统治者之间的联系。所有社会都存在腐败：公然的欺诈、供应商回扣、资金转移和不道德行为在许多地方都有出现（deLeon，1993）。尽管可能发生文化或国家腐败，但腐败更倾向于在不同国家政府内部的个体职位之中发生。正如罗斯－阿克曼（Rose-Ackerman，1999）所指出的，自利是一种"普遍的人类动因"（p.2）。如果自利是普遍的，那么就应该假定腐败的倾向也是普遍的。

人们提到的治理腐败的标准方法是：第一，找到犯罪分子并起诉；第二，努力推行鼓励问责的透明的政治结构理念。虽然这些会有一定用处和价值，但还远远不够。马尼恩认为贪污贿赂可以用两个主要的策略来减少：执法和制度建设，并结合教育策略来增加腐败的"精神成本"。正如马尼恩（Manion，2004，pp.16-17）所言：

> 执法策略通过增加腐败官员和他们的同伙在社会上被发现的可能性和对腐败行为进行相应的惩罚来减少腐败。执法策略增加了投入监督和侦查的资源，加大了对腐败的惩处力度。反腐败改革通过制度设计重组交易来减少腐败的动机和机会。

特别是对于那些有审批权和许可权的政府部门，政府可能会完全地退出此领域，并且使得诸如场外赌马这样会滋生腐败的活动合法化。马尼恩也提出需要重组官僚机构，这样"不同的政府官员可以提供相同的公共服务"（Manion，2004，p.17）。同时，这样的做法还涉及如政府内部招标采购，以及类似这样的满足政府各部门所需的事务。

那些被认为腐败程度较低的社会，是指其管理系统的组织方式使腐败更容易被发现，而不是本质上腐败程度低。罗斯-阿克曼认为：

> 改革不应局限于建立廉洁制度。相反，从根本上改变政府的运行方式应该是改革议程的核心。主要目标应该是减少支付和接受贿赂的潜在诱因，而不是加强事后控制系统。(Rose-Ackerman，1999，p.5)

在设计管理系统时，必须假定政府官员会腐败，除非系统设计本身要么可以阻止腐败，要么将腐败成本提高至较高程度，以至这种行为不太可能发生。最常见的腐败是投机取巧行为，它们源于一些人看到了制度的漏洞，换句话说就是一种行政失灵。如果支付系统、招标规则、人事任免以及预算和会计制度——所有政府官僚系统运转的方式，都以职员一旦有机会就会在行政运作中腐败这个假设为前提设计，那么就可以实现更好的结果。

在中国香港，廉政公署的职员会参与政府项目的设计，"全程参与最初的程序、政策、法律的设计"，"廉政公署的职员在设计过程中提出了他们的专业知识和担忧：潜在的腐败"（Manion，2004，p.52）。除此之外，廉政公署被赋予侦查和对管理制度与实践建议的权力，但这些不一定只针对非法活动。即便有更多的关于腐败的执法和社区教育，但在项目设计时，让反腐败官员参加项目设计并提出预防腐败的方案可以极大地减少腐败的发生。纪律监察部门，拥有很多在会计、工程、系统分析及政府行政等领域有着丰富经验的工作人员，他们会针对如何消除公共部门和私营部门的系统程序中所存在的腐败机会提供良好的建议（de Speville，1997，p.31）。

即使调查和起诉部门是反腐败活动的主要部门，拥有额外的行政调查部门也会增加另一个防控手段。香港廉政公署在调查、预防和教育三部分战略上，确实堪称典范。一般的观点是，公共管理制度及其设计确实需要进一步加以审查，以减少发生腐败的机会。机会主义的腐败可以通过更好的管理来解决，即更好的公共管理。造成一个社会与另一个社会腐败程度差异的唯一因素，不是文化，也不是行为，也不是其他的规范，而是管理制度的质量。

7.8 管理的改革与问责

管理模式取向的改革导致了问责的重大变革。这是否意味着政治问责的弱化，对此仍存在争议，但是它似乎体现了对传统问责形式某种程度的摒弃。如果公共管理者对其自身目标的实现承担责任，这可能弱化政治问责。如果公务员要承担管理的责任，这不就意味着政治领导人的问责减少了吗？

波利特和鲍克特（Pollitt and Bouckaert，2004）指出，政治领导人在让公共管理者为目标实现承担责任的过程中会表现得相当"狡猾"。政治领导人虽然会赋予公共管理者一定的自主权，"但与此同时他们却经常保留介入权，从而通过质问、集体调查、流程重组以及其他一些危机管理的方法来挽救那些在公众眼里已经变得异常糟糕的局势"(Pollitt and Bouckaert, 2004, p.147)。如此这样，政客们将不再考虑责任问题，即为他们的行为负责，因为他们随时都可以将责任转嫁到公务员身上。或许传统问责也会严重削弱，导致整个公共管理改革计划必然失败。

第一个需要直面的问题就是新型问责形式和民主的关系。正如米诺格(Minogue, 1998, p.17)所言：

> 现代公共行政不仅注重效率，而且强调民主参与、问责和授权。因此，高效政府和问责政府这两个议题之间一直存在着紧张的关系。相应地，将人民视为消费者（体现为政府和市场的关系）与将人民视为公民（体现为国家和社会的关系）两种观念之间亦存在着紧张关系。

或许如米诺格认为的那样，存在着某种紧张关系。然而，他没有明确指出的是公共管理模式面临着比先前更糟糕的政治问责。而现在，管理者开始对他们的所作所为负有更多的责任，而非仅仅由部长承担那些很容易被规避了的政治问责(Hondeghem, 1998)。

第二个值得注意的问题是问责可能更多地通过市场机制而非民主制度来实现。正如彼得斯认为的，"问责一词不仅意味着向部长、议会并最终向人民负责，其越来越多地意味着一种市场导向的问责"(Peters, 1996, p.43)。如今，政府部门被要求详细说明目标达成共识的过程，这一点和传统模式有所不同，但这个变化似乎并不具有革命性。公共支出是传统问责最重要的部分。任何部门如果不能说出行动的原因及执行方法，那么它就是不负责任的。如果将问责置于市场机制下，那它就应该包含绩效报告，这将强化问责而不是削弱问责。过去，不同的政府部门利用不同的机制逃避问责，但任何组织——公共部门或私营部门，都肩负有一个义务：通过实现目标来证明自身存在的合理性，这似乎并不成问题。

第三个问题，人们通常认为，"治理指的是自组织的、组织间的网络"(Rhodes, 1996)。因此，如果决策方案在治理网络内执行，这些网络的问责可能会有问题(Klijn and Koppenjan, 2000, 2014)。正如福山(Fukuyama, 2016, p.99)所言：

> 在传统的科层政府中，如果一个代理行为腐败或对政策失败负责，就会有一个既明确又正式的问责链条，如此可以确保问题得到解决。然而，在一个公共政策是由一群相互平行（或者甚至是相互交叉）、神秘的网络参与者执行的世界里，问责是如何运作的还不是很清楚。

如果一个治理网络有政府的参与或支持，哪怕政府在治理网络中所占的比例很有限，那么一个正常的问责体系仍然是可以存在的。但是，如果治理本身已经成为一个网络，那么它可能根本就不需要对更广泛的公众负责。

第四个相关问题是，来自私营部门的管理主义问责模式可能会引发一系列的问题，即使私营部门被认为是问责制的最佳实践。如前所述，私营部门的确存在诸多的问责问题，而公共部门对私营部门问责的迁移应用必然也会带来一些显著的问题。我们不能想当然地认为私营部门的问责天生就好，而是需要对两者进行个案比较。在某些情境下，公共部门比私营部门更负责，而在另一些情境下，私营部门则显得更负责任。

第五个问题是官僚组织可能在管理主义的改革中获得实质性的权力。在与官僚组织互动的过程中，公民面对的是一个庞然大物，它拥有全面的技术和法律力量，公民仅仅是这个过程中的一个微不足道的参与者。在这种情况下，公民占优势的可能性微乎其微。另外，尽管偶有偏差，但如果官僚组织不向任何人负责，那它就不会占据主导地位。实际上，近年来官僚组织的权力越来越小了，但与此同时，官僚制组织正向透明型政府和问责型政府转变，这有可能使大量必须与官僚组织打交道的个人的状况得到改善。从理论上讲，民主制国家中的公民拥有一个令人羡慕的公共问责或职责体系，但是在实践中，问责并非运行得向理论假设的那样完美。然而，与传统模式相比，公共管理模式中的问责似乎没有被削弱。如果说在传统模式下公民的权利相对较小的话，那么现在，这一情况是否恶化仍有待观察。

最后一个可能的问题是，尽管传统的问责机制已经被摒弃，但是仍然没有一个适当的问责机制来替代它。波利特和鲍克特认为，"在英国——也包括其他受到威斯敏斯特制度影响的国家——新公共管理对传统的公共问责观点所加注的额外的压力并没有促使一种适应新情境的、清晰系统的问责学说产生"（Pollitt and Bouckaert, 2000, pp.138-139）。这一主张有着深刻意义。虽然政治家还没有构想出新的问责模式，但问责管理的观念正在逐步形成。问责管理可能不像想象的那样公平，因为管理者可能由于不作为而被解雇，或者是由于一个他们根本无法控制的系统性问题中的特定部分而受到指责。

至今人们讨论的问责问题更多的是可能存在的问题，而非实际存在的问题。人们可能担忧改革会使问责体系变得更糟糕，但这种担忧缺乏一个足够的理由来证明，在一个更趋向于管理主义的公共部门中存在的问责比在传统行政模式中存在的问责要少。公共管理人员必须运用他们的判断力，正如奥尔森（Olsen, 2013, p.465）所言：

> 行政人员必须解读政治决定和法律文件，并制定切实可行的解决办法。他们不能仅仅作为民选领导人的马前卒或者替罪羊。他们在现实中面临着各种各样的压力。而公共行政的合法性取决于他们是否有能力在特定情况下调和相互矛盾，以及针对特殊情况下的特殊问题，向多元利益相关方进行有效问责。

官僚机构并不是从旧体制下的问责退化到新体制下的不问责。在新体制下，有许多问责途径，除体制内的问责机构外，还包括一些外部的机构，如媒体和法院等。另外，也许某种低劣的、不现实的传统问责正在被另一种形式所取代。而问责体系最大的变革充其量在于从强调诸多问责之间的协调一致性转变为基于结果导向的问责。

7.9　结论

问责是联结行政部门与政治系统的重要纽带。传统的问责和职责机制尽管受到称赞，但还有许多有待改进之处。政府与其行政相分离——政治-行政二分法，总是幼稚而又不切实际的，而由此衍生出的问责亦是如此。"把政治和行政截然分开（如果不是有意识的）使得问责模糊不清"（Behn，2001，p. 115）。

在传统模式中，政治问责是一个复杂而模糊的系统，它所带来的问题远远多于所能解决的问题。在人们熟知的制度中，从理论上讲，投票行为是公众促使政府对其负责的全部工具。虽然政治问责运行的具体细节还有许多有待改进之处，但也没有证据表明这种问责会被削弱，即使这种问责机制显得太过不成体系和生僻，并且也无法确保良好的绩效。

政治官员是政策制定者，公务员仅仅是简单地执行政策，基于这种劳动分工，问责就会得到良好的保障——全面抛弃这种曾经极为盛行的观念是尤为必要的。如果认为管理者是问责人，那么至少会有一些人承担这样的职位。

人们关心问责是有理由的，但是，在问责和绩效之间也需要平衡。问责的好坏是**相对的**。并不存在一个完美无缺的问责机制来替代先前的问责机制。如罗姆泽克（Romzek，1998）所言，"淡化投入和过程，强调结果和产出，并非意味着政府管理者要或多或少地承担起责任"。它实际上意味着"应该崇尚一种与众不同的问责关系模式——具有企业家精神的管理者、更多的自由裁量权、日常工作的员工授权，以及对关键的利害关系人和顾客更高的回应性"（Romzek，1998，pp. 215－216）。传统的行政模式提供了一种政治问责，即使这是一种非直接的、不能令人满意的问责形式，从结果的意义上看，没有体现管理问责。公共管理的改革使得政府对顾客负有直接的责任，并且提升了结果的回应性和透明性，因而管理问责的改善可能会弥补政治问责的弱化。

一个较为现实的方法是采用"问责管理"——一种与私营部门相类似的方法，公共管理者应为自己的行为及其所属部门的行为负责。他们不能声称所有的行动都应是政治官员负责而否认他们自己的职责。一种新的问责正在形成，在这种问责中，官僚制组织、顾客、立法机关、媒体和个人之间的关系是直接现实的，而不必总是通过政治官员。新型的问责机制日益重视产出和对产出的测量，因此远远优于传统行政模式下的问责。

可问责的管理意味着无论是公务员还是政治官员，都必须对自己的所作所为负责。诚然，如前所述，管理的含义就是管理者组织资源去实现结果的过程。公务员是公共纳税人的雇佣者，作为代理人，其应该履行特定的职能、满足公众的需求，并且对他们的委托人负责。

第 8 章

利害关系人和外部环境

本章内容

- 引言
- 外部关注的必要性
- 传统模式下的外部关系
- 作为一种管理职能的外部关系
- 利益集团与政策社群
- 网络
- 协作与合作生产
- 问责问题
- 对于利益集团的依赖
- 结论

8.1 引言

传统的公共行政模式转变为公共管理的一个重要内容在于，人们在组织控制之外，对组织产生重要影响的事务给予了额外的关注。如前所述，对外部环境的重新关注，意味着要关注战略，关注组织所处环境中的威胁和机会。同时，也要求直接处理组织与外部个人和机构之间的关系，以及如何管理这些关系。管理者的一个主要职责是力求控制组织环境，或者至少是尽可能改善那些对组织使命和目标造成冲击的因素。外部环境对组织来说具有重要的影响力，所有管理者都需将其纳入管理职责范围之内。

如今对于利害关系人和其他一些外部成分的管理方式完全不同于在传统公共行政模式下的方式。这其中的差别在于以下两方面：首先，官僚组织内部产生了管理外部关系的真实需要，这不同于狭隘地关注组织内部事务的传统模式。其次，人们认为利益集团——最为重要的外部行动者——在政策和行政的管理过程中发挥着更大的、积极的作用。如今，官僚组织和利益集团间的关系更为紧密，甚至达到了同生共存的程度。与对利益集团根本上持否定态度并保持一定距离的传统体制相比，这一关系的形成在公共部门管理方面有着更为现实和积极的发展。

随着管理主义改革的推行，外部团体参与实现共同目标的机会更大。在过去，大多数的情况是传统的官僚机构与利害关系人进行协商，然后做出决定，而如今与外部世界进行实际的协作成为公共管理者的日常工作。早期的管理改革也趋向于认为外部因素是无足轻重的。但是，最近"各种各样的合作生产频繁出现在政府的议程当中"（Alford, 2009）。一旦人们普遍认为，正如传统模式或早期管理主义所假设的那样，没有"唯一的最佳方式"来实现结果（Alford and Hughes, 2008），公共管理者就可以在客户和公民更普遍的帮助和积极参与下，找到解决公共问题的好的、可行的方案。如果利益相关者参与进来，这样的解决方案将更有可能被更广泛的社区接受，并且持续时间更长，而不是官僚机构自己强加的解决方案。

8.2 外部关注的必要性

任何组织都需要关注外部世界，因为在那里可以发现组织所处的环境，以及所面临的机遇和挑战。对于公共组织而言，情况尤其如此，因为它们受外部团体的影响远远大于私营部门。公共项目的透明度更高，它们属于全体公民而并非只属于直接的消费者。公共服务的使用者和纳税人感到对政府的所有活动拥有某种程度的所有权。例如，政府对于艺术的赞助是给予艺术界明显而又直接的利益，但是，这种赞助可能和那些对艺术不感兴趣的纳税人有关系，并且他们会对以这种方式来使用他们的金钱感到不满。这种广泛的利益意味着，公共部门受到新闻媒体和公众监督的程度要高于私营部门。

公共部门甚至不能控制它自己的资源和目标，正如威尔逊（Wilson, 1989, p.115）所言：

> 政府机构的实际情况在如下方面比私人官僚组织有过之而无不及：(1) 不能合法地保留组织的收益并将其作为组织成员的私人利益；(2) 不能按组织行政人员的偏好配置生产要素；(3) 政府服务的目标不是由政府选择的。对国家税收、生产要素甚至机构目标的控制权在很大程度上均属于组织外部的立法机关、法院、政治官员和利益集团等实体组织。

因为公共组织是在某些阶段经由政治过程来创立的，要承担公共的责任，所以对其加以额外的监督并不令人感到惊奇。由于公共组织为公众所拥有，它们通常受到来自公众和媒体的公开监督。外部的政治限制和高度的责任意味着应该更加关注外部要素，以便了解其外部环境，并对各种限制实施管理。

公共组织的确需要处理与外部组织的关系，需要制定和执行相关程序。简言之，处理与外部要素关系的过程是管理的一项职能。在艾利森模式中（Allison，1982，p.17），"管理外部要素"是一般管理职能的一部分，它包括：（1）处理与其具有相同业务性质的外部单位之间的关系或者对此类外部组织的部分加以整合协调；（2）处理与独立组织的关系，如政府其他部门、企业和利益集团等；（3）处理与新闻媒体和公众的关系。

第一种职能从本质上讲是协调性的，它关注对具有同样职权组织行为进行协调的管理过程。同一组织的不同部门需要处理相互之间的关系，而且视对方为竞争对手。第二种职能是处理与那些处于机构的控制之外的组织关系，这些组织能够以某种方式对机构的运行产生影响。这些组织的范围甚广，包括政府的其他部门和其他政府、其他层级的政府，甚至是其他国家的政府，以及个人和利益集团。第三种职能是处理与新闻媒体和公众的关系，从严格意义上讲，这是一个公共关系问题。该职能是一项常规性的组织任务，尽管公共部门的环境可能使它比私营部门的大多数公共关系更难处理。

所有这些职能都向公共部门提出了挑战。目前，外部环境的管理包括服务供给、消费者主权的发起和顾客"授权"。这些都与传统行政模式中的外部关系形成了对照。随着传统公共行政模式的衰落，处理外部关系对于公共组织而言越来越重要。甚至可以说，传统模式在对待外部环境关系上的失败是其走向衰落的一个重要原因。

8.3　传统模式下的外部关系

在传统行政模式中，并不认为外部关系极其重要，其关注的焦点是组织内部的架构和运行流程。由于存在政治事务和行政事务的严格分离，应对外部环境这一职能通常是由政治官员来承担。所有处理与新闻媒体、公众、利益集团和其他组织关系的任务都超出了公务员的职责范围。个体的公务员被认为处于匿名状态，他们不能也不愿以部门代表和政策制定者的身份出现，更不用说其在公众眼中对机构和政策拥有控制权了。同样，政治中立的观点也意味着，由于害怕成为"政治人物"，公务员对外部关系的关注受到限制，在这种环境中，公务员十分乐意对政治官员唯命是从。

在美国，政策与行政的严格分离还没有达到与议会制国家政治体系相同的程度，但政治官员和行政官员之间的劳动分工却是极为相似的。美国的机构通常较为开放，一个美国机构预算成功与否取决于它与外部团体——如国会及其委员会、新闻媒体和公众——的关系处理得怎么样。然而，在美国，大多数外联工作不是由职业公务员从事的。从事这些工作的通常是经过政治任命进入官僚制组织中的人，他们与某一特定政府共进退。实际上，这是他们主要的目标。无论政治官员是处于官僚组织的内部还是外部，职业行政人员通常不能像他们一样处理相同广度的外部事务。

重新审视艾利森（Allison，1982）关于管理外部环境的观点，人们可能认为这三个方面的外部关系要么根本就没有得到处理，要么被处理得十分差劲。第一，协调的方式几乎完全是官僚式的。同一机构内部各部门之间的关系被假定是在组织图中所确定的，协调的方式是层级控制，并且由同一个权威机构实施。一切有关官僚政治的主张都被忽视，而且也很少关心将这些外部管理活动通过某种途径整合起来，使其构成整个组织具有普遍性共识的一般性职能。这是一种"政治性"职能，并不是那些被界定为只履行行政职能的公务员所要关心的事务。

第二，与独立组织的关系，包括与政府其他机构和不同层级政府间的关系，也被假定为是由政治领导人管理的。公共服务不能容忍利益集团的存在，与它们打交道是政治家的事情。这些利益集团往往采取游说策略支持或反对某些事情，尤其是意图从政府得到直接的资金补助时。但是这一切的事务都应该是政治官员所担心的，而不是公务员。

艾利森的第三个观点是有关处理与新闻媒体和公众关系的。官僚组织消极地对待新闻媒体与公众，与它们打交道也是政治家的事情。政府与新闻媒体、公众之间的关系更多地呈现为如何进行伤害控制，而非真正地试图告知和说服社会大众。在传统模式中，外部关系应对的其他方面也属于相当消极的一种，在那里公务员戒心十足地守护着任何只言片语的信息。由于存在这样的想法，难怪人们认为处理与外部世界的关系，尤其是与新闻媒体和公众之间的关系没有用处。一般而言，就像官僚组织所期望的那样，对外部环境的管理超出了公共行政者的兴趣和知识范围。严格的官僚制模式本质上是关注内部而无须获得外部协助。基于外部主体只能破坏官僚体制的理性运作程序这一观点，官僚组织被假定为通过审议、程序和惯例来寻求"最佳路径法"的答案。

虽然有关公共参与的讨论始于20世纪70年代，但是在传统的公共行政模式下，富有成效的外部参与是不被允许的。政治关系的应对是由政治官员负责实施的。公务员的注意力集中在指导组织内部的运作，对组织赖以生存的外部环境不加过问，对如何处理外部关系也不关心，认为这些是不重要的。他们关心的只是传统的对政治领导人的责任。

8.4 作为一种管理职能的外部关系

从传统的公共行政转向公共管理的一个重大的变化就是官僚机构自身能够也应该对外部环境实施管理。外部环境不应被看作威胁，而应视为给组织带来好处的事情。它甚至可能成为机构的一种无形资本。拒绝提供信息，或是采取限制性接触或联系的外部环境回应方式应该被替代，公共管理者应积极参与与外部利害关系人的互动。各种各样的外部力量已变得越来越重要，而且也占据了高级管理者越来越多的工作时间。政治官员现在要求在其名义控制之下的机构和公务员参与到他们自己的战略性事务中，而不是将这些战略性事务留给政治领导人。同样，处理与外部环境的关系这项职能也成为官僚组织的一个标志性变革，关注各种利害关系人以及机构的直接客户，已经成为公共管理者的常规工作。

第一，正如艾利森（Allison, 1982）所言，如今公务员把越来越多的精力放在外部关系的处理上，比如与政府的协调、独立组织的关系处理、媒体和公众的应对。部门或者机构的运作是通过战略管理过程实现的，是通过流向特定领域的资源实现的，这种观念的出现改善了协调。政府现在通常试图通过建立整体性政府的办法解决机构内部存在的问题。此外，应该把协作活动更准确地视为一种政治过程。官僚机构的不同党派或者不同政策的支持者围绕资源展开竞争，这样的官僚政治过程亦需要公共管理者和政治领导人的共同参与来进行管理。

第二，处理与独立组织之间的关系同样也是政治的过程，需要公务员的介入。处理各种各样关系的好坏决定着一个公共管理者是否优秀，是否善于处理政府部门之间以及与政府之外的组织的关系。无论从自己本身看，还是从利用外部力量作为赢得内部斗争胜利的方式看，与利益集团的关系都是十分重要的。利益集团和整体制度之间存在着一种双向关系，因为"要想作为有效的政治机构生存下来，它们必须提供其所依附的政治系统所需的服务，并因此为其自己和成员获得特定的利益和回报"（Pross, 1986, p.88）。私营企业、利益集团和其他政府全都卷入政治游戏中来，在这场政治游戏中，官僚政治的艺术水准毫不逊色于政党政治。新的环境要求公共管理者越来越多地投身于外部交易、谈判妥协、参与外交，以及一些并不是行使政府直接权威的公共事务领域（Hughes, 2013）。各个机构须经常协同工作，因为实际中的问题解决通常是跨机构的。

第三，公共管理者必须亲自处理与新闻媒体和公众的关系。现在对这些关系的管理被视为管理职能中极其重要的部分。正如艾利森（Allison, 1982）所指出的，管理者必须良好应对与新闻媒体和公众的关系，"他们的行动、赞同或默许是必需的"（p.17）。这一点至关重要。在传统的模式下，新闻媒体和公众的关系管理处于机构职能的边缘，其仅仅是一种行政执行性职能。因而，唯一与外部主体进行对话的政府内部人员却是行政官员早已给予指示和限定的人员。这在过去和现在都是不切实际的。机构需要新闻媒体，优秀的管理者也意识到了这点。当然，政府经常通过新闻办公室和宣传机构，甚至民意测验等一些类似的方法提出自己的主张，管理外部关系。重要的是公务员已经认识到参与这类政治游戏的重要性。在传统模式下可不是这样。

随着管理者承担以往基本上属于政治官员职能的工作，公务员的匿名性和中立性当然也有所减弱。现实是，许多公务员由于他们的观点而广为人知，他们在其权限内，与其他机构开展活动，建立联系，而不再仅仅是政治官员的执行工具。有时，他们甚至会因为其个人或党派的政治观点而受到公众的关注。公务员现在可以更为自由地公开发表意见，出席各种职业论坛，为各种刊物撰写文章，并且也渐渐成为显耀的公共活动家。

外部关系管理发生的另外一个变化就是对组织顾客关系投入了更多的精力。这是组织外部环境中较为特殊的一部分。为了使公共行政更具回应性，政府就需向外部顾客给予更多的关注。回应性公共行政和顾客导向给公共行政文化带来了挑战，因为在传统的官僚制下，政府在应对外部关系时总是显得尴尬局促。管理主义的方法使得政府以更加开放和专业的姿态去处理外部关系。如果"顾客导向"的观点能在政策过程的早期被加以考虑，那么公共行政过程的质量提升将具有明显的优势。

8.5 利益集团与政策社群

威尔逊（Wilson，1990）将利益集团界定为"这样一种组织：它们独立于政府之外，但经常又与政府有着密切的伙伴关系，并且试图影响公共政策"，这样，它们"在政府或国家与主要的社会部门之间提供了制度化的联系渠道"（p.1）。将利益集团定义为政府与社会之间的联结桥梁，这远远超越了20世纪大部分时间里对它们所持的否定性态度。当前，人们已经意识到利益集团的社会功能远远超过了简单地给政党或政府施加压力。

20世纪60年代，公众普遍将"压力集团参与政策制定这一过程视为非法的"，而"利益集团和公共部门的互动联系通常带有一种负罪感"。游说是造成此观点的原因之一。此外，"压力集团干预政策制定违反了公众对于民主政府的感观"（Pross，1986，p.53）。官僚机构亦同意这种观点。它们认为机构内部具有制定公共政策的所有相关专业技能，处理与外部环境的关系根本没有必要。

当下，处理与利益集团的关系被看作利害关系人和外部环境管理的重要部分，而利益集团参与政策制定和公共管理的重要性也与日俱增。利益集团越来越被视为于政策和管理过程而言至关重要，其作用已不仅仅是简单地对政党或政府施加压力。利益集团的确具备像普罗斯（Pross，1986，p.84）列举的那些"系统性的社会功能"：增进其成员和国家之间的沟通联系，促成其成员寄予国家的需求和其所拥护的公共政策合法化，规制其成员，有时会在国家政策和项目管理方面提供一些帮助。20世纪70年代后期和80年代针对利益集团功能发挥的讨论对于揭示在传统行政模式下政府处理外部关系的缺陷有所助益（Richardson and Jordan，1979；Pross，1986）。

公共部门现在的管理已经远远超出与利益集团一起工作的范围。利益集团不再被视为政府的绊脚石了，而日益成为政府拉拢和争取的外部对象。官僚机构政策的制定需依赖于利益集团，利益集团的需求或许会成为政府可加以利用的一项资源。在要求机构参与的政治游戏中，利益集团提供了资源，并且这些资源可以流向合理的方向。

自20世纪70年代后期，围绕"政策社群"议题的讨论越来越激烈，人们把活跃于政策领域的机构和利益集团视为政策过程的有效合作伙伴。这对政治过程是有意义的，正如理查森和乔丹（Richardson and Jordan, 1979, p. Ⅶ）所言：

> 人们所熟悉的政策研究框架——用以检验立法行为、政党和选举，并不足以解释关键问题是如何管理的。我们发现当前的公共政策的风格主要体现为平衡利益集团的压力。认为利益集团的角色仅仅是明确地表达在立法或政府机构内会"得到处理"的要求，这在过去或许是合理的。但现在利益集团密切地参与决策和执行过程，一种同生共存的关系已经建立起来。

官僚组织本身就可以被视为一种利益集团，因为这些官方组织和机构的运作与"常规的外部压力集团的运作行为极其相似"（Richardson and Jordan, 1979, p. 25）。利益集团可能成为政府部门的同盟者，尽管部长们和利益集团可能会在政策的一些细节问题上发生分歧，但是为政策争取到更多的资源的诉求是一致的。政治官员制定政策，或由政治官员和官僚组织联合制定政策并非必要之举，但是通过部分的政府执行机构和相关利益集团之间的互动来推动政策进程不失为一条可供替代的方法。正如理查森和乔丹（1979, pp. 73-74）所言：

> 由于实用主义的全面扩展，政府和利益集团之间的界限呈现模糊不清的趋势，我们所看到的是政策是由许许多多相互联系和相互渗透的组织共同制定和执行的。这是一种委员会、部门和组织中的政策社群之间的关系，是合作的关系，是寻找共识的过程。与考察政党意图、政治纲领以及议会的影响力相比，它能更好地解释政策的结果。

这一理论为政府内部实际发生了什么事情提供了更为现实的解释，也可以看作"政策制定网络"观念的发端。它同样可以解释政府从注重官僚组织本身到关注内部政治的转变。官僚组织中的特殊部门致力于壮大它们自身的利益集团，从而帮助它们在真正的政治战场中赢得胜利，也就是与其他人竞争资源。

普罗斯（Pross, 1986, 1992）认为，在加拿大，随着政党组织成员的减少以及政党的寡头化，政策议程的设定转向由外部利益集团主导。政治领域真正的竞争是政策社群之间的竞争，政策社群是"政治系统的一部分，依靠自己的职业责任、既得利益，以及专业化的知识技能，在某些特定的公共活动领域的政府决策中寻求话语的主导权。政策社群这一系列的功能已经渐渐地被社会广泛接受，而且公共机构也尤为偏好通过这种方式进行公共政策的决策"（Pross, 1986, p. 98）。政策社群由政府机构、压力集团、媒体人士和学者组成，在某一特殊政策领域具有共同利益（p. 98）。

根据普罗斯（Pross, 1986）的观点，政策社群的发展意味着官僚组织影响力的衰退，其对官僚制组织的运行产生了影响。现在，公职人员不得不在政策社群中寻求支持，即"赢得对某一政策领域中享有既得利益或明确关注该领域的其他政府机构、压力集团、企业、独立机构以及个人的支持"（p. 132）。公共部门不断认识到"顾客"的必要性以及将其有序地组织成一个团体的必要性。如果相关的利益集团缺失，公共部门很可能去培育它们。普罗斯亦认为，政策社群的发展"已经使参与的利益集团从有益的附庸转变为至关重要的盟友"（p. 243），公共机构和利益集团之间的关系比以往更加平等。最终，政策系统变得更加开放和富有活力。

另一个不同的观点认为利益集团和官僚制组织具有共同的利益，政府内部的机构可被看作外部利益集团的代表者，这与"现在几乎没有公共事务是在行政发言人完全缺席的情况下开展的"（Goodsell，1983，p. 138）是相一致的。在这种观点看来，公共机构一方面是官僚系统内其他机构的竞争者，另一方面又是外部某一集团的利益代表者。一个权利受到侵害的公民，可以找寻官僚系统内的恰当部门，之后通过参与特定利益集团，以使这一部门成为自身利益的代表者。古德塞尔（Goodsell，1983）认为，这种类型的官僚代表责任比政治系统的自身责任更佳。这是有关政策社群争论的进一步升级。当政治冲突的场域全部集中在官僚制组织内部机构时，便产生了一系列政治责任问题。当然，官僚系统内部机构之间的互相竞争代表着不同利益集团之间的竞争。

20世纪70年代末80年代初，一些主要的政策社群的理论家提出了他们的观点。尽管这些观点是有价值的，但在此之后，关于利益集团的作用以及其如何与政府进行互动，又出现了一些其他观点。政策社群的理论家似乎为新的政策来源的界定和执行方式实施的可能性开辟了一条道路，而与此同时，传统的政策制定路径已经变得奄奄一息。

8.6 网络

从上面的讨论中我们可以明显地看到，具有特殊利益的利益集团和政策社群会深层次地介入政策的制定过程，甚至是政策执行的细节。超越公共管理的运作模式，将网络构建作为一种更为长远的运作模式——对这一观点的讨论使得"网络"和"治理"应运而生（见第6章）。一种对网络的界定是："通过设定可测量的绩效目标，向各合作伙伴分配任务以及构建信息流等一些由政府主动采取的措施来实现公共目标"，其目标就是"最大限度地实现公共的价值，在没有协调的情况下最大限度地发挥单个个体的力量"（Goldsmith and Eggers，2004，p. 8）。虽然这一定义异常复杂，但它依然能够解释"协作"，甚至是"合作生产"。实际上，大多数讨论和许多现实中的例子都是有关协作的。

罗兹的观点走得更远，他声称："网络是与市场和官僚机构运作方式相同的一种治理结构，它是协调和资源配置的一种途径。"（Rhodes，1996；Bevir and Rhodes，2003）在利益集团和政策社群理论看来，政府是这一过程的参与者，并且接收信息，与利益集团开展相关工作，但是在由罗兹提出的网络理论视角下，网络本身已经成为一种治理结构。在这种结构下，政府或许是一个被动参与者，也许根本不会介入进来（见第6章）。

萨拉蒙（Salamon，2002）也指出，新的治理模式正在发生着从官僚机构内部的网络协作以及"关注依靠内部机构和方案执行向使用通用性工具来解决公共问题的转变，新型治理也在将注意力从关注机构的层级节制转向组织的网络"（p. 11）。

他还附言道（p.12）：

> 传统的公共行政注重于公共机构的内部运作——人事系统、预算程序、组织结构，以及体制的动态优化，这种方式对计划的成功实施已经变得不那么重要。但是，无论如何，机构内部的活力以及由第三方主导的外部关系是非常重要的。这些第三方包括地方政府、医院、大学、诊所、社区发展协会、行业协会、业主、商业银行，以及其他的第三方主体。这些组织在公共方案的实施领域与公共部门实现了责任共担。

萨拉蒙进一步解释说，网络治理不仅有别于传统的公共行政，而且与民营化和政府再造也存在着很大的区别。

政府越来越多地依靠其他行为主体来提供服务，并以其名义介入公共事务，在许多情境下，政府更多地扮演着合作伙伴的角色。这意味着"存在一种第三方政府的系统，在此系统中，公共权威为许多非政府的行为主体或其他政府的行为主体所分享。这通常出现在复杂的协作系统中，它有时不合常理，把有效管理和控制放在一边"（Salamon，2002，p.2）。第三方政府——一种新的治理模式——强调"借助与生俱来的协作品质和除了政府之外的第三方的广泛联盟来解决公共问题，追求公共利益"（p.8）。这种网络管理既有别于传统的公共行政，也异于新公共管理，它要求以一种新的技能去处理与外部合作者之间的关系。

明茨伯格（Mintzberg，2000）提出，在网络模式下，"政府被视为一个错综交互的系统，这个复杂的网络由各种临时性的关系联结而成，它们通过非正式渠道的沟通来解决其所面临的问题"（p.76）。但是，对非政府合作伙伴依赖性的凸显并不意味着政府的权力有任何的衰退。毋庸置疑，人们已经意识到一个正式的、理性的官僚制模式已经不再适用于实践的发展，而且让更多领域的行为主体参与公共事务有利于构建一个更好的政府。广泛的公共参与旨在让政府更加富有效能和效率，而不是将实质性权力拱手相让于外部行为主体。

8.7 协作与合作生产

传统公共行政服务的供给方法通常是基于官僚组织的自我决策来实现政府向公众提供公共服务的。在某些情况下，这种方式是适宜的，并且暗含的假设是权威的流动，是单向的"从官僚机构到其顾客的"。公共服务接受者在这一过程中根本没有发挥多大的作用。早期的管理主义改革也关注顾客和公民，但是仅仅局限于协商和参与。然而，随着公共部门改革进程的推进，更多积极的外部参与方式能够达到更好的效果。

协作是指各方积极协同工作，解决影响它们的问题。巴达克（Bardach，1998）将其定义为："两个或更多的机构的共同行动，旨在通过协同工作而非单打独斗的方式来增进公共的价值。"（p.8）虽然这一定义是有用的，但是也没有理由将协作主体仅仅局限在官僚机构内。实际上，协作式公共管理"可能包括参与式治理，公民积极地参与政府决策"（O'Leary et al., 2009, p. 3）。这些问题通常所涉范围狭窄，且协作更多的是一种短期行为。但是，有时涉及的问题又是长期的，并且需要一个更具战略性的方法加以解决。即使协作治理"本质上比层级节制的体制设置更不稳定、易破裂和独特"（Norris-Tyrell and Clay, 2010, p. 10），但是在早期阶段，公共管理仍然从协同工作中获益匪浅。

多纳休和泽克豪泽（Donahue and Zeckhauser, 2008）对不同的公共治理方式进行了系统的区分，他们将这一模式冠以"协同治理"的术语。他们认为一个单纯的服务签约合同仍然是政府掌有控制权，只不过志愿条款向捐赠者授予了所有的自由裁量权，但是在协同治理模式下，"每一个主体不仅具有选择目标实现手段的话语权，而且对目标本身的细节也具有相当的发言权"（p. 497）。多纳休和泽克豪泽指出，合作治理所取得的成效日趋显著。诚然，"创造公共价值的社会需求已经超越了单打独斗型政府的能力范围——在公共卫生、教育、环境保护、就业、社会福利，甚至是社会安全等领域，协同合作却强化了这些领域治理的有效性"（p. 522）。

协同治理与官僚的做法有着巨大的差异。协同治理强调"平等、适应性、自由裁量，以及结果导向的价值观，而官僚制思潮更偏好于层级节制、稳定、服从和过程导向"（Bardach, 1998, p. 232）。在协同治理中，个体可能设定的至善目标会通过这一方式达至预期，而开展这些活动的最佳途径就是进行个体联动，这又与标准的官僚做法存在着很大的差别，如巴达克所言（p. 268）：

> 人际协作是跨部门协作的切入点。如果跨部门协作被认为可以创造一种新价值，那么这一价值无疑将在参与者能够简便地、富有建设性地工作的前提下发挥更大、更好的功能。进行这些活动的一大障碍就是沉积已久的官僚制文化。其本质是与实用主义的精神相对立的，人际协作在很大程度上是基于人际信任的商谈过程。

处于不同机构的工作人员可能期望与其他人员共事合作，从而寻求更具现实意义的成效，但是这种协作治理打破了官僚制中常规化的工作方式。

合作生产是更进一步的供给方法。合作生产意味着在某些政府服务的提供过程中，公民成为积极的合作生产者，贡献时间、精力、信息，以及服从，从而实现组织的目标。奥尔福德（Alford, 2009, p. 23）对其做出了以下界定：

> 合作生产是任何政府外部机构所做出的一切积极性行为：
> - 与机构共同生产或者独立生产，但是政府机构也会通过某些措施加以推进；
> - 至少部分是基于自愿的；
> - 通过不同的产出或结果的形式，有意识或无意识地创造了私人或公共价值。

这一界定适用于所有类型的合作生产，无论它们是志愿者、顾客、其他政府机构、社区组织还是私人企业。

有些合作生产相对还是低层次的。例如公民至少可以自己填写报税单的一部分，这样政府机构就没有必要做这些事情。但是，在某些情境下，合作生产仍要求政府机构履行其根本的职能。正如奥尔福德（Alford，2009，p.3）所言：

> 在对事实犯罪行为进行处置的这一基本的工作过程中，警务人员须依赖于公民的检举、提供目击陈述，甚至在危急的关头需要临时的干预。从更为广阔的视角来看，犯罪预防依赖于家庭户主们对其家园的捍卫、安装警报、标记私人的物品，甚至是远远超越这些个体行为而投身于社区安全的维护中，从而使反社会行为的发生频率最小化，使社区良好运行。

这一协作方式适用于多数政府机构。社区中的许多公众都通过一种或多种途径来帮助政府实现其使命。以治安事务为例，实际上，如果公众参与缺失，一些政府机构有效地履行职能将会变得异常困难。

以上说明管理者需积极地和顾客、顾客群体以及广大的民众进行协同工作。"那些忽略他们顾客的管理者将失去潜在的重要能力和资源"（Alford，2009，p.3）。这就意味着公共职员的角色不只是简单地生产服务，他们亦扮演着"为其顾客的联合生产行为提供诱因动力"的额外角色（p.221）。而在这一过程中，公务人员需发展一种如奥尔福德所言的新技能（p.222）：

> 公务人员不仅是服务的供给者，而且也是鼓励顾客参与协作生产的激励者和推动者。这似乎要求部分公务人员具备新型的技能，如顾客沟通、谈判、劝说，以及咨询。

与协作一样，合作生产是结果导向管理的另外一种方法。合作生产不是唯一的方法，任何试图寻找最佳路径的做法只是一种幻想。正如奥尔福德所言，自20世纪80年代以来，公共管理的历史充满了各种各样的政府故事，政府官员试图寻求一种新的正统，即管理公共部门的"正确方式"，而非寻找一个"放之四海而皆准"的模式。我们需要采用不同的治理方法，而合作生产就是其中之一（Alford，2009，p.223）。

奥斯本等人（Osborne et al.，2013）认为大多数公共服务通过协作生产的方式提供出来是必然的，并且对于他们来说，基于产品制造或产品管理理论的管理主义有着致命的缺陷。随着技术变革，商品和服务及其管理之间的界限消失，这一主张以失败告终（见第12章）。

此外，尽管奥斯本等人（Osborne et al.，2013）声称，服务管理并不一定导致合作生产。但基于某种原因，合作生产可以出现在公私部门的商品和服务上（在一定程度上，可以区分两者都有哪些效用）。显然，合作生产的本质是关于产品的生产，即商品或服务的生产，正如埃莉诺·奥斯特罗姆的定义指出："所谓合作生产，指的是用于生产商品或服务的投入，来自不同组织中个体的贡献过程。"（Ostrom，1996，p.4；Alford，2014）显然，协作生产并不一定只适用于服务领域，即使它主要用于服务领域。正如奥尔福德所言：

为了证明传统服务管理的不足，笼统地宣称顾客始终是共同生产者，这"一刀切"的说法其实是没有必要的。如果它只适用于绝大多数客户，只要不是所有客户……那么这无疑为开展批判提供了充分的可能。

单纯因为效率，合作生产也能够发生。例如，如果一个客户填写了一个在线表单，那么他仅需要提供一次详细信息，同时处理审核所需的工作人员也相应变少了。无论是政府内部还是政府外部，合作生产都不是提供服务的必然结果，提供服务也不一定意味着合作生产。奥斯本等人（Osborne et al., 2013）提出的看似不言自明的条件，即服务管理导致合作生产，未免过于笼统。

8.8　问责问题

公共管理者对外部环境的过度关注或许会被视为不恰当的，因为它明显地背离传统的政治过程以及政治中立的职业服务观念。与之相反，公务员实际上还在行使权力，在政治中发挥作用，尽管在传统公共行政模式下，这样做是被否定的。在意识到了这种现状之后，管理模式为如何处理政治系统和公民的关系开了一剂现实主义的健康良方。

人们一直认为，与传统的公共行政模式不同，现在的公共管理者是所处部门或机构进行外部关系管理的积极参与者。当政治官员名义上为一切有关外部关系的问题负责时，至少还存在一个问责的对象，但是在出现上述变革的时候，责任系统便出现了裂缝。如果在处理外部关系时出现问题，那么无论是公务员还是政治官员都可以辩解这并不是他们的过错。此外，公共管理者在处理外部关系时，也同样存在一些重大的风险。虽然公务员已经认识到得到认同是有好处的，但这也是有代价的，那就是要承担个人的责任。与此相关的是政治问题，即公务员成为政党政治的一部分。

网络的问责是一个特殊的问题。凯特尔（Kettl, 2009, p.11）认为可以把网络视为"多元主义的变种"，并且说道：

如果没有任何人明确地为之负责，如果政府官员不是网络的发起者，以及如果公共责任的界定在政府内模糊不清，那么问责系统将何以运行？谁要为界定、追求和实现公共利益负责？或者是对多元主义批评论调的回归与复辟有着极深的恐惧？政府在制定公共政策方面所起的作用已经被削弱了吗？

这一评论不仅仅适用于网络，而且具有更广泛的适用性。它可以适用于所有公共部门和外部环境的互动联系。通过更好的外部关系以及各种各样的良好协作，许多目标能够得到实现，但是这仍然需要有人承担最终的责任。

以政治的方式处理外部影响会产生另外一个问题，就是政府的确可能反应过度。它们可能仅仅回应利益集团的需求，而非具有预见性和领导作用。它们事实上可能会允许利益集团成为政策制定者。传统的官僚系统至少以维护正式的理性为宗旨，可能试图忽视公共的看法。利益集团和官僚机构之间的伙伴关系亦是如此。在美国的政治系统中，利益集团、官僚机构和有关的议会委员会之间的互动关系被描述为"铁三角"，这三方中的每一方为了各自的利益都会采取协调一致的行为。在这个进程中，"消费者"和"纳税人"会被遗忘，一些利益集团可能不会得到任何资源，而政府也可能被俘获。但是，有关利益集团的新观点终究要比那些完全忽视外部环境的旧观点更具说服力。

然而，可能过高估计利益集团和相关的外部世界参与的力量。正如方丹（Fountain，2001，p.80）对网络的看法一样："为了回应技术、经济、社会和政治的大规模变革，组织间的网络应运而生。但它们并没有取代层级制或官僚制……层级制无论是在国家层面还是在经济领域，依然是一种终极规则。"这样的描述有着更为广泛的适用性。或许忽视外部关系可能产生更好的政策，并且所有政府，包括公共服务，都承担着更广泛的责任，而非仅仅与利益集团打交道。政府应该与各种利害关系人合作共事；公务员也应该与利益集团互动协作，尽可能地将其标的团体视为顾客，并且，至少在某种程度上参与到网络协作中来。但是有一点必须铭记：政府应该对全社会负责。

8.9　对于利益集团的依赖

存在于政治和政府系统中的政治竞争本质上表现为利益集团之间的竞争，这将招致一系列的问题。这些问题不仅牵涉责任问题，而且涉及政策制定中的一些理论性问题。我们可以较容易地找到多种有关利益集团理论的完整陈述（Grant，1989；Wilson，1990；Dunleavy，1991；Hrebenar，1997；Thomas，2001；Jordan and Maloney，2007）。现在，就将这些理论观点做一有限、简要的讨论。

在多元主义者看来，竞争对政策制定的过程，甚至政策结果都是有好处的。多元主义理论的主要观点认为，政府本身并不是集团竞争的积极参与者，而是充当一名仲裁者，允许竞争各方相互争斗。多元主义理论发端于美国，在20世纪50年代和60年代最为盛行（Truman，1951；Bentley，1967）。如果某个问题出现于公共领域并且受特定的利益集团支持，那么持反对意见的人就会形成他们自己的利益集团。单独的利益集团并没有什么力量，任何政府行为都是利益集团竞争的产物。

在某些情境下，多元主义的倾向被看作能够促进政府和利益集团之间的互动，或利益集团与利益集团之间的互动。但是，认为多元主义本身就是民主政治的写照和理由，这一观点似乎言过其实。此外，仅将政府视为一个旁观者和一个没有自我主见的仲裁者也是不切实际的。多元主义不能解释这样的事实，即各个利益集团的地位并不平等，或者某些利益集团颇受政府的重视而有些却被忽视。如果政府和利益集团之间的关系符合利益集团行为的法团主义模式，那么就会产生类似的问题。大企业、大政府和大工会不再代表社会的主体利益，而且与社会整体利益相比，它们的利益很少与之相一致。此外,这三大利益集团之间的约定并不一定符合社会整体利益,例如,它可能忽视消费者、小企业或那些不属于工会的工人的利益。

有人认为,允许利益集团制定政策可能会使政府效率低下。还有人指出,集团竞争会对整个社会和政治系统的运转产生负面影响。尽管奥尔森(Olson, 1965, 1982)和施蒂格勒(Stigler, 1975)都是"公共选择"经济理论(见第4章)的追随者,但是他们依然采取不同的方式论证了利益集团可能产生的不良政策结果。

奥尔森(Olson, 1965, 1982)认为,多元主义理论不合逻辑,其观点存在"天生的缺陷"。潜在的利益集团不一定必然成为事实上的利益集团,与一个大型集团的组织者所投入的时间和精力相比,其将不会得到因政策变化所带来的与其支付成本相一致的利益份额。多元主义理论认为,并非大型的集团变得越来越重要和强大,实际上正是一些小型集团处于主导地位,并且能更为成功地说服政府接受它们的观点。小型集团,尤其是那些特殊的利益集团,仅仅代表着社会利益最局限的一部分。它们很少或几乎没有为社会整体利益做出牺牲的动因,它们致力于争取更大份额的社会产品来更好地服务于其自身成员的利益。的确,社会中的小型集团,尤其是那些有着共同经济利益的小集团,似乎比它们单个成员有着更大的影响力。

奥尔森(Olson, 1982)的观点可以解释为什么医护集团比潜在的医疗患者集团更具影响力。尽管关注医疗基金的总体人数在消费者中占据多数,但是当集团的实际组织者获得的收益不足以弥补其成本时,集团的组织性问题就会广泛存在。

大型的或"无所不包的利益集团",如最高工人委员会或协会、雇主协会,或许更愿意为了国家和他们自己长远的利益做出牺牲。但是,奥尔森(Olson, 1982, p. 41)认为:"为了达到利益的平衡,一些特殊的利益集团相互勾结降低了效率,减少了社会总收益,而这正是由于它们操纵了政治生活,并且使政治生活愈加分裂化。"换句话说,一个拥有很多特殊利益集团的社会比没有特殊利益集团的社会更糟糕。特殊利益集团可能降低总体经济效率的观点给人们提供了一个教训,即在对待让特殊利益集团制定政策的问题上应该慎重。

施蒂格勒(Stigler, 1975)认为,利益集团的介入产生了更糟糕的结果。他的"俘获理论"认为,一个官僚机构和相关的利益集团之间存在着一种合作关系。一个产业的管制机构会被它所管制的行业俘获,并且行为受其控制。尽管机构俘获理论与本书提到的其他理论有所不同,但其对放松管制的进程产生了重大影响。俘获理论还被用于佐证"官僚制是一种具有先天缺陷的管理工具"这一观点。然而,施蒂格勒也犯了激进主义的失误,对他而言,没有所谓的"公众受益"和"公共利益"的现实例证。他认为,一切管制和利益集团的压力都源自政府的回应行为,这将比政府丝毫没有介入产生更糟糕的境况。即使施蒂格勒的观点能得到个别事例的支持,但从总体上看仍是言过其实的。他否定了政治系统操作外部关系的任何机会,亦否定了政治行为对公共需求回应能够带来好处的任何可能性。

施蒂格勒和奥尔森都被称作"新右派"经济学家,他们的著作为减少政府干预的诉求提供了理论支持,因为在政府和利益集团之间存在着异化了的持久性关系。这些理论观点带来的可能后果就是使削减支持特殊利益集团的辅助计划变得更容易。由于俘获理论预设任何管制或管制机构都会使情况变得更糟糕，因而放松管制也会变得更加容易。政治领导人会宣称他们不会被特殊利益集团俘获，并会运用这些观点来削减特殊利益集团的权力。

8.10　结论

公共管理的一大转变就是更加关注外部环境。审视外部环境，管理与外部力量的互动关系被视为公共管理和传统公共行政之间的重大差异。而在传统行政模式下，对外部关系的处理是极其狭隘的。聚焦于这种变革，有希冀，亦存在问题。而权衡利弊之下，优势总是远远大于问题的。利益集团不再被政府视为累赘、不可容忍。这是一个巨大的改变。当前，利益集团已经成为政策进程中积极的、有价值的和能够发挥作用的力量。同样地，外部取向的变革也改善了官僚运作的过程。毕竟，任何公共部门的组织都产生于外部世界，是对政治过程回应的结果。公共部门植根于超越其本身存在的社会大背景下，这种背景涵盖了对组织预算甚至组织生存的威胁，但也包括提升组织机能的机会。

对于外部利益集团和环境的管理已经成为管理者的一项重大任务。近年来，它的重要性与日俱增，并且在未来也可能变得更为重要。公共管理有时受到人们的批评，认为其视角过于狭窄且仅仅关注经济的成效。本书认为公共管理已经远远超越了狭隘性，而且通过与其关系紧密的另外一部分社会主体的积极合作互动推进了政治议程。公共管理者能够选择或说服利益集团来帮助他们，而利益集团亦可以参与公共管理。简而言之，这种行为可被设想为一种政治游戏。它是官僚政治、个人政治中的任何一种形式。公共管理因而较之传统的公共行政更具现实性，因为在传统公共行政模式下，公务员佯装他们没有任何政治性介入，并且无须应对与外部世界的关系。

第 9 章

管制、外包和公共企业

本章内容

- 引言
- 管制
- 签约外包
- 公共企业：作为生产者的政府
- 关于民营化的争论
- 结论

9.1 引言

政府通过管制、税收以及提供产品和服务等众多途径与企业发生直接的互动联系。无论是政府还是企业，其对于创建一个蓬勃发展的经济体系都饶有兴趣。为了这一目的，政府和企业通过各种各样的方式进行互动。政府的合同外包使得一些私营企业得以生存，而企业也会向政府游说以获取商业上的好处。本章的重点并不是审视政府与企业之间的关系（Hughes and O'Neill, 2008），而是聚焦于三个方面的探讨，其中的每一个方面都部分体现了当下公共部门改革的若干特征。第一，通过管制，政府给私营部门的行为设置了其必须遵守的规则；第二，通过契约外包，政府向私营部门购买产品以及日益增长的服务，政府甚至可以通过这种方式将一些本职工作转移给私营部门；第三，政府亦可通过类似企业的方式直接向公众出售产品或（更可能是）服务（详见第2章）。

这三种互动方式中的每一种——管制、签约外包和公共企业——作为持续不断的公共部门改革进程中的一部分，在近十年来已经受到了巨大的挑战。通过民营化过程，公共企业基本上被裁撤了，但是签约外包和管制所扮演的角色却日益重要，它们甚至改变了政府和企业的工作方式。传统的管制通常是政府在可能的竞争者中通过颁发许可证或设立其他限制的方式以增进其所偏好的集团或个体的利益，而当前的管制更趋向于促进竞争，并且注重结果，并不仅仅是控制失范行为。尽管产品和服务提供的签约外包已不新鲜，但是越来越多的资源已经被政府通过各种各样的形式承包给私营部门或非营利部门。

以上三点是互为联系的。管制是替代公有制企业的一种可供选择的路径，也就是说，政府可以对企业进行规制而不是因为自然垄断——这曾经被看作建立政府所有制的原因——而拥有企业。签约外包作为一项策略，在减少政府最终产品和服务输出的过程中应用得越来越广泛，而且也是民营化的一种方式。一个重要的签约外包的子模式就是公-私伙伴关系（public-private partnerships，PPPs），在这种模式下，私营部门和政府签订长期合同，大多数情况下（并不仅限于此）由私营部门提供基础设施。尽管最近几十年来民营化大行其道，但是公共企业在一些国家仍然具有极其重要的地位。通过政府入股，甚至是掌握企业所有权等方式，政府对私营部门进行干预。政府的干预能力使一些企业在全球金融危机中重返生机。然而，这并不是一种持久的改变。

管制、签约外包以及公共企业的共同之处在于它们都处在公共部门和私营部门的交会地带。从20世纪80年代初起，许多政府都系统地关闭或出售了公共企业，更多地将由政府提供的公共服务外包出去，并明确地放松了管制。民营化也取得了成功，至少从国有企业减少了这个狭隘的角度来看是如此。然而，如果看看社会中存在的政府管制的数量，就会发现放松管制进行得并没有那么深远和彻底。一些放松管制政策已经出台，例如航空管制政策，但是大致而言，当前的管制措施较以前却是大大增多了。在大多数发达国家，政府的财政规模已经占到GDP的三分之一到二分之一，因而与日俱增的政府和私营部门之间的互动是不足为奇的。在这一互动过程中，政府或扮演生产者，或扮演承包人，或扮演私营部门的商业伙伴。由于涉及政府管理和问责的问题，这些关系完全是一种利益关系。

9.2　管制

政府拥有制定法律法规以约束社会行为的毋庸置疑的权力。虽然社会性管制通常被称作法律，但管制可能是经济性管制，也可能是社会性管制。社会性管制旨在保护公民安全，包括环境法规、职业安全以及雇佣的管制。也许"管制"一词最常见的用法是允许或禁止某些经济活动，或者在特定的环境下指导如何实现经济关系。经济性管制与社会性管制并不是影响社会行为的不同法律，例如，有关雇佣条件的法规既可以看成是社会的，也可以看成是经济的。总而言之，所有的法律和法规都源自政府强制力，其作用方式与强制限制犯罪活动极为相似。

借助于管制，政府出台法规措施以使市场运行达到最佳状态。正如斯蒂格利茨（Stiglitz，2001，pp. 346-347）所言：

> 如果要让市场的运转充满效率，必须确立并明晰产权；必须存在有效的竞争，反对垄断；必须对市场充满信心。这意味着合同必须履行、反贪腐法律有效实施、反映广泛接受的行为规则。

在所有这些方面，政府都扮演着重要的监管角色。当竞争政策缺失时，企业就会串通合谋，消费者将错失来自竞争市场的好处。因此不仅要制定竞争法，而且必须遵守竞争法。

支持市场的两套基本规则，一是合同的执行，二是建立产权。首先，正式或非正式的合同及其执行是市场运作的基础。如果合同双方可能会背弃交易合同，且这种行为蔓延开来，人们对交易系统的信任会完全丧失。对于私人当事人来说，政府提供的法制是市场最宝贵的财富之一，特别是合同的强制执行，是一个繁荣市场体系的最大资产之一。例如，香港的法律体系就被视为其真正的经济资产。同样，为了使合同对政府机构有效，就需要建立起制度上的保障，以确保合同双方都遵守合同。如果一个社会缺少足够的制度支持以确保合同的强制执行，那么合同将会变得缺乏效力。由于制度的缺乏，合同也终会失灵。

其次，如果没有产权，市场虽然能够存在，但是否会运行良好，的确是一个问题。建立产权是民营化的要求。当一个企业由政府掌控，其所有权是模糊的，但如果将其转制为私营企业，人们设想的效率和责任都能得到改善，因为企业的所有者对拥有所有权的资产会更加上心。除了物质财产之外，经济的进一步发展必然伴随着保护知识产权以及其他无形资产权利的要求。员工的技能、由设计和创新带来的附加值、知识产权越来越成为一个企业真正的资产，换言之，企业不仅仅是它们产品的价格受益者。因此，保护信息和产权的制度变得更为重要。

其他制度也会增进市场的良性运转。在契约和财产权之外，格林德尔又增加了"独立的中央银行、税务机构、股票市场、私营行业监管机构以及金融机构"（Grindle，2000，pp. 180-181）。它们中大多数机构的运转都依赖于管制工具的应用。行业必须遵从政府规定的职业健康标准、安全和环境指标。当然，大部分国家已经在私人市场领域实施了相关竞争政策和反垄断法规以抑制垄断与卡特尔的形成。

尽管法制带来的福祉是毋庸置疑的，但是管制在经济领域中扮演的角色以及其给私营部门附加的重担却饱受质疑。人们经常抱怨管制太多、强制力过高以致扼杀了行业活力，破坏了竞争。改革管制和监管体制已成为公共部门改革的主要内容。很多经济性管制，特别是企图影响市场准入、供给以及价格决策的管制，在很多国家已经被废除或改正。

金融管制

金融管制措施包括利率调控、银行监管、常规性财务部门监督、汇率调整、外资投入以及有关企业登记注册与董事会成立的资质要求。金融市场管制要求市场参与者必须公开特定的信息——这些信息须以招股书中所规定的形式加以公开——以使投资者可以做出明智的决定，以及禁止一些包含利益冲突在内的活动。董事必须具名并且有明确的职责。会计准则须包含企业账目的组成结构以及一些诸如借贷行为是如何记录入账的具体规则。这些均是税务处理和审计中所应遵从的规则。

金融危机的迎头痛击，不可避免地提升了公众对更好的管制的需求。2002年，在一系列的企业丑闻爆发以后，美国政府通过了《萨班斯-奥克斯利法案》，它要求强化企业的责任。几年之后，随着全球金融危机的爆发，一些明显的金融管制失灵现象相继出现，这就愈加迫切地需要进一步应对更大的管制失灵。捍卫公共利益需要对私人市场加以管制。管制的不足不仅直接导致了银行的倒闭，使企业陷入困境，而且还导致政府要用纳税人的钱为银行买单，以使其走出困境。全球金融危机显示，现存的金融管制，尽管是日复一日的常态，但也无法有力应对国际金融崩溃所带来的系统性危机。

产品和服务的供给管制

政府经常运用管制允许或禁止私营部门的活动。这类限制包括价格管制、质量及数量管制，并且通常会附加各种产品和包装标准。这种管制在交通行业很是普遍：在多数国家，出租车行业、铁路、航空以及航运领域都要遵守国内和国际规范。给电视台和广播电台颁发执照被认为是一件理所当然的事。赌博行业也受到严格的管制。产品的进口管制或可带来更多的关税收入和配额，或可弱化关税贸易壁垒。大多数这类管制都是行业为了自身利益而自主要求的。许多国家都将这类管制视为公共部门进行广泛改革所不可或缺的举措。

职业许可证

诸如医务工作者、牙科医生、律师、水暖工、电工这样一些特殊的职业需要政府颁发从业许可证才能从事工作。这类管制因其限制了经济的自由而招致了广泛的诟病，因为如果一个律师或医生的工作不称职，他将遭到起诉（Friedman and Friedman，1980）。这一观点过于极端，不值得认真对待，尤其是对于那些公众认为在从业前需要资质的特殊职业。经常会有不具备资质的医生或牙医被检控，但通常不会被视为监管过度。在职业法规方面已经放松了一些管制，人们普遍认为职业管制发挥了实际作用这一论调缺乏基础依据。例如，允许女性理发师给男性理发。

在某些司法管辖区内，从事室内装潢需要许可证，但是公众似乎对从业人员是否拥有许可证毫无兴趣。在通过设定资质标准来维护公共利益和限制数量以维持和提高收入的职业愿望之间，存在着一定的冲突关系。

标准

标准的设定可能要征得某一行业的认可，也可能是由政府强制推行的。虽然不是所有的标准都通过管制来强制实施，但是大多数标准的执行都依靠此种方式。经济领域中有不计其数的标准限制，从诸如混凝土、消防控制系统、电器等建筑领域到食品行业，标准限制遍布各行各业。标准也可能是国际通用的，例如，海运集装箱的长度就被限制为20英尺或40英尺。难以想象世界各地的行业在不承认标准限制的情况下是如何运行的，当然，即使一个行业同意履行这一标准，它们亦经常被通过管制强制执行。

竞争政策

有一类特殊的管制，旨在促进私营部门之间的相互竞争。这类管制可被界定为"国家旨在消除限制私人贸易的政策和行为"（Doern, 1995, p. xi）。竞争政策的倡导者认为，如果竞争政策缺失，企业将沆瀣一气，形成卡特尔，限制产品获取，固化价格机制，并以掠夺者的姿态行事。此外，企业还可能兼并其他竞争者。这一切行为的目的都在于减少竞争，保持价格和攫取高额利润。

虽然，每个国家的法律有所差异，但是对非法行为的列举是大同小异的。纵观美国企业违反法律的实际情况，甚至是追溯到第一次世界大战之前，以及后来其他一些国家的市场实践，企业的违法行为无非是控制转售价格、借助卡特尔固化价格机制以及企业兼并，这些行为都导致了竞争的大幅弱化。这也是当下的竞争管制机构所持有的主流观点。此外，一些竞争管制机构也开始扮演起自然垄断的管制者和消费者保护的角色。

竞争管制也会难免受到诸多的质疑，主要涵盖以下几方面：（1）垄断的存在通常是较为少见的，因而政府的管制缺乏合法性；（2）市场灵活且具有弹性，而非错误百出，垄断和自然垄断所带来的资源配置扭曲毕竟比较少见，要将其完全纳入法规控制框架内是不值得的；（3）政府对市场的过度干预有违自由和正义的原则。虽然如此，竞争政策在最近十年变得越来越强烈。竞争管制机构发现它们的行为赢得了法院的支持，而且也获得了更为重要的公众舆论的支持。竞争政策提供了一个中庸的办法。如果竞争管制机构较小，促进竞争能使社会利益扩大，那么政府就能够以相对较少的成本管制市场。

环境管制

如前所论（见第2章），由于存在着对环境的外部性影响，尤其是像水、大气，不能通过经济的交易获得对它们造成的影响的补偿,例如,可以在市场中购买到煤炭,但是燃烧煤炭给空气、水或者土地带来的负外部性影响却没有通过煤炭的交易得到补偿,因此只有通过政府行为才能解决公众享有清洁的空气和水这一公共利益问题,而解决这一难题的一般路径就是政府管制。自20世纪60年代以来,环境管制开始蓬勃发展。而与日俱增的温室气体排放带来的气候变化问题,已经使人们意识到通过交易许可证的使用这一市场机制来解决这一问题。然而,无论是市场途径还是传统的环境管制,它们都有赖于法律强制力下的管制工具的有效实施。

回应性管制

正如20世纪80年代以来政府推动的许多经济改革所表明的那样,围绕管制展开的争论一直在两派之间进行,一派认为应该对经济活动进行更多的管制,另一派却偏好于减少管制。对斯帕罗(Sparrow,2000)而言,放松管制代表着"现在熟悉的管制措施在两种不可调和的风格中摇摆不定。一种是对抗性和惩治性的,一种是倾向于劝说和谈判的"(p.34)。然而,正如斯帕罗和其他争论者所言,管制的钟摆效应是不可避免的。

回应性管制(Ayres and Braithwaite,1992;Braithwaite,2006)是针对传统管制政策退出的一种替代性方法。传统的管制方法完全依靠法律的强制性权威,其通过起诉一些被发现的管制违规行为来实现目的,这也是管制法规制定的基础和缘由。但是,社会上也出现这样一种运动,即从传统管制转向回应性管制,更加注重结果而不是注重惩戒。

例如,对违反管制法规的市场主体实施吊销许可证的惩罚是过于严苛的,因而这种极端的惩罚措施很少被运用。艾尔斯和布雷思维特(Ayres and Braithwaite,1992)建议:有必要确立政府回应程度的刻度,如管制的金字塔,当局可根据违规者的反应对其依次施予从低强度到高强度的惩治措施。人们认为顶格处罚是偶尔祭出的"仁慈的大炮",但是作为严厉的威胁还是有存在的必要。这种方式将管制看作一个互动的过程,其终极目标并不是惩罚,而是实现结果。比如,如果两个组织联合形成卡特尔,第一个告知管制者有关情况的组织将会完全免于惩罚。虽然承认违法的一方得到赦免,但是预期的结果却得以实现。

斯帕罗(Sparrow,2000)呼吁有关机构"甄别重要的问题并加以解决",他强调实际管理行为的回应性对问题解决的重要性,尤其是在管制领域。以实现管制结果的良善替代对违规者的惩罚正在成为行业行为改进和自我纠错的一般性变革趋势。正如斯帕罗所言:"管制者所面临的并不是策略、方法、方案和思路的短缺,而是相关事务管理的结构缺失"(p.49)。

在许多国家,管制已经不再被自然而然地视为总能增进公共利益了。基于这种情境,国家已经开始采取一些放松市场管制和民营化的措施。但是,将管制改革简单地解读为政府放松管制是一个错误。尽管管制比过去更多地受到人们质疑是事实,但政府的管制将会持续下去,而且为"公共利益"而进行管制。国家通过公共所有权干预经济的方式已经被废弃，一些针对反竞争行为的限制以及特殊行业的管制也已逐渐失去了支持。伴随着这些改变，一种管制的新模式应运而生。管制的限制性角色的特质开始发生转变，由反竞争的管制转向通过竞争强迫私营部门更具效率的、促进竞争的管制。

9.3 签约外包

有时人们提出这样一些观点，认为从20世纪80年代开始，政府采用签约外包措施是对过去行政实践的一项重大变革，是管理改革的标志性事件（Smith，2005，p.591）。对胡德（Hood，1991）而言，作为他所谓的新公共管理的一部分，公共部门更多的竞争包含"转向合同签约和公共招标程序"，并且已被证明是"降低成本、提高质量的利器"（pp.4-5）。

然而，签约并不是20世纪80年代或90年代出现的一项新事物，签约和招标在政府的实践中至少有几百年的历史（Bandy，2011，p.157），而不同之处在于政府服务外包的广度。曾经由政府直接提供的服务开始通过签订合同外包给私人企业或者非营利组织（Alford and O'Flynn，2012），而且此种行为的频率不断增加。签约外包已成为对政府作为服务的购买者和生产者的角色进行分离这一活动进行市场检验的首选方式，换言之，要区分"掌舵和划桨"（Savas，1987）。在某些管辖区域内，签约外包扩展到所有产品和服务，它们甚至以广告的形式刊登在政府黄页上（Hughes and O'Neill，2001）。

充盈在各行各业的政府签约意图从私营部门获取产品。产品和服务是内部生产还是外部购买的精确临界点随着时间的推移而发生改变，但原则是毫不动摇的。如前所述（见第1章），交易成本理论（Williamson，1986）一直被人们用来解释政府是否应该对更多的服务进行外包。一个私营部门的企业可以视为不同方面签订的一系列契约。企业内部签订的契约可能变成与外部提供者签订的实际契约，而这一契约行为发生的精确临界点取决于交易所涉及的成本。如果外包出去，有些交易的成本可能降低，而且也会减少行政成本，促进竞争。但是，会存在一些公共部门的交易被强制使用市场化的方式进行的情况。如果能够证明内部提供的交易成本更低，那么内部提供是一种更好的方式。

从某种意义上而言，可将政府签约外包视为一种财政改革。人们通常认为签约外包可以节省20%（OECD，1998a）或15%～30%（Osborne and Gaebler，1992，p.89）的成本。但是，反对的证据也是存在的。霍奇（Hodge，2000）的一项元分析发现并不存在某种所谓的通常情况，节省成本在一些情况下能做到，在另一些情况下则不能。通过规定详细的合同条款，签约外包将成为项目预算的延伸，但是有必要详细列举目标，建立监控的机制。就外部供给商来说，他们掌握着详细的产品供应信息，但是政府通过准确定义相关机构或部门的目标任务，并做好经费监管，原则上也会获得与外部供应商所差无几的项目信息。如果这一监测机制足够精准恰当，那么内部生产和外部供给的运作机理就没有太大的差别，否则，公务人员将无法履行最终服务。

签约外包并不能被看作解决公共管理问题的灵丹妙药。要求签约外包或民营化可能最终导致比政府提供成本更高。私人承包商需要将利润计入产品供给成本中，因而在其他因素都相同的情况下，外包的成本更高。在大多数情况下，私人提供的效率收益是存在的，需要对此进行调查考证，而不仅仅是一种假定。正如多纳休（Donahue，1989）所言："私营企业在竞争市场环境下，通常比官僚结构更富有效率，但是由此推论在缺乏竞争和市场检验的情境下，私人组织依然能保持高效率是一种理想主义的观点。"（p.222）多纳休阐释了只有在以下条件下，签约外包才会良好运行：

> 一个项目的实施，事先的规定越是精准明确，事后的评估越是客观准确，则越会促进承包商之间的竞争；替换（或者惩罚）令人失望的承包商的可能性越大，政府对排除手段的目的考虑越狭隘，则雇用逐利者而非公务员的可能性越大。但是，二者的本质差别在于是竞争的、产出导向的关系还是非竞争的、投入导向的关系，而非逐利者与公务员的关系。（Donahue，1989，p.98）

私有化或者签约外包具有相当大的发展前景，但是要从实用主义而非意识形态的角度看待它。当收益大于成本时，政府组织应该寻求外部提供者（Alford and O'Flynn，2012，p.29）。尽管收益和成本很难评估。

理论上，私人承包者的工作更富有效率。但是，服务外包对公共管理者来说并不仅仅是简单的合同签约，而是让其担负起了另外一份职责。这就是要保证其行为与合同条款保持一致，从而让合同履行符合原有预期。要让承办商的行为符合合同规定也并非一件简单的事，这可能需要处理包含行政性、技术性在内的各项问题。在这一过程中，行政性和技术性的问题可能涉及几方面的内容，如"合同起草、满足招标过程的合法需求、制定详细的合同实施规范、适当监测合同履行、鼓励竞争，以及避免对承包商的过度依赖"，"涉及如何履行合同这样的行政性事务已经变得比决定是否要进行签约外包的基础性政策更重要"（Rehfuss，1989，p.219）。签约外包或许会缩减官僚机构的规模，但是确保合同执行和合同监督给公务员提出了更高的要求。如果不能从签约外包得到实质性回报，那么公共服务就应该实行内部供给。

1988年，强制性竞争招标方案开始在英国实行。地方当局被要求"在国家规定的时间段和议题下对一些特定的服务进行招标"（Szymanski，1996，p.1）。英国的实践证明了签约外包比内部供给成本更低，也更富有效率，尤其是像废物回收这样一些易被界定操作的公共服务。将这样一些公共服务签约外包具备理论上的合理性，如斯曼斯基（Szymanski，1996，p.4）所言：

> 支持强制性竞争招标的理由可能是人们认为它符合标准的经济理论。由于"连续经济"的原因，即由单独的一个车辆和一个团队在给定的街道开展废物回收工作比多个团队相互竞争更有效率，废物回收形成了自然的地区垄断。然而，在自然垄断状态下，服务供给者往往会向当局收取更多的租金，因为存在

着信息不对称，比如对于供给方敬业程度的评估受限或者当局无力界定服务供给方潜在的效率。

然而，强制性竞争招标方案违背了"让管理者管理"这项原则。是否需要外包应该由管理界定，需要牢记的是效果和效率。但是，国家对强制性竞争招标的要求把它从地方管理者的手中拿走了。强制性竞争招标方案受到了广泛的抵制，有观点认为，政府成本的下降并不是因为私营部门更具效率，而是因为政府裁员和缩减他们的福利待遇。

在签约外包意义上，民营化的确有好处，但是这只在某些空间和时间下才会出现。当签约外包运作良好，就有利于民营化，而当其运作状况欠佳，"则会让公共财政陷入窘境，变得复杂混乱，并且公共部门也会因被合同牢牢绑架而背离增进公共利益这一重要目标。此外，在这种情况下，资金从公共雇员流向承包商并没有达到节省公共开支的目的，反而降低了产品质量，增加了成本"（Donahue, 1989, p. 127）。规避这一情况并非一项简单易行的任务。然而，当务之急在于使签约外包更具操作化，而不只是泛泛空谈。另外，公共职员应该将注意力集中到如何做好合同监督这一重大任务上。

如果签约外包走过头了，很多问题将接踵而至。在详细明晰的合同规定下由私营部门提供公共服务，或者由公共部门和服务供给机构共同合作将是一种与众不同的公共服务模式，但它们可能没有对公众，甚至对政府服务的思想。如果每个人都是承包商，除了完成合同，没有人会有长期的考虑；如果每个人都是承包商，就无所谓公共利益之事，有的只是合同中列举的条款。通过强制性招标迫使公共服务进行外包规避了管理的责任。对利益得失的深入思考应替代简单的意识形态化的秘方。

合同也可以用来减少腐败。只要合约程序运作良好，并能清楚地说明所要交付的东西，合约就能减少贪污。例如，1996年，莫桑比克政府与英国皇家代理公司（Crown Agents）签订了管理该国海关和货物税的合同；后来，这家公司又与塞拉利昂共和国政府签订了税收管理合同。这类合同的具体目标是减少腐败，以及技术转移。

公-私伙伴关系（PPP）

近年来，公-私伙伴关系这一签约外包的子模式被政府广泛应用。何谓公-私伙伴关系，存在着不同的观点。斯科彻（Skelcher, 2005）认为，公-私伙伴关系是指将政府和私营部门的资源整合起来，从而实现社会目标，它包括"服务外包、公共事业的商业化运营，以及旨在促使政府和私人机构之间风险共担、合作生产的混合型组织的设计"（p. 347）。克利金等人（Klijn et al., 2008）将公-私伙伴关系界定为"合同双方共同提供产品和（或）服务，同时实现风险共担、成本共付、利益共享的一种公共部门和私营部门的合作方式"（p. 253）。这个定义似乎将签约外包限定在产品或服务的范围内，但是公-私合营通常也将多种基础设施项目纳入其中。

然而，借助于公-私伙伴关系来提供产品只是签约外包的一种形式。最好将公-

私伙伴关系视为提供基础设施的一种特殊的合同，如"学校、医院、交通、供水和污水处理系统的修建与装配"（Erridge, 2009, p. 101）。霍奇等人（Hodge et al., 2010, pp. 5-6）认为，公-私伙伴关系呈现出五种可能的关系模式：合作生产和风险共担的机构化合作，长期基础设施签约，公共政策网络，社会和社区发展，城市重建和中心区经济发展。格雷夫和霍奇（Greve and Hodge, 2007, p. 180）从广义上看待公-私伙伴关系，认为"它只是公共和私营部门进行互动的各种方式"，此外，从狭义上看，"公-私伙伴关系是一个主要被用作基础设施建设的组织模式，例如'修建-拥有-运营-转让'模式、'修建-拥有-转让'模式，以及'出租-修建-运营'模式"。以上这些经济和财政运作模式大有"主导公共行政论著之势"。一般的合同签约适用于解决建立公-私伙伴关系过程中所涉及的一些常规性问题，但是，构建经济和财政型公-私伙伴关系较之通过常规化的短期合约来提供产品或服务存在更多的问题。

就政府来说，公-私伙伴关系的建立使其不再局限于通过定期预算这一有诸多借贷限制的单一渠道来获取资金，而是为其提供了一个长期的外部融资途径。获取外部资金意味着项目可以比预定的期限更早完成，否则就应该由政府自主供给。就私营部门来说，通过与政府的交易而建立的公-私伙伴关系无疑为其提供了一项投资，并且降低了风险概率（Greve and Hodge, 2007, p. 181）。基于公-私伙伴关系，政府和私营部门在某些项目中会找到共同的利益契合点，如在政府缺乏资源立即去修建公路的情况下，收费公路作为一种可选方案就会有效解决公路拥挤问题。只是在公-私伙伴关系情境下的收费公路会借助于政府的强制性权威为私人投资者带来长期的收入现金流。

公-私伙伴关系发端于1992年的英国"私人融资计划"（PFI），并被当时的保守党和工党广泛应用。之后，在另外一些地区亦开始使用此方法，例如澳大利亚悉尼和墨尔本的收费公路。PFI方案实际上将财政运作视为规避政府借贷限制的一种人为工具。随后，政府的会计准则发生了变化，一种类似于权责会计制度的实施意味着政府必须把所有的债务都计入会计账户，这就降低了公-私伙伴关系的吸引力。

公-私伙伴关系存在责任问题，政府要为公共资金和资产的使用负责任。但是，若一个项目并非由政府独立执行，而是由政府及其合作伙伴共同完成，这便存在责任归属问题。如达菲尔德（Duffield, 2010, p. 212）所阐述的：

> 公-私伙伴关系和其他政府采购方式存在着巨大的差异。在公-私伙伴关系模式下，与其他类型的外包相比，私营部门要在服务提供的整个过程中承担最大的责任。承包商完全可以收取最高的价格，但是随之而来的是与资产和服务方式有关的日常决策的责任成本，因为服务标准的确定是政府说了算的。

斯科彻（Skelcher, 2005）称："在21世纪早期，公-私伙伴关系较之公共服务的官僚化提供更受到人们的青睐，并在公共服务的供给中占有主导地位。"（p. 362）这无疑有夸大其词之嫌，但不可否认的是公-私伙伴关系模式在某些地区的大规模基础设施建设中广受欢迎。然而，公-私伙伴关系并非一种最好的公共服务供给模式。在一些情况下，公-私伙伴关系应该只是小范围使用，而对更多的基础设施应继续使用政府生产或常规性的签约外包。达菲尔德（Duffield，2010）指出"公-私伙伴关系在恰当的环境下是有作用的"，但是，"整个过程非常复杂，而且伴随着大量的财务交易，这便需要足够的谨慎和高水平的专业知识"（p.213）。

霍奇等人也对公-私伙伴关系曾作为一种发展趋势所处地位的重要性进行了争论："我们应该意识到公-私伙伴关系不可能完全替代公共投资——这一点是极为关键的。实际上，许多基础设施项目依然是由公共部门独立实施或者通过传统签约外包方式进行。"（Hodge et al.，2010，p.596）即便是在公-私伙伴关系走得更长远的英国，实际情况也是"公-私合营越来越成为一种被大众所认同的基础设施的供给模式，但却并没有占据主导地位"（p.596）。虽然，诸如此类的签约外包项目在英国的数量非常庞大，但是其总估价只占到政府投资的11%（Flynn，2007，p.253）。

与普通的签约相比，公-私伙伴关系存在的一个最突出的问题在于部分合同所签订的周期。签订一个30年或更长时间的合同是不足为奇的。对私营部门而言，如此长的合同周期并不寻常，一个显而易见的原因在于条件可能发生变化，合同双方中的某一方可能会处于劣势地位。另外，政府签订一个周期如此之长的合同也面临着一个资产的持有或处置问题，这是政府不希望出现的问题。而且，即便是政府为公共资金和资产的使用负责，也存在责任归属问题。一旦长期合同签订，现任政府和继任政府都须承认合同。

签约外包不应被视为政府提升效率的唯一的、最好的方法。它的使用与否要视具体的时间和空间而定。在某些情况下，实施签约外包可以缩减成本，但是在另外一些条件下，签约外包却不会有所裨益。现阶段，公共管理者的一项重要任务就是扮演好合约管理者的角色，尤其是在问题的初始阶段，一些诸如合同起草、监督执行等工作开展得不尽如人意。正如罗姆泽克（Romzek，2014，p.312）所言：

> 合同中有效问责实践的挑战在于，合同委托人在规定绩效、制定良好绩效指标和收集可靠绩效数据方面存在困难。一旦完成这些，仍然存在与合同管理相关的交易成本，以及制定有效问责策略的困难。政府一般在管理和监测承包商的业绩、确定交易费用和实施制裁等方面做得明显不足。

专业技能只有通过丰富的实践经验才能获得，而签约外包所面临的问题也没有被完全解决。

9.4 公共企业：作为生产者的政府

政府可利用其权威实现许多目的，包括建立企业以向公众出售商品和服务。从20世纪80年代开始，在许多国家，大规模的民营化极大地缩减了公共企业的规模和范围。这是对现有政府职能范围的一次标志性变革，亦是对"政府本身应该拥有核心产业"这一论调的明确否定。由于公共企业运行于公共部门和私营部门的边界地带，因此有关公共企业作用的争论常常会演变为政府本身角色的争论。20世纪80年代，民营化这一议题在许多国家饱受争议，并受到了尖锐的批评。无论是在发达国家还是在发展中国家，这场争论的结果都是颠覆性的，即政府应当撤除公共企业。早期最重要的民营化方案是在英国发起的。1979—1993年，英国的国有企业占国内生产总值的份额从11%下降到2%，就业人口从1980年的180万降低到1994年的不足40万（Kamarck，2000，p.240）。而后，民营化运动扩展到其他一些国家，从20世纪80年代初期到1993年，7 000多个企业已经实现了民营化（Farazmand，1996，p.18）。

公共企业是公共部门中值得关注的一部分。从目前来看，它们已变得萎缩而仅仅成为政府机构发展史上一段有趣的"插曲"。然而，它们亦可能重获新生，就像在2008年全球金融危机时，英国和美国政府通过收购股票，甚至是重掌企业所有权的方式来使一些核心企业走出困境一样。

中国和新加坡等国家仍保持着规模庞大且明显繁荣的国有企业。另外许多国家将航空公司纳为国有，比如阿提哈德航空（Etihad）和阿联酋航空（Emirates），或者像新加坡航空（Singapore airlines）那样保留多数股权。这些航空公司都是世界上最成功的航空公司之一，以至于私营航空公司抱怨说，它们的竞争对手是政府所有的，这给了它们所没有的优势。也许公有企业终究还是有未来的：至少在一些有利于它发展的国家中，它在理论上的某些缺点已经在实践中被克服了。

公共企业建立的缘由

政府建立公共企业出于多种原因。里斯（Rees，1984）认为有四点理由导致公共企业的存在：纠正市场失灵，改变经济中的支付结构，推动中央集权的长期经济计划，经济性质由资本主义转变为社会主义（p.2）。

第一点，市场失灵——指市场不能充分提供社会所需的产品或服务。自然垄断、对竞争的某些限制、外部性或溢出效应，以及所生产的产品具有一定程度的公共性都可能引发市场失灵（见第2章）。由政府控制这些企业或许是"保持单一卖者的成本优势的一种途径，可以防止追逐利益的垄断行为所导致的资源的低效配置"（Rees，1984，p.3）。第二点，支付结构——意味着改变特定个人或集团所获得的利益。既得利益者可能包括雇员、顾客或政府。一些批评者认为，政府所有权将会导致企业"额外雇工"，为员工提供优于其他企业的待遇条款以及工作条件，包括雇用多余的员工。

第三点，中央集权的长期计划——亦是某些国家建立公共企业的一大动机。作为国家长期经济计划的一部分，法国政府拥有电力和铁路系统的所有权，使得其所提供的服务已经超出了实际需要，尤其是在经济权力下放方面。在一些诸如澳大利亚、加拿大等地广人稀的国家，公用事业一开始建立就控制在政府手中，因为私营部门不能通过提供服务而获得经济回报。在这种情况下，只有两种可能的选择，要么由政府提供这些服务，要么这些公共服务将完全不会被提供。第四点，把资本主义经济转变为社会主义经济——也是一些国家建立公共企业的重要因素。在英国，第二次世界大战之后，铁路运输、钢铁和煤炭等行业都实行了国有化，政府控制了国民经济的命脉。公共企业过去曾被视为"柔性"社会主义的一种形式，它或许是向完全的社会主义转变的一个过渡阶段，如果重要的产业被政府以公共企业的形式控制在手，则会加快向社会主义国家转化的进程。

公共企业的功能并不在于实现单一固定的政府目标。除了单纯地获取利润，还有其他一系列原因。总之，公共企业担负着诸多使命，而不是仅仅局限于盈利。

公共企业的类型

公共企业是一种特殊的法人机构：它向公众大规模地出售商品和服务，所得利润的首要任务就是进行自身的资本积累（Uhrig, 2003）。在许多国家，公共企业提供大量的服务，包括：公用事业，如电信、电力、天然气供应、供水与排水系统等；交通运输，如铁路运输、航空运输、水上运输、城市公共交通等；金融服务，如银行、保险企业等；农产品市场推广。一些国家还有政府所有的石油企业、汽车企业、烟酒企业等。的确难以想象某一国家在某一时刻至少连一件产品或服务都不拥有所有权的境况。所有这些企业的共同特点就是政府所有制。

最重要的一类公共企业当属从事公用事业供给的企业，它们的业务范围包括诸如水、污水处理、电力、天然气供应以及电信等这样一些公用事业。这些都是整体经济的发展所必需的，故"公用事业"的成功也是名副其实的。但是这些服务是通过建立网络、连接住户成片供给的，因而它们是真正意义上的（或至少有一种趋势）"自然垄断"（见第2章）。竞争者将很难进入，因为它们如果建立起自己的网络设施，产品的价格将被抬升。另外，由于公用事业是一种必需品，因而具有较大的政治敏锐性。如果公用事业的供给被阻断，那么私营经济和家庭将面临崩溃的局面。由于公用事业具有政治敏锐性和自然垄断的性质，历史上的许多国家都不加掩饰地偏好于掌握公用事业的所有权。即便是自然垄断不再存在于所有的公用事业领域中，政府也依然通过管制以维持对此类企业足够的控制权。

另一种公共企业的类型是提供面临竞争的必需品。在许多国家，甚至美国，邮政服务都是公有制的，但是德国在1995年对邮政业实行了私有化，日本在2005年亦是如此。信件投递是一项必要性服务，而且普通信件递送也有自然垄断的性质，但它却面临着直接邮递、专递邮件、传真和电子邮件的竞争挑战。毋庸置疑的是，邮政服务将仍然是一项必要性服务，但是政府是否要介入其中似乎已经不像从前那么重要。类似的还有公共货物运输，它也面临着来自私营部门的竞争，而公共客运列车同样要与私人轿车、航空和私营公共汽车展开竞争。另外一些类型的公共企业的运营有赖于政府合法性权威的应用，如强制性收购产品，尤其是收购农产品进行再出售，或者强制机动车辆购买保险。拥有强制性收购或强制性购买的权力是这些企业的突出特质，因为政府的强制性权威是它们的一项核心资本。

最后一种重要的企业就是政府所有的企业，它们与其他私营企业在同一市场领域内展开直接的竞争，这类企业包括银行、保险企业、航空企业、石油企业等。随着民营化进程的推进，这种处于竞争性环境中的公共企业已被大量缩减。问题在于，如果这些企业是盈利的，并且运行方式与竞争者没有什么区别，那么政府拥有它们的理由何在？另外，如果它们是盈利的，并且管理良好，那么政府为何不继续经营它们，以让所获利润用于提高社会生产力呢？政府自身介入竞争性企业存在诸多理由，但是在20世纪八九十年代，这种战略的话语权在全世界范围内已经不再受到支持。

当政府拥有一些类型的公共企业所有权时，这些企业便不会向公众提供优厚的福利。换言之，在一些公共利益的实现上，私人拥有所有权并辅以政府管制，可能比政府直接掌握企业所有权发挥更大的功效。有趣的是，多年之后，对于公共企业盛行一时的怀旧情结已不复存在，那些曾经将私营企业进行国有化的积极尝试已荡然无存，而对于公有化的讨论也已不再热烈。事实上，所谓公共企业的"复兴"只是应对全球金融危机的一个短期性的应急措施，而非意识形态发生变革的标志。

9.5 关于民营化的争论

自1979年撒切尔执政以来，英国掀起了一场关于民营化问题的热烈讨论，并且在20世纪80年代出现大规模的持续出售公共企业的方案。然而，有关民营化的讨论并没有就此止步，英国民营化的显著成功使得许多国家相继仿效，例如在新西兰，民营化就被视为压缩政府核心业务、提高财政收入的一种途径。

出售公共企业虽然是民营化最常见的一种方式，但并非民营化的唯一途径。在美国，一些小型的公共企业在任何境遇下都是存在的，民营化亦包括将先前由政府提供的服务进行签约外包。民营化对于缩小政府规模有着普遍性的意义：它减少了政府产品的直接生产活动，削减了政府的服务供给、补贴以及管制职能。即使大多数有关公共企业的争论都集中在公共企业的出售上，即通过非国有化来减少政府产品的直接生产活动，民营化其他的一些特征也值得我们关注。虽然通过放松管制来实现自由化已经成为民营化的一个重要部分，但签约外包和公共服务收费制也正在成为公共部门改革的合理手段。

民营化的经济论据

民营化的经济依据包括：促使企业在市场力量和竞争环境中活动，缩减政府支出和减少政府在市场中的占有份额，利用出售公共企业的收入来减少税收。理论上，竞争对于有效生产和定价具有强有力的激励作用。如果人们认为竞争具有合理性，那就应该对不同的民营化工具进行比较。通过出售公共资产或放松管制以打破行业进入壁垒，或者要求一些特殊服务采取签约外包就可以引入竞争机制。如果一个企业已经处于竞争环境，出售资产就能强化竞争，而出售一个垄断性企业，又丝毫不放松管制，那对于竞争将无所助益。如斯蒂格利茨（Stiglitz, 2001, p. 350）所言：

> 一种管制结构得以建立的目的是确保消费者与其他使用者能够分享来自民营化的效率所得，并促进全面服务等其他社会目标的提升。但是，民营化从原则上能够提高经济效率和实现其他社会目标的主张不能与下述命题混淆：当有效的管制结构缺失时，民营化在实践中将无法发挥提高经济效率和实现某一社会目标的功能。

竞争固然对经济有所助益，但是引入竞争的最佳方法是放松行业管制，而不一定要出售公共资产，除非放松管制与出售公共资产同时进行。要想从竞争中获益，就必须精心设计管制体系。例如，特许经营的实际操作比理论更困难。当合同进行新一轮的续约时，成功的竞标者具有明显的优势，并且这一过程仍然需要充足的政府管制。然而，政治博弈较之"公平准则"似乎在决定谁获得特许经营权方面发挥着更重要的作用，诚然如此，这一行为也不会给顾客带来主要福祉。

防止垄断剥削曾被视为公共企业国有化的一个重要理由，但这一点现在已经失去意义。"竞争性市场理论"指出，垄断会因潜在竞争者的进入而受到限制（Baumol et al., 1982）。由于竞争者可能会出现，所以企业不可能收取大幅高于合理水平的价格。如果垄断企业受到这种限制，那么政府的干预就是非必要的。此外，即便是像电力、通信这样一些存在真正垄断的企业，这些垄断也只会发生在企业运营的部分环节。

减少交叉补贴是支持民营化的另一个经济观点。通过民营化，企业可以在其整体业务范围内灵活调整价格，以使盈利行为补贴那些虽不盈利但被社会所需求的服务。民营化被视为一种按照实际成本收取服务费的方式。如果政府需要特殊服务的供给，其应该通过预算提供资金从而实现这一目的。

管理效率与民营化

从理论上讲，公共部门和私营部门在管理方面具有不同的激励结构，且公共部门的运作环境具有政治性，因此可以说对公共部门的管理并不简单。也许，公共服务所处的条件不能激发管理的卓越性，但是管理主义的争论不仅限于此，它认为"公共管理具有天生的缺陷"（Savas, 1987）。私营部门无论是在激励机制上还是在责任人归属上都经受了时间的考验。这些优势在公共部门都不存在，因而公共部门必然是低效的。只是这一观点的唯一问题在于它的论证站不住脚，缺乏足够的说服力（Hodge, 2000）。

有一些证据表明，就一些小规模的业务而言，私人提供更具效率。例如，将公共部门和私营部门的废物回收服务做比较,就会发现私营部门的成本更低(Savas, 1982)。在地方政府一级,诸如废旧物回收或公路建设这样一些领域或许应该更多地采用签约外包的方式。这只是实现民营化的一种边缘化的方式。这种方式名义上仍然是政府供给服务或占有资产,只是不同形式的签约外包的区别仅在于承包商的身份是合同相对人还是政府的临时工,这种差别往往取决于服务本身的性质。对基层政府而言,资料的获取往往比较容易,这意味着用废物回收这一简单的案例去证实一般性的私营部门替代公共部门提供服务更具优势。但是,对于大企业而言,情况则完全不同。

这种缺乏系统性区分的情况是令人吃惊的。民营化的倡导者或许犯了这样一个错误:把现实的公共管理实践与理想的私营部门管理进行对比。在理想状态下,企业管理权由股东控制,且责任归属于股东;工人感到自己是所属企业的一分子;股票价格反映企业的价值;无效的管理最终会招致企业被收购的威胁。在某些情况下,这些观点可能是现实的。但私人管理者常常规避风险,轻视和威胁他们的股东,而且收购者可能只关注表面的利润而不是致力于改善其管理。从已获得的证据来看,公共部门和私营部门之间的差别似乎不具有可比性(Andrews et al., 2011)。它们之间的差别更多地在于所处的管制环境不同,而非所有制问题,并且公共企业的某些方面较之其他企业更缺乏效率。

意识形态方面的论据

民营化是关于按市场体系配置资源和按非市场体系配置资源孰优孰劣的一般性争论的一部分。意识形态必然对民营化之争产生重要的影响。撒切尔政府早期在意识形态的推动下进行了大刀阔斧的民营化运动。这些意识形态的萌发得益于"亲市场"的政府智囊团以及经济理论的导向变化。即便是1997年工党替代保守党执政以前,这种意识形态的狂热已有不同程度的消退。我们应该实事求是地审视民营化的多种形式,在某些情境下,它是一种可供使用的方法,但是它并不是解决所有问题的万能良方。

如果对于民营化仍存在意识形态方面的争论,那么获胜方肯定是赞成民营化的一方,这从政策结果上就可以得出判断,而这恰恰发生在民营化的经济论据并不足以具有压倒性优势的情况下。还没有绝对的证据支持私营部门提供服务更有效率(尽管也同样没有证据证明公共部门提供服务更有效率),基于意识形态的判断并不能令人信服。民营化的论据和证据并不是强而有力的,但是,归根结底,那些支持政府垄断公共服务的人也没有提出什么有力可观的证据。目前,人们就经营公共企业不再是政府的核心事务这一观点已经达成了普遍的共识。但是,在决定是否要外包其他一些公共服务时,应该至少考虑到这一方式的相对成本和收益。

问责

管制、签约外包以及公共企业所涉及的一个关键性问题便是问责。在以上三者中，管制面临的问责问题可能最小，但是高度复杂的工作规范和程序带给管制机构的沉重的政治问责也会使其暴露出严峻的问题。一些形式的合同存在着很现实的问责问题。如果商业保密条款被加以使用，那么合同内容经常是保密的。不仅司法机关无法获知合同的准确细节，而且政府成员实际上也不甚清楚。合同条约的期限越长，问责问题就越凸显。如果公-私伙伴关系建立了一个超过 30 年的合同周期——这是非同寻常的，那么，在合同执行中政府所履行的公共责任将是最值得怀疑的。在如此长的合同周期内，政府将经历多次变革。的确，签约外包是和每届政府的功绩荣耀联系在一起的，因而每届政府将会签订一个比上一届政府更长的合同期限。

公共企业通常面临着一些特殊的管理问题，包括问责、管制、社会和行业政策、投资政策，以及财务监控。在以上所列的问题中，监控和问责是公共企业面临的最为特殊的问题，因为这是为了让公共企业在直接的政治控制中保持相对的独立性而有意图地制定的规则。如果监控过严，那么将其作为一个具有明显自主性实体单位的这项制度设定将不会发挥丝毫优势。但是，如果政府监控过于宽松，企业将可能不会对其拥有者——公众负责，同时这也会诱发一些诸如为什么政府还要掌握这些企业的所有权的问题。

公共企业面临的问责问题被归结为其所具有的与众不同的三个特质："首先……它们必须归政府所有；其次……它们必须从事以销售为目的的商品和服务的生产；最后，销售收入……应该和成本建立起某种关联"（Aharoni，1986，p. 6）。这些特征能够造成责任的混乱。公共企业是作为政府部门的一部分而存在的，但却进行商业化运营。它们虽然进行商业化运作但却没有股东；它们归政府所有，但政府通常又不给它们拨付资金；它们有自己的管理部门与董事会，但却要对某个部长负责。政府通常要求公共企业实现其他目标，而不仅仅像私营企业一样局限于追求利润最大化。

民营化和问责这两个问题是互为联系的。支持民营化的论据之一是公共所有权意味着问责的缺失。依据这种观点，这种缺失了的问责将被假定存在于私营部门之中，这实际上也意味着公共企业在社会中已无立足之地。在部分早期的公共部门改革进程中涉及重新确立对公共企业的控制权，让其支付更多的股息，以及设计确保问责得以履行的有效手段。这些改革的成效是叠加的，并不可避免地导致了公共企业进一步的民营化。如果问责缺失且无法改进，民营化的浪潮将变得更为强劲。

9.6 结论

在政府与商业之间存在着一系列的互动领域。税收就是它们之间一种长期的互动行为。然而以上讨论的三种方式——管制、签约外包以及公共企业，也许在政府改革的进程中最为重要。

管制的力度并没有下降，没有像管理的改革所宣称的那样。但是管制的性质却发生了变化:它正在从惠及少数团体的专门性管制措施转向促进企业间展开实际相互性竞争的激励性措施。虽然许多政府都有专门的管制审查机制和管制审查机构,但是要完全消除冗余的管制措施还有很长的路要走。撤除对某些利益既得者发挥利益保护作用的管制要比最初制定管制措施艰难很多。不可否认的是对于管制的改革将是大幅度的,但是完全解除管制也是不可能的。政府服务外包通常被视为管理主义改革的特征之一。这一方式的确有扩张的趋势,但是签约外包绝非一种新鲜事物。

伟大的公共企业试验似乎已告一段落。很难说任何发达国家和发展中国家的公共企业在未来能够存在得长远,尤其是公共企业大规模生产产品和服务的这一功能将不复存在。除了小规模的生产性活动,公共企业提供私人产品和服务的职能将以一种渐进的方式最终消失。虽然在全球金融危机时,公共企业有了复兴之势,但这仅仅是权宜之计,而非永久地回到 20 世纪 50 年代公共企业鼎盛时期。

即使公共部门和私营部门精确界线不能被严格地界定,它们之间依然有着重大的差别,尤其是在问责方面。所有政府组织都被假定是在政治系统的控制下通过某些方法对公众负责的,而私人机构则向它们的直接所有者或间接所有者——股东负责。社会对它们两者问责要求的差别如此之大,以至于必须警示:所有政府机构都不能被企业同化,即政府在本质上并非企业,并且在运作方式上也不能完全像企业一样。

第 10 章

战略管理

本章内容

- 引言
- 战略
- 私营部门的战略
- 公共部门的战略
- 战略计划模式
- 战略管理
- 公共价值与战略
- 战略的问题
- 结论

10.1 引言

当前,公共管理人员需要更多地考虑其所在组织的总体战略。用战略思维考察组织所处的外界环境,旨在描述清晰的目标和目的,试图脱离日常的管理任务,而以更系统的方式、更长远的眼光思考组织的未来发展。战略即是为组织的未来设定方向。如前所述,对战略的关注是公共部门行政模式和管理模式之间的根本区别之一。

传统的公共行政模式几乎没有战略的概念,审慎的、前瞻的计划或者根本未被实施,或者以极为有限的方式实施。的确,人们一直认为任何形式的战略都是"政治的",即使想到战略,也认为是政治官员的事情,与行政人员无关。公务员,如前述字典所定义的(见第1章),仅仅是执行那些政治官员的命令。如果没有战略的意识,没有最大限度地利用资源实现长远目标的观念,仅仅执行命令而不关注外部的环境,那么无论现在还是过去,行政都不可能有战略意义。传统模式沉迷于具体的程序,缺乏长期的观念,常常忘记了公共组织还有更大的目的和整体目标。

20世纪80年代初期,人们意识到,传统行政模式下政治官员负有战略责任的做法不能对他们的组织提供长期的战略领导。如果公共管理者要对结果负责,有必要考虑如何将每日的工作结果融合到组织的总目标和使命之中。因此,公共管理的核心之一便是确定总体战略并设定目标。这不仅仅要依靠政府,也需要依靠各个机构和部门的参与。

政治领导人更经常要求机构和公务员考虑计划和政策的长期影响。对公共部门战略管理的关注并不意味着削弱政治人物的作用,这通常是在他们的要求和鼓励下进行的,并且人民确实普遍认为,传统的政策与行政的分离是站不住脚的。战略目标和优先事项可以由组织本身决定,或许也可以同政治领导人共同决定。

如果没有战略意识,组织就没有了方向。日复一日的活动相加并不能等同于连贯的目标。对问题一个接一个的短期回应会导致组织运作缺乏一致性。从理想的角度而言,所有的活动皆有助于特定目标的实现,并会最终超越机构的整体目标。战略概念在公共部门的应用会产生一些问题,并招致一些批评。然而,归根结底这是传统行政模式所具有的问题,在决定如何面对未来时,系统的方法为问题的改善指明了方向。

10.2 战略

"战略"一词源于军事术语,本意是指赢得战争胜利的总体目标。与此相对应的是"战术"——赢得具体战役胜利的较低层次的目标。学术领域有几种不同类别的战略。人们一直对军事和国际层面的战略——有时也称作"大战略"(Kennedy,1988)——很感兴趣,它们从长远的角度看待国与国之间的竞争,从博弈理论出发定义战略,有时以此作为唯一定义(Dixit and Nalebuff,1991)。从20世纪60年代开始,有些重要的理论著作就把博弈理论与国际政治相结合,探讨有限核战争之类的问题(Schelling,1960,2006)。这是高层次的战略,此时用法相对单一,其回答的基本问题是:"下一步我们要做什么?""如何建立我们的组织,以解决经过我们分析所揭示出来的即将可能发生的事情?"

战略不是短期的考量,而是长远的考虑和远大的视野。战略更适合于管理,而不是行政。的确,对战略和外部环境的明确的需求程度是行政和一般管理职能的差异所在(Allison,1982)。战略不是一个具体的计划或者指令规划,它是为私人和组织的行动及决策提供方向的统一主题(Grant,2008,p.4)。

对战略的定义有不同的说法，但有四个基本要素（Grant，2008，pp.7-9）：
1. 简明、连贯、长期的目标。
2. 对竞争环境的深刻认识。
3. 对资源的客观评估。
4. 有效执行。

战略决策有三个共同的特点："它们是重要的，它们需要投入巨大的资源，它们是不可逆的"（Grant，2008，p.14）。关键是目标、资源和行动。战略的标准制定从组织的使命开始，接着是环境扫描，包括熟悉的SWOT分析——优势、劣势、机会和威胁，最后是行动计划。当然众所周知，这个标准公式仍有一些局限性。

首先，任务是一个相当有限的术语，它可以指一个相对低水平的战术事件，比如今天的任务是飞往法国，但不一定是战略性的。其次，环境扫描主要在两方面受到限制：一是对任何组织来说，分析自身都是非常困难的；二是很难确定环境对组织的影响在哪里结束。最后，行动计划很可能是有用的，但也可能是一份永远不会再被考虑的文件。

战略的一般模型

知识卡片10-1概述了战略的五个主要方面，经修改后可适用于任何环境，不管是私人领域还是公共领域，平民领域还是军事领域。

知识卡片 10-1

战略的一般模型

1. 目标——着眼于总体目标，即组织的根本目的。它正在努力实现的目标，它要去哪里，以及它在将来某个时候的所在位置；
2. 能力——组织的能力是指组织的内部资产，包括人力资源、实物资产、基础设施等方面的资源；
3. 意志和领导力——某个组织在某些领域可能拥有很多营业外资产，但现实中，即使成为拖累，仍无法或不愿意迁移。它的领导能力和领导者的意志决定了组织能够采取多大行动；
4. 地形——组织竞争所在的领域，或者说该领域的竞争环境；
5. 战术——有助于实现总体目标的较低层次的行动，前提是日常活动需要汇总到总体目标中。

知识卡片10-1中的一般模型只是对标准模型的改进；目标可以被认为是任务、能力和地形的SWOT分析的组成部分，而策略则可以被认为与行动计划有关。但"目标"这个词比"使命"更有力，一个组织的目标更为基本。此外，能力是比SWOT更好的术语，因为能力可以进行比较。换句话说，在能力方面，比如工人的技能，可以与他人进行比较；而固定资产可以计量。此外，标准模型的环境是相当模糊的，边界是不清楚的，而地形是相当具体的，指的是竞争将发生的领域，一个行业，一个领域，一个市场利基。战术也比行动计划更容易概念化。战术是指日常的低层行动，包括关键的任务，但这些关键任务必须凝聚到总体战略中。与既定战略不一致的战术无助于实现既定目标。增加意志力和领导力是现实的，因为一个组织可能已经万事俱备，但仍然不愿意采取下一步行动。而领导力是意志的化身。

10.3 私营部门的战略

战略概念在私营部门管理中运用得十分广泛。把战争与企业活动进行类比，源于古希腊苏格拉底对司令官与商人职责进行的比较，"两者都是通过计划利用资源来达到目标"（Montanari et al., 1989, p.303）。与苏格拉底同时期的中国，孙子所著的《孙子兵法》阐述了战略的思想，其思想在今天仍被学习和使用（Sawyer, 2007）。

近年来在商业领域，人们越来越多地使用战略一词，这源于钱德勒（Chandler, 1962）和波特（Porter, 1980, 1990）。战略在私营部门的运用显然非常充分，企业通过关注长期和外部的环境而非短期和内部的问题而获得竞争优势。一般的管理过程对于日常的运作可能就够用了，但是，企业有必要不时地对组织为何存在、它正在做什么以及去往何处等本质的问题进行重新评估。这样，资源将集中在具有长期战略收益的领域，同时在战略收益较少的领域适当减少。缺乏战略意识，忽视组织的长期目标，组织就不能像过去那样运作。

尽管假定战略观念在私营部门里的应用具有内在动力，但它真正被系统运用还是在第二次世界大战以后。哈克斯和马吉鲁夫（Hax and Majluf, 1984, 1996）认为战略计划的演变分为五个阶段：预算和财务控制阶段、长远计划阶段、企业战略计划阶段、公司战略计划阶段和战略管理阶段。由于战略计划与战略管理存在差别，以及各阶段在私营部门和公共部门的计划过程中存在互相补充的关系，上述既定的阶段与目前的讨论存在一定的相关性。

预算和财务控制是相对有限的计划形式。依据短期的财务结果可能产生相当短视的管理方法，最多是分配一年的预算资金。

长远计划，开始于20世纪50年代，由于包含了未来多年的销售目标而成为一种改进措施。战后一段时间"市场高度发展、可预测的趋势、一元化的企业，以及竞争者之间低层次竞争的局面"使长远计划具有了一定的意义（Hax and Majluf, 1984, p.11），但若没有这些条件，该计划就会受到一定的限制。一旦周边环境发生变化或竞争加剧，计划的前提条件不能满足，长远计划也就不起作用了。若假设未来只是从过去的数据中得出的直线规划，也会存在一些问题。

哈克斯和马吉鲁夫把战略计划分成三种形式，它们有某些共同点。它们都确定组织的任务，实施某些环境监测，明确一系列的目标并通过制订战略计划来实现这些目标。

第一种形式的战略计划是**企业战略计划**。它始于20世纪60年代，那时正是企业任务、环境监测及分析等概念首次出现之时。企业**任务**包括对现行与预期的企业范围、产品、市场以及数年时间内的预期做出明确的界定。任务涉及对组织所从事的业务内容的审视。**环境监测**包括对组织内部的优势、薄弱环节、机会和威胁进行的详细评估（SWOT分析），它包括企业内部的一些项目，如工人的技能、管理能力、工厂类型、财务结构、政府部门的限制等。然而，其真正改进之处在于对外部环境进行客观冷静的分析，包括：市场构成和发展趋势（包括其他国家）、技术革新的程度、来自同类产品或替代产品的威胁、竞争对手的能力，以及任何会影响组织存亡的事情。**目标**是在企业任务和环境监测基础之上的更加具体的指向。较高管理层次的战略要素在较低层次上就变成了目标。企业战略计划是根据企业任务、环境监测以及明确的目标，从短期计划和长期计划发展而来的，并且与资源配置和绩效测量结合在一起。

第二种形式的战略计划是**公司战略计划**。这种形式在20世纪70年代随着"国际竞争的加剧、社会价值观念的变化、军事和政治的日益动荡、公共消费者识别能力的增强，以及国际经济不景气"（Toft, 1989, p.6）而开始出现。公司战略计划比企业战略计划更关心组织的高层，并且更关心企业各部门之间的职责分配。这种形式的战略计划比第一种形式的战略计划在具体细节上要周详得多。

企业战略计划和公司战略计划都有它们的局限性。安索夫（Ansoff, 1988）认为，早期的战略计划"面临三个严肃的问题：'分析失效'，即计划成果微乎其微；引入战略计划的'组织抵制'；高层管理人员撤销或放松对计划的支持，将战略计划置于一旁"（p.166）。这些问题催生了第三种形式的战略计划——战略管理。

20世纪80年代，**战略管理**开始取代战略计划，它更为精确和细致，包含了战略计划的功能，但所包含的内容又要比战略计划深远得多。二者的不同之处在于，"战略计划关注的是制定最佳的战略决策，而战略管理侧重的则是战略产生的结果：新市场、新产品和（或）新技术"（Anoff, 1988, p.235）。因此，战略管理更具综合性，它并非仅仅制订计划，而是旨在使计划与组织的所有部门结合起来。

战略管理是"企业经营的一种方式，是等级制组织的各个层级的终极目标，它使企业价值、管理能力、组织责任，以及将战略决策和运作决策联系起来的行政系统都有所发展，并跨越了所有的业务领域以及企业权威的功能界限"（Hax and Majluf, 1996, p.419）。战略管理旨在将战略愿景贯穿于组织的所有部门，并涵盖每个行政体系。它不是机械地运作，而是"承认个体与群体所扮演的中心角色以及企业文化的影响力"（Toft, 1989, pp.6-7），并且在任务陈述之前，首席执行官（CEO）应该描述企业的长期愿景。这种企业哲学"必须提出一个统一的主题和对所有组织部门的关键挑战，传达一种能够实现的理想观，为所面对的日常活动提供灵感源泉，成为一种与企业道德和价值相适应的普遍的激励性指导力量"（Hax and Majluf, 1996, p.255）。

此处有两个要点值得注意。首先，计划、管理控制和组织结构之间需要更好地整合。计划不应该被视为一种独立的活动，仅仅依靠单独的计划部门，而应该被看成是管理部门的职责，并且不能脱离于组织之外。其次，组织需要关注其自身的组织"文化"。计划仍是战略管理的题中应有之义，但由于组织文化中的人为因素的存在及其对管理的影响，故需要对执行问题投以更多的关注。

显而易见的是，战略管理适合于私营部门，并且如果实施顺利，就会为企业提供信息基础，做出常规运作方式难以做出的决策。它有时有助于企业从常态管理过程或日复一日的工作中解脱出来，思考组织生存和未来发展的根本问题。其他类型的战略在私营部门中也有运用，但战略管理仍是应用得最广泛的（Hax，2010）。

10.4 公共部门的战略

在钱德勒（Chandler，1962）之后，战略才开始在私营部门扎根，但我们也应该知道，战略起源于军事，也就是它起源于公共部门。如前所述，行政不需要战略，但管理需要战略；所以，战略应成为公共管理改革的主要方面之一，这是毫无疑问的。

公共组织长期存在，但时常伴随着焦点不明的问题。它无法弄清，仅是完成法律授予它的任务，还是努力不断超越自己？组织运行是与预算逐年并行规划，还是应该考虑5年、10年甚至更久之后的长期规划？可以想象，公共部门也可能会从战略方法中受益——虽然有必要对私营部门的某些观点进行修正。一种观点认为，公共领域的战略意味着公共部门要具有某种使命感，如何为实现更广泛的公共利益，而提供更加优质的保障，这就要求公共部门具有预测认知未来和规划政策的能力（Lusk and Birks，2012，p. 212），这一定义与私营部门对战略的理解有一定相似之处，但对公共利益，以及公共目标和能力的理解方面还存在不同。

某些形式的计划在公共部门已经使用了几十年，它们所用的方法与前面提到的私营部门战略计划的五个阶段相当接近。预算和财务控制很早就被运用于公共部门之中。这一计划阶段可被认为是传统行政模式的组织精髓，计划的主要目的只不过是进行预算分配。长期计划也是以与私营部门相同的方式被运用于公共部门之中，并且同样会产生预测的问题。公共部门的战略计划，出现在20世纪80年代初期，在这方面，它明显落后于私营部门的发展。政府要求其机构准备战略计划已是非常普遍。现在公共部门采用战略管理，又出现了与私营部门存在几年差距的滞后现象。

10.5 战略计划模式

公共部门采用战略方法的最初阶段是围绕战略计划进行的。奥尔森和伊迪为其下了一个有益的定义（Olsen and Eadie，1982，p. 4）："战略计划是在宪制框架内，为制定那些影响政府行为性质和方向的根本性决策所进行的专业性努力。"此定义强调三点：(1) 战略决策是"根本性决策"，而不是低层次的决策，因为低层次的决策采用标准的官僚制方法就可以做出。(2) 战略决策被具体定义为影响组织"行为性质和方向"乃至整个未来的决策。(3) 战略计划的范围受到政治与宪法的约束，这一点与私营部门明显不同。在理论上，战略计划并不会破坏标准的政治或官僚制方法，而是运行于其中。

20世纪80年代初，奥尔森和伊迪（Olsen and Eadie, 1982; Eadie, 1983）是那些主张战略计划应在公共部门占有一席之地并可向私营部门计划多方面学习的先驱者。他们认为战略计划过程包含以下基本要素（p.19）：

● 整体任务与目标的陈述，由组织的行政管理部门制订，提供战略发展的框架——战略所指向的"目标"。

● 环境监测或分析，包括对目前和预期的外界要素和条件的确认与评价，这是组织战略形成过程中务必考虑的内容。

● 内部概况和资源审计，即根据战略计划形成过程中必须考虑的各种因素，对组织的优势与不足进行分类及评估。

● 战略计划的制订、评价与选择。

● 战略计划的实施与控制。

在这一模式中，公共部门的战略计划与私营部门有着明显的相似之处。当与前述私营部门模式进行比较时，似乎可以看到它与企业战略计划模式有着极大的共同之处。

布赖森对战略计划提出了更加综合的考虑（Bryson, 1988, 2004, 2011），在知识卡片10-2中，他描绘了战略计划的十个步骤（2011, pp.43-80）。布赖森模式是一种源于私营部门的战略计划模式，但考虑到公共部门的实际情况又做了些许调整。

知识卡片10-2

布赖森的战略计划模式

1. 开始制订战略计划并取得一致意见。
2. 明确组织权限。
3. 阐明组织任务和价值。
4. 评估内外部环境来确定优势、劣势、机遇和威胁。
5. 确定组织面对的战略问题。
6. 制订处理问题的战略。
7. 检验和采纳战略或战略计划。
8. 确定有效的组织愿景。
9. 制订有效的实施方案。
10. 再次评估战略和战略计划过程。

第一步显然是开始制订战略计划并取得一致意见。第二步是明确组织权限，或是关于公共组织立法的具体规定。这一点是与私营部门的主要区别。私营部门的授权没有限定,就好比一个钢铁等专业领域的企业,其业务逐渐拓展到石油或食品行业是很正常的事情。在公共部门情况并非如此。公共部门所拥有的权限是法律明确规定的,这就限定了它的活动范围。

第三步,明确组织任务和价值:它为何存在,目的何在。公共部门认为要明确决定自己去干什么非常困难。例如,政府社会福利部门或政府卫生部门的准确目标是什么?然而,处于这样一个要求政府确定清晰目标和方向的时代,目标的模糊不清实在是一个很大的缺陷。在组织或机构的目标具体化时战略计划能起到一定作用。虽然在贯彻过程中会有歧义,但这些指标和目标的确定应尽量以经验为原则。

第四步,评估内外部环境,包括与私营部门本质上流程相同的 SWOT 分析——优势、劣势、机遇、威胁。公共部门处于机遇和威胁并存的环境下。传统行政模式中的公共组织由于过于封闭、过于关注内部事务而不去思考其组织如何存在于政府和社会整体之中,因而遭到了人们的批评。一个完善的战略计划将探讨组织在与其有关联的外部环境中所面对的机遇和威胁以及它的内部能力。公共组织生存于一个始终存在威胁的环境之中,完备的计划应指出这些威胁并加以细化。它应超越目前的表面现象,而描述出组织在更大范围的环境中的清晰、综合的图像。

当公共组织评价外界环境或者认为有必要如此去做时,它和私营部门基本没有什么区别。存在差异的地方在于强调的重点不同,如纳特和贝克沃夫(Nutt and Backoff, 1992, p. 180) 所言:

> SWOT 分析强调的重点在不同部门是明显不同的。首先,企业与市场紧密联系,而与政治联系较弱。与此相反的是,公共部门和第三部门的组织对市场的界定宽松,并通过权威系统施以限制……其次,企业寻求机遇,而公共部门和第三部门的组织受威胁驱使。

这段评论相当富有洞察力。公共组织更可能是被动的而非主动的,更容易对威胁有所反应,这意味着我们可以预见战略制订会产生不同的结果。

组织的内部运作对其生存也非常关键。假如组织内部存在薄弱环节,尽管它想尽一切理由为削减经费一事进行辩护,在这种氛围中,也很难证明其继续运营的合理性。内部环境评估要求对组织成员的能力进行全面评价,包括员工的品质与资格、年龄、性别、等级制组织的其他方面、离职率,以及包括士气等在内不能进行量化测评的方面。还应有对资源情况尤其是财务方面的评估,以及对现行制度的评估,其中,信息制度和会计制度等尤其值得注意。

第五步,布赖森试图确定组织面对的战略问题。它们应该作为环境监测活动的结果呈现出来。应通过某种方式将战略问题与日常问题分开,而且,由于战略问题是形成和贯彻战略的基础,因此需要将它们罗列出来。战略问题的一个例子可能是一个重要的人事问题,如税务机关有经验的高级会计人员辞去公职而到薪水比较高的私营部门任职。战略问题的另一个例子可能是特定商品或服务的提供问题,如按照某种管辖权限,通过合同转包给私营部门,由此可能会产生考虑未来的民营化问题。战略问题是个重大问题，它影响组织的前途和功能。

第六步，依据逻辑制订处理问题的战略。制订战略——有时被称为制订"行动计划"或"行动方案"（Hax and Majluf, 1996）——是对前面所述各步骤提出的战略问题制订解决方案的阶段。在上述有关战略问题的例子中，解决员工问题的方法应是提高薪水和提供更好的条件，从而让该会计人员留任。假如一个组织感到它的生存受到各种形式的民营化的威胁，就需要预先采取措施，使自己能够继续生存下去，同时也要考虑到其成员另谋职业等负面情况的发生。

第七步，一旦战略形成，就需要将其作为官方决策来适应和执行，尤其是在大的组织中。若组织的战略计划是由其下属团队拟定的，那么它的实施还需要得到批准和认可。可以说这是战略计划不应该由一个独立的团队作为一项独立的活动开展的一个原因。

第八步，组织要描绘它对成功的展望——战略成功实施、组织潜能完全发挥后会是什么样子。愿景描述往往被列为制订战略计划的首要因素之一。布赖森（Bryson, 2004）认为反复地宣讲规划在组织成员知道他们想要什么之前是必需的，同时"对未来图景探索得越远，就越能完整而清晰地表述它的样子"（2011, p. 64）。英国《公民宪章》的发布就是为了调节公共组织与顾客之间的关系。这一步骤或许在一定意义上为组织成员提出一个共同的愿景以协调他们的行为。

第九步，制订有效的实施方案。战略不能自行实施，执行所提出的活动对任何战略计划的成功都至关重要。

第十步，组织应"再次评估战略和战略计划过程，为新一轮战略计划制订拉开序幕"（Bryson, 2011, p. 66）。战略本身并不运作，它可能在下一次交互影响中改进自身过程。这种期望的成果包括"维持优秀的战略，通过适当的变革和规划修改、修正欠缺的战略，除去不符合要求的战略"（p. 319）。有效的战略管理系统或绩效管理系统能帮助战略计划进一步起作用，同时围绕目标进行工作进展的监测。

简言之，正像布赖森所提出的模式那样，战略计划的确给公共部门提供了很多帮助。通过各个步骤达到的一个阶段性成果能确保公共部门制订战略计划，满足政府不断增长的需求。但是，就如布赖森强调的，"战略计划最终不应是对一个特定过程或计划产品的僵化固守"，相反，战略计划制订者应"代表组织及其利害关系人来促进灵活的战略思维和行动"（Bryson, 2011, p. 21）。战略计划不可能脱离政治过程，事实上，它应被看成是政治过程的附属，并受到一定限制。公共部门的这些限制或许比私营部门多，这使其制订计划的方法和内容有所不同，但却没有削弱这一过程的重要性。

战略计划在公共部门中的确有局限性，这与私营部门中的情形极其相似。在公共部门制订战略计划的初期，战略计划过程的唯一产物通常是制定正式的文件。这种文件"即使不是唯一的产物，通常也是主要产物"（Eadie, 1989, p. 170）。布赖森强调战略计划并不是灵丹妙药（Bryson, 2011, p. 19）：

> 战略计划仅仅是一种深思熟虑的、遵守纪律的方法，帮助组织中的关键决策者弄清楚他们应该做什么、如何做以及为什么要做……战略计划仅仅是一系

列设想、程序、工具等，目的在于帮助领导、管理者及计划制订者战略性地思考、行动和学习……利害关系人若能灵活而有技巧地运用它，则战略计划能帮助组织聚焦于制定高效的决策并顺利开展工作，并在这一过程中创造公共价值、推进组织使命、维持组织权限及满足利害关系人的需求……相反，若使用战略计划时欠缺考量或在形式上过分运用，则战略计划会失去其对战略性思考、行动及学习的促进作用。

战略计划也许不能在任何时间适应任何组织，但它显然比通过预算去计划或仅仅通过预测去计划的效果要好。然而，最近出现了向战略管理发展的趋势，这是一种同样也来自私营部门的、综合性更强的方法（Elcock，1996）。

10.6 战略管理

如前所述，私营部门战略计划的第五个阶段是战略管理，而公共部门也同样是由于认识到战略计划的局限性而向战略管理方向发展的。

战略管理旨在将计划职能与整个管理工作整合到一起。除此之外，对战略管理到底包括什么也有不同的看法。如在私营部门，战略管理包括了对机遇与威胁的环境分析，并形成战略计划去利用机遇或应对威胁。战略管理包含战略计划，它是一个"更具包容性的概念，强调组织与环境之间的有力互动，是一种渐进的方法论，容许对环境进行监测，以选择通过一定的付出可以获得最大利益的目标"（McCaffery，1989，p. 194）。

博兹曼和斯特劳斯曼（Bozeman and Straussman，1990）认为战略管理包括四个方面，他们指出（pp. 29-30）：

> 当我们使用战略管理这一术语时，它受四个原则的指导：（1）关注长远；（2）把目的与目标融合进统一的系统；（3）认识到战略管理与战略计划不会自行贯彻这一点也非常重要；（4）强调一种外向性的观点，不是去适应环境而是要参与和改变环境。战略性的公共管理则需增加额外的一项要求，即战略思维必须考虑政治权力的行使问题。

前面两点与战略计划基本上没有差别。然而，有效的贯彻执行和与环境更为密切的相互作用，是从战略计划过渡到战略管理的永恒主题。通过这些观点可得出，战略计划到战略管理的转变，首先更关注发展计划及其代表性，其次更强调贯彻实施。在这一层面上，战略计划与一般性计划框架的差别并不显著，而在布赖森（Bryson，2004，2011）看来，一般性计划亦是战略规划的一部分。

战略管理包括战略计划以及通过与以前相类似的方法所形成的具体计划。纳特和贝克沃夫（Nutt and Backoff，1992）提出了六点战略管理计划（p. 152）：
- 根据环境发展趋势、总体方向及规范理想，描述组织的历史关联因素；
- 根据现在的优势与劣势、未来的机遇与威胁分析判断目前的形势；

- 制订当前要解决的战略问题议程；
- 设计战略选择方案，以解决需要优先考虑的问题；
- 根据利害关系人和所需资源评价战略选择方案；
- 通过调动资源和对利害关系人实施管理以贯彻需要优先考虑的战略。

纳特和贝克沃夫提出的第一点非常新颖。它要求战略管理小组"重构组织的历史沿革中具有特殊意义的方面"。这样，"趋势、事件、方向都得以考察，即关注它们在过去的变化和将来可能发生的变化"（Nutt and Backoff, 1992, p.169）。组织有其历史和文化，在制定战略时二者都需要予以考虑，尤其是与公共部门相关的环境。

第二、三、四点与战略计划模式很相似。环境监测被假定更为全面，但这只是重点的不同而非类型的不同。战略问题与选择也与以前的模式相似，真正的差别在于确认了利害关系人，并通过他们去实施战略。

战略管理的执行

执行既是指战略管理的执行，也是指所有已制订的战略计划的执行。所有这些都不可避免地涉及组织内的变革。由于"公开性方面的限制、政治影响、权限、监察以及职工所有权"，公共部门战略管理的执行则更为艰难（Nutt and Backoff, 1992, p.201）。

执行中最大的问题是如何使组织成员确信战略所指向的目标是有用的，以及该战略的实施所带来的变化将使组织长期受益。对计划自身而言，有可能事先就存在相反的意见，且会涉及各级组织中的人员。组织由人组成，他们有自己的文化。使人们信服或改变某种文化，需要的是管理而非假设。战略计划模式将侧重点集中于具体步骤之上，而没有考虑到人员的参与问题。对执行过程不能简单地施加压力。战略计划必须有主管人，对利害关系人也要进行管理。由战略计划到战略管理的一个关键性的转变是格外关注利害关系人的重要性。这与"狭隘的战略计划观念不一样，利害关系人是组织与环境内的决策制定者，他们与组织绩效有利害关系，可以协助或妨碍战略的选择和实施"（McCaffery, 1989, p.195）。

改进战略管理过程有一些要点。人们通常认为，设立独立的计划部门去完成计划工作并非制定战略的最佳途径，因为组织的其他部门会感到对战略计划没有发言权。这是战略计划和战略管理在一些构想上的不同点。战略计划的确有设立独立的部门、独立于组织的运作、由专家进行规划的意思。最好是由5~10名管理者组成战略管理小组，其中既包括行政主管，也包括高层管理者以下的更接近操作层面的各级管理人员（Bozeman and Straussman, 1990, p.47; McCaffery, 1989, p.196）。纳特和贝克沃夫（Nutt and Backoff, 1992）也认为组织内的战略管理小组由"能代表组织内外利益与权力中心的个人组成，这个小组成为转变观念和如何在组织内部促成转变的重要因素"（p.152）。行政主管也应该是该小组的成员，并对组织规划的安排和实施负全部责任。事实上，这应被看成是他（她）的主要任务。

战略管理的主要目的在于把战略思维融入管理的所有阶段之中，而不是制订只产生空头文件的一次性计划的实践。这种融入较为困难，尤其是在公共部门。事实上，这似乎意味着战略计划比战略管理应用得更广泛（Toft，1989，p.6）。将战略概念引入公共部门较为困难的一个原因是它们中的大部分在组织运作和思维过程方面长期一成不变。为动态组织——一个期待改变的组织——寻求改变需要文化上的完全调整。

10.7　公共价值与战略

公共价值是看待公共部门战略的另一种非常有用的方法（Moore，1995）。一个战略规划和战略管理的开放性问题是：被看成是为某些公共目标服务的公共组织希望实现什么。穆尔（Moore，1995）提出公共部门应寻求创造和维持"公共价值"，类似于私营部门创造的私人价值。

穆尔提出了一个"战略三角"，将合法性与支持、运行能力和公共价值这三个角联结起来。公共价值来自三角形的其中一点。虽然公共部门致力于创造公共价值，但公共管理者也意识到需要考虑到自己所授权的环境——合法性和支持的来源、他们的才华和工作能力。公共管理者对这个三角形的三方面的考量有助于聚焦到组织在战略层面的行为，三组联系中的失衡可能威胁到组织的未来。正如穆尔（Moore，1995，p.73）所说：

> 这一概念将管理人员的注意力向外集中在组织生产的价值上，向上集中在价值的政治定义上，向下集中在组织当前的绩效上。在某种程度上，这种评论揭示了组织在立场上的冲突与矛盾。那么组织的管理者就要重新对组织的战略进行思考，直到战略得到再一次的校对及修订。

公共价值对于公共管理者而言，具有某种使命感。这与体制内大多数工作的执行方式是一致的，也就是说，执行社会所重视的某些任务。虽然追求公共利益也具有很重要的社会意义，但是对于公共管理者而言，将公共利益作为掌舵的最终基准，可能还是不够明确。当然，公共管理人员必须在政治体制内工作，并且他们所在体制内的某些机构都有自身正在开展的战略目标。公共管理者最终还是要按照所在机构的战略目标行事，而不是单纯地坐等上级指示。更佳的答案是公共部门通过长期存在的机制，做公众期望的且符合公共价值的事。

战略得到加强，就如穆尔（Moore，1995，p.20）所主张的：

> 依照这种观点，公共管理者被看作和他人一起发现、定义、创造公共价值的探索者。他们是帮助发现和定义什么有价值的代理人，而不仅仅是设计达到授权目的的方法。他们是改变公共组织做什么和如何做的重要创新者，而不仅是对确保延续性负责。简言之，这种观点认为公共管理者是战略家，而非技术人员。

这种观点引起共鸣，因为它为公共组织提供了一个目标，它为它们的战略设定了目标。一个组织在日常生活中有一个超出其政治领导人可能想要的目标，这给公共组织及其工作人员提供了更多的方向。这也符合实际，对实践管理者来说也是有意义的。一位从事环境保护工作的政府科学家正在努力改善环境，他认为这一作用是持续的，对政治要求的回应更为有效。

公共价值的概念可以帮助一个机构甚至是一个公共管理者认清他们试图达到的目标是什么。简单地说一个机构仅仅试图完成其当前任务，这种认识是不充分和缺乏灵感的。这是行政管理，而不是管理。所以一个机构要有清晰明确的目标为其长远发展提供战略方向。当然，一个机构也必须完成它的现有任务，这个任务应该具有某种目的，某种意图，也就是它正在努力做的事情是否符合公共价值的标准。如果一个机构的目的无法明确表达，那么政府很可能会关闭它。正如布赖森（Bryson, 2011, p. 117）所言：

> 任务、使命和价值共同表明了组织将创造的公共价值，并提供了组织存在所依赖的社会正当性和合法性。公共组织和非营利组织是外部公正的。这意味着，政府特许它们去追求某些公共目的，而它们的正当性得到了更广泛的社会认可。这些组织必须找到方法来证明它们的运作确实创造了公共价值，否则它们就有可能失去其存在的社会正当性。

在更广泛的社区中获得支持的机构比仅侧重于政治领导的机构更有可能生存。

公共价值的路径招致了批评，其中最著名的罗兹和万纳（Rhodes and Wanna, 2009），他们不赞成公共价值路径，并认为它将使公务员颠覆、替代政治家。在谈到公共价值时，他们声称（p. 162）：

> 我们认为它错误地判断了管理在现代公共部门中的角色。它为公务员创造的角色是在他们不被任命、不合适、准备不充分，最重要的是在产生错误时不被保护的情况下的角色。它要求公共管理者取代政治家，参与政治过程，并成为公共利益新的柏拉图式的守护者和仲裁者。

这种批评是毫无根据的。最好将公共价值视为自由市场里私人价值的相似物。任何机构都应意识到其在政治系统中的位置，并努力通过一些途径提供公共物品和服务，让公众在某种程度上看到好处。同时，公共机构必须遵守政治领导人的指示。大部分机构有持续性，而非因政治家名义上的统治而发生改变，这是毋庸置疑的。公共组织应被看成是为某些公共目标服务的。公共组织希望实现什么？它有多大的权限能决定它要实现的目标？若答案是公务人员只是遵守他们政治长官的指示，则是倒退回传统的公共行政模式了。

从公共价值的角度来看，也会产生责任问题。罗兹和万纳（Rhodes and Wanna, 2009, p. 180）提出，"依照公共价值的方法，应该鼓励公务人员忽视民主政治的惯例，而依赖于他们自己对公共利益的理解"。然而，穆尔（Moore, 1995）预见了这种批判，假定了在理论和实践中"严格区分政策和行政"是不可能的，如果公共管理者能更精确地定义公共价值，这能帮助社会"形成必要的美德"（p. 21）。

而且，在现实中，公共管理者就像前公共管理时期的公共行政官员一样仍然参与公共政策的制定。明确要求各机构从战略意义上确定它们的目标是产生什么样的公共价值，似乎并不成问题。

10.8 战略的问题

对战略计划和战略管理，一直存在批评意见。一部分批评是从总体方面对战略计划或战略管理提出的，另一部分则主要是针对其在公共部门中的应用而提出的。

过于简化

在安排政府的复杂事务时，正式的战略过程变得过于简化。尽管也是有逻辑地遵循不同的步骤，但对战略处境的分析很多时候不只是填满标准化的表格那么简单。标题能提供考虑组织战略的框架，但它本身不能构成一份计划。SWOT 分析过程在很多特定情况下存在问题，在私营部门也有一些争议。一项研究表明，正如许多公司所验证的那样，SWOT "作为一种分析手段或作为企业战略评估的一部分是无效的"，因为 SWOT 活动及其输出 "根本构不成分析，因为它们没有超出描述的范畴，而描述范畴中所使用的只是最一般的术语"（Hill and Westbrook, 1997）。尽管任何好的计划都需要经过组织的自我检查，但往往组织很难真正以批判的眼光看待自己，因为这可能被分析成对当前领导的直接批评。这种做法对一份有意义的战略计划来说是必需的。在公共部门中，通过 SWOT 分析得到的内部不足问题可能被政治上的对手或媒体当作问题抓住并加以利用。这意味着内部能力的检查可能只停留在表面。

过于僵化和迟钝

正式的战略过程在应对快速的变化和动荡不定的外部环境时可能过于僵化和迟钝（Olsen and Eadie, 1982, p. 66）。在一些情况下，战略管理以非常僵化的形式被强制地应用于机构中。同样，多年一成不变的计划自然会失败，因为它周围的环境一直在改变。通过有力的执行和定期更新计划或者将战略管理看成一个连续而不是循环的过程，这个问题便能得到解决。计划本身也不应该是主要产品，它是以真正有价值的战略途径考虑组织的过程。

公共部门的环境不同

把战略概念应用到与私营部门差异很大的公共部门中经常受到批评。目前使用的战略计划和战略管理的确来自私营部门。与私营部门的战略相比，公共部门的战略可能存在更多的问题和限制，这"包括宪法、立法和司法命令、政府法规、管辖权限、稀缺资源、政治气候因素、顾客与选民利益"（McCaffery，1989，p. 207）。直接引入不一定起作用。公共部门的战略管理者"在采用私营部门的方法时，应审慎为之：这种方法假定有明确的目标、利润和经济目的、无限的行动权力、秘密研发、有限的行动责任，以及通过市场机制——利用财政结果信号——进行监测等"。但在公共组织内，"这些假定中的大多数都是无效的"（Nutt and Backoff，1992，p. 23）。

战略管理在私营部门中取得的成绩足以证明它是相当有效的一种模式，但是把它完全照搬到公共部门就会产生问题。比如目标问题，因为公共部门发现很难给自己的行动确定目的或目标。任何计划都可能因"过分强调计划性而变成了一种装饰和象征，对实际管理没什么作用"（Montanari et al.，1989，p. 314）。这是个现实的问题，尤其是当整个过程只产生个别文件，而不是在管理实践中产生真正的变革时更是如此。公共部门在早期阶段制定战略时，大都犯有这些错误。然而最近随着战略管理运动的推进，战略可以被证明是最有前途的方法——正如其在私营部门中的那样。

问责问题

长期存在的问责问题可能与战略管理产生冲突。如果战略是组织制定的，那么这有可能被人们视为篡夺了政治家的权力，这样就会产生问责问题。一个好的战略计划必须结合公共部门的政治基础。战略计划和战略管理并没有代替政治决策的制定，而是寻求"改善那种露骨的政治决策制定形式，然而，这是通过确保问题的提出与解决以有利于组织和重要的利害关系人的方式实现的"。在许多情况下，是政治领导层中的决策者希望公共组织进行战略评估和管理。这通常意味着一个有效的政府战略规划过程可能需要职权链条上的管理者和政治决策者的共同参与（Bryson，2011，p. 76）。

目标设定的困难

在公共部门环境下设定目标较为困难。决定公共部门做什么有着明显的困难，决定其任务和目标并不容易，也可能没有任何意义。有人可能认为，公共部门的组织目标含混不清，战略考虑毫无意义。对于这一点，可以做出如下回应：目标设定不明确的程度并非像设想的那样，实际上公共部门与私营部门并没什么差别。按照安索夫（Ansoff，1988）的说法，目标是眼下"企业伦理中最具争议的问题之一"。有些学者寻求"取消利润作为企业中心驱动力的地位，而用股东的平等责任、长期生存，以及企业内各方之间的协商一致等诸如此类的学说取而代之"（p. 28）。这与私营部门关于纯粹利益动机的通常假定差距太大。如果现实中企业的目标是使"受到影响的各参与方之间意见协商一致"（p. 31），那么这与对公共部门的利害关系人的看法，并不存在什么真正的区别。

纳特和贝克沃夫（Nutt and Backoff，1992）用"最终目的"来取代目标。就如他们所主张的（p.177）：

> 我们的战略管理过程是用最终目的取代目标。之所以不用目标，是因为它们在公共组织中模棱两可，即使在试图澄清目标的努力之后，也仍然是这样……然而，目标的含混不清使其很难被修正，甚至无法对现实进行评价。在这种情况下如果没有关于组织目标的概念，所有的变革就变得有争议，组织的战略也就停留在过去的实践和传统的智慧基础上。为了提供可确定意图的目标，我们使用最终目的的概念。通过最终目的所提出的目标可以与具体条件联结，确定与目标类似的指标，并为相互竞争的观点——对组织的界定的争论——寻求妥协提供方法。

战略管理过程可以用这种方法进一步发展，而不会陷入确定准确目标的困境。组织也须有某种最终目的，以此来制订有确切含义的战略。公共部门需求的流动性和对精度的需求加强之间确实存在着紧张关系。政治家或中央机构越来越需要包含明确目标和目的的计划并将其作为预算决策的一部分。从长远看，在与其他机构争夺资源的过程中，没有明确目标的机构将更难生存。

短视效应

可以说公共部门的短视导致任何长期计划都必定遭遇失败。虽然时间观念是个问题，但它并不对任何战略计划都具有决定性意义，所以应该将其作为计划分析的要素。在迅速变化的领域之中，任何长期计划的确都需要不断保持更新。某些私营部门产业的变化非常快，比如计算机行业，但战略管理却仍然适用。

此外，还有其他一些问题，例如：制订计划的信息不足；对于战略计划中的重要活动可能会存在一些偏见，从而增加了这些活动的成本；组织成员可能会因为培训不足而问题不断，战略计划被束之高阁，组织成员根本认识不到它的价值。

然而，这些批评并非诋毁性的，并不能完全否定公共部门运用战略管理的价值。但这些批评对那些过高的期望则是个警示，强调利害关系人须认真执行战略。这一思维方式是至关重要的，把战略观念引入公共部门是有价值的，但前提是它必须切合实际，不能过于僵化，须使利害关系人认真执行，并且它应有助于管理，而不是以其自身作为目的。实际上，"从官僚制组织转向不断改进和回应民众的战略导向的组织，的确需要一些时间"（Joyce，2000，p.229）。在完成转变之后，或者在其进行转变的过程中，在重点、结果以及最终目的方面，应该会对组织产生积极的作用（Mulgan，2009）。

明茨伯格（Mintzberg，1994）对将战略计划形式化进行了批判，并认为简单而合乎逻辑的步骤与SWOT分析相结合也许并不能带来战略眼光。成功的战略更有可能是自发产生的，源于生存环境而非经考虑后的战略，尤其是那些来源于一个分离的战略计划团队的战略（pp. 24-27）。然而，在对战略计划连续不断批评的最后，明茨伯格提出，"过多的战略可能带来混乱，但是太少也一样，甚至会更加直接"（p. 416）。这方面的教训不少。战略计划或战略管理的形式化可能会带来问题，但与对未来无聚焦、无战略、无计划且对组织的发展没有想法相比，这些问题就可能小得多了。

10.9　结论

　　增强对战略的关注是从传统行政模式向管理模式转变的内容之一。没有组织会想当然地认为自己的未来可以高枕无忧。即使公共部门不会马上面临如同在私营部门的那样——如果商品卖不出去就要被淘汰的威胁，从战略管理的角度看，公私部门间的这种差别已不再那么大了。政府将不断面临重组、与其他部门合并、民营化、政府职能缩减等威胁。确定性的缺乏并不一定总是坏事，它可以把注意力放在组织的目标和任务方面，用一定的措施满足政府的整体战略目标。从理论上讲，有可能把战略计划过程和公共部门其他改革结合在一起。根据战略计划过程，它能够识别出应集中关注的运作区域。这些都被确认为是有独立的经费和绩效测量方案的具体方案。在一定时间里，成功或失败的评估能反馈到总体的战略计划过程中。

　　在私营部门，虽然还没有证实战略管理和战略计划是灵丹妙药，但它仍是管理的有效工具。在公共部门这也是不争的事实。展望未来，其对公共部门的组织来说是有益的实践，而这在以往传统的行政模式之下却往往受到忽视。倘若战略计划的目的是有助于提供信息，那么应该说它已经被证实是有用的。公共部门的战略计划已经有一些失败的案例，但我们并未吸取这些教训。战略管理本不该以过于刻板的形式被引入公共部门。这一过程应包括作为整体的妥协、政治限制和政治活动，而不是发生于其模式之外的。

　　战略计划或战略管理并不是一蹴而就的事情。重要的是制订计划的过程而非计划本身。也就是说，战略概念的运用可以使组织从上至下具有共创未来的共同愿景，但它并不能保证不犯错误，只有当人们希望战略计划和管理起作用时，它才会起作用（Bryson, 2011, p. 401）。战略计划和战略管理仅仅为公共组织提供了某些方向和目标，而这或许正是从公共行政向公共管理转变的过程中所必不可少的。

第 11 章

人事管理和领导力

本章内容

- 引言
- 传统的人事管理模式
- 人力资源管理
- 领导力
- 带来变革
- 结论

11.1 引言

公共部门的改革业已影响了政府的诸多方面，包括机构的组织方式、人员的配置方式和领导方式。政府的管理运作仍然发生在机构内部，并且除去技术改进和时兴的设备设计，其余基本上都与一百年前如出一辙。然而最大的不同，在于规则、程序、任期，以及与为政府工作的人员有关的一些条件。尽管传统的行政模式有一定的连续性，人事管理和人力资源管理（HRM）系统方面仍有较为显著的变化。

如同前面所提到的（第 3 章），在传统模式时代，一份保证终身任期的政府工作，通常只在基础岗位开展招聘；职位升迁通过稳定逐次的等级来实现；个人绩效的监测是不需要的，并且在很多地方解雇一个低绩效的员工较为困难。员工个人在工作稳定性和丰厚的退休待遇与升迁进展缓慢和相对较低的报酬之间权衡。随着时间的推移，详尽的流程和系统得以建立，这样表面上看既确保了公平，又树立了一种公共部门工作在某些方面具有特殊性的信念。

如前所述，从公共行政向公共管理转变的最重要因素是公共管理者要对结果的实现承担个人责任。由于这一变化，就人事管理而言已经出现了三个关键的改变。第一，更加关注领导力。公共部门组织，如同私人部门一样，也开始积极地挖掘和培养领导者。这与基于官僚制理论的、领导力等个人特质不被考虑的传统行政模式大不相同。一个行政管理者不必是一个领导者。领导理念的运用是衡量政府管理与传统行政模式相比有多大进步的显著标志。

第二，更加关注员工绩效的监测，通过各种绩效评估系统，确保机构中的每个人都为成果的取得做出贡献。第三，"人力资源管理"已经显著地替代了"人事行政"甚至"人事管理"的传统提法，这预示着对所涉及的任务采取了不同的路径。人事行政更多地以过程和程序为导向，而人力资源管理则以更具战略性的方法为组织寻找和管理合适的人（Legge，2005）。即使在改革的初期可能有公共部门模式的人力资源管理，但是其发展的趋势将会是作为通用管理的人力资源管理。公共雇员的就业条件不再被视为具有特殊性，人力资源管理者也很容易实现跨部门和跨行业的流动。

管理改革已经改变了人事安排和服务的条件。过去公务员有特殊的任期和条件，如今转而采用私营部门的管理办法。影响人事制度的变革引起了争议，尤其是在管理改革的初期。那些熟悉旧模式的人发现人事系统的变化——绩效评估、短期契约、绩效工资等——威胁着他们长期设立的任期和工作条件。新雇员不再享受福利计划并且退休年龄延长了，退休金在许多地方也被削减。

有好处就会有代价。传统行政模式下的人事制度安排较为明显地歧视女性。在许多国家，由于态度的转变、就业法和更加灵活的工作安排，公共部门半数以上的劳动力都已经由女性构成。然而，从20世纪80年代开始，曾经饱受争议的人事改革逐渐被人们接受，原因可能是新一代有着不同期望的公务员进入了政府。新一代公务员可能不太愿意接受慢速、渐进的进步和低收入，同时他们不再表现得那么忠诚。这意味着，政府中的工作变得与在私营部门中的工作相差无几，不再是一项事业、职业，或一种生活的方式。

人力资源管理、绩效评估及领导力加在一起，意味着尽管公务员的工作发生在办公室中，办公室中的人员安排与以往相比却发生了很大的不同。当将绩效评估和领导力联系在一起时，就指向了一些非同寻常的事情，一方面，公务员被更严密地监控，并丧失了某些特殊的任期和工作条件；另一方面，领导才能被积极探索，领导者真正有了用武之地。虽然许多公共管理者必须对未达到目标负全部责任，但是他们发现自己能够面对挑战。尽管面临着挑战，管理者的人员配备职能还是与旧模式中的人事管理有极大不同。

11.2 传统的人事管理模式

办公室的人员配置是韦伯官僚制模型中的一个关键部分。正如前面所讨论的(见第3章),公务员有一套特定的工作条件——比如终身制、由高层权威机构任命而不是经选举产生、职务任命和晋升、由养老金提供的老年安全保障,并且是"一种公共服务等级序列中的职业"(Gerth and Mills, 1970, pp.199-203)。

韦伯的官僚制模式将公务员看成社会中的精英群体。虽然这种观点在20世纪逐渐式微,但人事安排显然还是大不相同的。行政人员仅仅按照指令来办事。在严密的官僚制体系中,领导力没有容身之处,行政过程中任何个人特质——韦伯称其为"父爱主义"——已从非人格的系统中剔除,取而代之的是根据韦伯的官僚制理论制定的一套详细的个人需求标准。在很多国家,职业文官观念几乎完全遵循了这些箴言。

直到20世纪70年代,许多国家的通常做法是激励行政人员在参加了由独立的非党派政府机构主持的考试之后,直接从学校进入公共服务部门,被任命到等级组织中的最低职位上,并经常基于资历或资历与"效率"的结合而获得正式的晋升,而且,从理论上讲他们都渴望成为部门首脑。根据功绩招募行政人员,并以政府的整体名义而非某个部门或机构的名义进行任命。直接任命外部人员担任较高职位而非初级职位的做法是不允许的。直到1976年,澳大利亚的公共服务部门还被规定大学毕业生不得超过新雇员总数的10%。直到1966年,大部分职业都只针对男性雇员,原因是妇女在结婚时必须辞职。尽管这项规定不再施行,但在本书写作期间这种现象在日本仍然比较普遍。最后,根据韦伯的严格的官僚制理论,对长期忠诚服务的公务员的报酬是一套特殊的退休和养老金制度。作为永久性雇佣,通常是终身雇佣的回报,公务员应该是中立的、超党派的和匿名的。对于组织内的公务员来说,这种传统的终身服务制度是舒适的,它实行起来并不太难,并且为那些习惯于服从的人提供了一份稳定的职业。

如知识卡片11-1所示,在20世纪70年代中期,澳大利亚联邦政府库姆斯委员会对职业文官的人事模式做了一个经典的描述。

知识卡片 11-1

一个典型的职业文官模式

根据功绩来招募人员(无论如何界定),并进入一个统一的服务机构(目的是减轻相互分割的服务机构所带来的恶果)。它服从于对招聘和雇佣条件的独立的、非政治的控制,而职业文官的权利受到规定的保护,即阻止"新手"就任初级以上的职位,而且通过法律保护,反对任意解雇(解雇只能是有合理的理由并通过正当的程序)。这种统一的服务机构的特征是职位的等级结构,其定义是一种基于工资的有规律的职位分类制度(在

> 特定职位的工资级别内逐步增加工资)。与此同时,职业文官通过这种职位的等级制度实现晋升,并遵从一种功绩晋升制度,而它服从于一种关于晋升的诉讼制度(旨在确保公正的最终实现)。长期忠诚服务的最终回报是一种特殊的退休和养老金制度。

作为人事行政制度,职业服务模式的确有一些优势。它为体制内的公务员提供了一种获得稳定感的途径。它的设计是超党派的,中立和匿名的原则适合于公共服务的行政或技术特点。公务员被任命到初级职位并通过等级制度获得稳步晋升,甚至凭资历获得升迁,这一切将培养公务员对部门和公共服务的忠诚感,并且能够弱化公职政治化的现象。如果升迁是凭借服务的年限,也许行政人员能够共同工作而不是为获褒奖而对他人用尽手段。比如,日本有一套被称为"缓慢晋升"的制度,即在入职后至少十年内平等地犒赏同一批进入的大学毕业生。

然而,作为一个人力资源管理制度,它还是弊大于利。僵化的等级制度无法适应快速的变化,而且导致公务员只专注自己的事务并且患上幽闭恐惧症。人事管理的目标在于,为完成既定任务选拔、任命和培训最合适的工作人员。虽然在任何制度下都很难做到人与事的完美匹配,但是,要找到一个在以上三个方面的表现都比传统行政模式更糟糕的例子是不容易的。

仅在基层选拔公务员的做法的初衷是为了把他们训练成各类工作的终身雇员。而实际情况却表明,一大批公务员将会以相同的方式获得升迁,直至离职。所以有毅力而无野心的公务员将会成为部门首脑,而那些有天资却无耐心的公务员却会因进展缓慢而沮丧地离开。那些不尽如人意的人事选拔方法,如按资历选拔,只是一种表面上的公正,实际上却是在鼓励碌碌无为者而打击有能力的人。按资历晋升是歧视性的,特别是对妇女而言。在减少晋升机会及惩罚在服务中休息的人等方面更是如此。按资历晋升的制度等于承认要么绩效是无法衡量的,要么在行政工作中每个人都有相同的绩效。这两者对于造成这种现象的人事制度来说都是非常不利的——这是一种几乎只保证产生庸才的制度。

绩效测量的缺乏还会产生其他的人事问题。可能会形成一个个志同道合的管理者群体,然后他们只提拔"自己的人",这些人有可能都是男性——这是经常发生的情况——或者来自一个特殊的宗教群体、阶层群体或社会群体。而其他的社会团体就会发现,如果他们参与进去,获得立足之地或取得成就也将是非常困难的。由于人们看重资历,持有这种观念的公务员很难成为效率的模范。传统行政模式的这种无效率特征将会潜在很多年,因为假定绩效是无法被测量的。

在英国,一个特殊的人事管理问题是强调通才而不是强调与政府相关的专门技能。甚至在改革过程进展良好的时候,权力当局仍然是通才型的行政官员(Zifcak, 1994, p.166)。在美国,正如英格拉哈姆所描述的那样,在培育管理文化的过程中,文官制度本身也存在许多重要问题(Ingraham, 1995, pp.12-13):

> 实际上,文官制度及其法规和规则都是与培养强大的管理主义文化和管理者队伍背道而驰的。不适当的激励因素正在发挥作用,且它们被置于不适当的

位置。文官制度不是倾向于变成一种有弹性的管理制度,其目的也不是这样。

传统行政中的人事制度更重视公平而非实现结果的能力。文官制度设计的目标不是富有弹性的管理制度,而这正是传统人事制度的成就所在。正如英格拉哈姆(Ingraham,1995,p.11)所言:

> 对规则和程序的重视创造了一种组织环境,在这种组织环境中,在动员各种资源实现组织目标的过程中,遵守规则和程序比有效的自由裁量和灵活性更为重要。这种区别可认为是行政和管理之间的差异。一方面,行政要求政治中立的公务员在适当的时候遵守正确的规则,而不能质疑规则,当然也不能随意运用自由裁量。另一方面,管理意味着权威和自由裁量的大量运用,而且只对产出和产品而非对法规和规则负责。通常情况下,文官制度培养行政人员,而非管理者。

人事制度本身不能吸引合适的人员到政府中任职或提拔最有能力的人,这一点开始为人们所认知。或许它培养了有能力的行政官员,但是真正需要的是发现能够取得成果的有能力的管理者。行政结构的僵化使得选拔程序过于烦琐,并经常超出管理者的控制,因此很难雇用到合适的人才。同样,它也很难建构一套适当的报酬体系或解雇不称职的人。另外,各种规则也抑制了管理者激励下属的能力(Bozeman and Straussman,1990)。

广泛应用于传统公共行政时期的终身服务的人事模式既有利,也有弊。在政府内部人员的结构和流程的处理上做一些改变是早期管理改革的焦点,这并不让人感到惊讶。

11.3 人力资源管理

管理改革包括了在人事制度上意义重大的变革,目的是实现更好的结果。随着雇佣标准条件的变化,雇用合适的人员越来越容易。为适应短期需求,雇佣常采取合同的方法。在最高层次上,部长任命他们自己的高级工作人员也越来越普遍。在采用美国体制的其他国家中,通过政治途径任命官员的范围已经扩大到了公务员。随着绩效工资制的日益普及,报酬和激励结构也已经发生变化。解雇那些表现差的雇员也变得更容易。现在,公共部门不让那些不做贡献的人留在岗位上,其必然结果是,优秀的员工可以在其职业生涯的早期就得到识别和奖励,而不是排队等待。这意味着,正如特殊社会群体的优势地位正在消失一样,按资历晋升的人事制度正在消失。在社会需求的推动下,一些国家制定了弱势群体保护计划,同时这些国家也采取了有效措施以保证有才能的人和群体获得正当的分配,而他们在以前是被制度性地排除在外的。

改革人事制度的思想已经持续了一段时间,事实上,这种改革的落实在日程上是长期的。20 世纪 60 年代,英国的《富尔顿报告》(Fulton,1968)建议人事制度应该开放，使外界人员可以被雇用到所有层次上，并废除在某些方面设置障碍的僵化的等级制结构。按照以前的制度规定，专业人员的晋升被限制在某个层次内，这种情况也发生了变化。美国1978年的《文官改革法案》也是基于同样的观点，即管理需要改进，而且管理者应对其组织和员工承担更大的责任。

总之，一场运动已经开始，它旨在打破僵化的等级制结构并提供灵活性。那些认为他们有一份稳定工作的公务员发现适应的过程困难重重。各个层级的雇员越来越多地通过招募的方式被雇用。事实上，一些地方低级职位的任命越来越少。越来越普遍的现象是招聘大学毕业生，而非只有高中教育水平的人。甚至一些部门首长都有可能是从组织外部招募而来，包括从公共部门之外。

尽管由于公共部门及其雇员的性质和范围在各国不尽相同，因此精确统计起来比较困难，但是总体而言，公共部门雇员的人数还是已经减少了。1995—2005年，从可统计的数据中可以看出，11个OECD成员国公共部门（政府和公营企业）雇用劳动力的比例下降了9%，荷兰和西班牙除外（OECD, 2009, p.66）。1979—1999年，英国公共部门雇员的数量从650万降到400万，尽管公共部门及其雇员的性质和范围的变化使得进行严格的比较变得困难（Greenwood et al., 2002, p.17），例如，早先的数据本应包括公共企业的工作人员，但私有化后意味着他们不再属于公共部门。

人力资源管理实践的变革曾引起争论并遭到雇员和工会的抵制。但在一个灵活的、劳动力流动和目标管理已经普遍存在于私营部门的时代，公务员坚持陈旧的人事制度是较为困难的。大概除了最高层之外，绝大部分公务员执行着与企业相同的职责。虽然公共部门由于政府工作的与众不同而引进了特殊的人事制度，终身制被认为是在很小的公共服务部门中确保有坦率而无畏的建议所必需的，但是，政府规模和职能的增加意味着大多数公务员从事的是类似于私营部门提供服务的工作，而不参与政策咨询或与政治家进行密切接触。不同雇佣标准的实际情况比以前更难说得过去了。

因此，在公共部门中采用与私营部门更为相似的人事安排变得平常起来。奥斯本和盖布勒（Osborne and Gaebler, 1992）认为，公共部门的实践已经验证如下改革的成功："广泛的职位分类和工资等级，由市场决定的各种工资，绩效工资，基于绩效而非资历的晋升和解雇。"此外，人事制度中的其他重要因素还应包括："允许管理者雇用最合格人员的雇佣制度……大胆录用最能胜任的人；精简被解雇人员的申诉程序"（p.129）。

现在的公务员比过去的公务员接受过更好的教育。更先进的管理和分析方法以及更科学的招聘和晋升程序将使公共管理者更加高效，尤其是当新技术得到更好的利用时，更加灵活的晋升制度和先进的绩效测量将使有能力的人得到更快速的提拔。

另一个重大变化是在公共部门劳动力中就业的女性比例（OECD, 2015b）。2013年，女性占OECD公共部门劳动力的58%，相比之下，女性占总劳动力的45%。这一比例在一些国家较高，尤其是加拿大为63%、英国为66%、挪威和丹麦分别为67%和68%。在瑞典，女性占公共部门劳动力的72%，而她们在劳动力中的总体参与率为48%。女性在公共部门中的比例低于在整个经济中所占比例的唯

——一个 OECD 国家是日本。在许多国家，公共部门已成为女性的典型雇主。更灵活的工作时间，更慷慨的休假，对人才应有的重视和更大的晋升空间也许促成了这一重大变化。

随着终身服务模式的逐渐消失，公务员不太可能在某个部门或公共服务领域中终身任职，而是在公共部门和私营部门之间相互流动。对于有雄心和有能力的人来讲，公共事务比过去更能激发他们的兴趣，而在过去的僵化体制下他们经常被挫折所困扰，并且常常是在晋升机会来临之前就已离开。巴泽雷（Barzelay，1992）认为，公共管理者能够比过去扮演更多不同的角色（p.132）：

> 后官僚制典范非常重视关于如何建构公共管理者角色这一问题的讨论和思考。今天，见多识广的公共管理者能够理解并认同以下不同的角色概念：训练领导能力，建立积极向上的工作团队和组织文化，战略计划，间接权威的管理，开拓创新，解决问题，确认顾客，不断探索，回应能力，培训，建构激励机制，保护产品，树立质量观念，创造革新的氛围，团队建设，工作再设计，投资于民，谈判授权和动态管理。

巴泽雷确定的这些任务显然属于管理者而非行政者，前者的角色提供了更丰富和更有趣的工作。由于政府更多地参与同其他供应商的合作，对工作人员的技能要求就更高。这样的工作"更具有挑战性……但也有可能更具吸引力和回报"（Alford and O'Flynn，2012，p.256）。

公务员有两项主要职能。第一，为政治领导人提供帮助和建议。第二，提供服务、执行现任或前任政府制定的法律。这两项职能具有内在统一性，原因在于，公务员把服务过程中所收集到的信息和反常情况反馈给政治领导人，以便于领导人进一步关注和后继立法。但二者在概念上又是不同的。

公共管理改革的内容就是要把各种各样的公共服务职能分离出去。提供服务通常是一项生产职能，是物流中的一项管理任务，与私营部门几乎没有什么不同。发放数以百万计的社保金与零售投递在性质上没有太大区别，但政策制定有所不同。由于认识到提供服务不同于政策建议，因此在代理（Pollit et al.，2004）、合同、更多地使用技术和通过私营部门提供政府服务方面进行了试验。这些也使政府认识到，既不需要所有公务员都终身任职，也不需要公务员比从事私营部门的同类工作具备更优越的条件。更进一步说，那些与政治活动密切相关的公共部门的组成部分——政策制定部门、部门首长等——认识到，当政治领导层希望在更高级别的任命上有更大的灵活性时，要想证明终身制的正当性将是非常困难的。

此外，人们意识到人力资源管理职能需要采取积极的管理措施。法纳姆（Farnham，1999）认为，在公共服务领域中出现的人力资源管理和雇佣关系有五个主要特征（p.127）：

> 第一，与行政相比，人事职能正变得更具战略性，但必须在政府规定的资源范围内进行。第二，管理风格正倾向于从专制主义、多元主义模式转向理性主义、绩效主义模式。第三，与过去相比，雇佣变得更加灵活而非标准化。第

四,雇佣关系是"双重"的:一方面,大部分非管理人员继续通过集体谈判的方式来决定他们的报酬和条件;另一方面,公共管理者越来越多地通过个人雇佣合同为政府服务。第五,政府的"古典"式雇主形象正在改变。在此情况下,政府的人事职能似乎日益依托私营部门的人力资源管理理念及其流行模式,并把它们应用到公共服务的一些特殊领域。

组织的整体战略甚至组织的生存都取决于主要人员的能力水平。政府中的战略性人力资源管理必须把战略计划和人员调配及其他要素如产业关系、人员招聘、培训、激励因素和绩效评估等融合起来。

由于大量职能被外包出去,因此一个机构雇用少量核心官员的做法是行得通的。这种情况有可能被人们认为是又重新回到了《诺思科特-屈维廉报告》以及韦伯所描述的那种精英模式,但实际上更有可能的是公共服务中发生的剧烈变革以及诸多短期的临时性岗位被同时适应于公共部门和私营部门的管理者担任所导致的结果。也许政策咨询人员群体将频繁流动:他们有时为官僚组织工作,有时为政治官员提供建议,有时是某个大型会计公司或咨询公司的顾问。终身制和单一职业生涯都将成为过去,许多公务员更愿意在公共部门内外不断流动,而不是终身任职。

公共管理者的工作比以前更加复杂、更具挑战性。对公务员来说,管理主义模式下的公共服务比传统模式下的公共服务更能激发他们的兴趣。诚如凯登(Gaiden, 1996, pp. 30-31)所言:

几乎没有人愿意回归到传统官僚制的消极状态,即保守主义、固守规则、墨守成规,以及过分注重身份地位(良好的联系)、可靠性(回避创新的声誉)、资历(服务年限)和集体服从。这些特点可能适应过去的节奏,但是它们需要进行转型以适应今天的要求并为明天的成功做准备。

为达到最佳的公共服务供给,这种转型是必需的,并且确定无疑的是,要回到过去的僵化状态已绝无可能。但实际情况是,这种过渡时期对许多公务员来说并不容易。即便是在公共行政的黄金时期,在公共部门任职也是极为艰难的。士气低落在局部地区可能是经常性的,或者至少是很难克服的。未来的公共服务可能会少很多(至少相对而言),尽管政府将不得不为稀有的、能胜任工作的公务员提供更高的薪水。这样的服务或许会变得更好,但试图增进局外人的理解并重新赢得整个社会对公共部门的尊重将要困难得多。

11.4 领导力

公共管理改革的一个方面是明确地追求和鼓励领导力,而在传统行政模式中,这是不被鼓励的。对领导力问题考虑得相对滞后可能是由于以前的观点认为领导并不在官僚制系统中扮演重要角色(Javidan and Waldman, 2003)。公共管理需要一个独立的、"有名有姓的"、对在其职责范围内取得的成果负有明确责任的个人,这可以而且应该包括工作人员的领导力。在严格的官僚制模式中，唯一可接受的领导类型是由政治官员实施的领导。公务员只是跟随者，无论他们级别高低。当这一体系改变时，公共管理者的个人素质——他们的领导能力，一定是实现结果必不可少的。这与韦伯的官僚制是完全相反的，官僚制完全是非人格化的。但一旦公共管理者开始对结果负责，官僚制的机械模式——包括完全的非人格化——就瓦解了，就算不是立即瓦解，也会随着时间的推移而结束。

官僚制体系存在的一个明显问题是，组织是由人组成的，而人与人之间不可避免地会互相影响。非人格化是不现实的。当然，一些传统的公共行政者是领导者，也许是非常高效的领导者，但领导力并非体制所要求的，即使存在，也只是附着在为抹去个人管理残余而设置的形式主义系统上的非正式因素。传统行政实际上是关于遵守规则以及如何行使权威而非领导力。

公共部门领导力概念的出现等于再次确认了个人特质在管理中的作用，这同时也意味着正式规则作用的弱化。一个管理者要做的不仅是传达命令，同时还要说服下属对组织的整体展望保持一致，并鼓励他们去实现目标。所有的一切都是为了组织的总体利益。一种观点认为，领导是"激励和动员他人为追求共同利益而采取集体行动……它是一个集体事业，许多人在不同的时期扮演着不同的领导者和追随者的角色"（Crosby and Bryson，2005，p. xix）。领导力的重新崛起将更多的现实主义带入工作场所，一旦决策做出，管理者就要组织他的人员实现目标。

有关领导力包含哪些方面的内容，人们并没有统一的观点，尤其是在公共部门的背景下。有时它指"拥有包括勇气、耐力和超凡的魅力在内的个人特质"，有时它又意味着"拥有分配权力、权威和责任的地位"（OECD，2001，p. 11）。对这种观点有一些截然不同的看法。第一种看法认为领导力是关于领导所拥有的能让他（她）居于别人之上的内在的个人特质，第二种看法将领导力与某个职位相联系。这两种看法包含了关于公共部门领导力截然不同的概念。在这里它们将被作为公共部门领导力的两个主要观点，我们称第一种为领导力的"个人"观点，第二种为"职位"观点。

领导力的个人特质

在这种观点里，领导力包含个人特质，一部分人被看成是"领导者"，而另一部分人是"追随者"，他们的个人特质都是天生的。本尼斯所谓的"领导力的基本特征"包括引导愿景、激情、正直、信任、好奇心和勇气（Bennis，1989，pp. 40-41）。所有这些特征与性格、个人想法和行为都有联系。它们是"个体的"品质，与伴随等级制度而产生的个人特质相反。从这个意义上讲，领导力从定义上看不是许多人天生就具有的品质，只有极少的幸运儿拥有这种与生俱来的品质，这使他们与一大批追随者区别开来而成为领导。

认为领导个体通过个人魅力拥有非凡权威的观点有着很长的历史渊源——可以追溯到古希腊时代和基督教时代早期（Potts，2009），但是发展到近期又与韦伯的研究联系最为紧密。他认为魅力型权威是权威的三种类型之一，另外两类是传统型和法理型权威（见第3章）。魅力型权威包括一个人能领导其他人的个人品质。正如韦伯所描述的（Gerth and Mills，1970，p.79）：

> 有一种超凡的、个人魅力的权威，它完全是个人的信仰和自信、英雄主义或其他领导特质。这是"魅力型"统治，被预言家或——在政治领域——选举出来的军阀、公民投票出来的规则制定者、伟大的煽动民心的政客或是党派领袖行使。

魅力型领导起引领作用，追随者们只是追随着去领导带他们去的任何地方，不管目的地是哪里。正如韦伯指出的，"超凡魅力者所明确的仅仅是内心的方向和内在的约束力。他们会牢牢抓住对其来说最为适宜的任务，并且在其饱含着道德使命的驱使下募集追随者，并获得他们一致的服从"（Gerth and Mills，1970，p.246）。若不成功，魅力型领导的权威也许就丧失了。

韦伯认为魅力型权威是存在的，领导力以超凡魅力为基础，但他又认为这是过时的，属于前一个时代。魅力型权威甚至已超过了部落首领的传统权威，它本质上是非理性的并且是不能持续的。正如韦伯所说的，"这就是超凡魅力的命运，无论它何时进入一个组织的常设机构，都要让位于传统和理性社会化的力量"（Gerth and Mills，1970，p.253）。换句话说，法理型权威——官僚制，不可避免地要取而代之。

官僚制系统的建立要严格防止超凡魅力权威和传统权威，要用非人格化的、理性-法治的规则取代任何形式的个人权威。对韦伯而言，与官僚制的理性相比，魅力型权威只是暂时的，而且缺乏效率（Gerth and Mills，1970，p.246）：

> 与任何形式的官僚制组织机构相比，魅力型结构对职务任命和解雇的形式及规定流程一无所知。它对"稳定的职业"、"晋升"、"薪水"或对魅力型领导或他的助手进行管控和专业的培训一无所知。它对控制或申诉、地区管辖或专属职能管辖一无所知。它也不知道需要设立诸如"部门"一类的常设机构，这些机构不受个人或者纯粹个人魅力的影响。

韦伯确实认为政治家的角色是不同的。"站稳立场、充满热情……是政治家的必备品"，但对于那些必须简单地执行一项命令"就好像命令与他自己所坚信的看法一致"的官员来说，却不是这样的（Gerth and Mills，1970，p.95）。政治家们可以运用魅力型权威，但不能使用官员。但即便如此，它也被视为一种无效的权威形式。结果是，在20世纪的大部分时间里，包括进入21世纪后，在更广阔的政治系统中，魅力型领导是与混乱而非秩序联系在一起的。

然而，个人魅力的观点最近有卷土重来的趋势，这是从私营部门开始的。个人魅力在管理中被视作"一种被在组织环境中观察领导者行为的追随者们创造的特征"，同时这"不是一种因个人在组织中的级别而产生的特征，而是因他或她表现出来的行为而产生的特征"（Conger and Kanungo，1987，p.639）。在政府中，这种形式的领导很难去评估衡量，但很明显它的确存在。不过，韦伯关于个人魅力是非理性、低效和暂时性的警告不应被忘记。一个建立在一个伟大的领导者和超凡魅力领导力下的治理体系很可能不稳定,"缺乏有效解决社会问题的制度性能力"(t'Hart,2014,p.2)。

为了达到目标,一个管理者应该运用任何可行的方法,包括建立在个人品质、个人交际能力及个人政治行为基础上的领导力。后来人们认识到,这对严格的官僚制模式来说并不现实,因为官僚制缺乏个人的投入。组织不是不会思考的机器人的栖息地,他们之间的互动对目标的实现不可避免地会产生影响。

领导力的职位属性

第二种观点认为,领导力是建立在职位要求的基础上的。其不掺和个人特质的明显作用,通过领导取得的成绩可在组织中被发现。一个领导者可能是处在具有领导"职位"上的某个人,而不是一个天生就适合、通过个人特质的力量成为领导者的人。换句话说,他或她是个领导者,不是因为其天生拥有的超凡魅力,而仅仅是因为目前所从事的工作性质要求去领导他人,这是工作职责说明的一部分。这种领导形式并不是异类的,实际上,这种意义上的领导正如富有热情的魅力型领导一样高效。

海费茨和劳里(Heifetz and Laurie,1997)认为流行的关于"领导力意味着充满愿景,并围绕愿景将组织中的人联合起来"的观点是站不住脚的,因为领导力要不断地适应新情况,似乎领导力是技术性工作,假定权威人物能够预测公司发展的走向,并假定其他人是追随者,同时领导力"是每天发生的事情",它"不对少数、罕见甚至一生一次的事件负责"(p.134)。领导者要善于与他人共事,尤其是在现代公共部门。与生俱来的超凡魅力对领导者来说并不是必需的,领导者需要较高的情商,同时要有能影响下属的技术和激情,但是领导者不一定需要具备先天的魅力特质。领导者还要有值得学习的专业技术,尤其是在制定组织的愿景或规划时,并说服下属接受和努力实现它。

此外,管理实践的改革使工作场所更加民主化,并揭示了魅力型领导的一些瑕疵。作为独裁者的领导者,也即是人见人怕的领导者观点已经过时了。独裁主义的观点现在越来越不被接受,这种类型的领导者也不被员工所认可,并且会导致适得其反的结果。拥有一个团队的所有智慧且得到所有人服从的领导者从某种程度上来说也已经过时了,正如 OECD 的一篇文章所述(OECD,2001,p.43):

> 在旧的专制模型下,领导者可能希望依靠他们的权威解决问题、宣布决策、得到服从。但是今天公共部门的领导者必须赢得支持而不只是服从,因此需要具有协作风格的领导。只有当领导者能影响他人时,他才会成功,并且往往他们所需要获得支持的那些人并不从属于他们。

与从众多愿意说出自己的想法并被信任的下属中汲取经验相比(而不仅仅是出于领导者的突发奇想),独裁领导可能效率低下。比如,《纽约时报》的一篇文章指出:

有着独裁意识形态的管理体制和高层老板总是处于极端边缘，因为他们唯一的组织原则就是忠于领袖（capo）。由于领袖只能通过不加批判的赞扬来安抚，所以他的副手中最狂热的人最终决定了一切。对老板的忠诚表现在对敌人的仇恨上……具有蛊惑人心倾向的独裁体制几乎总是效率低下，因为它们无法创建和扩展授权信任网络，而这对于任何组织的顺利运作来说至关重要。这样的混乱是典型的（Adam Gopnik, *The New Yorker*, 13 February 2017）。

领导力能在非正式的权威下产生，事实上，这种领导形式更适合参与型的组织文化（Hughes, 2013）。正如布赖森所说，"在一个组织中，广泛的集体领导是必要的，以确保它完成使命，完成任务，创造真正的公共价值，并满足关键利益相关者的期望"（Bryson, 2011, p. 394）。

公共部门的领导力是否是个人化或职位化的，这仍然是一个问题。OECD的一份报告认为领导力意味着："专注结果的实现、挑战各种假设、学习外来事物、了解环境及其影响、战略性地思考和行动、建立工作的新模式和新途径、形成并交流个人对变革的看法。"（OECD, 2005, p. 178）其中某些方面是个人化的，其他一些可能更职位化。最后一点——形成并交流个人对变革的看法，明显是个人化的，与之相比，其他的一些观点可被看作或是职位化，或是两者的结合。一个管理者必须实现结果，但是，即使没有某种超凡魅力的权威，他也完全可以做到，主要的原因在于他处于负责任的地位，并且领导他人是职能角色的要求之一。

英格拉哈姆（Ingraham, 2005）提出优秀领导者"驱动和支持绩效"的途径，包括作为一个交流者的领导、作为绩效驱动者的领导，以及绩效的塑形者和强化者的领导。除此之外，她认为强有力的公共部门领导"对保持未来进程尽可能平稳具有绝对的重要性"，同时"有视野、有决心、真诚而富有韧劲的领导者将是成功的关键因素"（p. 395）。这些观点对个人属性和职位属性的领导力都适用，但基本的看法倾向于个人属性，如视野和决心。一些在领导职位上的人能在他们行政级别的基础上获得他人的承诺，但若他们将性格的一些方面引入工作过程中，工作可能会更有效率。

领导力和管理

领导力和管理谁更重要，以及领导力和管理有何不同，人们仍然存在争论。在有关论述私营部门的著作中，科特（Kotter, 1990）认为领导力和管理既有区别又有联系，它们有各自的功能和特征，但二者对于复杂组织的管理来说都是必需的。管理涉及如何"应对复杂局面"，而领导力涉及如何应对变革（p. 104）。科特认为管理是一个较低的职能，包括计划和预算、设定一个方向、组织和人事、团结员工，以及控制和解决问题。但领导力是关乎愿景、动力及鼓舞人心——"不管阻碍如何变化，通过激励基本的但未被开发的人类诉求、价值和情感，确保员工沿着正确的方向前进"（Kotter, 1990, p. 104）。对科特而言，管理涉及系统和流程，而领导力涉及愿景和应对变革。

在公共部门的背景下，费尔霍姆（Fairholm，2004）认同科特的观点，认为管理涉及组织架构、进行交易及"确保控制和预见性"，而领导力涉及变革和改造，"设定集体行动的组织愿景，确保民主以使每个人都能成为富有创造性的、积极主动的且自我引导的追随者"（p.588）。然而，科特和费尔霍姆认为，在公共部门区分管理和领导力意义不大。这有两方面需要说明。

首先，在公共部门的发展历程中，科特（Kotter，1990）所讲的管理的任务符合公共行政的概念，而不符合公共管理的概念。科特的计划和预算、设定一个方向、组织和人事，都与政府主要的行政功能"POSDCORB"相似——计划、组织、人事、指挥、协调、报告及预算（Gulick and Urwick，1937）。随着管理改革，任务更加复杂，管理功能可能包括科特（Kotter，1990）所列举的行政和程序上的事务，也包括为私营部门领导准备的战略和其他高层次功能。

其次，就如前面提到的，公共部门的领导力有限制和任期因素，这与私营部门并不同。领导力仍然需要，正如贝恩（Behn，1998b，p.220）指出的：

> 我倡导积极、机智、有魄力的领导；倡导以精明的积极性帮助机构达到今天的目标，同时创造新的能力实现未来成就的领导；倡导能同时建立机构和它的政府信誉的领导形式。这种领导需要公共管理者在法律授权提供的框架下采取主动。

公共部门的法律授权与私营部门有很大差别。政府部门的领导力是受限的，因为与私营部门相比，它的权限限制了活动自由。在公共部门的背景下，领导力与管理相距并不远。一名领导者被期望能冲破阻碍、富有创造力并能带领组织向一个新的方向发展，当然应当是在适当的范围内。

也许领导力比管理的作用层次更高，从公共管理的发展脉络可以看出，从行政到管理到领导力呈一种线性发展的趋势。也有观点认为领导力是管理功能的一部分，因此至少在政府背景下，管理者的确需要成为一个领导者。如果管理者们要实现目标，他们就需要运用领导力。此外，管理者在组织中的职位越高，其领导力越能脱离行政和日复一日的管理任务。从最广泛的意义上而言，在最高层级，政治行为和人际关系在成果获得中比技术管理或管理技能更为重要。

如果这三个概念之间有一条明显的分界线，那么它是在行政和管理之间，或是在传统的公共行政和公共管理之间。传统的公共行政，至少在理想的韦伯框架中，试图将个人的因素从公务员的实践中分离开来。这个推论是值得称赞的，因为建立在规则和法律基础上的非人格化的行政每次都会做出相同的决策。但公共行政管理者是人，他们是有人格的男人和女人，且他们互相之间、与政治家、与公众都存在着人际关系。一个公共管理者有一种他（她）需要的特征，即和其他人一起工作并获得成果。基于管理者的品性与职位要求，那些为此而履行个人责任的管理者可被视为在行动中彰显着领导力。这可能是或也可能不是韦伯意义上的魅力型领导，但这就是一种领导力，领导力的缺失会使组织实现目标的过程困难重重。

11.5 带来变革

人事系统的改革影响了政府机构中的每一个人。公务员职业也许与以前已经大不相同,变得更难吸引优秀的人才。职业公务员的概念正在消失,正如终身制将被废除或无能力者将被解雇一样。晋升的前景更加不确定,并且出现了一系列影响员工士气的令人迷惑的改革。以下是一些批评者对人事制度改革提出的观点。

对领导力的需求

要所有公共部门管理者都成为领导者固然是很好的想法,但是仍有一些人是不能满足这种条件的。他们可能已经参与了一项特别的工作,却发现领导他人的任务压力很大,超出了他们的预期。我们并不能假定每个人都能成为一个领导者。

降低服务条件

在人事管理中,人们一直认为,在激励公务员与降低他们的服务条件之间存在矛盾(Pollitt and Bouckaert, 2000, pp.162-163)。与此同时,正如有人宣称"公共管理改革将赋予管理者更大的自由并让他们负起责任,终身任职将被取消"那样,曾经给予行政管理者的特殊条件也会被取消。这意味着为公共部门工作"与为私营部门工作差别不大,并且人们应该认识到那些改革的意图"(Peters, 1996, p.18)。早期公共部门雇员的收入低于私营部门是一条默认契约,公共部门的雇员虽付出了代价,却也得到了工作的稳定性和永久性。雇佣条件越像私营部门的地方,公共雇员对公共服务的承诺越可能降低。改革的总体方向是"降低规范许多公共服务类工作的规则的特殊性"(Pollitt and Bouckaert, 2004, p.80)。

绩效管理体系

针对人事的主要改革之一是将更多正式的绩效评估体系引入公共部门。认为绩效评估以前不存在是错误的,准确地说,早期的绩效评估只是临时的,而非系统性的。如果一个公共管理者要对结果的取得负责,每个成员对最终结果做出的贡献应被测量。

被测量绩效的员工可能对任何形式的绩效评估体系都不欣赏。尽管私营部门已经建立了测量个人绩效的方法,公共部门也开始效仿其做法,但公共部门个人绩效的测量仍比较困难。在历史上,公共部门也曾一定程度上被"公平"的理念及设置公正、透明的程序所困扰。从另一方面看,有些人认为奖励机构中的"公平"是一种古怪的公共服务观点,私营部门几乎没有"公平"的奖励结构,某种程度的不公平带来了极大的灵活性。

对个人绩效的评估可能成为一种控制手段。公共部门管理者们"对投入的处理有着更大的自由裁量权……但与此同时他们也感受到自己处于比以前更严格的监督之下"(Pollitt and Bouckaert, 2011, p. 165)。公共管理者在实现目标上有更大的空间和自由,但随之而来的问题是对结果是否取得的更多关注。对公共管理者来说,要在取得成绩的同时遵从官僚制模式的具体流程,这是比较困难的。管理自由应该是富有意义的、实质性的,但结果达成后,没人能逃脱对其所实现结果的检查和监督。公务员认为他们的部门非常特殊以至于不应该进行正式评估的观点已经站不住脚了。

绩效工资

另一个问题是通过额外报酬提供激励的做法。尽管绩效工资在理论上是个好主意,但很难通过公平、合理的方式实施。它能被用来奖励最亲近的人,而那些认为自己应获得额外奖励的人却可能因为什么都没得到而产生不满情绪。绩效工资的作用并不突出,尤其是当其处在一个僵化的等级结构体系中时。员工会因没得到额外报酬或者只得到少量报酬而感到不满——少于 5%——因为他们将报酬的获得看成是对他们价值的认可。否认它或对分配不公的看法会导致其脱离组织。

士气问题

对政府和官僚制一系列无休止的抨击,伴随着一系列令人困惑的变革,包括绩效测评和人事变革,这已经产生了士气问题,尤其是在早期的改革过程中。公共行政在其黄金时代曾是一个有价值的、令人尊重并有巨大声望的职业。一些公务员的士气问题可能成为对政府的社会性不满问题中的一个大问题。

士气低落的员工明显是低效率的。波利特(Pollitt, 2001)指出低层工作人员"对既定改革的热情远远低于高级官员"(pp. 476-477)。对此不应大惊小怪。对于那些追求稳定的人来说,传统公共行政是一个轻松安逸的去所。相比之下,管理模式下的工作则更加困难,它给有能力者以更多的报酬,而对那些混日子的人更加苛刻。的确,在私人部门也很困难,"公共部门结构调整的数量并不比其他经济部门机构调整的数量多,而且所有变革的速度都在加快"(OECD, 1998a, p. 48)。

如果现在的公务员不希望被终身雇用,那么他们的士气问题将比早期那些希望被终身雇用的公务员更少。随着改革的推进,公务员的期望也在发生改变。这已经对人事管理的灵活性产生了积极影响。然而,灵活性有两种作用。如果对长期雇佣没有一种期望或渴望,那么优秀的公务员只会在某个政府部门短暂停留,然后转到私营部门或其他政府部门。或许,所有这些变革的结果是改进公共部门的质量,而且这种发展将使公众和公务员都感到满意。然而，我们必须将公务员作为宝贵的资源来对待。

理论上来说，如何实施人力资源管理，以及谁能被雇用来从事这项工作，应该由管理者来进行决策。实践中，人事系统仍有非常详细的规定，保持着高度的官僚制作风，尽管它们与传统行政相比授予了管理者更大的权限，但赋予管理者自由权仍有很长的路要走。与此同时，公共部门已经把关注的焦点转到领导力上，转到谁成为领导者上，转到在领导岗位上的行动的自由上，甚至转到把领导力融入组织所有层级的理念上了。

11.6 结论

人事管理已经在一定程度上摆脱了传统的模式，传统的人事程序在公平的名义下，几乎只给平庸者提供保障。总体而言，现在公务员的能力是较高的，至少高于以前的公务员。招聘的公务员需要有更好的资历，现在很多基础岗位几乎都不进行招聘。公共部门中女性的比例往往远远高于国民经济的其他部门。这份工作比以前更加有意思和有价值。许多人已经做好充分准备接受这种灵活性，他们也不再将职业的终身制看得很重。绩效评估体系中有了更多的监测，但好的员工接受这种做法，以此来证明他们取得的成果。

尽管在建立新的体系过程中有很多问题存在，但政府中人力资源管理的方向是非常清晰的。20世纪80年代以来，改革运动倾向于采用私营部门的做法，并不认为公共部门任期和雇佣条件有所不同。若改革遭遇困境，它们能被同一个方向上更深层次的改革所取代，而不是退回到改革之前。此外，我们不应着眼于在理论上改革实施得有多成功，而应关注它们与之前相比实施得有多好。在这点上，这里提到的所有改革都要远远优于传统模式下的行政。

任何组织最基本的能力是整合组织中所拥有的人。人们可能认为公共管理者应该做更多的事情，而非仅仅执行法律的命令。无论立法有多严密，总是有自由裁量和领导力的空间。在这方面，传统模式很明显是不充分的，任何个人的裁量权的可能性都被尽可能排除。将个性从政府管理中剥离开来是完全不现实的，其中有不同性格的人同时开展工作并相互影响，过去和现在都是如此。

非常成功的公共部门管理者通过与正式管理架构和流程不同的管理方法进行操作，这是逐渐清晰的事实。一个领导者如果具有很好的人格魅力，他就能够到达较高的职位，而那些身处较高职位的人也必须学习领导岗位必备的品德和技能。

政府的行政处于人的掌控之中，但在传统模式下，往往出现的情况是平庸者获得晋升，而有能力者离职。这种状况如今不复存在。对于一个领导者和管理者而言，寻找、培养、提升下一代的领导者和管理者并且挑选出各个层次中最好的职工是他们的一项基本职能。尽管没有任何人事管理系统能完美地完成这些工作，但是也不难证明传统的行政管理模式并没有很好地解决这些问题。

第 12 章

服务提供

本章内容

- 引言
- 政府服务
- 传统的服务提供
- 服务转型
- 公共服务主导逻辑
- 服务原则
- 私人服务还是公共服务?
- 服务问题
- 结论

12.1 引言

对于大多数社会成员而言,与政府打交道的主要经历都是成为政府提供的一项或多项服务的接受者。参与到政治进程中可能是另一种经历,但这往往是偶然的。对于个人来说,无论是接受服务还是履行一部分政府强制性义务(例如缴税或遵守法规),政府提供的服务一般都是常态不变、具有稳定性的。公民作为个人参与许多同政府相关的交易,并且,即使公民不参与特定的服务,作为社会成员和纳税人,他们仍然可能对这些交易感兴趣(Alford,2002)。

公共服务需要为客户提供优质服务，这应当是毫无争议的。实际上，"公共服务"这个名称是固有的。但是，许多公共服务被视为离更广泛意义上的服务典范还有一定的距离。尽管最近进行了一些改进的尝试，但是从某种意义上说，服务标准还是与理想状态有一定程度的偏离。很多时候，公共组织给客户提供的服务是很差的，客户并不知道自己处于什么位置，整个公共服务的提供就好像客户的时间或任何其他交易成本没有价值一样。个体互动通常考虑权力关系的行使，而不考虑客户到底期望什么。对服务机构工作人员常见的专横行为的抱怨较为频繁。人们早就应该意识到公共组织应该更加关注服务。

在任何一种政府环境中提供服务都不同于在私营部门提供服务（Alford and O'Flynn, 2012）。对于政府机构而言，要像私营部门中的组织那样以服务为导向本身更加困难：它通常无法选择客户；它必须为所有人提供接受服务的渠道；它的服务是有规则的，通常涉及依法处罚；它还将受到更大社区范围和政治进程的审查和干预。对于政府内部的工作人员来说，面对客户的工作通常很困难而且压力很大。合理地为服务提供资金等资源支持将会使成本更高，因此，为了降低政府预算的成本，降低服务标准可能会成为一种趋势。但是，较低的服务水平在政府声誉和公共价值方面是代价高昂的，甚至可能导致人们失去对政治进程的信心。

在过去的几年中，公共组织的服务得到了更多的关注（OECD, 2011）。由于优质服务声誉的战略价值日益被视为各种商品和服务的私营提供商的竞争性资产，私营部门自身也经历了一次服务转型。技术的改进（见第13章）可能会为客户带来更好的服务，但是技术是服务改进的推动力，而不是结果。更重要的是服务提供者的态度转变，以及将业务流程与制度系统结合起来从而促进优质服务的供给。将客户视为有价值的顾客（Alford and O'Flynn, 2012），创造并给予其接受服务的不同渠道，并且更充分地认识到客户价值确实为极大改善服务质量提供了潜力。

12.2 政府服务

好的政府服务究竟意味着什么这个问题并不一定是简单明了的。服务的缺失可能是我们最常听到的提法。如果服务质量很差，那就太明显了，而好的服务究竟是什么却是不清楚的。"服务"一词，从与"服务员"相关的用法到"服务"作为与"商品"相对的一种产品类别，有30多种定义。在这里，"服务"指的是"帮助或利他的行为"，或者有关"服务、帮助或利他的行为，有利于他人福利或利益的行为"（《新简明牛津词典》）。

关于"服务"的术语在公共部门中是特别有问题的。类似"公共服务"的提法通常指的是所有政府产品，而"服务意识"则是指以有助于相关活动和客户的方式行事。更令人困惑的是，"公务员"是指政府组织中的员工，其中"一项公共服务"指的是产品的交易或交付，"服务公众"也有"有帮助"的含义。"有帮助"的含义和"非商品"的含义在概念和实践上都大相径庭。服务与服务提供完全不同。

服务提供可以被认为是"产出的生产，包括向政府机构及其客户提供服务"（Alford and O'Flynn, 2012, p.8）。显然，公共服务产生大量交易和单项产出。交易通常是与个人进行的，客户确定资格，然后在这种情况下获得政府政策规定的任何东西。这是一项个人的交易，尽管重复了数千或数百万次。处理此类交易的物流可能很好，并且应该涉及交付中管理效率的概念。正如波文斯和荣瑞迪斯（Bovens and Zouridis, 2002, p.175）所述：

> 公民与公共当局之间的许多往来都涉及个人交易。公民对福利、租金回扣或许可证提出需求，他们不时地递交纳税申报表或被开罚单。然后，他们通常必须与大型组织打交道，这些组织可以根据行政惯例处理数以千计的此类个案。公共服务人员在与公民个人和大型决策公司的互动中占据着至关重要的位置。他们将法规和行政程序应用到具体情况中。

这样，服务提供就是关于交易的，关于产出的。客户接受服务的经历可以是他们对某一服务体验的评价，也可以是他们交易和互动的总和。即使好的服务是相当不清楚的，并且可能会因交易不同而有所不同，但试图通过成千上万或数百万的交易对其进行评估显然更加困难。机构试图衡量服务质量，但这往往是很主观的。

格朗鲁斯在功能质量和技术质量之间做出了有意义的区分。在市场营销中，"消费者不仅对自己在生产过程中获得的收益感兴趣，而且对过程本身也感兴趣。"（Gronroos, 1984, p.39）：

> 在功能上，他如何获得技术成果或技术质量对于他以及他对所获得服务的看法来说都很重要。此质量维度可以称为**功能质量**。功能质量与服务的表现力相对应。因此，我们有两个质量维度，它们在本质上是完全不同的：技术质量可以回答客户获得**什么**的问题，而功能质量可以回答他**如何**获得的问题。

这一点也适用于公共部门。服务提供就是"提供了**什么**"，"服务有**多好**"则是指功能质量（Alford and O'Flynn, 2012）。一段时间以来，功能质量的重要性在公共部门服务中已经众所周知。即使在权力至高无上的事务——刑事事务、税收等中，良好地服务和尊重客户，即功能质量也是可以而且应当存在的，尽管这些客户并不愿参与交易。

12.3 传统的服务提供

在19世纪之前，公共部门通常根本不提供服务。相反，它利用私营部门通过某种合同履行政府职能（Alford and O'Flynn, 2012）。当政府开始提供服务时，例如在19世纪末的福利国家成立之初，客户服务并不是优先考虑的事情。而且，尽管冠以"公共服务"的称号，但在整个20世纪的大部分时间里，政府提供的实际服务都不是一流的。行政时代的政府机构以服务质量差、更重视自己的时间而不是客户的时间、迟缓和高成本而闻名。政治领导人和社区都常常认为，他们从公共服务的行政管理模式中获得的服务是质量很差的、不负责任的、与程序捆绑在一起而与现实脱节的。

韦伯官僚制体系的核心部分是"办公室"的概念——官员上班和保存记录的地方。办公室也是公众与机构互动的地方。实际上，办公室也是不平等权力结构的体现。坐在桌子后面的公务员是一个有权威的人物，作为国家威严的代表而拥有真正和实质上的权力，能够动用警察和军队的力量来支持每一次行动。此外，办公室保留了专业知识，包括档案文件和领域内的专家。这些人对规则和先例有详尽的了解，并根据他们的高层次知识做出明确的裁定。

在这种情况下的客户或顾客——虽然这种称呼不会被使用——在权力方面也是远远落后的。甚至后来，通常会设计一个有公众参与的办公室，以非常清楚地表示这是国家工作的权力。公务员会坐在柜台后面，柜台通常被抬高以强化申请人的自卑感。客户不被视为公民的重要组成部分，而是恳求者，甚至是令人讨厌的人——他们应该知道自己处于劣势。

在传统的办公室中，为客户提供服务基本上是没有被认真考虑过的事情。权力的不对等使得客户不得不亲自在特定时间或在办公室开放的时间来办公室——通常是在很短的营业时间内——然后必须等到服务提供者有空时才能参加会议从而讨论问题。办公室几乎没有考虑给客户带来便利，其重点是为公职人员提供便利。服务经常在不受欢迎的办公环境中进行，并且时常令人不快和不满意。社区中几乎每个人都知道去政府办公室会是一种折磨，以至于一些富裕的人会专门付钱请人代为排队。显而易见的问题是，糟糕的服务给办公室和机构带来了很不好的影响。更严重的是，为政府部门甚至为政治领导者提供的服务也有可能出现低质量的情况。

12.4　服务转型

在过去的几十年中，许多国家和地区都进行了经济领域的服务转型。私营部门将更多的精力用于改善服务，并不是出于无私的原因，而是为了获得或保持竞争优势（Porter, 1985）。许多零售公司可以亲自在商店或在线为客户提供非常优质的服务。改善服务意味着首先要听取客户或顾客的意见。

准确地解释什么才是最好的客户体验是非常有趣的。举例来说，任何一家苹果公司（Apple）的商店都有着热情友好的环境。工作人员活跃在商店的各个角落，而不是局限于柜台后面。通过身上色彩鲜艳的衬衫可以很容易地识别他们，并且经过培训他们可以真正地帮助顾客。但是使这项工作起作用的唯一关键是幕后的系统。在便携式设备上，员工可以查找库存水平或其他信息，并且在线服务与面对面服务实现了无缝对接。

试图在公共部门效仿私营部门的最佳做法是进一步采取的步骤。列出公共部门客户在服务方面的需求并不是很难。这些原则是众所周知的，这在很大程度上要归功于私营部门的服务转型。公共部门的客户经常会问为什么从公共服务提供者那里获得的服务不能像从卖给他们东西的人那里得到的服务那样好的问题。

改善服务是通常被称为"新公共管理"的公共部门改革的明确内容。凯特尔认为"服务导向——回应速度更快的服务提供方式"是"世界上以市场基础和竞争驱动策略取代传统的规则基础和权威驱动流程的国家"的六大变革之一（Kettl, 2005, p. 3）。正如他进一步论证的那样（p. 54）：

> 客户服务在政府改革中发挥了重要作用。在许多国家，公民已经收到了强有力的信号，表明他们的政府有兴趣改善对他们的服务以及与他们之间的关系。客户服务还通过使政府官员摆脱官僚作风并使他们专注于公民的需求而改变了他们的行为……与私人公司不同，政府机构通常无法选择他们的客户。在许多政府计划中，特别是涉及税收和法规的计划中，公民无法选择是否与政府打交道。因此，在这些情况下，与私营部门的可比较性还值得商榷。但是，总体方法在改变官僚行为方面是很有作用的。

实际上，除了采用以客户或顾客为中心的服务方法外，目前并没有真正阐明具体应该怎么做。虽然许多机构的服务水平已经远比以前要好了，但是仍然还有一些方法可以进一步改善对客户提供的服务质量。创新型组织已经表明，当服务机构专注于客户或顾客的实际需求时，会实现更多的目标。

有许多建立公共组织的例子，他们都有明确的目的，那就是提供优质的服务。正如弗卢米安等人（Flumian et al., 2007, p. 562）所说的那样：

> 满足期望的服务转型必须远远超出最近取得的成就，比如将最常用的服务放到网上。所需要的是政府结构、程序、制度和文化的根本变革。

虽然此评论针对加拿大，但概括性很强。服务转型要求政府结构、程序、制度和文化发生根本变化，但是最重要的是向服务提供者及其员工灌输服务意识（Lipsky, 1980）。

尽管世界各地还会有其他例子，但澳大利亚新南威尔士州服务部和加拿大服务部所使用的原则可能更会引起人们的兴趣。它们具有以下共同点：（1）IT能力和服务可以并且应该实现彼此互通；（2）专业知识由计算机系统控制，而不是由员工负责；（3）服务可以由一系列不同的政府机构提供，核心是办理业务，而不是"拥有"该服务的政府部门；（4）客户的需求和愿望应该是最重要的，而不是机构的便利。

由于可以通过呼叫中心或通过互联网远程提供无缝对接的服务，因此本地办公室变得不再是必需的。在确实需要在当地提供服务的地方，一些机构可以共用设施，甚至可以共用工作人员。面向客户的员工接受服务方面的培训，不再是某一特定服务领域的、做出唯一权威裁定的专家。日常事务可能由较低级别的人员甚至是IT系统进行分类和处理，而更复杂的情况则由较高级别的人员处理。

新加坡、加拿大、澳大利亚塔斯马尼亚、加拿大新不伦瑞克等国家和地区以及澳大利亚的 myGov 和 Centrelink 已经开始提供一系列政府一站式服务。这其中有的效果很好，但是还有的仅仅是正式组织的附属品，而没有把一站式服务视为整个服务体验的中心。

澳大利亚新南威尔士州政府的经验确实可以表明服务得到了极大的改善。新南威尔士州服务部的顾客满意度达到了 98%。这里提供 800 多项服务，包括驾照、车辆登记、老年人卡申请、业主建筑许可证、住房付款、出生证明、结婚证等。由于新南威尔士州地域辽阔，因此有 30 多个区域中心提供服务，以及每天 24 小时和每周 7 天的电话和线上服务。仅在新南威尔士州，每年就有十分之九的居民和企业会与政府打交道，形成超过 4 000 万笔的交易规模。该组织在其网站上宣布："在新南威尔士州服务部，顾客就是我们工作的中心。"有趣的是，其对服务对象的称呼是"顾客"而不是"客户"，这反映了组织是如何看待寻求服务的人的。

另一个例子是加拿大服务部。在加拿大，服务提供是通过多个部门分别实现的，每个部门都有自己的服务提供机制。据称"加拿大服务部通过将公民置于服务设计和交付的中心来解决这个问题"（Flumian et al.，2007，p.560）。更方便地提供服务可以强化公民是顾客的看法。将位置、状态、家属和其他对政府的需求信息关联起来，可以增强识别当前状况并预测未来需求的能力。顾客资源管理技术现在已经可以更好地利用通过数据仓库和数据挖掘等技术收集的信息来营造与公民之间更紧密的关系（无论是好是坏），但是如果对隐私和安全的重视不足，那么就会存在明显的危险。

服务转型需要合理的资金支持。Centrelink 的问题将在稍后进行讨论，但是加拿大服务部也遇到了类似的问题，一开始前景看好，到后面则资源不足。

12.5　公共服务主导逻辑

奥斯本等人（Osborne et al.，2013）认为，应该采用一种称为"公共服务主导逻辑"的新方法，该方法明确地借鉴了私营部门的服务管理文献（Vargo and Lusch，2004）。实际上，按照经典的定义，公共服务绝对是服务的提供，而不是商品的提供。这就使得他们坚持这样一种观点，即当提供公共服务时，应该使用服务管理和市场营销的原理，而不是所谓的从商品制造中衍生出的管理原理（Osborne，2010；Osborne and Strokosch，2013；Osborne et al.，2013）。这是一个有趣的说法，但混淆了"服务"的两个主要含义。换句话说，乐于助人的含义与服务而非商品的含义混为一谈。对于公共部门组织来说，更加面向服务显然不是一个坏主意，而借鉴私营部门的服务文献可能会有用。但是部门之间的差异使其具有一定的局限性。

服务和商品

奥斯本等人（Osborne et al.，2013）第一部分的观点是公共管理部门提供的是服务而不是商品，但其理论存在缺陷，因为它们源自商品制造。然后，他们提到了服务的三个核心特征：无形、与制成品不同的生产逻辑以及用户角色"与制成品用户角色相比在质上是不同的"。接着，他们争辩说："在以前（对制成品而言），他们'仅仅'是生产者和消费者。但是，对于服务而言，用户也是该服务的共同生产者。"（Osborne et al.，2013，p. 139）这个观点的一个明显问题是，在任何部门中，商品和服务之间越来越没有显著的区别。

经济学思想及其衍生工具曾经确信商品和服务可以区分开来，现在已经不是这样了。近年来，出现了不符合商品或服务标准定义的产品，以至于这种区别变得无关紧要。商品和服务的一个标准定义是，如果你买了东西，能把它摔在你的脚下，那就是一种商品；如果你买了东西却不能把它摔在你的脚下，那就是一种服务。

在早期市场营销理论中，服务被认为具有与商品不同的四个属性（Gronroos，1978，1984）：**无形性**——服务不能被"触摸"；**不可分离性**——生产与消费同时进行；**易变性**——服务可能是易变的，因为当人们提供服务时，服务质量可能会有所变化；**非贮存性**——服务无法存储或大量储藏。尽管如此，仔细研究一下，就会发现服务与商品相区别的这些属性其实不是那么明确。易变性不仅存在于服务中，货物也是易变的。所有产品本质上都是不可贮存的，即使耐用消费品也是这样。试图根据消费的不可分离性进行明确定义根本没有太多意义，因为有很多服务是可以通过储存的方式来实现生产和消费的分离的。例如电视节目可以被事先储存好，之后再播放。

相比之下，以上四个属性标准，用无形性来定义服务会显得更为恰当。一项服务是无法"触摸"的，而商品可以。但是，即使是用无形性作为定义服务特征的最终标准，也不再被广泛接受了。事实上，在私营部门，可以做出明确区分的想法已经式微，因为"不清楚这些传统的商品和服务分类标准是否与商业战略的实施有关"（Winsor et al.，2004，p. 250）。

在新经济中，商品和服务更加难以区分。从一个角度来看，智能手机似乎可以被视为一个典型的商品。但这还不够——它是通往各种服务的门户，以至在某种意义上它本身就是一种服务。在互联网经济中，试图将商品与服务分开是毫无意义的。如果我购买了CD，那么我购买了商品；如果我购买与CD音乐相同的下载音乐，那么我购买了一项服务。实际上，它们在用法或使用价值方面，以及在满足需求或品味方面都是相同的。数字革命的一部分结果是，"有形的概念与消费者的利益或需求满意度的联系不再那么直接，因此，作为区分商品和服务的工具的用处也越来越小"（Winsor et al.，2004，p. 250）。

从另一个角度来看，拥有商品的真正目的是为用户提供服务。科特勒认为，从收益的角度来看，商品和服务在很大程度上是可以互换的，他指出，"实物产品的重要性不在于拥有商品，而在于获得商品或服务。因此，物理产品实际上是向我们提供服务的工具"（Kotler，1994，p. 8）。肖斯塔克进一步指出，认为服务"除了"无形性以外与商品并无区别的观点是错误的。她说所有商品的核心利益都是真正的服务，并指出"汽车是提供服务的物质财产"（Shostack，1977，p. 75）。如果我买车，那我就购买了商品；如果我租一辆车，我就购买了一项服务。但是最终用途，即我所获得的效用——我正在使用汽车——实际上与所有权要素没有太大关系，因为最终用途是旅行，是一趟旅途。

消费者可以在商品和服务之间互换选择：传统商品具有服务的属性；商品和服务都是产品，彼此基本相同。随着商品生产者自己变得更加以服务为导向，管理上的任何差异也在缩小。奥斯本等人（Osborne et al., 2013）承认技术变革的确挑战了服务管理的许多基本假定，但他们并没有遵循其中的含义。清楚地区分商品和服务不仅更加困难，而且区分所依据的理论也必须重新审视。

公共服务应当与"服务"有关，而不是与"服务产品"有关；改进公共服务不需要对商品或服务进行任何区分（Hughes, 2015）。最重要的是对客户产生帮助和有同情心。

合作生产

奥斯本等人的另一部分观点是，就像在私营部门中一样，服务的消费涉及合作生产（暂时不考虑服务不再是可区分的）。他们认为，他们提供服务的方法"不可避免地并且总是囊括着提供者之间的共同生产"，并且"消费者扮演着服务体验的塑造者、共同生产者和评价者的角色"（Osborne et al., 2013, p.138）。

这种观点有很大的问题。从私营部门的一些标准服务交易中可以看出，服务不可避免地由服务人员和消费者共同生产的想法被夸大了。如果我打开了电灯开关，就已经与服务提供商产生联系了，但是这种交易怎么能被视为一种合作生产？电就在那儿，用就得付钱，不用就不用付钱。如果我去餐厅，顾客和服务员之间的不良关系可能只是次要的共同生产要素，但并没有太大影响。最好将这种交易视为一次简单的产品消费——一种商品，是愉快的体验也好，不愉快的也罢。此外，像餐厅这样的体验既可以被视为一种商品，也可以被视为一种服务——金钱换食品就是商品的消费。服务可以是提升任何一方面商品信誉的一种增强因素，但这并不能说明餐厅是不可避免的合作生产服务。

合作生产并不是服务所特有的，合作生产可以像在超市购物那样进行。奥尔福德（Alford, 2016）认为，"服务在合作生产中的主导地位并不排除某些组织也合作生产产品的可能性"（尽管程度较小）。消防和警务是合作生产的（Alford, 2009），公民积极参与其中，这既可能是商品也可能是服务。消防水带里的水是有形的，财产的保护包括对有形资产的保护，它即一种商品，也是一项服务。事实上，消防服务和警察服务虽然通常被称为"服务"，但它指出了试图将商品和服务区分开来仍然是无关紧要的。而且，正如奥尔福德（Alford, 2016）所言，"大多数服务都需要合作生产，但并非全部；大多数合作生产的都是服务，但不是全部"。显然，合作生产不一定是服务所特有的，即使它在服务中运用得很多。

服务提供商（比如福利机构）和客户之间的互动很难被视为有意义的合作，因为两者之间的权力悬殊。如果客户的唯一参与就是填写表格以获取利益，那么这基本不是合作生产。任何交易或互动均应彼此尊重，并应以"提供服务"的含义给予帮助。合作生产是公共管理新兴趋势的有用术语（Pestoff et al., 2012）。但是，夸大这件事并不好。

奥斯本等人（Osborne et al., 2013）可以为基于公共服务主导逻辑来改善客户服务体验提供有力的理由。但是在这件事上，他们的干预路径——"制造逻辑"、将商品与服务相对比、与合作生产直接相关的服务主导逻辑，是并不需要的。

12.6　服务原则

优质的顾客服务原则是众所周知的。关键要素包括"回应能力和服务速度、信息、简洁明了、尊重和同情心、无障碍性以及公平感……所有这些功能都降低了与客户的交易成本（有形或无形的）"（Alford and O'Flynn, 2012, p.36）。客户或顾客首先希望得到现实的承诺，接着这些承诺能够被履行，从而最终获得尊重。

例如，当美国加利福尼亚州管理医疗部向客户征求服务意见时，客户说他们希望问题或请求得到迅速解决，并且：

> 希望获得友好的、礼貌的、充满自信职业风范的服务。他们期望接受知识渊博的服务，而不想被耽误。他们希望被重视和被尊重（California, 2013）。

这些评论类似于私营部门对服务的期望。客户或顾客首先希望得到现实的承诺，然后承诺被兑现从而获得尊重。这些是最直接的需求，从概念上讲都不难理解。但是它们在政府中仍然很少见。

OECD（2015b）已经建立了一个衡量向公民提供公共服务的框架，该框架虽然范围更广，但纳入了关键服务原则（见知识卡片12-1）。

知识卡片12-1

OECD公民服务框架

1. 可获得性——可负担性、地理邻近性和信息可获得性。
2. 回应性——公民中心导向（礼貌、待遇和综合服务）、服务与特殊需求的匹配、及时性。
3. 可靠性/质量——服务和成果的高效提供、服务提供与成果的一致性、安全性。

资料来源：OECD. The OECD serving citizens' framework; in Government at a Glance. Paris, 2015.

从这些不同的观点出发，知识卡片12-2中有几项关键服务原则已经或多或少得到了认可。这些都不是新事物，并且在概念上都不难理解。但是这仍暗含着一种可能性，即在服务提供时，尤其是机构和客户在服务过程中相遇时，观念会有所改变。

知识卡片 12-2

服务原则

1. 可获得性——应当有多种渠道能够与提供服务的机构建立联系。
2. 及时性——客户时间很宝贵，在服务过程中必须考虑到时间。
3. 确定性——客户不用在不同工作人员和机构之间来回奔波。
4. 礼节性——一线员工不仅经过专业培训，而且是友好而友善的。
5. 反馈性——客户有机会提供反馈并且得到针对反馈的行动回应。

可获得性

寻找机构并对问题做出答复应该不难。服务应当是与需求相关的、及时的、易于查询和易于使用的。不应强迫客户使用难以获取的渠道。

澳大利亚新南威尔士州服务部通过各种便捷的渠道提供与最常见的政府服务相关的链接：网站、手机 App、数字信息亭、每天 24 小时和每周 7 天的全天候电话服务、开放时间延长的数字服务中心。线上服务是可以全天候访问的，电话服务也是如此。在全州设有许多办事处，面对面互动也很容易。

公共服务确实比过去更多地使用线上渠道了。这些程序的运行成本要低得多，不需要同步，就可以帮助申请人更好地了解他们的立场，并且对于许多客户而言，无须实地到访机构就可以更轻松地提出申诉或索赔。

可获得性的另一个方面是，如果需要面对面的互动，就应该重新考虑办公室的环境。可以参考前面提到的加利福尼亚州的例子：

- 能够方便地与办公室和工作人员取得联系。
- 招待周到的等候室和面试室，环境宜人，能够使客户轻松地参与进来；较少的带有明显安全功能的公共场所（例如防弹玻璃，全副武装的警卫等）；为儿童提供的相关设施（California, 2013）。

如前所述，旧式风格的办公室令人生畏，通常是有意为之的。除非存在严重的安全问题，否则工作人员不应坐在柜台后面。客户或顾客显然更喜欢一个受欢迎的办公环境，这应被视为任何可获得性体制不可或缺的一部分。

及时性

在旧式服务过程中，服务机构认为客户的时间是不重要的，他们考虑的重点是机构自身的便利。政府办公室会延迟开门、提前关门，并且在某些国家（法国、意大利、西班牙）午餐时间最多会关闭长达两个小时。排长队、实地或在线等待服务、等待送达、需要排队应该被看作是在给别人增加成本。

一个相当基本的服务管理原则是，需要重视客户或顾客的时间价值。等待时间超出了"合理的时间"（无论如何定义），一定意味着更多的怨言以及对机构整体声誉的负面评价。一些研究表明，就金钱而言，逝去的时间比潜在的成本更有价值（Lin et al.，2014）。排队等候一个小时意味着浪费了一个小时的赚钱时间；类似地，等待在线系统回应或在电话一端等候答复会给客户增加一定的成本。

有一些应对排队问题的方法。越来越多的政府服务（例如汽车执照、驾驶执照）不再需要本人亲自到实地办理。新南威尔士州服务部的客户甚至可以在去办公室之前通过手机应用查看等待时间。这意味着，在面对面的互动中，客户可以在进入办公室之前看到需要排多长时间的队。有些服务甚至允许客户通过平台进行线上排队。

确定性

任何服务不仅需要及时，而且还必须具有权威性，并以政策为基础。这意味着一旦开始交易，特定工作人员就可以稳定地处理它，而不用让客户在其他人或机构之间跑来跑去。制度安排应当具备一次性解决某一问题的能力。在加利福尼亚州的一项研究中，客户的观点倾向于：

- 提供快速、准确、一致、及时和公平的服务。参与者讨论了"第一时间做到正确"，同时始终提供相同答案或结果而与提供服务的人员或办公室无关的必要性。
- 做出现实的承诺并实现它们。
- 要求客户仅提供一次个人信息和情况说明。
- 知识渊博、训练有素的工作人员，应当掌握最新的规章制度，并接受过为客户提供服务方面的培训。
- 给予一线工作人员更多的自由裁量权。
- 通过提供流程透明性来增强客户能力；与他们分享服务进度以及服务内容，以便使他们获得更多的掌控感（California，2013）。

确定性意味着现场工作人员有能力根据计算机系统提供的既定先例来做出决定并采取相应的行动。

礼节性

致力于服务的组织花费了大量精力来确保工作人员是友好而专业的。良好的服务方式可能并不引人注目，但当它缺失时肯定非常明显。对工作人员不友善、粗鲁或没有帮助的抱怨具有腐蚀性，最终会导致对服务的投诉。此外，从客户的角度来看，不满意但未引起正式投诉的交易仍然会造成高昂的成本。即使有不利因素，例如，有一项调查结果与客户的要求不符，任何互动也都是需要尊重和友好的。

加利福尼亚州的受访者认为：
- 工作人员要礼貌、专业、有同情心、尊重客户并且相处融洽。
- 足够灵活的工作人员可以帮助客户简化流程，同时保持程序的完整性。
- 积极向上的工作人员致力于帮助客户满足条件，并在不符合条件的情况下提供某种支持。
- 选择和雇用具有良好服务态度的工作人员。
- 能够倾听和进行良好沟通的工作人员（California，2013）。

所有这些实际上都与礼节和对他人的尊重有关。

持续的反馈

客户或顾客应能够提供反馈，并且应当有一些确保反馈得以响应的措施。来自客户的反馈（闭环并反馈到制度和策略中）对于任何持续改进的目标都是至关重要的。客户可能无法直接感知反馈路径（这是内部运作的一项主要任务），但需要对这种过程存在信心。如果一项服务不起作用，机构会通知客户并迅速修复。加利福尼亚州的研究指出，反馈应当：
- 将工作人员纳入变更计划。
- 从客户那里获得有关如何提供服务以及是否获得所需服务的反馈。
- 评估绩效并培训工作人员以达到绩效标准。
- 拥有提供快速、高效服务的工具和技术。
- 不断对协议进行故障排除并改进流程（California，2013）。

服务组织要常态化地寻求反馈。他们还要寻找投诉，而重要的是，根据反馈采取行动以进行改进。

这些都不是新事物，这些在概念上都不难理解。但是它们暗示着，当服务实际进行时，服务方面的观念模式可能会有所改变。

12.7 私人服务还是公共服务？

最终的服务提供可能来自公共部门，也可能来自与服务机构签约的私人提供商。服务外包一直是有争议的，有人认为，任何可分离的服务都应归还给私营部门以由其最终提供；也有人认为，所有服务的提供都应由政府官员和机构进行。这里，语境和服务的特性是至关重要的。在某些情况下，与企业或非营利组织订立合同可能是有效的；在其他情况下，服务应由公务员提供（Alford and O'Flynn, 2012）。

可以说，在政府机构或政府机构的承包商手中，服务质量（客户的体验）不一定更好。公共和私营部门提供者都有许多服务质量差的情况。当然，如果合同未能充分说明对客户的服务质量要求，那么合同服务就不可能很好地交付，但是要强调的重点是服务的质量，而不是提供服务的部门。

"服务失败"指的是"消费者因为认为他们受到的服务远远低于他们的期望而感到不满和（或）表达不满"的情况（Lin et al.，2014）。服务失败可以是与结果相关的——服务不能让客户满意，也可以是与流程相关的，即服务交付的方式（Smith et al.，1999）。很难将服务问题同与资金不足或政策不善有关的更广泛的问题区分开来。

Centrelink 的服务问题

澳大利亚服务提供商 Centrelink 就是服务失败的一个例子。这个机构的真正问题更多的是服务本身而不是他们所提供的服务内容，这可以用来说明与公共部门服务提供有关的一些问题，当然在许多其他辖区也可以找到类似的例子。

Centrelink 成立于 1997 年，是一家旨在通过一系列联邦政府活动向客户提供支付服务、具有明确服务授权的新型机构。该机构提供的服务主要包括一系列与福利有关的支付，如年龄抚恤金、伤残抚恤金、照顾费、育儿费、青年津贴、一些教育计划、就业援助、托儿津贴和托儿回扣。虽然 Centrelink 几乎影响了澳大利亚的所有家庭，但其最大的影响是那些依靠其服务获得收入的人，例如养老金领取者和失业者。作为与弱势群体打交道的机构，服务提供和服务心态应该放在首位。但是，近些年来，Centrelink 提供的服务质量差已经成为整个社区普遍持有的观点。

关键的一点是，尽管有一连串的投诉，但就提供了**什么**服务的问题而言，Centrelink 似乎接到的投诉较少。大多数的抱怨，以及人们所遇到的大多数问题，都与功能质量有关，即**如何**而不是**什么**。

问题在于服务而非政策。挫败感和愤怒的矛头直指其似乎无法打通电话和接通其他渠道。能够与服务机构联系以说明当前情况是客户能够获得特定利益的基本前提。例如，那些因失业而领取救济金的人必须在特定时间与机构联系，否则他们可能无法获得付款。但是，随着各种渠道的过载，与机构的沟通变得越来越困难。正如监察专员所指出的那样，"大多数 Centrelink 的问题都与沟通不畅有关，如客户等待时间太长，无法接听电话，没有与官员面对面交谈，网站中断和令人困惑的信件"（*Canberra*，30 April 2014）。而当客户试图打电话给 Centrelink 说明信息时，有时又很难与任何人通话。

尤其是 Centrelink 的电话系统，很难满足需求。通过电话与机构联系很困难，那么就会有更多的人尝试拜访机构办公室，从而增加了办公室的人流量、增加了排长队和感到沮丧的可能性。而对于机构来说，要求客户为了获得利益就必须与其联系，然后让这种联系变得困难，只会增加挫败感。对于员工和客户来说，Centrelink 办公室是一个压力很大的地方，必须采取高级别的安全措施，办公室环境很难用平静来形容。

为了提供更好的服务，Centrelink 开发了线上服务。这些程序的处理成本低得多，不需要同步，可以帮助申请人更好地了解他们的立场，并且对于许多客户而言，无须实地到访机构即可更轻松地提出索赔。尽管总的来说这是一个好主意，但这种推动消费者使用在线服务的做法，无论是对该机构还是其客户，都没有达到预期的效果。尽管在线服务对机构和精通技术的用户来说更容易、更便宜，但对其他人来说，它们实在太难使用了。

对于客户来说，一个特别令人沮丧的方面是，服务缺陷会使遵守规则实际上难以或者不可能实现。例如，如果客户必须通过电话联系机构以维持某种利益，而电话却没有人接听，那么客户就可能处于困境。仅仅因为服务故障，他们就可能遭受利益损失。而该机构可能会例行道歉说他们的线上系统已经关闭，但是道歉又能够解决某人的全部收入一度被夺走的这个问题吗？

为了解决问题，2016 年下半年，Centrelink 制订了一项数据匹配计划，以将 Centrelink 数据与澳大利亚税务局的数据进行交叉核对。这本应该是找到那些被超额支付的人，然后要求他们偿还。但问题是，"它的实施，使许多并不欠债的人收到了偿还通知，被迫偿还有争议的债务"（*Forbes*，17 January 2017）。这引发了一场被称为"机器人债务"的政治骚动——Centrelink 已经存在的服务质量差的名声导致人们情绪暴发。正如一家主流报刊的评论所指出的那样：

> 尽管政府尚未意识到这场灾难的严重性，而且一些部长仍在努力为其辩护，但显然，整个事件严重损害了公共服务的声誉。除了无休止的排队等待使顾客变得易怒、暴躁和不合作之外，还将强化一种观念，即公务员是公民的敌人，被视为公敌。20 年前 Centrelink 成立时……它为高效、有效、富有同情心和负责任的以客户为中心的管理制定了新的标准。现在该是政府来回应这一事实的时候了：它已经慢慢变成了一个没有人性化的机器、一只怪物、一台计算机（*Sydney Morning Herald*，10 March 2017）。

服务失败的程度可能是有争议的。显然，Centrelink 提供的大多数服务确实能传递给他们的客户，但周围仍有足够的不安情绪影响了组织的整体声誉。一个非常旧的计算机系统将耗资数十亿美元来更换，士气低落，工作条件恶劣，这些都使问题加剧恶化，因为他们中的大多数人只满足于尽力而为（Halligan，2015）。有趣的是，公众似乎并没有将问题归咎于政府（毕竟，这是资金来源的地方），而是归咎于服务机构本身。在一个不怎么关心服务的社会里，不仅许多客户面临着成为福利受益者的问题，而且申请和获得利益的任务也变得如此繁重，这是没有尊重的另一种形式。Centrelink 的问题表明，需要很好地为服务提供资源，否则一个机构可能会失去它本应该具备的良好声誉。

12.8 服务问题

关于服务提供还有其他几点需要说明，主要与公共服务提供和私营部门服务之间的固有差异有关，另外还有一些来自 Centrelink 例子的启示。

私人服务和公共服务

私营部门和公共部门在提供服务方面可能有一些相似之处，但它们之间的差异确实非常大。私营部门的服务包括选择要素——服务接受者可以选择接受或不接受该服务。此外，私营部门的服务很少涉及诸如福利服务之类的基本问题，比如客户有没有饭吃、有没有地方住等。举例说明，Centrelink 的决定具有强制性——正确填写表格，否则你将无法获得你的利益；需要时请与机构联系，否则你将无法获得收入，等等。当然，任何人都不必申请或接受福利待遇，即使有权享有福利，但法律的全部力量都在机构的行动和决定之后，任何申请人永远都不会忘记这一点。正如奥尔福德（Alford, 2015）所说，胁迫是根本的区别：

> 一些政府组织忙于对服务使用者施加义务。考虑到更广范围内的社区，即使政府组织不愿意接受和（或）被迫这样做，他们也以这种方式使"客户"处于不利地位。这与"以客户为中心"的观念不符，而其是服务管理的核心。这不但没有创造出"高兴的"客户，而且强迫他们遵守法律似乎更有可能疏远、惹恼或激怒他们。

私营部门可以在政府不能随心所欲的地方任意行事。公共性的另一面是为所有人提供服务的义务。

权力不对称

在一个权力严重不对称的环境中，说客户是合作生产者是不切实际的，而且更不利于客户。Centrelink 唯一的合作产品是申请人必须填写表格，但这本身并不能带来良好的服务。正如方丹所说：

> 服务模式可能会改善机构的运营绩效，但这些改进并不能取代政治结果，因为政治结果使一些客户的权力大大不如其他客户。确实，它们掩盖了这种结果。如果不进行政治改革，这些"细分市场"（穷人和政治弱势群体）将继续得不到良好的服务。（Fountain, 2001b, p.56）

建立支付权利有几个步骤：政府通过与该类福利相关的法律和附属法规；潜在的客户需要对此进行了解并提出申请；检查应用程序，并建议付款（如果有资格），然后付款给有资格的人。对于 Centrelink 提供的某些福利（例如失业救济福利），还需要进行持续报告。客户必须报告自己是否已赚取收入并满足任何其他要求，例如在一段时间内申请一定数量的工作。

这里发生的事情无非是行使权力。政府当局认为，只要申请人能够证明自己有资格，就可以获得津贴。而这是没有意义的合作生产。

服务绩效的问责

私营部门和公共部门在提供服务方面的另一个主要区别是问责的内在差异。可以认为，私营部门的服务水平低下会导致客户找到另一家提供商；在公共部门则别无选择。正如奥尔福德（Alford, 2015）所说：

> 如果私营部门的客户对公司的产品不满意，他们就会"退出"并转换供应商。在公共部门，可能没有替代的提供者，因此客户通过发声机制表达他们的不满，即通过直接沟通来抱怨和提出要求。

还有一个区别是，与私营部门不同，公共部门还有另一组参与者，他们不直接参与交易，而由于是公民而拥有利益（Alford, 2002）。对于 Centrelink 服务，似乎整个公民团体都不太关心福利接受者的服务困境，实际上，他们的兴趣可能在于降低自己的税率，而不是改善对他人的服务。这一点也意味着使用私营部门的服务管理效用是有限的，其重点是为个人提供私人价值，而不是为集体公民提供公共价值（Alford, 2016）。即使服务对象参与提供服务被认为是可取的，但要将其视为对整个社会的要求或整体利益，还有很长的路要走。

资源配置

提供优质的服务并不便宜。为了使客户满意，可能需要额外的人员或其他资源。如果只有少数工作人员试图处理大量事务，那么客户等待的时间和不满都会增加。加利福尼亚州（California, 2013）的调查指出："有足够数量的员工来处理工作"。这一点很重要。Centrelink 的例子也说明，如果服务人员不足以处理需求的话，等候的队伍将变长。这是与私营部门的另一个巨大差异。方丹认为，私营部门客户的主权"在很大程度上取决于他们能够并将使用退出的可能性……公司提供的服务将满意度维持在刚好高于防止退出的水平上"（Fountain, 2001b, p. 60）。在这种情况下，服务水平必须应对客户因为对服务不满意转而寻求另一家提供商的可能性问题。在公共部门中，发生的情况不同。在某些情况下，虽然所有客户服务原则均已到位，例如加拿大服务部和 Centrelink，但这些机构因积压了大量工作而受到强烈批评。政治领导层必须通过年度预算程序来决定要提供的资金。总有一种诱惑，就是只为差劲的服务提供足够的资源，从而降低预算的总体成本。此外，如果服务变得糟糕，以至于潜在的客户甚至不申请他们有权得到的东西，那么对于无所事事的政府来说，这样的预算底线就更好了。

服务提供渠道

私营部门拥有随心所欲的自由，而政府则没有。私营部门的服务提供商可以忽略公平问题。如果某个地方的服务成本太高（例如在偏远地区），或者无法或不愿使用数字服务，那么私有提供商根本就不会为之提供任何服务。政府机构必须能够为所有客户提供优质服务，而不论其社会阶层、处理系统的技能水平以及希望使用的渠道如何。通用条款也可能意味着要提供昂贵的渠道，如面对面采访和纸质方式，甚至是"蜗牛邮件"。

不应强迫公共部门客户使用难以使用的渠道。例如，Centrelink建立了一个移动应用程序，并提供了广泛的基于互联网的交易。但是，它发现，对于许多人来说，线上系统很难使用，经常无法使用，并且很难得到使用的帮助。这意味着在线上系统方面需要导航帮助的客户会拨打更多的电话，甚至会有更多的客户直接到办公室去。

公平是对公共部门提供服务的基本要求。服务机构需要考虑客户的能力。私营部门可以忽略难以服务的客户，而公共部门则不能，或者至少不应这样做。

12.9　结论

改善政府机构提供服务的必要性是许多组织的议程，但还有一段路要走。尽管其中的某些方面可以从私营部门的服务管理中获得启示，但目前的例子表明，政府的服务应当比现在更好。此外，鉴于面临更多风险，政府服务还必须比私营部门好得多。

许多公共部门的交易令人担忧，这意味着不仅要借鉴私营部门的服务原则，而且还要走得更远。一些公共服务交易比大多数私营部门的交易更为重要，私营部门总是有选择的余地。与个人进行的健康或福利交易实际上涉及公共机构客户的生活和福利。由此可见，在提供政府服务时，树立服务意识比市场交易更重要。服务质量低下可能对组织的声誉产生严重影响，但更重要的是，这可能导致与社会本身的疏离。改善服务确实给公共管理人员带来了挑战，但是为了维持公众的支持，必须应对这些挑战。

第 13 章

用技术来管理

本章内容
- 引言
- 技术和传统行政模式
- 向电子化政府过渡
- 从电子化政府到数字治理
- 数字治理的问题
- 结论

13.1 引言

在过去 30 年左右的时间里，一场信息和通信技术革命导致许多国家的经济发生了真正的实质性转变。生产软件和硬件的新兴产业兴起，而一些传统产业则由于资本投资的减少而消失。尽管整体的生产力水平得到提高，但对很多工人产生了不良的影响。这同样对政府的运作产生了深远的影响。私营部门发展出现了电子商务和电子商业，相应地，在政府运作中出现了电子化政府，即把信息技术应用于政府，在政府以及公共管理的专业领域出现的 IT 革命。科技对政府运作的影响是深远的，但仍有一定进步的空间。

从打字机的使用到复印机和早期电脑主机的运用，公共组织通常都是技术的早期采用者，但其并没有工作得很好。《经济学人》在 2000 年进行的一项专项调查表明,"在未来五年之内,电子化政府不仅将改变大多数公共服务的提供方式,而且还将改变政府与公民之间的基本关系。继电子商务和电子商业之后的又一互联网革命将是电子化政府"(*The Economist*, 24 June 2000)。八年后,这一杂志做出的另一项调查对所取得的成就持更为乐观的态度:

> 正如技术在私营部门所起的作用一样,技术可以让政治家和官员更好地理解公众的需求以及如何满足需求。但正如私营部门对新技术的采用涉及了很多问题那样,有些电子化政府的尝试也不尽如人意。公民有权质疑会使政府包罗万象的技术,他们要求政府作为公共服务提供的垄断者,提供更多的服务(*The Economist*, 14 February 2008)。

在很多国家,电子化政府的发展与公共管理改革是同步的,由此产生了一种认为两者是相互关联的认识。正如贝拉米和泰勒所言,"通常与信息时代相关的组织变革模式明显地和与现今公共行政领域内管理主义相关的模式相一致"(Bellamy and Taylor, 1998, p.37)。毫无疑问,电子化政府在管理改革领域承诺了很多。然而,从两个方面看,这样的承诺并没有像人们在 21 世纪初所想象的那样。

一方面,电子化政府在许多地方存在严重的设计和执行难题,在实际的政府运作过程中没有达到预期效果。《经济学人》的调查显示:"尽管把信息放在网络中也会产生一些作用,但我们的特别报告显示,电子化政府(利用互联网的交互性和速度来提供公共服务)往往意味着花费高而回报低"(*The Economist*, 14 February 2008)。人们对电子化政府的期望可能是利用互联网的系统将大大降低成本并提供更好的服务;然而,现实往往是政府 IT 项目是代价高昂而失败的,规范性和实施性较差(Heeks and Bhatnagar, 1999; Heeks, 2006)。失败的最大原因是管理不善,而不是技术本身。电子化政府可以强化现有的管理结构,但也可能引发对如何提供服务的彻底反思。虽然如此,我们离后一种可能性还是有一段距离的。

另一方面,与是否有必要将电子化政府作为公共管理的一个单独部分有关。在一段时间内,私营部门把电子商务视为新事物,是与商务本身相分离的。这并没有持续多久,因为所有企业都比以往更需要将信息和通信技术纳入其流程。把"电子商务"作为一个独立的商业类别或把任何与商业分离的东西称为"电子商务"已不再明智。因此,电子化政府也可能不再需要被视为政府之外的一个独立领域。电子化政府的一个关键问题不在于它是否有用或影响深远,而在于它是否需要与公共管理分开,是否仅仅是一个像办公室计算机这样的技术引擎,或者是否确实与传统政府大不相同。

13.2　技术和传统行政模式

在传统行政模式时期,公共组织往往是新技术的接受者。电报和电话是政府内外部服务中非常重要的通信技术,政府部门也是其最早的使用者。技术与组织结构有着紧密的联系。19世纪的官僚制理论也是建立在这样的当代发明基础上的,并与之相伴而生。正如方丹(Fountain, 1999, p. 142)所言:

> 国家和企业所确立的组织形式……是工业革命推动的技术成果的产物。蒸汽机、电报、电话和早期的算术计算机使官僚制以及组织间的形式成为可能,在此之下,政府和企业通过纵向联合和空间上的分散,形成总部与区域组织。技术发展并非以一种不可避免的方式来决定这些组织形式,但它们使这些组织形式成为可能,而且在很多情况下,这是完全符合逻辑的。

传统的公共行政模式完全与当时的技术发展相一致。

正如前面提到的(见第3章和第12章),韦伯官僚制的核心部分是"办公室"概念。办公室是官员工作、公众与机关打交道并保存记录的地方。当今办公室还是组织技术和信息处理的中枢。正如韦伯所描述的那样(Gerth and Mills, 1970, p. 197):

> 现代办公室的管理是建立在书面文件基础上的,而这些书面文件以原样或草稿形式保存着。所以,就有一些低级工作人员和各种书记员。工作人员的主体部分是在"公共"的办公室内积极地工作,与他们各自的物质工具设备和档案一起,构成了一个"行政机构"。

"书记员"与"物质工具设备和档案"涉及当时可利用的技术,而办公室是储藏档案的地方。档案对管理机构至关重要:档案储存信息;人们需要这些档案来记录先例,以便在出现与先前相同情况的时候行政机构能够做出前后一致的决策,而且也需要利用档案来处理常规的诉求。办公室也是可以找到相关专门知识的地方。更高级的公务员对规则和先例有详细的了解,可以根据他们的高级知识做出明确的裁决。随着时间的推移,实际使用的技术可能会变得更加精细,但办公室的概念及其对技术的使用是韦伯理论的核心要件。

在那时基本的沟通技术手段是文件,一开始是使用羽毛笔手写,后来是用打字机打。文件或文档在组织上下传递以获得批准或提供信息。随后,文件被保存在一个中央资料室——档案登记处——以备查阅。文件从一个办公桌传递到另一个办公桌导致了交易成本的产生。在纸质文本破损而无法阅读之前要制作副本,这是一项非常费力的工作,一开始是手写,之后出现的复写纸也只能进行少量的复制。

电报和电话技术即使在现在看来是相当原始的,但与它之前的状态相比,仍是一个极大的飞跃。但这些基本上也只做到了简单复制或单个用户交流,就像写信那样,而且近一个世纪以来政府使用它们的方式并没有多少改变。在20世纪60年代和70年代,白纸影印机和传真机是复印机的主要进步,但只是改进。它们只是进一步成为机构的一部分,加强了官僚机构的权力,因为这样的变革可以纳入机构,而对权力结构或办公室的组织方式几乎没有影响。

从组织架构的设计符合当时的技术角度来看,整个系统一直运行良好。官僚制模式很适用于这种文件处理技术,一张纸或一个文件的生成完全符合韦伯的科层制原则。

政府信息和通信技术的开端

政府最早使用计算机。根据资料，在第二次世界大战中英国使用了可识别的计算机来帮助解码敌人的无线信息，美国海军使用了计算机绘制弹道图。第一台商用计算机 Univac 1 于 1951 年交付给美国人口普查局。从 20 世纪 60 年代起，政府开始更多地使用计算机，但使用的方式有限，不会威胁到组织结构。

计算机运算被认为是机关内部的一种独立活动，配备了专业人员并以类似于打字池的批量处理方式操作。最初引入的计算机对现有的组织几乎没有什么影响，正如贝拉米和泰勒（Bellamy and Taylor, 1998, p.11）所言：

> 在初期，政府对计算机的使用是当时盛行的官僚制组织的集权形式的机制所需要的。计算机的主机用来处理具有共同职能的中央数据。计算机对其周围的等级和集权结构并不构成威胁。实际上，它的作用是支持甚至是强化那些大型官僚制组织的特质。之所以如此是因为计算机只是一种纯粹的自动化，即以迄今为止较低的成本完成大规模的数据处理工作。

只有在政府内部广泛使用相互连接的计算机之后，才发生了进一步的革命。只有每张办公桌上都有个人计算机，计算机的运用在政府成为普遍现象，且与局域网链接并可进入互联网和社交媒体的时候，技术才会对政府机构内部的组织结构产生重大影响。

到 20 世纪 90 年代，IT 革命的潜力在于改变政府的办公和管理方式。韦伯所描述的官僚制办公室已不太需要。文件通过虚拟的信息网络分发和保存。员工不用一直待在办公桌前，而是由专业的信息化系统来处理大量的工作。公共部门的运行方式开始发生转变：现在技术正被看作公共部门改善其管理水平和为公民提供服务方式的关键因素（Seneviratne, 1999, p.45）。

在网络化时代，基于 19 世纪的技术而设计的正式结构可能难以为继。更重要的是，IT 革命的前景即使还没有实现，但也提供了通过不同的方式改变政府组织的可能性。随着机构的扁平化和中层管理的空心化，其中有一些改变已经发生，然而大部分政府部门还是保持着现存的组织架构。信息技术可以改变管理甚至改变等级制度本身。管理者无须再等到某一文件通过整个等级体系传送，文件会呈现在他们自己的计算机屏幕上。各种各样的信息和数据都可以廉价地收集和传送。这使管理机构分权化，即使数据可以由高级管理层实时监控。各种记录以电子版本的形式保存，这样人们就可以从许多不同地点同时登录并进入这些记录之中。对信息和通信技术的投资减少了处理日常工作的时间。

技术的存在本身不能引发组织变革。相反，技术只是使变革成为可能而已。的确，政府主要的挑战不是发展更好的技术而是"重新组织和建构那些交易所涉及的制度安排"（Fountain, 2001a, p.6）。电子化政府通常出现在现存的组织边界之中，人们还没有从更宏观的角度看其对整个政府的运作有何帮助。

13.3　向电子化政府过渡

在私营部门电子商务的早期阶段，企业可能仅仅是将有关公司和产品的信息挂在网上。后来则出现了互动，例如，能够通过互联网下载订单，将信息作为一种资源。但是，很多公司做生意的方式已经发生了转变。虽然企业对消费者（B2C）的销售额回升得很慢，但企业与企业之间（B2B）的链接增长得却极为迅速。尽管开始的时候环境很糟糕，但已经建立链接的公司也必须对其运行做出根本性的改变，否则它们就会失去市场。

政府也经历了类似的情况，但有一个时间差。私营部门是先驱者，但这样的情况一旦开始，他们就能通过技术变革提供更多的服务，这将导致对政府提出同样的要求（OECD，1998b）。如果个人银行业务可以在所有时间通过互联网进行交易，那么政府服务的顾客为什么要在工作时间通过排队来购买类似的服务呢？（见第12章）

贝拉米和泰勒（Bellamy and Taylor，1998）认为，信息通信技术在政府的发展经历了三个阶段（Heeks，1999）。第一阶段叫作**自动化**，旨在运用机器来减少已有的、主要基于纸张的工作成本，并把信息仅仅作为一种副产品（Bellamy and Taylor，1998，pp. 38-40）。

第二阶段叫作**信息化**，即从自动化转变为"重点强调信息的释放"（Bellamy and Taylor，1998，p. 46）。在这个阶段，新的信息资源允许对来自各种渠道的数据进行整合，这样就能够大大增强组织的智能，在安排谁可以进入并利用信息资源和如何推动以信息为基础的过程方面，具有很大的灵活性；组织内部和组织之间（包括组织和它们的提供者或消费者之间）可以使用各种新的互动式通信技术（Bellamy and Taylor，1998，p. 47）。机构以被动的方式发布信息，然后导致双向信息交换的互动，接着是用网站来进行价值交换的交易，例如支付许可证、支付罚款或提交纳税申报表。

第三阶段叫作**转型**，即"运用企业流程再造全面重组组织界限以分享信息"（Bellamy and Taylor，1998，pp. 51-53）。以公民在"一生中所发生的事件"为立足点提供公共服务，或者根据老年人、学生等特殊群体的偏好提供公共服务，而不是根据部门或者机构的组织偏好。这一理想"虽然简单但却具有巨大的说服力，释放新技术的能量会降低公共服务的成本，与此同时将有助于重建政府和公民之间的关系"（Bellamy and Taylor，1998，p. 64）。政府服务的途径可以基于公民的需要，这代替了传统的部门架构。通过这个端口（比如新加坡在这方面的实践），所有部门和机构的信息系统都能够链接起来以提供一体化的服务，而这种方式避免了使用者不得不了解政府结构的问题。从税收、注册企业、支付许可证费用到举办文化活动等各种服务都通过门户网站来提供。其他国家也有类似的门户网站——Service Canada（加拿大）、Mygov（澳大利亚）、usa.gov（美国）。即使许多政府仍处于相对较低的互动水平，而不是促成交易或提供门户网站，但是通往数字化未来的道路似乎都是不可阻挡的。

到了 20 世纪 90 年代末期，技术的急剧变革的确开始对政府组织产生影响。在美国，20 世纪 90 年代早期的政府再造运动确实预见到组织所需要做出的变革，其明确的目标是创造一个"工作更好、花费更少"的政府，技术是实现这一目标的一个路径。奥斯本和盖布勒认为，20 世纪早期所设计的官僚制"在 20 世纪 90 年代急速变革、信息爆炸、知识密集的社会和经济中，确实不能很好地发挥作用了"（Osborne and Gaebler，1992，p.12）。要实现这种变革并非易事，尽管后来随着互联网的出现，发生在政府中的科技革命使得它成为可能。

政府与公民的链接（G2C）

在促进政府和公民的链接方面，存在着各种各样的方式。服务提供系统可以与人生中的重要事件和公民需要相链接。例如，许多涉外旅游的工作可以与相同的网站互相链接。当某人或其代理人预订外出旅行时，可以同时登录到护照、信用卡、健康警告和接种疫苗等方面的网站。如前所述，通过这种链接来更换车辆或驾驶执照，或缴纳罚款要简单得多。电子化政府可以使公共机构随时根据顾客的需要提供更多的服务，而无须亲自到办公室去。更换执照、地址变更甚至是填写提供福利的表格都可以在线完成，而且也很便宜。

另外，政府与公民的链接，使公民接触政府服务信息的可能性大大提高（相对来说未被称赞）。尽管大多数信息接触实质上是单向的，但与以往传统模式下的公共行政相比，公民可以很容易地获得更多的有用信息。在那种由中央执掌而且只是吝啬地发布信息的模式中，通常是印制一些难以得到的报告，而且这些报告并不包含很多政府内部的运作。现在，各种信息的发布是家常便饭，任何人都可以用下载的方式接触到这些信息。

政府与企业的链接（G2B）

诸如福特、通用汽车等大型制造业公司已经使用互联网来管理各部门，并要求其供应商调整内部运营以保持一致。如果说在私营部门企业与企业的交换中，互联网的应用正变得越来越普遍，那么政府也希望如此就不会让人感到奇怪。逐渐地，政府亦被要求采用电子商务式的运作模式。

在大多数国家，政府合同是与私营部门交易中非常重要的组成部分，但政府招标的复杂性可能导致更高的投标价格，因为愿意办理相关手续的公司可能相对较少。竞争可能因此而减少。正如许多政府现在所做的那样，这种交易成本可以通过在网站上列出投标书来降低，并要求所有材料都以电子方式提交。一些司法管辖区甚至向提交书面提案的公司收取费用；其他司法管辖区只受理通过其门户网站进行的投标。通过在其网站上向承包商下订单，采购文具等标准物品更加容易和便宜，希望获得政府合同的公司完全有动力遵守在线处理订单的要求。从以书面为基础到以网络为基础的文件和支付程序的改变"通常会节省大约50%的行政费用,对于复杂的交易则节省得更多"(Fountain, 2001, p. 5)。

政府与政府的链接（G2G）

为了改善服务供给,政府机构之间越来越多地应用电子化链接。同一政府的其他部分、政府的其他层级,甚至是其他国家的政府都会从信息的电子化交换中获益。在前面所列举的涉外旅游的例子中,旅行预订、申请护照和信用卡等还可能引发一系列的政府与政府间的信息流动,包括从移民和海关检验到处理安全保障事宜。目前各国政府之间已经就旅游业进行了复杂的数据交换。

政府与公民的链接已经变得越来越重要。政府的服务需要提供给每一个符合资格的人,而不只是那些访问政府网站的人。所以除了互联网,政府还需要提供如普通邮件和电话这样的渠道。这不同于私营部门,私营部门会忽略那些没有访问权限的人。另外,和政府打交道的许多小企业,如果希望获得政府的业务,就需要被迫服从与公民进行链接。

政府与雇员

第四类链接——政府与雇员的链接（G2E）,主要指政府机构在内部运作中运用计算机系统来提高效率（Yong, 2005）。内部运作由网络信息化运作取代纸质文档,但是这些更多地被认为是普通内部运作的一部分,而不是电子化政府的新方面。

电子化政府与服务

电子化政府的巨大前景在于政府能够更有效率、更有效能地提供公共服务。电子化政府的期望是,互联网能动系统会大幅度地降低成本和提供更好的服务。

早期的电子化政府主要着眼于改善机构的内部运作,但对组织结构的影响不大。技术的存在本身也不能引发组织变革。相反,技术只是使变革成为可能而已。的确,政府主要的挑战不是发展更好的技术而是"重新组织和建构那些交易所涉及的制度安排"（Fountain, 2001a, p. 6）。电子化政府通常出现在现存的组织边界之中,人们还没有从更宏观的角度看其对整个政府的运作有何帮助。然而,早期的电子化政府并不是所谓的管理改革。它是管理的推动者,管理变革的推动者,但它本身并不是一场革命。

电子化政府给管理主义的理论变革提供了可以操作的方法。有人可能认为公共管理改革和电子化政府是不同的运动,但事实上二者是相互支撑的。对于一个等级制和官僚制色彩较浓的组织而言,实施新的技术是可以想象的,但是如果没有实质性的组织变革,这些技术是不可能良好运转的。传统模式的电子化政府与前面所讲的"自动化"阶段有些相似，计算机系统只是用于节约处理时间而不是进行组织变革。很多电子化政府都是这样的。电子化政府通常以降低成本和保持组织结构不变为前提。下一个阶段应该是更仔细地考虑客户希望拥有什么样的服务体验，然后使用技术来促成这一点。

13.4　从电子化政府到数字治理

"数字治理"一词越来越多地被用来指代与电子化政府显著不同的政府治理模式。除了技术的复杂性，数字治理（或政府）也关注组织如何转型。电子化政府被视为能够在现有组织结构内进行交付和管理，而不用为了实现更好的服务而改变组织结构。正如布朗等人认为的那样，数字治理意味着更多（Brown et al., 2014, p.14）：

> 我们需要就21世纪数字化的公共部门组织意味着什么达成更好的理解和共识。当前的数字化举措只是这场漫长旅程中最新的品牌重塑，这并不难理解。如果认为早期的线上和电子化政府举措往往是以技术为主导的，尤其侧重于网站的制作并将现有的手工服务放到网上，那么就是错误的。向数字化迈进的意义远不止于此，而且主要不是技术问题，而是对公共服务的构思、设计、运营和管理方式的重新构想和重塑。这一次，不仅仅是关于表面修饰的问题——网站和在线表单——而且是关于公共服务和提供这些服务的组织从后端到前端的完整设计：对政府数字通道系统的重新思考。

布朗等人进一步认为，数字化的承诺在一定程度上与服务提供有关，但"数字化最重要的作用也是改善公共服务组织的内部运作和流程——降低当前事务性服务的成本和避免低效率"（Brown et al., 2014, p.14）。

就目前的讨论而言，很明显，技术变革必定会对为早期技术时代而设计的官僚制产生影响。私营部门信息通信技术的应用导致了人们对政府提供更好服务的需求。正如卡马克（Kamarck, 2000, p.235）所言：

> 私营部门的信息革命提升了公众的期望，而且使受规则束缚和基于纸张的政府官僚组织看上去显得老套和反应迟钝。在20世纪中期，五角大楼的组织和通用汽车的组织不存在明显不同，但是当私营部门的组织理论向前发展并产生了信息时代新的组织理论时，公共部门坚持传统的官僚制似乎就显得过时了。

服务可以基于信息流，而不是层次结构或机构结构。政府的顾客或"消费者"无须知道机构工作之间的明确界限，尤其是在服务提供方面。不能指望公民对各级政府的活动有详细的了解。一站式服务机制将向客户提供的服务整合在一起。加拿大服务局（Service Canada）或澳大利亚的Centrelink等可跨机构提供信息和进行支付，可对其自身的机构进行更改，以符合信息流的变化。

由于技术的变革，组织将需要更少的中层管理者，这些层级已经被清空了。中层管理者是高层与低层之间的联结点，其主要作用是处理来自低层的信息并将其传递给高层，传达来自高层的信息和指示，对员工进行监督。技术已经改变了这些功能。高层人员现在通过自动化的表格直接获取他们的信息，低层人员也无须接受以往那样严密的监督，一个人工作与否通常可以通过电子化的方式予以监督。科层制并没有消失，只是不再需要如此多的层级。管理者可以被授权工作任务，他们的绩效仍需要高层的监督，但并不需要事无巨细的监督。

组织还可能需要更少的低层人员。许多司法管辖区允许在线提交纳税申报，而通常超过90%的申报表是这样做的。在线提交减少了处理申报单所耗费的时间，还大大减少了处理包括详细的数据录入在内的纸张表格所需的人员。大部分所需的数据由顾客输入数据库的相关部分，这意味着可以由估税员直接处理，而不需要低层职员去准备数据。与常规情况相比，在提交纳税申报单到期之后，无须雇用基层或临时人员来处理表格。税收办公室的工作人员将花费更多的时间评估申报单本身，而不是处理文件。

技术变革对科层制产生的一个更为深远的影响是：应用功能强大的数据库软件能够使高层人员的工作由低层人员来完成。正如方丹（Fountain, 1999, p. 139）所言：

> 知识型工人和知识型工作已经取代了基于纸张的官僚制所需要的简单、重复的办事员式的工作。社会调查员可以通过他们办公桌上的计算机登录到几个数据库和使用有效的分析工具，从事以往分散到几个职位上的工作。在某些情况下，自动化的工具可以令相对笨拙的雇员去完成复杂的评估。信息技术所引起的工作一体化导致了很多工作分类和联邦政府单一化职位分类体系的崩溃。

例如，一名估税员会得到一台好的计算机、功能强大的软件、搜索引擎和相关数据库的支撑，而且不再需要以往所需的非常长的时间的工作经验。如果大多数任务可以由低层工作人员借助计算机软件的辅助来加以执行，那么很多资源就可以转向更高层次的工作。

韦伯意义上的"办公室"同样也发生了变化。借助远程技术，工作人员无须来到中枢系统使用其设备。更多的工作人员会在家里工作，并且可能是兼职的。一些政府已经很好地建立了跨越不同地区和基于家庭工作的真正团队。由于可以通过呼叫中心或互联网远程提供无缝服务，因此不需要在当地设立分支机构；如果确实需要在当地提供服务，许多机构可以共用设施，甚至共用工作人员。这是"逻辑上的办公室"或"虚拟的团队"，以至于其所进行的工作与其所在的不同城市甚至不同国家毫不相干（Bellamy and Taylor, 1998, p. 36）。这并不是普遍受欢迎的，因为错位、与同事无社交和卷入要命的办公室政治等原因，使得外部工作者在适应"逻辑上的办公室"生活方面充满困难。

这些变革，会对公务员的职业结构产生持续性的影响。其他影响包括"监督角色的修正、等级关系的转型，以及在文化深层次上权威结构和体制的现代化"（Fountain, 1999, p. 139）。这将意味着知识型工人就像顾问和承包商一样更可能利用灵活性来安排和获得高薪。

官僚制仍将保留但却会变得完全不同。正如方丹（Fountain，1999，p. 146）所言：

> 无疑，在以信息为基础的组织中，仍将保留科层制和职能专门化的坚固核心。但是，通过信息技术，借助于有所增强的责任，指挥链条中所需的多层控制已被大幅度地简化了。信息系统使雇员行为更加透明化，因此，等级权威机构实际监督雇员的任务得以减轻。在透明的系统中，就像更多的产出一样，逃避责任是显而易见的。等级权威机构承担了在动乱环境中非常重要的指挥工作，使官员与环境变化保持一致，并确保任务、技术、人力资源和目标的协调。

当官僚制出现所有这些变化时，政府的工作环境将有明显的不同。方丹（Fountain，2001，p. 60）曾评论说，从知识就是力量这个意义上讲，这样的基础结构的转变对政府的权威和权力有重要的意义。其对一些机构来说是机遇，而对另一些来说可能就是威胁。一方面，可能要完成更多的智力上具有挑战性的工作；另一方面，经常存在的、对绩效的电子监督会在工作人员中引起焦虑。

数字时代治理

"数字治理"似乎正在取代"电子化政府"，成为政府内部与其最相关的技术使用术语。它包括"电子化政府（例如，利用信息通信技术提供公共服务）和电子化民主（例如，利用信息通信技术促进公民参与治理）"（Riccucci and Holzer，2011，p. 2）。它只是一种说法，认为技术变革的延伸意味着一种应该被重视的新管理模式。

有人认为电子化政府可能是新公共管理以后政府管理发展的一个新阶段。例如，伦克和特劳恩米勒（Lenk and Traunmüller，2001，p. 71）认为，电子化政府明显超越了新公共管理，因为它预示着迈向公共行政现代化大胆而综合的新方法，而这又超越了管理主义和从经济学中借用的一些理论。这一观点确实提出了如何在公共管理文献中描述电子化政府的问题。

邓利维等人（Dunleavy et al.，2005）提出了一个更为宽泛的想法，他们认为他们所称的"数字时代治理"（DEG）已经取代了新公共管理。邓利维等人认为，新公共管理包括三个整合主题：分化、竞争和激励。这些整合主题都被宣布失败，因此新公共管理被宣布"死亡"（p. 468），数字时代治理是新公共管理的替代品。数字时代治理的特点是重新整合、整体论和数字化。重新整合意味着对新公共管理解体的回归，包括联合治理和再政府化；整体论包括客户和需求导向的重组、一站式服务、"一次性询问"流程、互动及"一次性询问"的信息查询、数据储存库、优先购买的需求分析、点对点的服务再造以及灵活的政务流程；数字化的元素包括数字化服务供给和电子化政府、新型的自动化流程、彻底的非中介化、活跃的渠道、顾客细分、减少授权渠道以便向合作生产提供服务迈进、准志愿服从、自助形式纳税以及开放式的政府（Dunleavy et al.，2005）。

目前，与我们的讨论最密切相关的是来自邓利维等人的观点，他们认为电子化政府将导致更多的政府集权。他们的想法是将会有一个非常大的政府计算机设施，然后需要正式的官僚机构重申权威。他们认为，在当今时代早期信息技术改革的差异，涉及互联网、电子邮件和信息技术系统的普遍化，其影响的范围从办公室内部流程到运用一些重要的方法调节所有的政府机构和社会系统的关系（Dunleavy et al.，2005，p.478）。对于他们而言，"数字时代的到来是现在最普遍、分布最广泛的现象，它对先进工业国家的治理结构的安排产生了明显的影响"（p.478）。

但现在还不完全清楚，在邓利维等人的模型中官僚制如何或为什么会重新得到肯定。存在的唯一假设是，功能的集中化会带来更高的效率，或是大型的计算机设备会强化官僚制。在现实中发生的更多的是大规模失败的故事，政府大型的计算机项目的最终开支远远超出开始的预算，并且还达不到预期的效果。同样可能的是将有更进一步的分权，运用云技术的开放资源的软件也与邓利维等人提出的集中化的需求相矛盾。

数字时代治理取代新公共管理可能是有争议的，但有一种观点认为，"数字政府"或更好的"数字治理"已经取代了电子化政府。数字治理或电子化政府已经成为管理的新模式并将取代早期的公共行政和公共管理模式，这样的观点有实现的可能，但还没有很强的说服力。其更可能被视为管理改革的推动者，而不是完全独立的改革模式。电子商业和电子商务已经在词典中消失，电子化政府同样也会如此，因为不可能存在管理政府的其他任何方式。数字治理也会是这样。当所有的治理，或者至少是公共部门的所有运作都充斥着技术时，就不需要单独命名了。正如布朗等人所说："数字公共服务也是公共服务。随着时间的推移，希望'数字'的标签可以去掉，因为我们都会逐渐理解公共服务本质上是数字化的。"（Brown et al.，2014，p.34）

13.5　数字治理的问题

数字治理确实有望成为公共部门管理的一个巨大颠覆者，正如互联网导致私营部门大规模破产一样。电子化政府也许下了很多承诺，但现实却平淡无奇。改革进程的任何部分都存在潜在的问题。

数字鸿沟

尽管连接互联网的人数呈现明显的上升趋势，但社会中仍有很多没有且永远都不会上网的人。在发展中国家的许多社区，即使使用电话也将是一场信息和通信技术革命。这里潜在的问题是，这样的公民可能被忽视或被其更加内行的邻居抛在后面。电子商务和电子化政府在这个问题上非常不同。提供商品或服务的私营部门可以决定将那些不愿意上网的人排除在外,但政府却不能,因为不管它的顾客拥有什么层次的技术,它必须让每一个人在相似的条件下都可获得它的服务。即使大部分纳税申报单是以电子化的方式提交的,但仍需要保留通过日常邮件来提交的方式。一些政府在图书馆或其他公共场所提供免费的互联网终端,但仍会存在有不能进入政府电子服务的顾客的情况。政府允许其他政府联络渠道——如电话寻呼中心——的存在将是必要的。

数字鸿沟的另一个表现是发展中国家的人们登录互联网的机会要比发达国家的人们少,这就加剧了穷国与富国之间的差距。互联网和电子化政府的使用率最低的是发展中国家。然而,移动网络覆盖面的扩大是十分显著的,其已经覆盖了世界上77%的人口——英国的互联网普及率超过90%,印度为35%,尼日尔为2%(互联网实况统计)。即使在发达国家,也会有一些人,也许是10%,从未使用过互联网,但与私营部门不同的是,政府不能因为服务费用太高而忽视他们,必须为其提供其他服务渠道。

隐私和安全

信息通信技术的进步确实对政府贡献良多,也为政府的顾客提供了更好的服务。但问题是,"这些能力需要潜在的监督和控制"(Bellamy and Taylor, 1998, p.86)。保护隐私和安全是电子化政府的重要方面。

信息通信技术确实强化了对社会公民的保护能力。出于效率的考虑,技术上使信息在不同部门之间共享是可能的,但这会出现隐私问题。互联网或者电子邮件的使用是有记录的,因而比普通邮件和电话寻呼更容易被跟踪;互联网和电子邮件都留下了电子踪迹,它们可以通过简单易行的形式被长期存储起来。警察和情报机构可以用相关的关键词搜索到所有的电子邮件,而传统方式下的窃听电话或窃取邮件是极其精密的工作而且通常只限于对少数犯罪嫌疑人的运用。技术上具有可行性的是,在同等的警察资源条件下,更多的人将被置于电子化的监管之下。如美国联邦调查局就有窃取网页并收集数据和阅读犯罪嫌疑人的电子邮件的程序(Holmes, 2001)。英国警察根据2000年通过的《调查权力规制法案》(Regulation of Investigatory Powers Act),有权要求互联网服务的提供者安装电子邮件和互联网行为的拦截设备,并将信息传回给政府监控中心。

当前计算机的安全对政府机构来说同样是一个问题。纸质文档的安全只要通过将文件存在档案室或资料室就可以得到保障,但是当文件放在电脑上时安全就不能保证了。在很多国家黑客已经找到进入政府计算机的方法。信用卡的电子应用系统的安全措施也是不充分的,在运用互联网缴纳罚款或账单形成广泛的共识之前,有必要实行某种形式的数字化签名和其他防护措施。

政府在试图保护自己敏感信息的安全方面确实存在问题。一个便携式设备比如存储卡可以储存上亿字节的信息,且可以轻易地被隐藏携带以便于告密者或某些人将隐私信息提供给媒体或他人。当政府文件链接到网络时，大量的信息不用打印就可以发布。例如，2010年底，大约25万份美国外交文件被发送到维基解密网站，随后其中一些被媒体曝光。2013年，美国国家安全局（National Security Agency）雇员爱德华·斯诺登（Edward Snowden）公布了估计150万份文件（*Newsweek*，9 June 2014），其中曝光了政府监控各地普通民众电子通信的程度。冷战时期间谍的所作所为与现今该领域的信息交互能力相比简直是小巫见大巫。在韦伯的官僚制模式中，保密一直被认为是这种模式最大的优势之一，但是在政府保密和维护政府信息的完整性上，技术的变化可能意味着将运用完全不同的方法。

GPS使用率的增长意味着在任何时间跟踪个人所在位置变得十分容易。GPS可以用作实时道路导航，并向使用它的个人收取费用，高峰时收取更高的费用。但是个人汽车的位置信息可能会涉及个人隐私，人脸识别结合闭路电视可以对个人进行跟踪。由此，"有效的政府可以变成压制的政府"（*The Economist*，16 February 2008）。

隐私和安全保障方面更进一步的问题是信息的所有权和应用问题，尤其是在信息技术普遍签约外包的情况下。外包合同使少数公司"处于与信息时代政府相关的战略性的强力地位"（Bellamy and Taylor，1998，p. 155）。通过数据开发以及与现代市场营销技术相结合，政府信息可以被用于确定某种产品的目标群体。比如，如果出生名单是在私营部门手中，那么就可以直接运用邮件去销售婴儿产品。如果没有保护措施，那么参与提供医疗服务的机构就很可能向保险公司出售它的数据，然后这些保险公司运用患者的记录来确定风险，甚至确定个人风险。有人认为政府还可能出于其自身的商业考虑来使用他们的信息，但如果信息是由承包商控制的话，那么政府可能会更加关心隐私问题。要不断地修订法律和伦理标准，对它们进行非常严密的详细规定以阻止私营部门用这种方法使用政府信息。隐私和安全是电子化政府的主要问题。

数字政治

数字治理会导致政治体系和政府内部运作的改变，如"电子化民主""数字民主""网络式民主"（Kamarck and Nye，1999）这样的术语正变得日益普遍。有人提倡通过电子邮件或网络投票实行公民自决。政党已经是大数据、网站和社交网络的忠实用户，电子邮件或短信在很大程度上取代了政客早先对问题回复的邮件和电话。

没有迹象表明数字素养在政治意义上形成了更具知情权的公众。在线请愿可以很快地将诉求聚集在一起，利用社交网络可以动员人们去抗议。但是，这也会导致"最小公分母的政治"。尽管在任何政治体系中，"不平则鸣者"更易受到关注，但依靠电子手段对政治问题进行答复会剥夺多数选民的公民权。造成的结果就像在很多国家出现的一样：将出现某种形式的民粹主义，互联网的使用让极端主义者更容易组织起来并受到关注。代议制民主体系的发展已经历几个世纪，尽管它存有缺陷，但始终得到大多数人的支持。电子式民主的想法存在一些现实问题。

未来一种可能的观点是，更高水平的技术可以带来更大的开放性和更好的治理。诺维克（Noveck，2015）认为，政府可以通过开放和呼吁公民更有效地参与治理来变得更智慧。她认为（p.266）：

> 中央集权政府建立在由法律强制执行的官僚控制与闭关自守的传统和等级制度的基础上，这已经过时。未来开放和网络化的治理机构将更加努力。他们必须这么做。

原则上，这也许是个好主意，但通过社会媒体和其他通信手段，让公民更多地接触政府，可能只会强化那些不知情或有偏见的人，而不会使政府工作做得更好。

实施的困难

技术驱动的变革似乎是不可阻挡的，但它仍然必须通过努力才能实现。工作人员可能会积极抵制。信息技术基础设施很有可能导致重新整合和官僚控制，尽管考虑到公共部门和私营部门之间的专业知识不对称，与外部计算机公司进一步签约的可能性更大。政府在签订信息技术合同方面的记录不佳（Heeks，1999，2006）。政府的信息技术战略往往非常昂贵，而且由于倾向于做出糟糕的系统选择，以及锁定寿命较短的技术，这一趋势更加恶化。很多钱被浪费了，失败是很常见的（Heeks，2006）。一种观点（Brown et al.，2014，pp.4-5）认为：

> 近20年来，在线政府、电子化政府和转型政府举措承诺了这么多，花了这么多钱，但在显著的、可持续的效益方面却相对较少。一项分析表明，在21世纪的头十年里，估计有3万亿美元用于政府信息系统，但60%至80%的电子化政府项目以某种方式失败，导致财政、人力和政治资源的大量浪费，无法实现潜在的效益。

正如《经济学人》所指出的，电子化政府"已经转变为'公共行政'，并且其'最显著的特征是对纳税者而言是一个巨大的浪费'，将钱浪费于考虑不周及昂贵的大型计算机系统"（*The Economist*，16 February 2008）。一个普遍的问题在于尝试达成一个标准，不管它们是否具有开放性或所有权，以及不同种类计算机间是否存在持续的沟通困难。标准问题可以由互联网本身提出，因为它的运行需要通过不同种类的计算机硬件和软件。

一个更为系统化的问题是理想与现实之间的差距。贝拉米和泰勒（Bellamy and Taylor，1998）认为："不管围绕着信息时代这一概念的是多么有力的夸张，通过运用信息通信技术来重塑政府的英雄式剧情从本质上讲是一种误导"（p.93）。计算机本身不是管理问题的解决方式。正如《经济学人》所指出的：管理糟糕的组织即使使用计算机也仍然是糟糕的（*The Economist*，16 February 2008）。这个教训来自私营部门，当电子化政府还仅仅集中于解决具有可能性的肤浅表面问题时，就开始使用于公共部门。这就是令人失望的原因，但同时也是一种希望。

人们一直有一种设想，即信息通信技术体系可以促进管理发生变革。人们确实这么做了。但实现这个梦想却是非常困难的。显然，任何运动、任何改革都会在实施过程中被修正，同时不容置疑的是，官僚制政府内部的制度将使其更难适应这样的变化。但是一个僵化的社会或组织，并不允许尝试任何变革，因为它实施起来举步维艰。

13.6　结论

从某些方面讲，电子化政府和数字治理可以被认为是管理主义改革的更进一步发展，是发端于20世纪80年代的公共管理改革的更进一步阶段。传统的公共行政模式与当时可用的19世纪技术非常吻合。更新的技术应该意味着更新的管理，更新的组织结构。如果实施得好，这些将改变公共服务的组织和提供方式。管理主义需要更好的技术来运作。签约外包需要复杂的监督体系，新的预算和会计系统需要良好的信息技术，绩效管理也是如此。

数字治理确实提供了机会以实施公共管理改革早期所预示的变革。从积极的一方面来看，政府可以推行数字治理，以促进公民参与和提高政府的透明度，从而增强公众信心，降低成本，并"打破与距离、时空邻近性或流动性相关的障碍"（Riccucci and Holzer，2011）。信息和通信技术在政府中的使用正在迅速进行，并可能导致政府业务发生比改革进程中迄今所看到的更多的变化。另一方面，数字治理可能会进一步侵犯公民隐私，并造成比当前程度更深的监视。没有技术的人和社会可能会被甩在后面；有技术的人可能会同时面临积极和消极的方面。

目前还不能说电子化政府、数字治理或数字时代的治理将成为普遍认同的管理改革而取代或超越其他公共部门改革。它们强化了公共管理，但不是替代品。电子化政府和数字治理基本上与任何技术一样，都是帮助管理者更好地完成工作的工具。它们是管理和管理变革的推动者，但它们本身并不是一场革命。

第 14 章

财政和绩效管理

本章内容

- 引言
- 政府预算
- 传统的财政管理
- 绩效管理
- 财政和绩效管理的一些问题
- 结论

14.1 引言

财政管理是政府存在的核心所在，政府的任何活动都需要资金以推动其运转。实际上，政府机构以其征税能力和支付能力而区别于社会的其他部门。几乎所有的政府活动都在一定程度上依赖于从纳税人那里征收并用于公共项目的资金。筹款和支出并非狭隘的技术性活动。资金的使用恰恰决定了政府活动的性质和范围，也决定了在争取财政支持的政治竞争中的成功与失败。当选的政党或集团有使用财政税收的权利，而失败者则不能。随着政府在提供服务和控制或减少成本两方面压力的持续增长，预算过程已成为一个决定性的战场。正如基欧克等人所说，"当前的金融危机迫使世界各地的公共组织削减预算、调整服务提供战略、重新确定优先事项，并承担新的巨大财务责任。这一经验提醒我们，财政资源对提供公共服务至关重要"（Kioko et al., 2011, p. i113）。

预算已经与机构和计划的绩效挂钩。虽然在传统行政模式中存在着某种形式的绩效管理，但却是零散的、不系统的。绩效管理现在已经开始被更制度化地运用并与财政管理系统产生了密切联系，也就是人们熟知的绩效预算（OECD，2007）。在通过预算分配经费以执行某些特殊任务时，机构可以讨价还价，但要为预期的成果设置条件。如果实现了预期的成果，管理者就必须兑现承诺；如果不这样做，将来可能会削减预算，而管理者则会因不履行职责而受到指责。

在改革初期，有理由认为，对绩效进行核算的要求有些过头。在所有层面上都设置了绩效指标，以衡量各种各样的事情，如目标、输出、成果、人员，事实上一切都可以被衡量。从理论上说，这个系统应该能较好地运作，但现实和理论之间往往存在差距。衡量绩效本来是好的办法，但一系列令人困惑的指标可能会使是否实现真正的目标模糊不清。在一些地方，绩效衡量的确导致了目标管理的任意性，尽管设置了目标，但没有实现目标的明确途径。衡量绩效是让管理者进行管理的基本组成部分之一，但这种改革进展并不顺利。然而，虽然实施起来困难重重，但与传统行政模式下的财政和绩效管理相比，仍取得了相当大的进步。

财政管理改革一直是公共部门全面改革的一个重要部分。整个改革进程的这一部分总体上运作良好，但并不完美。伴随权责发生制、绩效指标、项目预算等出现的所有问题，以及所有的改革，都为决策制定者制定长、短期的预算决策提供了信息。

14.2 政府预算

政府预算是政府财政管理的核心，是官僚制运作的核心。预算是一种文件，在这份文件中，政府预算部门的估价、收入和支出——除去政府经营企业和一些资本交易——呈现在账目列表中。预算有几种职能，充当着从简单的政府财政记录到决定整体经济健康运行的重要角色。

简单来说，"从字面来看，预算是一个包括了文字和图表在内的文件，它对项目和用途的支出提供建议"（Wildavsky，1979，p.1）。然而，任何预算都远不止如此，正如威尔达夫斯基（Wildavsky，1979，p.2）所说的那样：

> 一般而言，预算涉及将财政资源转换成人的需要。因此，预算是一系列贴有价格标签的目标。由于资金有限且必须以某种方式来分配，预算也就变成了在各种可能的支出之间进行选择的机制。

政府可以通过按照用途分配资金这种方式来改变社会状态。由于对政府支出的需求总是远远超出政府偿付的能力，所以必须用某种决策方式来决定谁将得到资助而谁不会。这个过程天然地具有政治性。比方说，也许有些技术性方法能够决定在何处建立一家新医院，但却没有什么技术性方法来决定是建一家医院还是建一所学校，或者是修一条道路。政府必须以某种方式调和多样化和相互竞争的政治要求之间的资金分配。在政府的最高层面，决定谁将得到经费支持或谁将受到税收惩罚的唯一方法，是通过有缺陷的、有时是非理性的政治讨价还价的方法。政府的现实情况是，内部总是存在的争夺资源的政治博弈，在作为外部政治要求的倡导者和调节者的机构之间上演。预算最终必然是一种政治文件，预算程序必须考虑这个事实。

为方便起见，习惯上将预算职能分为两种：经济职能和财政职能（Musgrave and Musgrave，1989）。这些将在下文进行讨论。

预算的经济职能

经济职能涉及政府是怎样通过预算来影响整个经济的。政府试图实现对全部财政管理的掌控，而这样做不可避免的结果是，在相互冲突的目标之间达成令人相当不满意的妥协。政府试图通过预算来做许多事情：决定经济生活中公共活动的水平，对收入和福利进行合理的分配，对经济活动的总体水平进行某种控制。这些通常被描述为配置政策、分配政策和稳定政策。这些经济功能有时会相互冲突，再次说明了在编制预算时需要做出妥协。

配置政策

配置政策涉及公共部门和私营部门的相对规模以及哪些部门做哪些事。换言之，预算一方面体现了政府活动的总体水平，另一方面也规定了哪些活动由公共部门而不是由私营部门执行。政府的支出和税收政策都影响到资源在私营部门中的配置和分配。举例来说，当政府决定增加用于道路建设的公共支出时，对私营部门会产生广泛的影响，而工程承包商、水泥制造商及其员工则是直接的受益者。同样，对私营经济中某一商品收税或给予补贴可能会影响它的消费，同样也会对就业率和盈利水平产生影响。

关于政府规模的争论实际上是关于分配制度的争论。那种认为政府支出和税收在经济活动中占有太高比例的观点表明人们对公共部门和私营部门的相对权重感到不安。当政府控制了大部分经济活动时——在欧洲一些国家，高达 GDP 的一半——政府在支出方面的改变将对私营经济产生重大影响。社会民众和组织可能会要求政府向他们提供更多的资金或活动。此外，如果前后矛盾，他们还会要求减税。实际上，在政府支出和税收方面并不存在任何先验的或明确的理性标准以使人们感到公平合理并欣然接受。政府所能做的就是凭直觉在实施特定税收标准所造成的选举成本和从政府支出中获得的选举收益之间进行比较。

分配政策

政府试图解决公民之间财富和收入的不平等分配问题。典型的做法是通过转移支付或者其他优待措施来帮助低收入者，这笔钱部分来自对高收入者的征税。分配政策的主体是提供社会福利,包括对某些公民阶层的转移性支出,但是其他所有的预算决策都会产生一些分配性的结果。给特殊集团的税收优惠,如给农民的,与直接对社会保障进行投入的分配方式如出一辙。由于分配决策的存在,转移性支出的标准及对特殊集团的影响是不能通过技术性手段确定的。正如马斯格雷夫夫妇(Musgrave and Musgrave, 1989)所言:"对公平分配问题的回答涉及对社会哲学及价值判断的思考。"(p.10)换句话说,不存在技术性的解决方案,存在的只是一种政治的偏好。某些右派人士甚至认为,通过减少收益和投资来取得更加公平的分配必然导致更加贫困的经济。实际上,正如对不同部门或收入群体之间合理进行分配的标准难以达成共识一样,人们对分配中"公平性"的争论是不可避免的,且在政治辩论中这是个永恒的话题。

稳定政策

稳定政策是指政府通过预算政策改善整体经济水平,这可能是政府预算最难履行的经济职能。政府所有的支出和税收决策都会对私营部门产生影响,所以通过对这些政策及其总体水平进行调整,就可以对整个经济产生影响。1945年后,随着凯恩斯主义经济学的广泛应用,西方政府明确承担起促进充分就业、稳定物价、经济增长和收支平衡等方面的责任,部分是通过财政政策,即利用政府预算来实现这些结果。

政府财政政策对于保持经济稳定有重要意义。虽然支出和税收有其各自的经济影响,但是它们之间的净差额——赤字或盈余——是主要问题。20世纪30年代,凯恩斯主义经济理论认为,如果预算处于赤字状态——支出大于收入,那么整体影响会成倍增加从而能够刺激整个经济。如果经济过热,那么从理论上政府可以将盈余编入预算以减缓经济到一个更可持续的水平。依靠政府预算来管理经济最初代表着一场经济革命,因为预算不必每年都保持平衡。从理论上讲,通过改变预算平衡,政府可以改善市场经济中繁荣和萧条商业周期的破坏性影响。预算平衡还会影响到政府的负债净额,同时会引发私营部门的反应,这在金融市场尤其如此。

从第二次世界大战后到20世纪70年代,面对智力和政策挑战,凯恩斯主义政策一直处于主导地位。而当时所谓的"滞胀"却不能用凯恩斯主义的方法来解决。新的正统观念是"新古典主义",强调减少政府开支,平衡预算,让市场力量找到理想的经济平衡。在2008年全球金融危机爆发之前,这种观点一直盛行。许多国家的政府被迫回归到凯恩斯主义的调控方法,试图遏制经济的恶性循环,但却使预算赤字大幅增长。虽然大部分国家遏制了危机的恶化,但同时暴露出的债务问题需要多年才能恢复到正常水平。

人们可能普遍认为,财政政策确实会影响国民经济。但公平地说,对于如何解决全球金融危机的长期影响以及紧缩政策和紧缩政府预算所造成的困难,各方存在分歧。希腊、西班牙、葡萄牙和土耳其等欧洲国家在全球金融危机后都遭遇了紧缩措施的困境。

预算的财政职能

对收入和支出的核算是预算的第二个重要职能。政府需要为其全部活动制定资产负债表，以类似于私营部门会计的方式进行。预算的财政职能是：第一，在预算部门内部对政府和公共部门的总支出进行评估；第二，作为立法机关对政府处理财政事务进行问责和控制的工具。第一项职能是纯粹的会计职能，用来对收支做出评估；第二项职能是问责制度的重要组成部分。

在最早期，财政工作就是立法机关最为重要的任务。通过始于 1215 年《大宪章》的议程，英国王室同意在考虑征税时与贵族磋商。王室与议会之间的长期斗争逐渐导致在征税时必须征得议会的同意，同时税收的支出也要向其汇报。即使到了现在，预算日仍然是议会议程中传统上最重要的一天。在其他国家，尤其是那些有英国传统的国家，财政依赖于立法。美国总统的财政支出必须征得国会的批准，而其对国会的支出也只能行使有限的否决权。

预算是协调政府账目之所在，也是为公众评审列举收支项目之所在。预算编制的主要步骤是：**制定**——起草预算，**授权**——立法机关正式批准，**执行**——预算实施，**评估**——预算执行得如何。预算涉及立法，任何政府支出和税收方案都必须严格地以法律为基础。

在英国和其他议会制国家中，政府牢牢控制着财政资源，政府通过牢牢控制上述前三个步骤而掌控全部四个步骤。但在美国就不是这样，更大程度的权力分立——立法、行政和司法的分立——意味着虽然总统可以提出一项预算，但是国会没有义务接受其中的任何部分。国会也能够提出自己的预算方案，这正是威斯敏斯特制度所欠缺的，因为在威斯敏斯特制度中政府是根据惯例来制定支出方案的。美国在 20 世纪 80 年代后长期大规模的预算赤字很大程度上是由于政府不能够控制自己的预算以及国会和白宫之间妥协的破裂。有时整个联邦政府会关闭几个星期，例如在 1995 年，当时在预算方面没能达成一致，由于没有国会的批准，公务员不能领取工资，因此公务员就无法工作。尽管这类事件在美国比较少见，但它却指出了与议会制的重要区别，议会制下不能通过预算的政府必须辞职。

14.3　传统的财政管理

传统的行政模式具有它自己的财政管理形式，这是一种恰好适合于政府行政理念的方式。传统的预算有一些主要特征，也被称为**线性项目**或**投入预算**。第一，将资金配置在那些特殊的支出项目或类型上，而这些项目或类型是行政任务的主要投入。典型项目支出包括人员、设备、邮递方面的费用以及部门运行所用的临时性项目的资金。第二，预算包括上一财政年度收入和支出的比较。第三，对于即将到来的财政年度而言，预算有一个明显的趋势是，它仅仅是以上一年度的预算记录为基础。这就是**渐进式**预算，也就是说预算体现了一系列在上一年度基础上的不断增长，而这通常可以说明通货膨胀的原因。

线性项目预算确实有它的一些好处。尽管在项目之间转移支出非常困难，管理者几乎没有灵活性，但它是一个很好的**控制**机制。正如威伦斯基（Wilenski, 1982, pp. 168-169）指出的那样，传统预算：

> 第一，是一个限制经过投票表决的拨款总量支出和项目支出的理想机制。第二，如果为了宏观经济目的不得不在年中削减综合预算，那么它提供了某种程度的灵活性。第三，传统预算使预算变得更加容易且便于管理。相对于每一个项目都必须从头开始证明其正当性，根据历史基础的论证要更容易一些。选择是常规化的，要达成的目的与手段的冲突反过来可能出现无法控制的结果，对它们应加以严格限制，从而使预算能在实际上随时有所准备。第四，传统预算的支持者声称传统预算是适用于所有经济环境和经济条件的。

传统预算制度对细致入微的财政监督形式是非常有益的，因为它可以很容易地看到资金是否用在了已投票通过的项目上。同时，这一制度非常适合一年一度的预算周期，在此周期中，行政机构被要求将它们的实际支出与所分配到的数额加以比较，进而评估下一年度那些项目和附加项目所需的资金。全面的削减较容易实现，比如，发布一项削减旅游经费的命令，如10%。渐进式预算制度甚至有一些优点，因为下一年度的资金是以本年度的资金为基础的，这样争论就仅聚焦于一些主要的变化上。

然而线性项目预算的优点不足以抵消它的缺陷。传统预算也许可以说明最小数额的政府支出，但是这种追溯性的控制本身对提高管理效率毫无意义。管理者可能过分地注重表明他们"正确地"花钱或精确地花费了所分配到的资金，而不考虑他们的支出是否有效率或是否实现了其目标。

线性项目预算存在几个问题。第一，从预算数字中不能清晰地看到部门或机构实际上做了些什么，或它们做得好不好，也就是说，它强调**投入**而非**产出**。在投入的费用和任何目标的实现之间不存在必然的联系，因为在任何数据中，这两者都是不相关的。第二，线性项目预算是非常短期的，一般只持续一年的时间。这意味着长期的预算项目趋于持续不变而且缺乏任何细节上的考虑。支出决定不是建立在对需求进行评估的基础上，而是趋于渐进地执行，并缺乏严格的评估。由于如此短期的预算观念，经常就不会有两年、三年甚至是十年的新计划的未来成本观念。第三，预算中详细说明的支出项目是非常严格的，因此管理者把资源从一种支出转向另一种支出时几乎没有灵活性。如果资金被配置到特定的投入，它们总会一如既往地被花费掉，否则下一年度的预算就可能被削减。一些部门可能雇用额外人员或将钱花在一些不必要的项目上，目的只是用完分配到的资金。尽管在特定项目上的支出不再像预算年度增长那样被需要，但为防止下一年度分配的减少，他们仍倾向于花掉这笔钱。第四，传统预算中的信息匮乏意味着政治官员进行重大变革的能力是有限的，而且将成本与成就联结起来的资料也是有限的。政治官员和公众没有令人满意的方式来判断纳税人的钱是否用在预期项目上,或者是否得到有效的使用。

由于这些缺陷的存在,近年来作为公共部门改革一部分的财政控制制度已经发生了实质性的改变。如前所述,传统预算并没有把资金配置与绩效挂钩。由于这是它主要的失败之处,因此似乎明显地需要对其进行改革,使之能够以某种方式将预算与产出和绩效挂钩。线性项目预算的缺陷引起了对更好的预算形式的需求,这种需求主要来自政府,政府认为传统的预算方法不能为决策目标提供充分的信息。

早期的财政改革并不令人鼓舞。早在美国的胡佛委员会时期(Hoover Commission, 1949),军队中就开始提倡绩效预算。绩效预算在军队中失败了,20世纪50年代的其他尝试也失败了。1961年,综合性的"计划-项目-预算"(PPB)系统被引进美国国防部,并在1965年被约翰逊总统推广到其他联邦机构。但这个创始性的制度并没有延续到尼克松政府时期,到1971年,"PPB作为一个重要的预算系统,甚至作为一个首字母缩略词,已经平静地消失了",它失败的主要原因是(Lee and Johnson, 1989, p.84):

> 领导人由于缺乏对规划预算运用的理解和承诺而妨碍了成功,就像一个机构在运用分析技术方面普遍地"发展不充分"一样。各机构实行"宽松的"社会规划时,很难设计出有用的规划方法。官僚制的内耗也减少了成功实施的机会。

PPB的失败有时被用作反对任何综合性财政管理系统的理由,尽管当时在没有必要的信息系统的情况下推行这样的改革,如果不是英雄的话,可能是不现实的。

另一个对更加理性预算的尝试是由美国农业部在1962年引入的"零基预算"(ZBB)。它的基本观念是,假定未来的支出与过去的支出之间没有任何联系,因此部门或机构必须每一年都要证明其所有预算的合理性。1977年,吉米·卡特一成为美国总统,就命令所有的联邦机构都采用零基预算。实际上,零基预算从来没有像预期的那样被运用为一种综合性的管理方法。它并没有使预算方法发生革命性的改变,而且在1981年被里根政府所抛弃。它失败的主要原因是,在制造大量文件来证明全部预算的正当性方面浪费了行政时间,以及削减规划引发了实际的政治问题。

近期更多的公共管理变革包括了一系列政府财政方面的变化,这些财政改革整体上远远超过了早期财政改革的尝试。知识卡片14-1讨论了一系列综合性的财政变革,其中有些与其他改革相重叠,而不仅仅是财政改革。一些主要的改革应该单独地予以探讨。

知识卡片 14-1

公共财政管理改革

1. 财务报告系统的改进,包括专业会计标准下的权责发生制财政声明。
2. 通过绩效指标及标杆等途径测量绩效。

3. 基于市场的管理系统，包括定价和基于正规商业准则的公共服务提供。
4. 向实际部门下放预算权力。
5. 对过去的绩效进行系统而详细的审计。

绩效财务报告

就如它的名字一样，绩效预算是关于将绩效信息引入预算过程中的"一种把可测量的结果与所分配的资金挂钩的预算形式"（OECD，2005）。在20世纪90年代初期，政府试图通过与早期PPB形式不同的方法控制它们的预算过程（PPB主要是关于政策计划和项目分析的系统）。近期的改革是管理导向的，通过使组织成员对绩效负责的方式，聚焦于组织做什么和产出什么。

计划预算旨在直接将资金更多地用于实际政策目标的实现或产出上。在计划预算之下，政府活动被分配到项目、子项目、活动和组成部分（如果必要的话）这样的等级结构中。之后，可以根据当时政府优先考虑的事项拨款给特定的项目。与传统预算中将资金**投入**行政过程（工资、加班费和邮资等）相比，这里是投资在确定的**项目**上。然后管理报告制度可以建立在项目结构的基础上，以便鼓励对项目绩效进行更好的反馈，而且在原则上考虑到对管理者和工作人员的有效性评估。无论是该项制度，还是项目预算扩展到资金运用结果方面的制度，都依赖于建立适当的绩效指标。对一个组织的所有层级而言，目标、项目结构和绩效指标的适当发展是一项困难而又费时的工作，但它却是政府从行政到管理变化的一种逻辑上的延伸。

计划预算方法比起传统的、线性项目的方法有几个优点。第一，它可以更好地配置资源。政治领导人在某种程度上可以重新主张其对预算的控制。考虑到国家目标，政治领导人应该更明确地进行预算选择。在传统体制下，对实际上完成了什么缺乏充分的了解，因为财政资源的配置与所做的工作或任何特定的目标并无关联。第二，增强对未来的计划。项目成本可提前几年推算，这样能够对实现政府目标的成本给予一个更清晰的评价。而在年度预算体制中，有可能为了政治原因而列入新的支出却不必过于担心长期成本。第三，能够预期更好的管理实践，它是从目标与成就的比较中产生的，这不仅仅表现在财政方面，其他方面的绩效评估方法也会随之产生。第四，预算是公开性的文件，政府应该对纳税人在预算中投入的资金负责。项目报表所提供的信息将项目目标和绩效与所用资源联结起来，这可以改善政府和公众之间的联系。而且，这还普遍地有助于改善政府的责任制，尤其有助于改善公务员的责任制。

另一个重要的预算变革涉及针对多年的而不是通常一年的详细预算评估的准备。这是一项普遍成功的改革。例如，澳大利亚早在1972年就已经筹备预先评估，而从1983年以来，预先评估的形式得到了巨大改进，并能及时公布以协助下一年的预算工作。预先评估为政府和公众提供未来三年的支出水平和构成方面的信息，以及十分综合的收支预测。预先评估并不包括部门"想要的目录"，而是表明在没有政策变化的情况下，政府在整体和特殊项目方面的支出评估。这能够使项目的长期成本得到更好的评估。假定将来不会再有政策变革，通过代际报告，对超过 40 年的项目的成本进行预测，长期的视角将被延伸得更远。

会计改革

传统预算建立在现金的基础上，而现金也就是在一年中所得的收入和支付的费用。权责会计是十分复杂的，因为它包含着更加综合的资产价值。它的主要目标是比较一个报告期限内所产生的经济成本总额和所增加的经济收益总额。换句话说，既包括资产价值，也包括它们的贬值，这样我们所了解到的政府财政的整体情况在某些方面就与私营部门是相似的。该制度为财政投入和政策结果提供了一个更有意义的比较，通过绩效测量的引入，责任也得到改进，并为预测和掌握政府决策的长期影响提供了机遇。

新西兰早在 1992 年就实行了权责会计，但直到 20 世纪 90 年代末期，其他国家才开始试行。澳大利亚联邦政府在 1999—2000 年开始实施权责会计系统，同一时期州政府也开始实施（Carlin and Guthrie，2001）。英国也于 2000 年实施了这项系统。OECD 的一份报告指出实行权责会计需要一些条件（OECD，1997，p.25）：

> 权责会计比起运用簿记要多具备两个条件：一是管理者在决定是否要负担成本的时候必须具有真正的选择权，而且他们承担的成本必须对他们可用的财政资源产生影响……二是成本影响了机构的可用资源。如果一个机构为贬值承担责任，那么这个成本就减少了其他运作可利用的资源。

权责会计要求记下单位运行的全部成本（包括设备和所用资产），换句话说就是一个单位运行的全部经济成本。原则上，权责会计自身就可以推动实质性的改革，正如凯特尔（Kettl，2005）所指出的，"权责会计，尤其是在威斯敏斯特国家，是使政府变得更加透明的重要工具"（p.46）。然而，权责会计很难实施，并且如果实施得很糟糕，就可能会产生与传统模式相似的僵化现象。但是，它的确提供了一个与公共管理的其他部分相一致的、有所改进的会计制度，尽管实施起来确实存在困难（Guthrie et al.，2005）。

权责会计的另一个方面是比以前更加频繁地应用审计。公共部门的审计曾以管理者的财务廉洁为中心，而不关心项目或机构是否履行了有益的职责。绩效审计可以通过对项目产出和财政廉洁的评估做到这点。

预算权力的下放

目前存在从事无巨细的刻板管制和合规管理向赋予管理者更大预算控制权的转变，其目的在于让管理者对结果更加负责。举例来说，不再集中地决定复印机的配置，而是由部门管理人员来决定这个部门是否需要购买复印机或电脑——即便为一些完全不相关的目标而使用它。原则上，可以给一些特殊的管理者提供在线预算，之后可以根据其选择来管理资源。正如汤普森（Thompson, 1997, p.6）所言：

  在私营部门，经营收支预算主要是一种激励管理者服务于其所属组织的政策和目标的手段。预算使组织的责任范围转变成与行政管理单位及其管理者相一致的责任范围，而且还提供了监督业务、评估绩效和奖励管理者的基础。

  相同的原则可以适用于政府。一名管理者需要有所作为，而预算是其做到这一点的主要资源。通常情况下，它产生了非常好的效果。从原则上说，将预算权力下放给管理者是无可争议的。然而在实践中，中央机构将预算权力完全心甘情愿地交给管理者并非易事。一般的变革包括把结余的经费保留给机关，而不用中央预算部门批准。

  总之，财政改革的目的是使公共部门在处理资金上与私营部门更加接近，就如卡马克（Kamarck, 2000, pp.246-247）所言：

  绩效预算、新的会计制度的使用，以及改革行动所表现出的对责任的兴趣，是将公共部门的财政管理与私营部门中被普遍接受的做法一致起来的努力的一部分。正如人事改革一样，财政管理改革的许多试验试图缩小公共部门和私营部门间的差距。

  人们可能认为，私营部门的财政管理有它自己的问题存在，不应被作为一个模板。然而，它仍比传统模式下公共部门的财政管理更加缜密。财政管理主要用于为决策的制定提供信息，新形式的财政管理在这方面做得更好。政府可能因政治原因制定决策，但将被告知实际成本，并会经历比传统模式下的一年更长的时间。

14.4 绩效管理

  如果公共管理者要为结果的达成承担个人责任，那就有必要进行某种形式的评估以判定结果是否达成。无论使用何种标准，传统公共行政下的绩效管理都存在不足，无论是对个人绩效还是对组织自身绩效而言，其测量都是临时性的，且远远不够系统化。与私营部门相比，公共部门的绩效测量确实存在困难，但在这方面所做的努力却少之又少。或许人们曾假设官僚制组织会自然而然地产生结果，因此不需要任何明确的测量。人们过去经常不去考虑公共部门生产了什么产品、质量如何、谁将得到奖惩以及谁是一个优秀的工作人员。在任何情况下，行政官员都不必担心自己的工作绩效，因为其工作就是执行命令，而绩效测量是针对那些发布命令的人的。对各种方案和人员的评估既不经常进行也不充分，而且即使有明确的目标，也没有实现目标的想法。传统行政对绩效的监控非常不足，而其他内部管理要素，尤其是预算，旨在监控投入而非监控支出或绩效目标。

  绩效管理改革是管理改革中一个特别重要的组成部分。事实上，凯特尔（Kettl, 2005）认为公共部门改革"明显聚焦于一个主题：衡量绩效，尤其是项目成果"

(p.Ⅶ)。许多政府部门现在期望设计"绩效指标",而绩效指标是一种用来衡量组织在实现既定目标的过程中所取得的进展的方法。在任何组织中都可以研制出统计标准,尽管在这方面公共部门会比私营部门遇到更多的困难。行政人员的工作绩效也将比以前获得更加系统的测量。绩效评估体系旨在评估个体成员的绩效,甚至在一定程度上可以对一年中所期望取得的主要贡献予以事先规定,然后把它与年终实际取得的成就进行比较。这种方法可以进一步延伸,即可以根据实现既定目标的程度而对组织成员进行奖惩。非正式的评估方法被认为是无效的,并且会产生不良的组织结果。绩效评估的一般目标是,监督并推动工作人员和机构实现组织目标的进程。

绩效管理改革的起点之一是英国的财政管理议案,它旨在提高每个部门的绩效(UK Treasury and Civil Service Committee, 1982):

一个组织和一个系统中的各级管理者都具有:
● 对目标的清楚认识,这意味着在任何可能的地方都有办法去评估与这些目标有关的方法、产出和绩效;
● 为了最大限度地利用资源而明确规定的责任,包括对产出和资金价值的严格检查;
● 有效地履行其职责所需要的信息(尤其是成本信息)、培训和获得专家建议的渠道。

在英国的财政管理议案中,财政管理、绩效及人事管理被结合成一个新的系统,这一系统包括:详细说明政府所有的政策目标和官僚组织内个别单位的目标;精确分配各种活动和项目成本;"制定绩效指标和产出标准,用来评估目标实现过程中所取得的成就"(Carter et al., 1992, p.5)。

绩效指标成为公共服务中一项新的动作,所有活动都建立了指标体系。的确,一些部门绩效指标的数量之大达到了令人迷惑的地步。1988年,英国的"下一步"计划改革导致对公共服务协议(PSAs)的采纳,它基于公共服务绩效的四个原则:

● 政府设定明确的且聚焦结果的国家目标;
● 将责任转移给公共服务提供者,使其发挥当地最大的灵活性并以创新为导向,确保实现当地组织的需求;
● 安排独立且有效的审计和检查,完善问责制;
● 实现目标的透明度及更充分的绩效信息,无论是国家还是地区(OECD, 2007)。

由于公共部门的绩效测量存在固有的困难,绩效指标很容易遭到批评,因为它试图详细说明模糊的问题。管理者们认为,他们所在部门的利益是不能被量化的,或者认为以经验为基础的测量方法由于只把注意力放在可以量化且能够被信息系统处理的事情上而使所做的事情发生了扭曲(Bellamy and Taylor, 1998)。这也许是一个危险,但却能够通过设立某些与组织的全面成功直接相关的标准而加以防范。而且,一旦组织目标被设定就不能取消,而应该被有效而简明地理解。

通过建立这样的绩效标准来对管理者的成就进行评价是非常必要的，这正是公共管理的特征，尽管这种绩效标准的推广范围有一定的限制。当然，绩效测量有很多困难，而且在公共部门存在的困难更大，但这并不意味着管理应该无所作为。管理改革者的初衷本来是要为私营部门的利润及其他测量手段提供某种替代手段。如果不尝试测量绩效，管理主义计划的其他方面将无法有效运转。因此，制定绩效标准以满足公共部门的特殊需求是很重要的（Talbot，1999）。更多文献对好的绩效指标提出了要求，它们是：对变化很敏感、定义精确、便于使用者理解、被记录、相关性、及时性、可行性、服从协调数据的过程和规定（Van Dooren et al.，2010，pp.60-61）。

测量绩效有许多原因。贝恩（Behn，2003）认为有八个主要目的：评价、控制、预算、激励、晋升、赞扬、学习、改良，并附加了"公共管理者的真实意图——事实上是唯一的真实目的——是为了提升绩效"，另一点是"仅是实现最终目标的途径"（p.588）。如今，绩效管理一般被认为是财政管理的一部分，而非完全与其分离的一项工作。机构要执行具体任务，同时通过预算和绩效测量来确定是否实现了目标。建立一个有明确措施的体系是处理绩效的一种方式，但建立一个对绩效负责的基础"会使领导团队及其组织变得脆弱"（Behn，2014，pp.468-469）：

> 因为如果他们不能达到他们的绩效目标，责任人就会大喊大叫。采用传统的责任追究行为，他们将要求负责人必须行动起来。但由于未能阐明其公共目的和制定绩效目标，领导团队也使自己变得脆弱。为此，责任人可以选择他们认为适当的目的、措施。不可避免地，他们会选择组织未能实现的目的和措施。

尽管期望任何个体的绩效测量都像私营部门的最终的利润裁定一样有效是不可能的，但是以下几点理由说明了绩效测量将被继续应用的原因。首先，个体公务员或许会把绩效评估指标的运用看作一种威胁，但绩效评估也是一个机会，它能够表明谁有好的表现和绩效，而这两者都可能受到奖励。其次，在当前的经济形势下，任何公共活动都处于被削减或全面清除的威胁之下，因此，绩效测量结果不佳的职能或职位更容易受到责难。任何机构都需要证明一些"公共价值"（Moore，1995）。最后，如果没有一些能够用来监督目标实现情况的手段，那么设定清楚的目标或为既定计划提供相应资金就几乎没有任何意义。既然在其他方面的改革中已投入了很多资本，那么绩效测量将会得到进一步的运用。正如乔伊斯所说，美国政府和各州"几十年来一直在推进战略规划和绩效预算的整合"，目的是提高"政府运作的效率、效能、反应能力和透明度"（Joyce，2011）。此外，也有一些证据表明绩效管理确实有效，其中一项研究的结论是，"实证证据的平衡与'绩效管理与更好的公共服务相关'的元命题是一致的"（Boyne，2010，p.223；Andrews and Boyne，2010）。

14.5　财政和绩效管理的一些问题

尽管经过了长期的试验，财政和绩效改革不再是新事物，但对它们仍存在争议。在部分国家，财政和绩效改革已深深根植于政府活动中，因此对它们的一些批评看似是过时的。尽管项目预算被广泛应用，但仍有一些争论认为老式的预算方式更佳。就绩效管理而言，只有长期在政府中工作的公务员才能回忆起绩效评估和绩效指标之前的那个时代。

预算改革

在谈到美国20世纪60年代的PPB改革时，威尔达夫斯基认为，计划预算编制在"任何地方、任何时候"都失败了（Wildavsky, 1979, p.198）。他的大致观点是计划预算试图将理性强加到一个根本上是非理性（或高度政治化）的过程之上。但是他的批评也许并不像他认为的那样普遍。它过分夸大了计划预算实际上能做的事情，因为如前所述，最终的预算决策必然是政治性的，必须在完全不同的活动之间做出选择。计划预算，至少像其如今的执行状况一样，只是为最终制定决策的政治官员提供了更多的信息。就决策来说，他们的选择可能仍然是非理性的——尽管很明显有更多的信息来帮助他们决策。而且，威尔达夫斯基对PPB的批评可能更加适用于美国——在那里预算责任被分散或完全规避了——而不适用于行政部门已经完全控制预算的议会制国家。议会制国家在预算改革上表现得更加成功。

传统的预算常被认为是一种渐进性的活动，而一些理论家，如威尔达夫斯基（Wildavsky, 1979）则认为这是有好处的。预算的完全理性要求列出所有可供选择的支出方案，并列举每一种方案的利弊，然后选择出最佳的优先方案并提供相应的资金。可以想象，没有一个政府能够做到这一点，这主要有两个原因。第一，在民主国家，预算是而且必须是政治过程而不是技术过程，这意味着像项目规划与预算系统那样完全的技术体系很可能会失败。第二，预算必然是由不会朝令夕改的承诺组成的，例如对社会治安权利的承诺。不同的统计表明，在任何预算中正在执行的承诺所花费的资金数量占全部支出的90%~95%。相应地，任何政策变动都可能包括一些微小的变动，这是渐进主义的典型特征。

在实践中，以绩效为基础的预算可能比它看起来受到更多的局限。在理论上，预算变得更加理性，而在实践中，这可能是改革的表象，它背后是旧形式的渐进主义。尽管预算过程并不完美，但它也并非完全机械化的，而是更加具有现实性。最重要的是，渐进性的预算可被认为是对不充分信息的回应，因此，如果提供了更好的信息，那么就可以采用不同于渐进性预算的方式来做出选择。其他的因素也会影响预算过程，但最终，预算本质上是一个政治过程。

传统预算使政治官员成为一种较为次要的角色。它没有给政治官员提供充分的信息来做出决策，也没有提供系统性的成果记录。预算改革和公共部门管理的其他改革一同改善了政治领导人的地位。预算决策也许仍然是采用政治性的方式和基于政治上的原因，但可能为预算决策确定更准确的目标。就公务员可能截留大量的预算资金而言，传统预算对他们来说是理想的，因为他们可以将这些资金作为资源储备起来以备不时之需。这只有在缺乏资金指向的良好信息的情况下才会发生。由于拥有更好的信息，支出控制体系得到了加强。

会计改革

也许政府内部有关会计规则的最大改革是采用了权责会计制，它在政府中较难实行，尽管它能使会计制度更加完整。政府的长期资产很难估值。对100年前的政府资产进行估价，比如桥梁或水坝，将其以目前的替代价值买下是明智的吗？波利特和鲍克特认为，"在各种不同的服务和环境中运用权责会计制度并不是同等易行的，而且改革可以造成有悖常情的激励和利益"（Pollitt and Bouckaert, 2000, p. 69）。这是不容置疑的事实。权责会计制改革远非"中立的、技术性的、无利害关系的活动"（Carlin and Guthrie, 2001, p. 89）。它可以将组织引入管理主义的方向，也可以将其引入以市场为基础的活动之中，而且可以改变组织内部和组织之间的权力配置。然而，任何形式的改革都可以这样说。财政管理改革完全可能影响部门管理人员之间，以及中央机构和政治领导人之间的权力关系，同样与旧制度相比，它能强化而非弱化责任制。

最大的困难在于执行。采用权责会计制度会实现更大的透明度，并使结果和投入等更好地联系起来，但将制度整合在一起的任务则存在困难。机构普遍持有两套账目，一种以权责制为基础，另一种以现金为基础，两者都得到管理和应用。虽然这种制度被认为"能够为努力改善公共管理实践提供可行的帮助"，但是由于执行问题，"它并不是一些中央机构所夸奖的灵丹妙药"（Carlin and Guthrie, 2001, p. 98）。随着更多的地区使用权责会计制度，人们也更容易判断这一特定改革的价值，但是要将其付诸实施仍需要做很多的工作。

绩效管理问题

公共部门的绩效管理在实施的过程中存在明显的问题。设计合适的绩效测量方法较有难度，一直使用的绩效指标也存在一定的问题。绩效标准要有一定的实质意义而且应当是非常精练的，并能对公共部门的运作产生直接影响。在绩效标准的选择上稍有不慎就可能会使管理部门把焦点集中在所要实现的满意结果上，而不是整个组织可能的最佳绩效上。另外，尽管有一套严密的人事绩效评估制度，它在判断执行者的优劣方面有一定的吸引力，但却难以设计一套制度以便与之进行比较并被有关人员接受。

另一个重点是绩效管理的广泛运用并没有改变政府与公民的关系。在谈到英国的情况时，弗林（Flynn, 2007）认为"政府最令人失望的是在绩效的改进和公众满意度方面没有建立起联系"（p. 149）。比如，尽管数据表明犯罪率在减少、公共安全状况优于从前，公众仍然觉得他们不如以前有安全感。他们自己的数据并不起作用。

我们可能有许多理由要求使用绩效指标。它们不是绩效**标准**——私营部门中利润的完美替代物,它们实际上是绩效**指标**,这些指标只是绩效好坏的指示物,并不是要试图精确地测量绩效。现在,没有绩效测量是不可想象的,而且在许多方面绩效指标能够并且应当被使用得更好。除了有关目标全面进展的指标,或者有关财务目标成就的指标之外,还应该有关于顾客或委托人满意程度或者关于提供服务的速度和质量的指标。指标应旨在测量项目的有效性、客户感知和其他因素,且应在表面上关注而非只对公共服务的内在有意义。批判绩效管理并不难,在操作中发现问题也很容易(Van Dooren et al.,2010),或是详细讨论但无结果(Bouckaert and Halligan,2008)。然而,如今绩效制度缺位的管理是难以想象的。

应对债务

全球金融危机导致许多政府在财政管理方面面临重大问题。政府债务再次成为一个关键问题,尤其是对于那些在 2008 年全球金融危机爆发之前已经拥有高额债务的国家而言更是如此。高负债水平无疑给政府预算带来了压力,这意味着政府的高效运行也更加困难。政府债务利息需要通过政府预算偿还,最终都是通过同一来源偿还。

政府应对预算赤字的行为意味着在很长一段时间内,发达国家的赋税将有所增加,但由于它们已经处在一个较高水平,递增可能会有损经济活力。财政紧缩到了必须实施的时候。此外,人口老龄化必然带来医保的更大支出和税收的减少。这些都意味着政府自身的管理运行必须更加高效。就如范多伦等人(Van Dooren et al.,2010,p.5)所指出的:

> 金融危机将使绩效管理更加制度化,危机的性质已由财政危机转变为一场经济危机。未来将如何变化尚未知晓,但一场财政危机无疑将随目前的赤字开支而到来。公共财政正处于压力之下,对公共项目的确保需求将被强化。

毋庸置疑,财政紧缩将会持续一段时间。相应地,如果资金紧缺,那就需要政府在几十年里的管理更富有效率。"'多反而少'看来应该用在这里"(OECD,2009,pp.30-31)。财政赤字将影响未来许多年,这意味着政府运作资金的削减。尽管这意味着项目的不定期削减,同时也意味着公共服务减少的压力,但至少使真正的管理效率得到证实。

14.6 结论

政府的财政管理不仅是预算的削减或是服务绩效与财政目标的联系,它还关于将资金用于公共目的:筹措资金、使用资金并核对账目。财政管理一直以来在本质上都是政治过程,任何将财政管理改革从政治决策制定中分离的说法都是缺乏依据的。财政和绩效管理并非要入侵政治过程,而是旨在通过提供更多、更好的信息给政治领导人来加强政治过程。政治领导人可能仍沉迷于政治拨款，或者轻率地承诺一些他们无意兑现的诺言。然而，更多复杂的财政和绩效管理将使成本是什么的问题比改革前更加清晰。拥有更全面信息的政府可以更好地制定支出和税收决策，在理论上使政府在各种活动中做出选择。

　　至少在一些国家，财政管理已经实现了转型，从提供很少信息和暗箱操作的传统体系转变为在理论上能够提供精确的数据来辅助决策者的体系。传统预算系统的问题是缺乏关于支出目标以及目标实现好坏方面的信息。资源的运用实现了什么的信息过于缺乏，导致了传统模式下所出现的许多问题。人们认为困难重重，以至于无法衡量政府的绩效，如果这样的确值得深思。任何机构的真实目的变成了花光自己的预算拨款，而很少想为什么这样、为谁这样，以及是否有效地达成目标。即使一个机构有职能并且尝试履行职能，但对结果的评估都是非常不系统的。威尔达夫斯基（Wildavsky，1979）反对预算中的理性，但时代变了，信息系统得到了很大改进，不再因财政改革的困难而逃避它。

　　绩效预算设定了特定项目的成本，并与相关措施一起，做出成本支出是否达到了其目标的决策。权责会计通过研究支出对包括资产价值变化在内的整体资产负债表产生的影响来更加精确地计算支出的长期结果。财政改革显然并非十全十美，在准确设定绩效方案方面确实存在问题；当然，也可以运用会计制度来加强权力结构，甚至就像在私营部门发生的一样，它还可以用于隐瞒和欺骗。但是它为更好地决策提供了更多的信息，尽管信息并不能保证决策的正确性。在民主体制下，这样的决策，不论好坏，都是由政府做出的。传统财政体系容许公务员对其想象中的主人隐瞒真实的账目情况。拥有透明化的账目确实增加了部长和中央机构的权力，但这对人民更负责任。这明显优于只有少量信息的最佳现金会计形式和最佳投入预算形式——它们仅仅是留出工资的少量投入，给其他诸如邮资和电话费配置一点点投入而且对绩效没有任何要求的预算形式。传统的预算形式不能为政策选择提供充分的信息。即使拥有适当的新的财政制度，也不能避免一个政府做出糟糕的预算决策。然而，它能够利用以前不可能的方式来了解长期的结果。

第 15 章

结论：公共管理典范

本章内容

- 引言
- 公共管理的典范
- 传统公共行政模式
- 新公共管理的问题
- 公共管理
- 治理
- 公共价值
- 作为一门实务性学科的公共管理
- 被围攻中的公共管理部门
- 结论

15.1 引言

本书认为传统的公共行政模式已经过时，并已被公共管理取而代之，这种变革也意味着公共部门内部管理典范的变革。本书认为，"典范"一词无论是从一般意义上使用，还是按库恩（Kuhn，1970）著作中对这一词语的理解来使用，其对于无论是传统的公共行政模式还是公共管理改革都是适合的。因为从一种模式向另一种模式的变迁可被定义为典范的转移。

从长期视角看，公共部门在 21 世纪第二个十年内与 20 世纪

70年代或80年代相比较，已呈现出巨大的不同。抛开批评不论，政府始终在变革中不断前进，并且这些变革都是实质性的。变革会失败，并且也常常如此（Pollitt and Bouckaert, 2004, pp. 6-8），任何长期改革的成功总是要经历一些阵痛（Patashnik, 2008）。虽然一些"新公共管理"式的个别改革会招致批评，甚至一些改革措施会被摒弃，但毋庸置疑的是，更多的一般性的公共管理改革措施不但会继续推进，而且会演变为主流的一部分。

下文将讨论公共部门的各种管理方法，对于未来公共部门的管理可能走向何方，也有提出一些想法。与20世纪70年代相比，政府的管理有了很大的改进。技术的使用、服务提供和公众参与方面的改进、更好的分析和更好的制度，总体上提高了效率。然而，公众是否认可政府确实更有效率，仍然存在一些疑问。对官僚主义的不满可能是政府程序改进的原因之一，但公共部门在很大程度上仍然不受欢迎。其中一些原因是对政府的政治有一定的不满，或者也许公众不希望其公共部门更有效率。即使是理性的观念——韦伯思想的基础——也受到了政府资助的科学的攻击，至少在美国是这样。对于最后一点，这里谈到的所有公共管理模式都承认证据、数据以及逻辑的重要性。这些因素仍然是衡量公共管理者如何运作的重要依据。

15.2 公共管理的典范

在管理主义取向的改革的论辩中，最为有趣的一点就是变革是否足以构成一个典范的转变，即使是最狂热的批评者都承认存在着变革。有人认为确实发生了典范的转变（Barzelay, 1992; Osborne and Gaebler, 1992; Holmes and Shand, 1995; Behn, 1998a, 2001; OECD, 1998a; Borins, 1999; Mathiasen, 1999），而另外一些人认为不存在典范的变迁或是普遍性的变革运动（Pollitt, 1990, 1993; Hood, 1995, 1996; Lynn, 1997, 1998, 2001a, 2001b; Pollitt and Bouckaert, 2000, 2004; Gruening, 2001）。还有一种观点认为，公共行政是一种总体典范，公共管理和治理是"在其广泛的保护伞下"的变体（Pyper, 2015）。当然这种观点并不普遍。也许治理（Klijn, 2012）、公共治理（Osborne, 2006, 2010）、公共价值（Moore, 1995）也是一种典范。试图在这些不同的观点之间找到一条路，也许有必要重新审视典范的真正含义以及公共行政领域中"竞争性典范"的观念是否有价值。

有些学者不赞同"典范"一词。正如贝恩（Behn, 2001）所言，"世界分为两个阵营——经常使用**典范**的人和憎恶典范的人"，并进一步指出"典范的第三种定义似乎适用于本文，它来自《韦氏大学词典（第10版）》，'是指一个科学学派或学科的哲学和理论框架，其中蕴含了明确的理论、原则、规律和相应的试验'"（pp. 230-231）。20世纪70年代中期，弗雷德里克森总结了公共行政的五种典范（Frederickson, 1980, pp. 35-43），并明确指出这个术语的使用并没有什么不妥之处。

然而，林恩（Lynn，1997，p. 114）强调："如果我们使用托马斯·库恩对'典范'的原始定义——公认的科学成就，它在一段时间内能够为一个科学共同体提供规范的问题和解决方案——来评判时，那么在世界范围内已广泛开展的公共管理的变革远远算不上一种新的典范。"林恩援引库恩（Kuhn，1970，p. 43）的典范概念："一套各种理论在其概念化的、观察性的和工具化的应用中常见的近乎标准化的完美界定。"根据贝恩的叙述，"林恩认为并不存在'共同体''普适性的理论学说'，亦没有'工具化的应用程式'，因此，'没有人能够提供证据表明发生了大规模的变革，更无法证明新的典范已经产生'"（Behn，2001，p. 234）。在林恩看来，典范是一个难以逾越的标杆，它需要所有相关人员的一致认可——一种或多或少持久的观察世界的方式（Gruening，2001）。

如林恩所言，"典范"一词的大多数现代派生用法都来自库恩（Kuhn，1970）。但是，库恩并没有给典范以明确的界定，而且以多种方式使用"典范"一词。一个典范并不意味着存在一系列一致同意的观点，而是存在于一个时期内，并在不断的学术实践中揭示出来的东西。以经济学为例，其很少涉及"古典主义典范"、"凯恩斯主义典范"、"新古典主义典范"甚至"马克思主义典范"这样的提法。它们都被视作广阔的经济学领域中不同学派的思想观点，并且它们甚至可以在同一时期互补存在。典范并不是一个科学领域的所有从业者所普遍认可的规范性框架，它实际上是具有竞争性的观点。典范并不需要所有相关人的一致认可，相反地，在同一个领域通常存在着诸多互为竞争的典范。

15.3　传统公共行政模式

对于是否可将传统公共行政视为一种典范，一直以来都存在着不同的观点。贝恩认为传统公共行政完全有资格被称为"典范"，他进一步指出，"诚然，传统公共行政的支持者声称他们构建了一个由理论、规则以及概念化的含义构成的学科体系"（Behn，2001）。从这个层面来说，传统公共行政无疑是一种典范，因为它由在一段时间内大行其道的思想观点所构成。贝恩认为传统公共行政典范的知识遗产来自伍德罗·威尔逊、弗雷德里克森·泰勒以及马克斯·韦伯的思想、论述和传授（Behn，1998a，p. 134）。这些学者是传统公共行政模式的主要理论构建者，他们的理论观点在本书中已做讨论（详见第3章）。

另一个将传统公共行政视为一种典范的理论家是奥斯特罗姆。在《美国公共行政的思想危机》（*The Intellectual Crisis in American Public Administration*，1974，1989）一书中，奥斯特罗姆指出，传统模式存在问题，处于危机之中，并急需新的解决办法。他说："在上一代，渗透于公共行政领域的危机意识起源于传统公共行政理论所蕴含的典范的不足"（Ostrom，1989，p. 15）。奥斯特罗姆认为，韦伯的官僚制理论"在形式和方法上与公共行政的传统理论完全一致"（p. 8）；他还指出，官僚制存在问题，公共行政缺乏统一的思想体系。这种危机的观点显然来自库恩，库恩认为，"只有当危机意识唤起另一种可替代的典范之后"，典范检验才会发生，而且这种检验是"对立的典范争取学术界支持的一部分"（Kuhn，1970，p. 145）。奥斯特罗姆坚信传统模式是一个典范，并推出一个基于经济学的可替代的典范（Ostrom，1989，pp. 11-19）。

另一方面，波利特和鲍克特却认为，"一个孤立的、现在已完全过时的旧制度的观念是很荒谬的，正如认为存在一种全球性的、可用来'重塑'政府的灵丹妙药一样荒谬"（Pollitt and Bouckaert，2004，p. 63）。林恩（Lynn，2001b，pp. 146-147）亦不赞同存在过这样的传统公共行政典范，指出"旧传统已经……变成了新传统"。林恩指出在传统公共行政时期有许多理论，而并不是某一种理论。林恩在另一篇论文中驳斥了"后官僚制典范"的观点，他认为，这将意味着"民族国家历史角色的根本转变"。他说，"如果后官僚制典范从韦伯意义上是法理型典范，那么它就必须建立在不同的合法性基础上——可能不同的理性形式、不同的司法原则和不同的产权配置"（Lynn，1997，pp. 109-110）。也许他认为韦伯官僚制度是现代民族国家的必要条件。然而，这种情况被夸大了。

完全摒弃法理型典范将需要一个与之不同的合法性形式来加以替代，但此种设想的前景很渺茫。管理主义的改革大部分是政府内部的改革。政府的选举依然是通过常规性方法来进行的，而非一种完全不同的政治形式。政府的一部分职能和服务能够而且应该依靠官僚制组织，但这并不意味着政府的所有职能和服务都必须借助于官僚制组织来实现，亦不意味着所有的公务员都必须在职业终身制模式下终身受雇。一个完全不同的政府体系架构并不合乎合理界定政府公共服务供给边界的改革目的。

一种思想流派的衰落往往伴随着一种替代性流派的产生。或如库恩所言："在决定拒绝一种典范的同时，总是决定接受另一种典范，而导致决定的判断包含着对两种典范的本质及其相互关系之间的比较。"（Kuhn，1970，p. 77）传统公共行政的问题在于缺乏理论的基础和理论缺乏一致性。这并不是说在某一时刻人们突然决定将公共行政取而代之，而是意味着典范的逐渐变迁。建立在正式官僚制、政治与行政二分法、"最佳路径法"思维方式，以及独特的雇佣制度基础上的公共行政典范似乎已经过时和被淘汰了，但它始终是一个有着悠远和与众不同历史的典范。

15.4　新公共管理的问题

将新公共管理（Hood，1991）界定为与传统公共行政相对立的一种典范，看起来似乎是一种很有诱惑力的阐释（Gow and Dufour，2000）。然而，"新公共管理"这一术语所包含的东西并不足以构成一个典范——这并不存在争论，而是一项断言，就连新公共管理的倡导者与捍卫者亦是如此认为。这一断定存在着以下三方面的原因：首先，缺乏极具代表性的倡导者；其次，新公共管理的内容太过模糊宽泛以至于缺少实际效用，例如几乎每个讨论者都对新公共管理持有与他人差别甚大的观点；最后，基于第一点便可推论出，新公共管理几乎只会沦为公共部门改革批评者的术语。

倡导者的缺失

一般而言，一种新的方法或新的理论由一些具有代表性的人物提出或加以推进倡导是极为寻常的。例如，在20世纪六七十年代兴起的新公共行政学派可以宣称他们的倡导者出席了1968年举行的明诺布鲁克会议，并且对其理论宣言达成了共识（Marini，1971）。看似自发性的运动，即使其背后没有个别的发起人或理论家，但通常都具有倡导者和推动者。然而，新公共管理从一开始就没有被理论化，也没有坚定的捍卫者，而且没有足够的连贯性，以至于我们在回顾的时候甚也没有一个确切的名字。

胡德（Hood，1991）最早对新公共管理进行了描述，他作为一位敏锐的观察者关注到了英国政府所采取的一系列系统而又合理的改革措施。胡德不能被看作新公共管理的主要倡导人或理论家，正如其在今后的几年间所主张的（Hood and Peters，2004，p.268）：

> 在学术界，并没有出现一个使公共部门步入管理主义途径的诸如"圣经"般的普适性理论著述（许多早期的观点来自新西兰财政部的实践者）……然而，一系列观点和实践的不断出现引发了人们的关注和讨论，并且也让人们尝试着解释出现这一崭新议程的原因……像诸多神话一样，新公共管理在其本质上的确显现出一定的神秘性，因为在这一领域中没有两个学者能完全相同地列举出新公共管理的特质。

以上叙述中有几点是非常重要的。第一，胡德和彼得斯认为并不存在一种普适性的理论著述推动了变革运动；第二，有关变革的观点最初来自公共行政的从业者；第三，新西兰财政部的从业者在这次变革运动中扮演了重要的角色；第四，新公共管理变得"有点神秘"；第五，没有两个学者能完全相同地列举出新公共管理的特质。

关于新西兰及其财政部的行为有待进一步的研究。在20世纪80年代，惠灵顿是其他国家公务考察激进的变革是如何发生的可供选择的目的地（Boston et al.，1996），虽然通常一些经验并不是那么的适用（Schick，1998）。但是，新西兰在20世纪80年代的改革试验并非一个普遍性理论的演练，而是对即时性危机的实践回应。正如这一时期的新西兰财政部部长格雷厄姆·斯科特所言，20世纪80年代发生在新西兰的公共部门变革是由部长们和高级官员们推动的，这一变革的原动力来自在这一时期国家已经发觉其自身面临的经济窘境。因此，新西兰并不是大胆探索管理新方式的实验室，它的变革是政府、政治家以及公务员联动起来对危机问题的回应。如斯科特（Scott，2001，p.35）所说：

新西兰的政客们基于多种现实原因推动了此次变革。1984年上台的新一届工党政府强力推行了改革措施，他们通过压缩财政规模和激发官员的热情与能力来改善经济和政府绩效。经济增长缓慢、债务和通货膨胀持续增长、赤字规模继续扩大，经济大有被扭曲的行业补贴和烦冗的管制拖垮之势。然而，政府是经济领域最大的垄断者，人们开始逐渐意识到诸如电信、铁路、航空、建筑、农业以及林业这些原本由公共部门提供的服务最好转由私营部门来经营。对于政策议案质量、公共企业的低效率、政府支出规模，以及大型官僚组织责任缺失的担忧使得人们对变革的渴望爆发出来。

人们从其他学科领域，包括经济学、企业管理中寻求帮助，从而解决政府所面临的最棘手的问题。显然，人们认识到了旧的行政管理在面对新西兰存在的问题时显得无济于事。

将新西兰的公共行政的实践者视为新公共管理的创始者——这个观点显然是夸大其词的。新西兰财政部的工作人员从来没有试图提出一个新的公共管理理论来引导世界潮流。他们只是发现现存的公共行政并不能充分地解决其所面临的问题，因而他们致力于从其他学科寻求途径与方法，以有效地解决公共问题。这是一种实践性的回应，而不是一种理论性的回应。

新公共管理的鼻祖亦不是奥斯本和盖布勒（Osborne and Gaebler，1992）。他们根本没有使用过这个术语。奥斯本和盖布勒提出的企业家政府的十项原理只是与新公共管理在竞争、市场、顾客以及结果等方面分享了同样的议题关切（Rhodes，1996，p.46），仅此而已。它们之间也许存在着一些相似的内容，但由此而将其混为一谈或将奥斯本和盖布勒称为新公共管理的主要理论家是极为片面的。奥斯本和盖布勒的论著确实是以公共部门的改革创新为主题，并且主要以美国地方政府削减公共部门繁文缛节等案例进行现身说法。不可否认的是，在一段时间内，《改革政府》（1992）在一些地区的政治家和高级官员群体内是有广泛影响力的，但是，相比其给未来的公共行政构建起一个明晰而又系统的方案框架，他们的作品似乎更多的是揭示了存在于旧的公共行政模式下的问题的症候。

那么，谁才是新公共管理的初倡者呢？格里宁对新公共管理的理论基础进行了探讨（Gruening，2001），但并未列举出这一理论革新者的候选人。实际上，格里宁所要指出的是新公共管理理论所涵摄的内容并非新事物，它只是"新瓶装旧酒"（Hood，1991，1994；Stark，2002）。虽然没有令人信服的证据，但有时也将公共管理顾问看作这场变革的发起人（Lapsley，2009）。综上所述，新公共管理一直缺失提出它的理论学派。如果的确没有倡导者，亦没有概括性的理论著述，那么也许新公共管理从来就没有出现过（Hughes，2008）。

新公共管理的具体解释

对新公共管理存在着各种各样的解释说明，没有办法一一列举。所选择的一些代表性的观点也表明，对于何谓新公共管理很难达成共识。罗兹（Rhodes，1991）

借鉴胡德（Hood，1991）的观点，将英国的管理主义改革看作一种"英国的各级政府为了执行经济、效率、效果的'3E'原则所进行的努力"，他（Rhodes，1991，p.1）评论道：

> "新公共管理"包含着以下核心信条：它关注管理、绩效评估和效率提升，而并非公共政策；它将公共官僚组织分解为基于用户收费相互关联运作的部门；它引入市场机制，通过签约外包来培育竞争；它注重成本削减；它的管理风格体现在强调产出目标、短期签约、经济激励和管理自主性，以及其他一些措施上。

这一观点聚焦于组织内部，并且暗示了一些大幅度的改革将成为必需，尤其是员工个体的工作方式。

哈特利和斯科彻认为，新公共管理是一个来源于英国，并且被其他国家广泛采用，植根于一系列的行动、技术以及目标集合体的意识形态。他们认为新公共管理"强调市场和准市场机制的引进（例如服务的签约外包、服务供给的市场评估以及民间融资），注重管理绩效以及财务管理权的下放，强调通过一些通用的管理技术和措施的运用来使公共服务的供给更为有效"（Hartley and Skelcher, 2008, pp. 13-14）。霍尔和霍尔特（Hall and Holt, 2008）指出新公共管理已被描述为"一种学说、哲学、运动和典范"，它主要是"基于两个理论：公共选择理论以及新泰勒主义（也被称作'公共企业家精神'）"（Osborne and Gaebler, p. 22）。

新公共管理的各种界定都大不相同，而一些学者注意到了相关界定缺乏共性这一现象。方丹将新公共管理视为"一种管理措施和公共政策的零散的汇集，它们基于对市场机制和体系的大规模应用而加以设计，旨在大幅度地提升官僚政府的效率、责任以及绩效"（Fountain, 2001, p. 19）。克里斯滕森等人也同样认为新公共管理"实际上只是一些不同的行政学说观点的零散聚合"，其"甚至还包含着一些相互矛盾的观点"（Christensen et al., 2007）。范·蒂尔等人指出新公共管理是一个非常模棱两可的学说，不是一套连贯的想法，"就像变色龙"（Van Thiel et al., 2007, p. 197）。另一种观点认为"这些独立而又连贯的议题所构成的'术语'并不能推动一系列的变革，而将它们叠加组合也不足以引发公共服务的根本性转变"（Eliassen and Sitter, 2008, p. 94）。这些学者认为变革的动力来自基于经济学理论的批判，它带来的实际性变革包括以下几方面："第一，在改善信息获取和控制机制的视角下进行公共部门的**组织再造**（包括绩效指标），将公共服务的生产和购买进行分解和脱离；第二，强化**竞争**；第三，在公共部门实行**基于激励的管理**措施（包括私营部门的薪酬和灵活性激励）"，以及赋予管理者更多的自由裁量权，更清晰地界定政治与行政执行之间的责任界限（Eliassen and Sitter, 2008, p. 101）。正如他们所言，新公共管理在内容覆盖全面性方面所做的努力是值得肯定的，但是新公共管理列举性的拼凑使得其成为一个连贯系统的理论体系还有很遥远的距离，这也难以说明其为改革绘制了一个崭新的蓝图。迈耶和奥图尔结合他们所提出的对新公共管理的十项"谚语"的批评，提出了所谓的"以证据为基础的公共管理"式主张。这些谚语构成了何谓公共管理的另一种特质,尽管作者在脚注中承认新公共管理"不是一套系统连贯的方法,更像是各种观点和改革措施零散的集合"(Meier and O'Toole,2009,p.19)。

有关新公共管理的观点不胜枚举,它们之间差异甚大,且具备各自不同的特征。也许这是"一块空的画布,你可以随意画"(Ferlie et al.,1996,p.10)。所有的学者都承认,至少是含蓄地表达,他们难以界定"新公共管理"这一术语。改革举措的松散集合,或是自相矛盾的观点并不能推动一场运动,更不能被称为典范。毋庸置疑的是公共部门已然发生了变革,但是要赋予适用于已发生于各个国家和各种情境下的变革以单一的名字和缩写,这显然是对事实的扭曲。

批评者使用的术语

对新公共管理存在一些极端化的批判。这一切都表明,无论是过去还是现在,都难以界定新公共管理的内涵。阿吉里亚德斯宣称新公共管理与社会正义和人权背道而驰,世贸中心的恐怖袭击以及安然公司的破产和新公共管理的实践有很大的关联(Argyriades,2003,p.523)。他认为"新公共管理以公共选择理论为支撑,并抛弃了自启蒙时代以来就为政府和公共服务提供基础性支撑的诸如公共或公共利益的观念"。拉普斯利(Lapsley,2009)问道:新公共管理是否是"人类精神的最残酷的发明"?而之后那些将新公共管理视为公共管理顾问、电子化政府的发展、"审计社会"的出现,以及风险管理的日益重要性,是否也是如此?虽然这些论调有些夸大其词,但却真正击中了新公共管理在发展过程中遇到的问题。

新公共管理时代的终结

另一种可能是,曾经有过一个新公共管理时代,但现在它已经过去了。在这种观点下,新公共管理时代始于胡德所包装的一些英国的改革,好像它们是一个统一的运动,然后出口到世界各地。胡德发明"新公共管理"这个术语就像当年人们发明"文艺复兴"和"启蒙运动"的术语一样,乃是晚于其所描述的那个时代本身的。而后来发生的事情是,其他的理论家们采用了"新公共管理"这个术语,就好像刚刚它还存在一样,接着他们宣布新公共管理的时代已经过去了——实际上,新公共管理的时代早就已经过去了。

林恩在1998年争辩说,新公共管理即将过时。在其他方面,他进一步陈述道,"改革进程的根本性差别开始掩盖了其表面上的相似之处。'新'的称法已不合时宜",我们需要一个"崭新的主题",他附加说,"我们中的大多数人现在已经能写出新公共管理的剖析书了"(Lynn,1998,p.232)。林恩所言大部分业已发生。诚然,不同国家的变革都有其自身的特点(Pollitt and Bouckaert,2004),即便是它们存在着相同的发展趋势。而且,经过了20年,这场变革运动不再是"新"的了(Schedler et al.,2004,p.4)。其他的一些主题已然兴起,包括领导力、协作、合作生产、治理，以及诸如"新公共服务"（Denhardt and Denhardt，2011）、"新公共治理"（Osborne，2006，2010）和"基于数字时代的增强型治理"（Dunleavy et al.，2005）等，试图建立新典范的学说。

综上所述，公共管理学科已经与新公共管理渐行渐远，但是，在众多的批评声中将新公共管理视为一项发明似乎更为合理。新公共管理虽然兴盛一时，但它却没有积极的倡导者和一致认可的内容。随着所有这些的消失，也许它从未真正存在过。无论如何，新公共管理不再是一个有用的术语，亦非一个典范。

15.5 公共管理

任何新的典范都需具备与先前研究所与众不同的预设。如果要将公共管理视为一种新典范，那么有必要对其内涵做更进一步的探查，从而评估其作为一种候选典范的资质。事实确实如此，尤其是当审视公共管理相较于传统公共行政的主要区别时，我们就会发现这些差异是如此之大，以至于一个典范的转变真的发生了。

OECD（1998a，p.13）的一份报告把这种管理主义取向的改革描述为一个新典范，并列举了它的主要观点：

> 在大多数成员国，公共管理改革已涉及重大的文化变迁以适应一种新的公共管理典范，它试图把现代管理方法和经济学的逻辑规范结合起来——尽管仍然保持公共服务的核心价值。这种新的管理典范强调结果，尊重金钱的价值，运用目标管理方法完成任务，运用市场与市场机制，竞争与选择，通过权利、义务、责任的协调一致向工作人员下放权力。

这些观点呈现出与公共行政明显的差别。凯特尔对新公共管理发表了以下评论，"虽然学者们对于新公共管理是否是一种新典范抑或是旧观点，在调和过程中一直争论不休，但是说新公共管理代表着一种从本质上区别于公共行政的新途径，这点毫无争议"（Kettl，2002，p.93）。同样地，对宽泛的公共管理来说也是如此。

公共管理与公共行政存在着巨大的差异。分权化的管理方式和森严的官僚科层制亦存在着很大的差别。强烈的顾客导向与传统公共行政大相径庭，在传统公共行政看来，顾客利益仅仅只是一项附属品，对选择和竞争的允许简直就是对传统公共行政模式的诅咒与颠覆。使用市场机制提供服务不同于通过官僚机构提供服务，而对结果的关注和衡量也是不同的，因为其要遵循不同的结构和过程。此外，在公共管理体制下，管理者达成预期结果所需的条件也和传统官僚体制下行政官员简单地执行命令指示有所差别。市场和经济学在公共管理中扮演着重要的角色，而这些却是传统公共行政所要规避的。但是公共资金是稀缺的这一价值观是传统公共行政和公共管理都持有的。总之，略做总结，我们发现传统公共行政似乎总在规避将经济学作为其实践过程中的一些学说原则。

即便公共管理和公共行政有着巨大的差异，我们也不能把公共管理等同于它的变体——新公共管理，这点至关重要（Hartley and Skelcher，2008）。正如先前所言，新公共管理并不是一种典范，因为它的结构是如此松散，且版本是如此之多，以至于其难以形成让人一致认可的内容。此外，新公共管理提倡一种一成不变的行动方案，这种方案仅仅由一支管理顾问队伍提出。而公共管理会因时间和地域的改变而发生改变，并且对情境做出回应。当意识到管理和行政的不同时，我们就会发现公共部门正在从"行政"走向"管理"。

从典范意义上而言，公共行政领域发生的最为重大深刻的变革在于：公共管理者要求实现结果并且对此承担个人的责任，而这一转变的本身就带来了一系列管理主义的变革。一旦要求管理者实现结果并且对此承担个人的责任，那么就有必要建立绩效测量的机制。如果想要公共管理者更负责任，就需明确地界定他们所要负责的内容以及政治领导人的职权范围。

任何变革都须放在宽广的历史背景下加以考察。无独有偶，20世纪80年代的变革亦可认为是对于先前改革的沿袭，而非将其抽离出来，加以独白式地审视。鲁格发现新公共管理与过去很长一段时间内持续的公共行政的改革是一脉相承的。如其（Rugge，2003，p.120）所言：

> "新公共管理"意味着基于私营企业的模式而努力对公共行政的组织和运行机制进行优化。但从历史的角度来看，一些证据表明我们无须再强调"调控型政府"和"管理型政府"的创新性。单就管制而言……其在处理国家和相关社会行为人之间所扮演的决定性角色从未停止过。但是，"管制"经常被摒弃，这是因为已经证明了"管制"是低效的或成本极高的，或两者兼而有之。至于管理主义，其发端于将泰勒主义的教条引入公共部门，并作为许多公共行政改革者所致力追求的永久性目标而存在。

鲁格无疑是正确的。当下改革的总体目标是更有效地提供更好的公共服务，然而，这一目标一点也不新颖。

公共管理，完全不同于公共行政，或许会成为一项持续的变革形式。政治家和公共管理者面对公共服务质量和管理表现出的高度不作为引发了管理主义的改革。变革的浪潮给公共行政系统内部带来了一些变革，但是正是政府回应了社会对公共服务的期望才推动了巨大的变革。这完全不同于先前的公共部门内部管理的改革。公共行政的发展史上充满着变革试验的失败和技术运用的失败，例如计划-方案-预算、零基预算，以及目标管理。公共管理并非公务员一次只说不做的唱高调潮流，它被认为是一次重塑公共管理者角色的根本性改革。

如果公共管理仅仅是在公共部门所推行的一套管理措施，并且其原理和理论都是有关如何操作的实用主义教条，那么就不能将公共管理称为典范（Alford and Hughes，2008）。然而，若将公共管理和公共行政进行多方面的比较，就会发现它们之间的差别远比宣称的要多。一个最基本的区别在于公共管理者被要求履行既定的职能，完成任务并承担个人责任。这与公共行政体制下，公务员仅仅作为以政治领导人的名义执行其指定任务并且可以规避直接责任的行政人员的角色有很大的区别。如果公共行政可以被称为一种典范，那么公共管理亦是当之无愧的典范。

15.6　治理

自20世纪90年代以来，治理理念的复兴导致出现了一个主张，即治理应被视为一种典范。克利金认为，新公共管理和治理是两个主要的视角，虽然治理倾向于强调政府和其他组织之间的横向关系，但新公共管理可以从许多方面被视为治理的对立典范，因为它强调中央指导和控制，而治理倾向于强调中央控制的局限性（Klijn，2012. p.209）。那么，治理是一种典范吗？

我们在前文对治理进行过详细的讨论（见第6章）。有观点认为，治理是关于组织如何运行，以及用来使它们能够运行的机构和过程。在许多情况下，治理比政府管理更适合使用，尤其是当通过法律、警察或军队以外的其他手段寻求结果时。虽然这是一个有用的概念，但很难将其视为范例。

如果说治理是一种典范，那么说政府管理是一种典范就没有什么意义了。治理和政府一样，是一个包罗万象的术语，它涉及比用于具体管理更宽泛的安排。公共管理的治理方法不会比治理的管理方法或政府的治理方法更能立竿见影。治理可以被视为一种看待社会和机构及其运作方式的方式，而不是一套可检验的、可操作的命题。

治理最好被视为一个"神奇的概念"（Pollitt and Hupe，2011），一个不太容易去下定义和使用的概念。治理是一种全新的公共管理模式或运动，或者是一种典范的观点是很难维持的，除非以某种方式加以限定。换句话说，治理需要某种限定词、某种更精确的规范，才能有意义。治理最常见的是"与特定前缀连用"（Torfing and Sørensen，2014），如公司治理或全球治理。这些确实有意义——公司治理是公司实体的运作方式，全球治理是全球运作的方式。使用这种方式，治理是有用和有价值的，但仍然不是一个典范。例如，可以设计一个关于公司治理的典范，但公司治理本身并不是一个典范，而是对一个部门的描述。

治理也有不同的变体。治理可能被视为一个总体概念，即曾经被称为公共行政的概念（Frederickson，2005），或者是"数字时代治理"（DEG）（Dunleavy et al.，2005），甚至作为新公共管理继承者的"新公共治理"等变体（Osborne，2006，2010；Morgan and Cook，2015）。数字时代治理在第13章中讨论过，其中指出，从政府管理发展到治理，几乎没有增加什么新的内容。虽然数字时代治理在电子化政府领域或多或少有一些流行，但大多数讨论实际上都是关于政府的。

新公共治理有不同的提法，就像新公共管理一样，但很难看到到底有什么新内容。对于奥斯本来说，新公共治理断定（Osborne，2006）：

无论是一个**多元的国家**（存在多个相互依赖的行动者可以提供公共服务）还是**多元主义的国家**（通过多种程序获取决策体系的信息），作为两种多元性的结果，其关注的焦点集中在组织间的关系以及过程的治理，同时它也注重服务的效果和结果。此外，它还强调了持久的组织间关系的设计和评估，其中信任、关系资本和关系契约是核心治理机制。

另一个版本是科彭扬的观点（Koppenjan，2012，p. 32）：

> 新公共治理是一个经验和规范的理论视角，它承认互动作为多行动者环境中的中心协调原则的重要性，是实现综合和承诺提供公共服务的途径。一方面，这种观点与作为另一种选择的韦伯学派和新公共管理典范是矛盾的；另一方面，它是建立在它们的基础上的……新公共治理加强了机构组合，从而形成了一个面向互动的治理结构，使服务提供者能够激励它们在效率、透明度、质量和一体化方面取得平衡。新公共治理为从业者提供了另一个在后新公共管理时代塑造公共治理和公共服务的视角。

把新公共治理视为介于韦伯模式和新公共管理模式之间的一种新模式，这并不是一个坏主意。但必须指出的是，该模式在哪里都没有充分的规范指导，以供实践者以某种不同于韦伯或新公共管理模式的标准来遵循。如前所述，新公共管理（NPM）从来都不是一个能够称得上是典范的模式，但是其他替代的缩略词也并不更好，仍然是晦涩无益的。之所以这样做（使用其他缩略词来替换 NPM），也许是出于某种想法，即认为随着新公共管理时代宣告结束，需要发明一个新的首字母缩略词来予以替代。奥斯本的确呼吁将更大的"微观和宏观层面的工作与新公共治理典范本身的元层面的阐述和发展相结合"（Osborne，2006），但要使其成为一个具有说服力的典范，还有很长的路要走。

所有这些都使得我们很难将治理本身看作一种典范，尽管附加在前缀上的各种变体仍然可能出现。将"管理"改为"治理"是远远不够的。

15.7　公共价值

公共价值是另一个可能的基础典范。穆尔（Moore，1995）提出了公共价值的概念，认为这是公共部门战略概念化的一种更好的方法；认为公共管理者的目标是在其工作中创造公共价值，类似于市场部门的私人价值。公共价值的一个吸引人的部分是它给公共管理者一种使命感。传统的行政管理模式要求公共行政人员坐下来等待他们的政治主人的指示，不管他们是什么样的人都会遵守这些指示。公共价值的概念指的是一个机构或一个方案为公众提供的价值，即超越政治生命周期的持续价值。

穆尔发明的"战略三角"具有创新性，但也很现实。为了创造公共价值，管理者需要考虑他们的授权环境，因为这是合法性、支持以及内部能力的来源。这有助于聚焦战略。三种联系的不平衡可能会威胁到一个机构的未来。穆尔指出，大多数公共组织在政治周期之外存在的时间更长，这也是现实的。公共管理者和机构的目标是为公众实现一些持久的有价值的东西。

公共管理人员以相当直接的方式为社会服务，这似乎是对正统问责的挑战。穆尔认为（Moore，1995，p. 21）：

> 从理论上讲，正统的观点不鼓励官僚们对政府的正当目的进行过多的想象，并使他们不必承担任何界定政府目的的责任。在实践中，这些理论并不能阻止未经选举产生的公共管理者两者兼而有之。

穆尔补充说，正统的模式实际上允许政府官员追求他们自己的议程，但是以秘密的方式进行的。公共管理者在公共价值创造方面做得更好。正如穆尔解释的（p. 74）：

> 也许最显著的区别在于，公共行政的经典传统并没有把管理者的注意力集中在目的或价值问题上，也没有把注意力集中在发展合法性和支持上。经典的传统认为，这些问题在组织的立法或政策授权的制定过程中得到了回答。

除了似乎是基于政治与行政分离的神话模式的倾向性的批评（Rhodes and Wanna，2007，2009），穆尔关于公共管理者角色的观点正在逐渐被接受。

公共价值的概念似乎正在得到拥护者的支持。布赖森将战略管理定义为"整合整个组织的战略规划和实施……作为一种持续不断的方式来强化使命的完成、任务的达成和持续创造公共价值"（Bryson，2011，p. 26）。许多从业者支持公共价值的理念，因为这是他们实际所做的事情的意义所在。事实上，穆尔开发了"基于与从业者深入接触"的"战略三角"（Bryson et al.，2015，p. 275）。另一项研究报告说，公共价值的概念在学术界和实务界都越来越受欢迎（Williams and Shearer，2011）。

其他学者也看到了公共价值成为一种典范的可能性。例如，奥弗林（O'Flynn，2007，p. 358）认为，这是一种"后竞争"的新典范，它可能标志着一种从注重结果和效率向实现更广泛的政府公共价值创造目标的转变。这与新公共管理是非常不同的，正如她进一步指出的（p. 361）：

> 在一个公共价值典范中，管理者与不同的支持者进行谈判和接触：他们必须进入他们的授权环境或政治领域，并与客户进行谈判……这就需要对公共管理者的角色进行彻底的重新定义，因为他们将超越传统行政典范（作为政治大计划的执行者）和新公共管理典范（追求结果和效率收益）中的受约束角色，转向公共价值典范的倡导者。

在公共价值典范中，"管理者的焦点从结果转向关系"（O'Flynn，2007，p. 360）。新的公共治理也会声称与关系有关，但公共价值在阐明这样做的理由时要清晰得多——创造公共价值。

斯托克也认为公共价值是一种新的典范，它比公共行政或新公共管理提供得更多。他认为（Stoker，2006，p. 56）：

> 公共价值管理确实提供了一种新的典范和不同的改革叙事。它的优势在于它重新定义了如何应对效率、责任和公平的挑战，并能够指出一种不依赖规则或激励机制来推动公共服务改革的激励力量。它建立在一个比传统公共管理或

新公共管理更全面的人性观之上。

这在前面几章的上下文中很有意义。管理部分包含了这样一个要求，即管理者对实现结果负有个人责任，并能够组织起来完成这项工作，而公共价值部分则为管理者提供了战略方面的总体目标。公共价值应该被视为一种可能的典范，因为它给了公共管理者一个目标（Benington and Moore，2011），并且对实践者有重大的现实意义。与治理一样，公共价值还有其他可能的变体，一种是公共价值管理，另一种是公共价值治理（Bryson et al.，2015）。或许这些可以吸引足够的支持，被视为典范。

贝宁顿认为，公共价值可能会发展成一种更普遍的方法，也许这更现实。他认为（Benington，2011，p.49）：

> 公共价值作为理性/公共选择理论和公共物品理论的替代品，有可能为公共服务的改革和改进提供一个概念框架。

显示潜力意味着有发展空间。贝宁顿也及时发出警告（p.51）：

> 公共价值概念的风险之一是，它将被作为一种时髦的新观念而被采用，而且会被松散和不加批判地使用。从长远来看，我们需要更严格地从理论上界定和分析公共价值，并在具体服务领域更严格地运用和检验公共价值。

这是一个好的观点。新公共管理的历史研究表明，存在着理论家随意使用一个未经严格定义的新的缩略语的危险。或许，如果给予其典范地位，公共价值的概念可能会被期望重压，然而，它确实为从业者和学者提供了一种运作方式，也为未来提供了一个可行的选择。

寻找典范

典范来来去去。对典范的认识可能是一个很大的障碍，是一个或多或少永久地看待世界的观点。对一些人来说，几种典范的共存并不是问题，从一种典范转变到另一种典范也不是问题。到目前为止，有人认为：传统的公共行政模式是一种典范；新公共管理不是一种典范；治理不是一种典范，尽管它有很多明确的变体，如数字治理或网络治理；公共管理可能是一个典范，但可以被看作是一个更具包容性的术语，其中可以有变体；而公共价值可能是一个典范。典范对于理解世界是有用的，但不应被视为一成不变的。更重要的问题是，它如何帮助实际的公共管理者开展工作。

15.8　作为一门实务性学科的公共管理

公共管理或公共行政中的一个持续存在的问题是，它们在多大程度上应被视为实务性学科。在这些学科中，学术研究和辩论的最终目的是改善公共部门。学术界对公共部门的研究往往已经在某种程度上脱离了它的实践，但关于管理改革的辩论似乎确实又扩大了差距。凯特尔（Kettl，2002，p.18）评论道：

> 公众的冷嘲热讽、高涨的期望、更为复杂的方案，以及政治的交火，这些都给政府管理者带来了巨大的挑战。传统的理论似乎已经失灵，承载着巨大压力的管理者努力寻求崭新的视角。当他们审视公共行政的相关理论，却没有发现能解决他们所面临的新挑战的任何答案。实际上，许多管理者因缺少应急策略以改善他们的处境而感到莫名的无助。他们对哪些管理者可以分担他们的问题，而哪些方案又可以最大限度地化解他们的困境等问题几乎没有任何头绪。虽然许多公共管理学者对奥斯本和盖布勒生动的政府再造探讨进行了批判，但许多实务者还是热切地接受了这一充满希望的理论信条。最终的结果是那些教授公共行政的学者和那些以公共行政为生的实务者之间的鸿沟越来越大。

公共行政学术界正面临着一个真正的危险：它被认为与它本应该付诸贡献的行政实践渐行渐远。凯特尔（Kettl，2002，p.21）进一步解释道："在21世纪公共官员对公共行政的议题和进程进行自我描绘时，其中的大部分并不存在来自学术界智力和道德上的支持。"关于管理主义的学术争论，特别是新公共管理，除了一些例外，实际上官僚们是带着一些困惑的，以至于新公共管理这个术语在官僚机构中也很少被使用（Holmes and Shand，1995；Horn，1995；Scott，2001）。实务者对学者们给予管理实践的批评亦不屑一顾，并认为这与他们的实践工作相去甚远。这就暴露出公共管理学界所存在的问题：这门学科意图去回应实践中的问题，但来自当前实务界的批评声将这门学科和它的兴趣领域割裂开来。

显而易见，公共部门的改革发端于其自身（包括公共管理者）对于更负责任和更高效的政府的追求。在新西兰，政治家驱动了这场变革运动，他们对"政策建议质量、公共企业的低效率、政府支出的规模，以及大型官僚组织责任的缺乏等弊病的担忧促成了这场改革"（Scott，2001，p.35）。尽管管理主义的改革在很多情境下被大量地贴上了学术化的资质和技能标签，但是它的捍卫者却更多的是公共管理的实践从业者（Keating，1988；Paterson，1988；Holmes and Shand，1995；Horn，1995；Scott，2001）。

务实的公共管理者不再偏爱传统的行政管理方法。他们现在很清楚地从许多学科——法律、经济学、政治学、私人和公共管理等等——中汲取了经验，而且很可能会对他们发现的东西的效用做出自己的判断。在其追随者的命运变化中，公共行政不再具有特殊的作用。公共行政和公共管理理论没有像私人管理、制度经济学（Scott，2001）、交易成本经济学（Horn，1995）或其他学科那样受到高度重视，这无疑使一些人感到沮丧。但从业者有任务要做，问题也要解决，他们可以而且会利用"任何有用的东西"来做这些事情（Alford and Hughes，2008）。

福山认为，"新公共管理的衰落相当于公共行政领域的某种纪律危机，特别是在美国"，而且从20世纪中期的一个危机高峰来看，"许多大学要么降低或取消其公共管理课程，要么将其合并为公共政策课程"，他补充道：

从某种意义上说，新公共管理是该领域最后一个大创意；这一领域的大部分工作已被经济学家或政治科学家采用计量经济学技术，或最近在微观层面上进行的随机试验所取代。在这一点上，尚不清楚后一种方法是否会聚合成一种治理的一般理论，或者出现超出项目评估的政策应用。(Fukuyama, 2016, pp. 93-94)

尽管学术界对公共管理实践的批评声此起彼伏，但政府实践操作依然沿着改革的方向继续前进，改革的列车仍在前进。在新的条件和新的议题下，新的公共管理者被雇用。这一代甚至感知到僵化的官僚制模式将迅速灭亡，年轻的公务员将投身于他们的工作，并且对那些吹毛求疵的质疑声究竟是关于什么倍感疑惑。正如谢德勒等人 (Schedler et al., 2004, pp. 3-4) 所言：

许多批评者对"新公共管理主义"的质疑看似是合理的，但是他们却是冒着对公共管理实务领域熟视无睹的风险来发声的，他们忽视了这一新型的管理方法无论是在发达国家还是在发展中国家都具备很强的现实操作性。而在十年之前，新型的管理技术和方法被认为终将是无所建树的。

公共管理学术界的兴趣与实践从业者的偏离是一个很显著的危机信号。放眼未来，公共管理学术研究的一个最大问题就在于它将被公务员视为与他们的所作所为毫不相干的一门伪学科，就像在公共行政中发生过的那样。另一个潜在的威胁是，即使它变得更好，但缺乏政客和公众的支持，可能会导致采用截然不同的管理方式。

15.9　被围攻中的公共管理部门

公共部门常常受到轻视。它常常被认为效率低下，阻碍了本应得到更好管理的私营部门。大多数这样的评论都是极不公正的。然而最近，它变得更加阴险，在某些人看来，它已经成为对政治和政府及其所有工作的全面攻击的一部分。20世纪80年代初，有人攻击公共部门的经济问题，但与最近发生的情况相比，那次攻击要温和得多。尽管希望不大，但政府和管理背后的理念仍然有可能面临来自民粹主义、威权主义、与政府对立的观点的生存威胁，因为这些观点具有逻辑性、基于证据和专业性。

这本书的大部分讨论都是关于公共行政和公共管理之间区别的。但不可忘记，它们之间有许多共同点。一个多世纪以来，政府和政府的管理通常都是为了让普通人的生活变得更好。政府本身就是一个社会试图实现那些最好是由集体而不是个人完成的事情的共同努力的结果。在这一点上，可能有一个总的，也许是隐含的、进步的目标。但是如果政府不相信这一点怎么办？如果像英国脱欧一样，选民投票反对英国留在欧盟，反对认为普通英国人的境况会因此恶化的专家意见，那么政治界该怎么办？最危险的是，如果科学和科学方法受到轻视，如果科学中的公开调查屈从于意识形态怎么办？

人们普遍认为，社会及其治理正在朝着改善的方向努力：未来应该比过去更好，人们应该随着医学的进步而活得更长，更多的国家将摆脱贫困。但这不是一个公理。尽管普遍认为历史是进步的，但英国历史学家卡尔（E. H. Carr, 1961, p.116）确实认为：

> 没有一个理智的人会相信这样一种进步，这种进步是在一条不间断的直线上前进的，没有倒退和偏差，没有连续性的中断……因此，即使是最尖锐的倒退，也不一定对这种信仰是致命的。显然，有倒退的时期，也有进步的时期。

不能假定这种改善是线性的，它可能会因连续性和后退性的中断而中断。在经历了一个根本性的改革之后，公共服务面临着更加不确定的时期，其存在的理由正面临着严峻的挑战。马克斯·韦伯希望公职人员被视为社会的精英，被视为最能干、最理性、在工作中缺乏个性或父权主义的人。他们将成为专家，为政治家和社会服务。但是，如果我们处在一个精英和专家遭到轻视的时代，会怎样呢？

尼科尔斯认为，美国人已经到了"无知——至少在公共政策中公认的既定知识方面——被视为一种真正的美德"的地步，专家们不再被信任。他（Nichols, 2017）进一步指出：

> 专家们需要永远记住，他们是民主社会和共和政府的仆人。然而，他们的公民主人不仅要为自己提供教育，而且要具备公民美德，使他们能够参与到自己国家的管理中。外行人离不开专家，他们必须毫无怨恨地接受这个现实。同样，专家们也必须承认，他们得到的是听证会，而不是否决权，他们的建议也不会总是被采纳。在这一点上，将系统连接在一起的纽带正在危险地磨损。除非能够恢复某种信任和相互尊重，否则公众言论将被对毫无根据的意见的不必要的尊重所污染。在这样的环境下，任何事情都有可能发生，包括民主和共和政府本身的终结。

当然，公务员是精英阶层的一部分，尤其是高级公务员。公务员也主要以证据为基础，例如在循证政策运动中（Nutley et al., 2007）。对于支持者和反对者来说，公共部门改革的辩论一般都是基于理性、基于证据、基于证据的论证。如果证据遭到诋毁和怀疑，政府的管理层必然会遭受损失。

例如，数据和专家意见相当明确地指出，气候变化是由人类活动引起的温室气体增加引起的。政府机构的科学家已经完成了许多详细的气候研究工作，然而在美国，特朗普内阁的成员大多是否认气候变化的人（*Time*, 25 January 2017）。这些科学家中的许多人因其科学专长而面临解雇。在一个"另类事实"或"后真相"甚至是"假新闻"指控的时代，当事实是他们所熟悉的时候，公务员该如何应对？尼科尔斯（Nichols, 2017）补充道：

> 当人们被告知结束贫困、防止恐怖主义或刺激经济增长比看上去要困难得多时，他们会翻白眼。由于无法理解周围的复杂性，他们选择了几乎一个都不理解，然后闷闷不乐地责怪精英们控制了他们的生活。

这种说法并不一定属实，但是传统公共行政理性和新公共管理理性及其变体受到持续性攻击的这种情形已经司空见惯了。就在公共管理和公共管理学者就诸如新公共管理的地位等小问题进行争论的同时，他们却没有意识到一种新的民粹主义，一种新的威权主义，可能会摧毁整个大厦。

15.10　结论

在此有必要重申本书的写作目的。本书的基本观点是将公共行政的传统模式与公共管理改革中兴起的管理模式进行比较。总的来说，传统的行政管理模式取得了80年左右的巨大成功，公共管理改革也取得了30年左右的成功。本书认为，传统模式存在着诸多缺陷，它不应当永远是描述并规定政府、公共服务与公众之间关系的理想模式。

基于种种原因，传统的公共行政模式已经被一种新的公共管理模式所取代。新公共管理变革远远超出了公共服务改革的范围。它意味着公共服务运作方式的变革、政府活动范围的变革、久经考验的责任机制的变革，以及公共部门学术研究的变革。理论变革是一项主要的变革，并足以构成一种新的典范。管理主义改革的进程仍在继续，它不仅对公共部门而且对整个政治系统都将产生广泛的影响，而这一改革还有很长的路要走。

是否应该摒弃公共部门改革并且回归到传统的公共行政模式呢？或者说存在着还未被开辟的第三条道路？但是所谓的"第三条道路"真的能克服公共管理模式和公共行政模式存在的所有问题吗？视传统模式为一种良好的解决方案，更多的是基于一种怀旧情结，而非传统模式的真正价值；它缺乏效率和效能，并且需要被取而代之。对传统公共行政的批评并非一种新兴现象，这些批评贯穿始终。波利特和鲍克特（Pollitt and Bouckaert, 2000）认为早期的传统模式存在着很多问题：

> 我们的结论是"传统模式"的负面特质并非超越现实基础的凭空臆造。相信每位读者都可用自身的经历来证明公共（私人）官僚组织的工作是怎样缓慢和低效得令人抓狂的。然而，要想从产生于工业时代、以韦伯式的官僚制为运作方式的政府跨越到一种新型的组织架构而没有招致重大损失，并且这种新模式可以避免传统模式中存在的诸多问题——这一过程显然是长期的，并且有失合理性。

我们从不认为转向新的模式不会招致任何重大的损失。可以这样说，在大多数的政府领域内——成本、效率、服务供给以及问责，公共管理比传统模式做出的贡献更大。而在另一些领域，传统模式或许比公共管理表现得更出色——伦理、民主责任、稳定性以及公平性。当然，在这些方面，新模式在实践中是否比旧模式差，是有争议的。

公共部门的变革大约已走过了30年的光景，但一些基本性原理还是得以保留。

将早期的各种建议和意见加以对比就会发现,更多的有关改革的思想形态认为政府不应该消亡,它致力于公共利益的服务性功能以及为了实现这些功能而建立的机制规范是其他任何制度都不能替代的。他们亦认为公共管理与私营管理存在差别。在提供服务方面,这项任务往往与私营部门的类似职能差别不大,但战略、目的和问责却有根本的不同。

改革的整体目标是寻求进步而非塑造完美。正如波利特和和鲍克特所言,公共管理变革"是由一系列仍待商酌的改革措施组成,它通过优化公共组织的结构和程序以达到让其运行得更好(在某些方面)的目标"(Pollitt and Bouckaert, 2004, p.8)。如果一个观察者能够将20世纪80年代早期与已发生重大变革的当下的公共部门做一横向比较,就会发觉后者已经在众多领域取得了真正的进步。变革亦是对过去公共管理实践的优化与延承,而并非全新的和颠覆性的。观察者也极可能察觉到了进一步改革的必要性。公共管理者将面临与日俱增的压力,因为他们将以更少的资源来完成更多的任务,而实现这一目标的唯一途径就是要持续地推进管理的变革。或许,改革就应该被视为一个持续不断的过程,而不是一套方案,也不是审视世界的唯一途径。它更多的是一种要求公共管理者实现预期目标,并对结果的实现承担个人的责任。那么,就公共管理本身而言,它与传统的公共行政模式存在着巨大的差别。

尽管自2016年以来一些关键国家的政治动荡不断,但政府机构不会消失。公共管理者可能给这场喧嚣带来了附带的损害,但不是直接的推动者,因为似乎是政客们受到了疲惫和更加愤世嫉俗的公众的指责。然而,这些风波给我们的一个教训是,即使政府是正当的,它仍然需要有良好的管理,才能在社会中持续扮演一个有价值的角色。

参考文献

请从中国人民大学出版社官网（www.crup.com.cn）下载，或者用微信扫描下方二维码获取。

Public Management and Administration: An Introduction, Fifth Edition
By Owen E. Hughes
© Owen E. Hughes, 1994, 1998, 2003, 2012, 2018

This translation of *Public Management and Administration: An Introduction, Fifth Edition* is published by arrangement with Bloomsbury Publishing Plc.
Simplified Chinese translation copyright © 2023 by China Renmin University Press Co., Ltd.
All Rights Reserved.

图书在版编目（CIP）数据

公共管理导论：第五版 /（澳）欧文·E. 休斯
(Owen E. Hughes) 著；张成福等译. －－北京：中国人
民大学出版社，2023.10
（公共行政与公共管理经典译丛）
ISBN 978-7-300-30558-5

Ⅰ.①公… Ⅱ.①欧… ②张… Ⅲ.①公共管理
Ⅳ.①D035

中国版本图书馆 CIP 数据核字（2022）第 062225 号

公共行政与公共管理经典译丛
公共管理导论（第五版）
[澳] 欧文·E. 休斯（Owen E. Hughes） 著
张成福 杨崇祺 赵弘毅 郭梓焱 译
Gonggong Guanli Daolun

出版发行	中国人民大学出版社		
社　　址	北京中关村大街 31 号	邮政编码	100080
电　　话	010 - 62511242（总编室）		010 - 62511770（质管部）
	010 - 82501766（邮购部）		010 - 62514148（门市部）
	010 - 62515195（发行公司）		010 - 62515275（盗版举报）
网　　址	http://www.crup.com.cn		
经　　销	新华书店		
印　　刷	天津鑫丰华印务有限公司		
开　　本	787 mm×1092 mm　1/16	版　次	2023 年 10 月第 1 版
印　　张	17.5 插页 2	印　次	2023 年 10 月第 1 次印刷
字　　数	378 000	定　价	78.00 元

版权所有　侵权必究　印装差错　负责调换